W0406546

Ihre Arbeitshilfen zum Download:

Die folgenden Arbeitshilfen stehen für Sie zum Download bereit:

- Excel-Tabellen

Den Link sowie Ihren Zugangscode finden Sie am Buchende.

Investitionsrechnung für Immobilien

Prof. Dr. Stefan Kofner

Investitionsrechnung für Immobilien

5. aktualisierte Auflage

Haufe Group
Freiburg · München · Stuttgart

Bibliografische Information der Deutschen Nationalbibliothek

Die Deutsche Nationalbibliothek verzeichnet diese Publikation in der Deutschen Nationalbibliografie; detaillierte bibliografische Daten sind im Internet über http://dnb.dnb.de abrufbar.

Print: ISBN 978-3-648-12705-6 Bestell-Nr. 06528-0003
ePub: ISBN 978-3-648-12707-0 Bestell-Nr. 06528-0101
ePDF: ISBN 978-3-648-12708-7 Bestell-Nr. 06528-0151

Prof. Dr. Stefan Kofner
Investitionsrechnung für Immobilien
5. aktualisierte Auflage, Oktober 2019

© 2019 Haufe-Lexware GmbH & Co. KG, Freiburg
www.haufe.de
info@haufe.de

Bildnachweis (Cover): shutterstock.com

Produktmanagement: Jasmin Jallad
Lektorat: Cornelia Rüping

Dieses Werk einschließlich aller seiner Teile ist urheberrechtlich geschützt. Alle Rechte, insbesondere die der Vervielfältigung, des auszugsweisen Nachdrucks, der Übersetzung und der Einspeicherung und Verarbeitung in elektronischen Systemen, vorbehalten. Alle Angaben/Daten nach bestem Wissen, jedoch ohne Gewähr für Vollständigkeit und Richtigkeit.

Inhaltsverzeichnis

Vorwort zur fünften Auflage

Für die fünfte Auflage wurde das bewährte Lehrbuch umfassend aktualisiert und an die neuesten Entwicklungen im Immobilien- und Steuerrecht angepasst. Außerdem wurde das Kapitel zum Immobilienportfoliomanagement praxisnah ergänzt. Dabei werden unter anderem auch räumliche Portfoliostrategien behandelt. Schließlich wurde ein ganz neues Kapitel 14 »Wirtschaftlichkeit im Lebenszyklus der Immobilie« hinzufügt. Darin werden typische wirtschaftliche Entscheidungssituationen in den einzelnen Lebenszyklusphasen der Immobilie betrachtet.

Zittau, im Juni 2019

Vorwort zur zweiten Auflage

Die Neuauflage wurde nötig, weil die erste Auflage vergriffen war. Ich habe diese Gelegenheit genutzt, um einige Flüchtigkeitsfehler aus der ersten Auflage zu korrigieren. Außerdem habe ich mich bemüht, das Werk auf den neuesten Rechtsstand zu bringen. Dies betraf in erster Linie die REIT-Gesetzgebung und den Wegfall der degressiven Abschreibung. Kapitel 10 wurde wegen der Änderungen der Fördervorschriften neu gefasst. Die Arbeitstabellen sind nun im Internet unter der Adresse http://www.hogareal.de/html/tabellen.html verfügbar.

Zittau, im April 2008

Vorwort zur dritten Auflage

Nachdem die zweite Auflage rasch vergriffen war, habe ich die Gelegenheit für eine grundlegende Überarbeitung des Lehrbuches genutzt. Für die Neuauflage wurde das Werk vollständig durchgesehen, ergänzt und aktualisiert. Dabei sind die Erfahrungen des Autors aus dem gemeinsam mit Herrn Dipl.-Ing. Michael Flachmann entwickelten Seminar »Wirtschaftlichkeit und Rentabilität in der Objektverwaltung« eingeflossen. Die Rückmeldungen der Teilnehmer haben wertvolle Impulse für die Überarbeitung gegeben. Die neu eingefügte Fallstudie Nr. 6 (Energetische Modernisierung einer Wohnsiedlung) wurde zusammen mit Herrn Michael Flachmann für die Zwecke des Seminars entwickelt. Davon abgesehen wurde das Lehrbuch um ein Kapitel zu den Grundlagen des Immobilienportfoliomanagements ergänzt. Die Ermittlung des Kalkulationszinses wurde differenzierter dargestellt. Schließlich wurden die Antworten auf die Verständnisfragen am Ende der einzelnen Kapitel aufgenommen. Der Autor ist außerdem der Steuerberaterin Andrea Pfau für ihre Hinweise im Bezug auf die steuerliche Abgrenzung zwischen Modernisierungen und Instandsetzungen dankbar.

Zittau, im Dezember 2009

Vorwort zur vierten Auflage

Nachdem auch die dritte Auflage vergriffen war, habe ich diese Gelegenheit genutzt, um den Text und die Rechenbeispiele gründlich durchzuarbeiten und stellenweise zu entschlacken. Die Grundstruktur des Lehrbuches blieb davon aber unberührt. Das anhaltende Niedrigzinsumfeld ist nun in den Annahmen etwa zu Finanzierungszinsen widergespiegelt. Außerdem habe ich mich bemüht, das Werk auf den neuesten Rechts- und Zahlenstand zu bringen. Die letzten Mietrechts- und Steuerrechtsänderungen sind so weit wie möglich enthalten. Das Mietpreisrecht ist aber immer noch im Fluss und weitere einschneidende Änderungen zeichnen sich in Form eines Referentenentwurfs ab.

Zittau, im April 2016

Einleitung

»Der General, der das Gefecht gewinnt, macht viele Berechnungen vor dem Gefecht.«
Sun Tsu, 5. Jahrhundert vor Christus

»Der Pfad der Überlegung läßt sich, wie wir gesagt haben, durch Grundsätze und Ansichten selten bis zu einer bloßen Linie einengen. Es bleibt immer ein gewisser Spielraum. So ist es in allen praktischen Künsten des Lebens. ... Es muss sich also der Handelnde bald dem feineren Takt des Urteils überlassen, der, aus natürlichem Scharfsinn hervorgehend und durch Nachdenken gebildet, das Rechte fast bewußtlos trifft, bald muss er das Gesetz zu hervorstechenden Merkmalen vereinfachen, welche seine Regeln bilden, bald muss die eingeführte Methode der Stab werden, an welchen er sich hält.«
General von Clausewitz: Vom Kriege, Drittes Buch: Von der Strategie überhaupt, Vierzehntes Kapitel: Ökonomie der Kräfte

Immobilien sind besonders langlebige und vergleichsweise wenig liquide Vermögensgegenstände. Wer in Immobilien investiert, geht eine entsprechend langfristige Kapitalbindung ein. Damit sind natürlich besondere Risiken verbunden. Aus diesem Grund ist man gut beraten, ein Immobilieninvestment analytisch gründlich vorzubereiten. Die Investitionsrechnung ist neben der Markt- und Standortanalyse und gegebenenfalls der Due-Diligence-Prüfung ein wesentlicher Baustein dieser Vorbereitung einer Investition in eine Immobilie.

Zuzugeben ist, dass es bereits eine Menge von Lehrbüchern der Investitionsrechnung am Markt gibt. Diese Titel sind aber nicht für Immobilieninvestitionen maßgeschneidert. Sie behandeln ausführlich Rechenverfahren, die für die Praxis in der Wohnungs- und Immobilienwirtschaft von geringer Bedeutung sind. Es kommt hinzu, dass einige besondere Eigenschaften von Immobilien eine andere Schwerpunktsetzung erfordern. Investitionsrechnungen für Immobilien haben spezifische Eingangsgrößen mit spezifischen Ursachenkomplexen (Miete, Bewirtschaftungskosten). Davon abgesehen müssen die gängigen Methoden der Investitionsrechnung sensibel auf Immobilieninvestments angewendet werden.

Außerdem kennt die Wohnungswirtschaft ein maßgeschneidertes Verfahren der Investitionsrechnung, die sogenannte Wirtschaftlichkeitsberechnung, das in die Darstellung mit einbezogen werden muss, da es in der Praxis der sozialen Wohnraumförderung immer noch eine Rolle spielt. Nicht zuletzt kann zumindest die Wohnungswirtschaft verschiedene steuerliche und nicht-steuerliche (zum Beispiel zinsverbilligte Darlehen) Investitionsförderungen mit einem wesentlichen Einfluss auf die wirtschaftliche Vorteilhaftigkeit der Investition nutzen. All diese Gründe sprechen für ein zielgruppenspezifisches Lehrbuch der Investitionsrechnung speziell für die Wohnungs- und Immobilienwirtschaft.

Mit dem vorliegenden Lehrbuch sind sowohl Praktiker als auch Studenten der Wohnungs- und Immobilienwirtschaft und der Betriebswirtschaftslehre angesprochen. Der didaktische Ansatz des Buches ist der eines Lehrbuches für Studium und Praxis. Die Inhalte wurden so wenig wie möglich formalisiert dargestellt. Dafür enthält das Buch zahlreiche Beispiele und Fallstudien, die alle der besseren Nachvollziehbarkeit der Argumentation dienen.

Die Inhalte dieses Lehrbuchs wollen nicht nur gelesen, sondern auch erarbeitet werden. Der »Leser« ist dringend aufgefordert, die Beispiele und Fallstudien mit dem Taschenrechner und mit einem Tabellenkalkulationsprogramm nachzurechnen und zu variieren. Anregungen dazu geben die weiterführenden Fragen und Themen am Ende eines jeden Kapitels.

Aus didaktischer Sicht wird die Vermittlung von methodischen Kompetenzen in den Vordergrund gestellt. Schon Konfuzius (551–479 v. Chr.) hat gesagt: »Erzähle mir und ich vergesse – Zeige mir und ich erinnere – Lass mich tun und ich verstehe.« In diesem Sinne soll der Leser in den Stand versetzt werden, »es selbst zu tun« und dabei auch mit neu auftretenden Problemen selbstständig fertig zu werden. Das fängt bei der Auswahl des situationsgerechten Rechenverfahrens an und endet beim methodisch sensiblen Alternativenvergleich.

An Vorkenntnissen benötigt der Leser neben finanzmathematischen auch betriebswirtschaftliche Grundlagen mit Schwerpunkt in den Bereichen Rechnungswesen und Finanzierung. Volkswirtschaftliche Grundlagen auf dem Niveau einer Einführungsvorlesung sind empfehlenswert. Unverzichtbar sind anwendungsbezogene Grundkenntnisse eines Tabellenkalkulationsprogramms.

Das Buch ist in vier Hauptteile gegliedert. Im Grundlagenteil (Abschnitte 1 bis 5) werden die Grundlagen für den methodisch sensiblen Einsatz der verschiedenen Verfahren der Investitionsrechnung gelegt. Im Einzelnen wird dargelegt, welche Investoren aus welchen Motiven Immobilieninvestitionen tätigen (Abschnitt 2) und welchen Besonderheiten der Immobilien und des Immobilienmarktes sie sich damit aussetzen (Abschnitt 1 und 3), die ein besonderes Vorgehen erfordern. Der auf das einzelne Objekt bezogenen Perspektive auf die Investition wird die Portfolioperspektive gegenübergestellt und der Investitionsvorgang als solcher wird in den Zielbildungsprozess des Unternehmens eingeordnet (Abschnitt 4).

Die Investitionsrechnung für Immobilien erfordert auf verschiedenen Gebieten spezifische Grundlagen (Abschnitt 5). Ein ganz wesentlicher Aspekt sind dabei die mietpreisrechtlichen Grundlagen, die einen entscheidenden Einfluss auf die Entwicklung der Mieteinnahmen aus einer Immobilieninvestition haben können. Das gilt bei der Erstvermietung einer Neubauwohnung ebenso wie bei einem Mieterwechsel oder der umfangreichen Modernisierung einer Bestandsimmobilie. Davon abgesehen erfordern auch die Schätzung von Nutzungsdauer, Liquidationserlös und Kalkulationszins immobilienspezifische Kenntnisse und Erfahrungen.

Das für die Erfolgsmessung von Investitionen und die Preisbildung von Immobilien zentrale Konzept der Rendite wird in Abschnitt 6 eingeführt. Ausgewählte Verfahren der Investitionsrechnung werden anhand von Anwendungsbeispielen und Fallstudien dargestellt (Abschnitte 7 bis 9). Der Schwerpunkt liegt dabei auf den dynamischen Verfahren, die den Zahlungsstrom aus der Investition explizit modellieren. Im vierten Hauptteil des Lehrbuches werden verschiedene Erweiterungen der Grundmodelle diskutiert (Abschnitte 10 bis 13). Im Einzelnen wird untersucht, wie Steuern, Förderprogramme, Rückflüsse in fremder Währung sowie Risiko und Unsicherheit in einer Investitionsrechnung für Immobilien berücksichtigt werden können.

Immobilien sind nicht nur lange haltbar, sondern sie durchlaufen – ähnlich wie ein biologischer Organismus – einen Lebenszyklus mit verschiedenen Phasen (Erwerb, Projektentwicklung, Nutzung, Re-Development, Exit). Typische Entscheidungen im Lebenszyklus einer Immobilie werden mit analytischen Verfahren und Instrumenten unterstützt, die in Abschnitt 14 behandelt werden. Dabei werden die bereits dargestellten Verfahren der Investitionsrechnung aus der Lebenszyklusperspektive in einem neuen Anwendungskontext verwendet. Es kommen aber auch neue Instrumente, zum Beispiel Kennzahlen für die laufende Performance-Messung, zum Einsatz.

Im Schlussteil (Abschnitt 15) werden Wege zur Vermeidung der typischen Fehler und Schwächen von Investitionsrechnungen aufgezeigt.

Das Buch ist meiner Frau und meinen beiden Kindern Melissa und Reinhard gewidmet.

Zittau, im Juni 2019

1 Immobilieninvestition: Begriff und Zielmarkt

»Nichts ist so unheilvoll wie eine rationale Investment-Politik in einer irrationalen Welt.«
John Maynard Keynes (1883–1946)

In diesem Kapitel sollen Sie erkennen,

- welche Abhängigkeiten und Beziehungen zwischen den funktionalen Segmenten des Immobilienmarktes bestehen,
- dass die Immobilie als Kapitalanlageprodukt mit anderen Anlageprodukten um das knappe Anlagekapital konkurriert,
- welche Merkmale den Investitionsbegriff ausmachen.

1.1 Der Immobilienmarkt als Investmentziel

Immobilieninvestments richten sich auf den Immobilienmarkt im Sinne eines »Asset-Marktes« (siehe Abb. 1.1). Darunter versteht man den Markt, auf dem Eigentumsrechte an realen Vermögensgegenständen (»Real Estate Assets«) gehandelt werden – also an Grund und Boden sowie aufstehenden Gebäuden. Die zeitlich mehr oder weniger begrenzten Nutzungsrechte an Immobilien sind dagegen Marktobjekte des Vermietungsmarktes (sogenannter Space-Markt). Dort geht es um die Anbahnung und Begründung von Schuldverhältnissen wie Miet- oder Pachtverhältnissen.

Der Immobilienmarkt dient wie jeder Markt der Koordination von Angebot und Nachfrage. Kommt es zu einem Geschäftsabschluss, gehen die Eigentumsrechte an dem Grundstück gegen Entrichtung des Kaufpreises vom Verkäufer an den Käufer über. Der Erwerber erhält ein unbefristetes Nutzungs- und Verfügungsrecht an der Immobilie. *Im Rahmen der gesetzlichen Beschränkungen* kann er sie nach Belieben nutzen, vermieten, beleihen oder veräußern.

Das dem Mieter im Rahmen eines Mietverhältnisses überlassene Ladenlokal geht dagegen nicht in sein Eigentum über. Der Mieter erhält lediglich ein zeitlich und sachlich (sogenannter »bestimmungsgemäßer Gebrauch«) beschränktes Nutzungsrecht. Als Gegenleistung hat er regelmäßig die vereinbarte Miete zu entrichten.

Natürlich stehen der Immobilien- und der Vermietungsmarkt nicht unverbunden nebeneinander. So determinieren die Marktergebnisse am Vermietungsmarkt den für die Bewertung der Immobilien durch die Investoren maßgeblichen Cashflow

(Abschnitt 5.4.2). Auf der anderen Seite bestimmt die Bewertung der Immobilien im Spannungsfeld von Angebot und Nachfrage am Immobilienmarkt mit über die wirtschaftlichen Anreize zur Entwicklung neuer Immobilien (Verhältnis des Immobilienmarktwertes zu den Grundstücks- und Baukosten), die dann wiederum das am Vermietungsmarkt verfügbare Angebot beeinflussen.

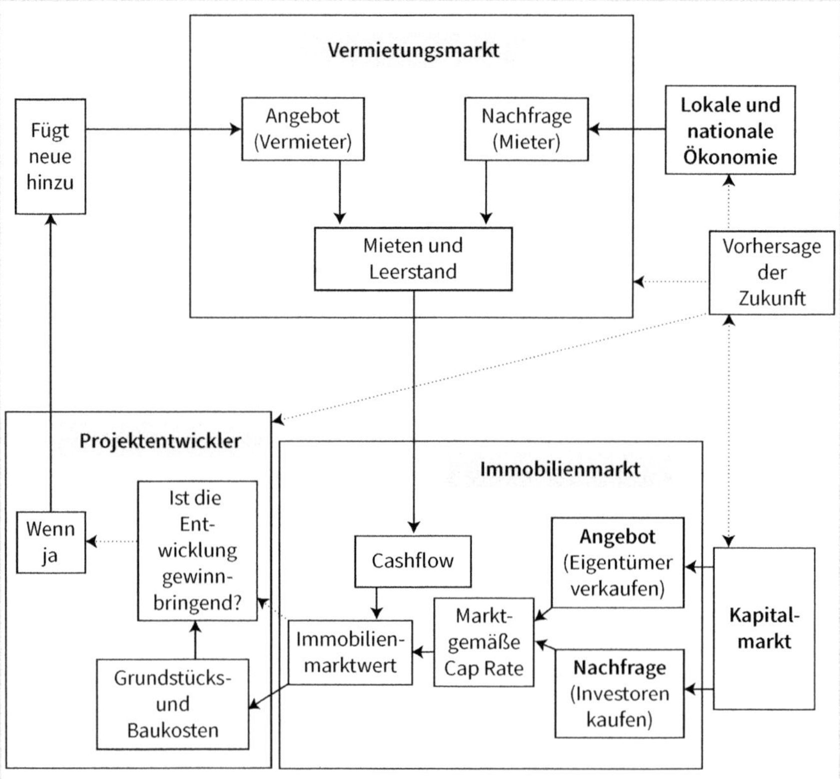

Abb. 1.1: Überblick über das Immobilien-System

Die Käufer/Investoren am Immobilienmarkt erwarten von ihrem Investment einen Zahlungsstrom (Cashflow) während der Nutzungszeit. Dieser setzt sich zusammen aus den erwarteten Mieteinnahmen vermindert um die laufenden Bewirtschaftungskosten (Verwaltung, Instandhaltung etc.; Abschnitt 5.4.2). Die Immobilie wird von ihnen als Kapitalanlageprodukt betrachtet. Diese wirtschaftliche Perspektive auf die Immobilie unterscheidet sich von anderen Sichtweisen, wie etwa der sozialen oder der technischen Perspektive.

Die wirtschaftliche Perspektive betont die Konkurrenzsituation an den Kapitalmärkten. Die Immobilienanlage konkurriert mit allen möglichen Anlagealternativen (wie zum Beispiel Aktien, Anleihen) um das knappe Investitionskapital. Dabei gibt es engere und weitere Substitutionsbeziehungen. So ist das Risikoprofil einer Bundesanleihe mit 10-jähriger Laufzeit grundsätzlich mit dem einer Eigentumswohnung an einem Standort mit angespannter Nachfragesituation am Wohnungsmarkt vergleichbar (zum Beispiel München, Freiburg). Ein ganz anderes Risikoprofil hat dagegen die Anlage in Aktien eines Start-up-Unternehmens im Bereich der Biotechnologie. Hier besteht im Gegensatz zu der Eigentumswohnung durchaus das Risiko eines Totalverlustes des angelegten Kapitals.

Es sind diese Substitutionsbeziehungen, die den Markt für Immobilienanlagen zu einem Teilmarkt des Kapitalmarktes machen. Wenn etwa die Zinsen für Bundesanleihen sinken, so führt das über Portfolioumschichtungen zu einer verstärkten Nachfrage nach Immobilien und Bauland mit der Tendenz zur Wiederangleichung des Abstandes zwischen Anleihezinsen und Immobilienrenditen (Verhältnis von Cashflow und Marktwert der Immobilie = marktgemäße Cap Rate, siehe Abschnitt 6.4).

Neben der direkten Immobilienanlage kann man mit verschiedenen Anlageprodukten auch indirekt in Immobilien investieren (siehe Abb. 1.2). Ein indirektes Immobilieninvestment begründet Ansprüche auf Cashflows, die von Immobilien als »underlying assets« (Abschnitt 1.2) generiert werden oder gedeckt sind.

Die indirekte Anlage hat dabei für den Investor verschiedene Vorteile. Er kann auf diese Weise die mit der laufenden Verwaltung der Immobilien verbundenen Aufgaben delegieren und er kann bereits mit kleinen Anlagebeträgen eine spürbare Risikostreuung erreichen. Außerdem sind indirekte Immobilienanlagen in der Regel fungibler als direkte, das heißt, der Anleger kann sein Engagement kurzfristig und zu vergleichsweise geringen Transaktionskosten wieder liquidieren (zum Beispiel Verkauf von Aktien einer Immobilien-AG an der Börse). Die im September 2008 akut gewordene Finanzkrise hat uns jedoch daran erinnert, dass an den Finanzmärkten immer wieder Situationen auftreten können, wo die Liquidität der Kapitalmärkte aufgrund von Marktstörungen beeinträchtigt ist. So mussten als Folge der Finanzkrise nicht wenige der in Deutschland zugelassenen offenen Immobilien-Publikumsfonds geschlossen werden, weil zu viele Investoren auf einmal ihre Anteile zurückgeben wollten. Der Gesetzgeber hat darauf in Form von Mindesthalte- und Kündigungsfristen reagiert, die jedoch ihrerseits die Fungibilität der Anteile begrenzen.

Grundsätzlich kann ein Investor sich als Eigenkapitalgeber (zum Beispiel Erwerb eines Anteils an einem offenen Immobilienfonds) oder als Gläubiger (zum Beispiel Kauf eines Pfandbriefs) am Immobilienmarkt engagieren. Die Auswahl der geeigneten Anlageprodukte hängt von den individuellen Anlagezielen des Investors ab (insbesondere Risikotoleranz und Zeithorizont).

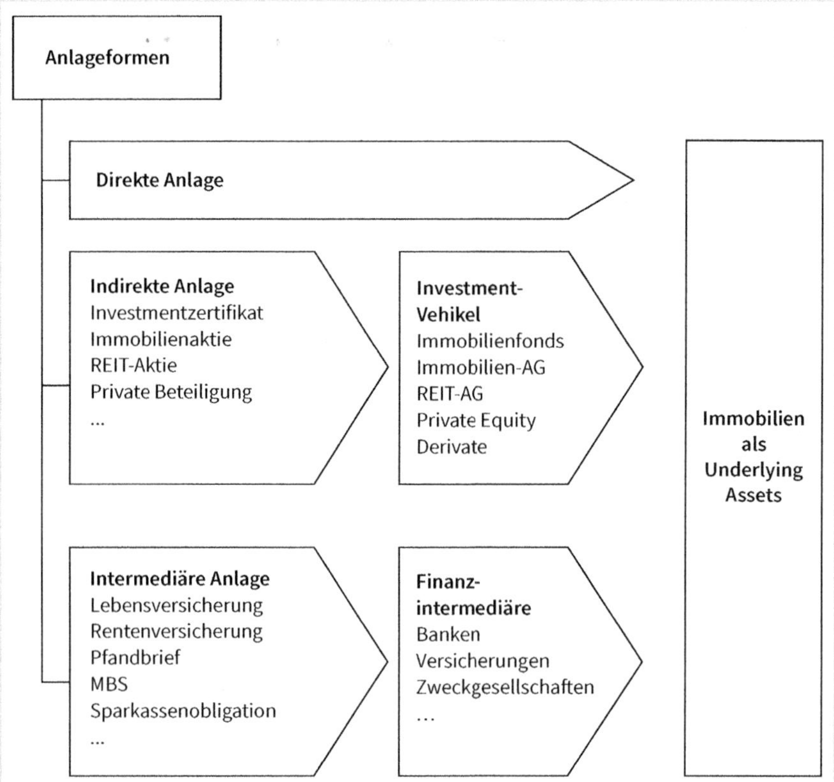

Abb. 1.2: Formen der Immobilienanlage

1.2 Begriff der Immobilieninvestition

Der Begriff »Investition« geht auf das lateinische Verb »investire« zurück (»einkleiden«). Eine Investition ist die Transformation von liquiden Mitteln in Sach- oder Finanzanlagen, die auf direkte oder indirekte Weise produktiven Zwecken dienen (zum Beispiel Kauf eines Hotelgebäudes, einer Fabrikhalle oder von Anteilen an einem Immobilien-Spezialfonds).

Dabei setzt man eine mittel- bis langfristige Bindung der eingesetzten Mittel voraus. Weiterhin wird man die Forderung nach einer angemessenen Verzinsung des eingesetzten Kapitals als Bestandteil des Investitionsbegriffs ansehen wollen. Eine zinslose »Anlage« wäre eher als Liebhaberei, nicht aber als eine Investition zu klassifizieren. Schließlich verbindet man mit dem Begriff der Investition eine gewisse Größenordnung. So wird man den Kauf eines Taschenrechners für 4,95 EUR nicht als Investition bezeichnen wollen, auch wenn dieser viele Jahre lang zu produktiven Zwecken genutzt wird.

In der Bilanz eines Unternehmens zeigt sich eine Investition auf der Aktivseite (Abschnitt 5.2.1). Eine Investition stellt stets einen Aktivtausch dar: Die liquiden Mittel nehmen ab und das Anlagevermögen nimmt im selben Umfang zu.

Ganz andere bilanzielle Auswirkungen hat dagegen ein Finanzierungsvorgang. Die Beschaffung finanzieller Mittel berührt zugleich die Aktiv- und die Passivseite der Bilanz: Die liquiden Mittel nehmen zu und im gleichen Umfang erhöht sich eine Passivposition (zum Beispiel die Gewinnrücklagen bei einem Selbstfinanzierungsvorgang oder die Verbindlichkeiten gegenüber Kreditinstituten bei der Aufnahme eines Bankdarlehens).

Das Verhältnis von Investitions- und Finanzierungsvorgang lässt sich wie folgt beschreiben: In zeitlicher Hinsicht geht der Finanzierungs- dem Investitionsvorgang voraus. Die gedankliche Kausalität verläuft aber andersherum. In vielen Fällen ist der Grund für die Beschaffung finanzieller Mittel eine konkrete Investitionsabsicht.

Das einem Immobilieninvestment letzten Endes unterliegende unmittelbar produktive physische Kapital – das Gebäude – wird auch als Underlying Asset bezeichnet. Die verschiedenen Anlageprodukte wie Immobilienaktien, »mortgage backed securities« (MBS), Anteile an Immobilienfonds oder Immobilien-AGs etc. basieren letzten Endes auf diesen Underlying Assets. Sie stellen Ansprüche der Anteilseigner oder der Gläubiger auf die von den unterliegenden Vermögensgegenständen generierten Cashflows dar.

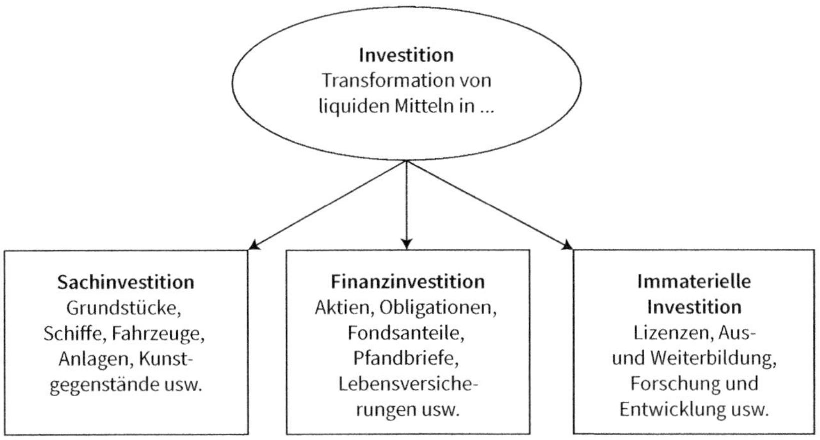

Abb. 1.3: Arten von Investitionen

Investitionen werden üblicherweise nach den Investitionsobjekten in Sachinvestitionen, Finanzinvestitionen und immaterielle Investitionen eingeteilt (siehe Abb. 1.3).

Diese Einteilung ist jedoch in den Fällen eines indirekten Investments nicht trennscharf. Man kann sehr wohl mit Wertpapieren (zum Beispiel Kauf von Immobilienaktien) indirekt in Sachwerte wie Immobilien investieren. Die Zuordnung zu den Sach- oder den Finanzinvestitionen kann in solchen Fällen nicht eindeutig vorgenommen werden.

Die verschiedenen Verfahren der Investitionsrechnung sind grundsätzlich auf alle Arten von Investitionen anwendbar. Wegen der speziellen Eigenschaften von Immobilien sind aber nicht alle Verfahren gleichermaßen für die Beurteilung von Immobilieninvestitionen geeignet. Die geeigneten Verfahren müssen mit der nötigen Sensibilität für die Besonderheiten des Investitionsobjekts »Immobilie« ausgewählt und eingesetzt werden.

Neben der Investitionsrechnung im engeren Sinne zur Einschätzung der Vorteilhaftigkeit und der Rangfolge von Investitionsprojekten umfasst der Prozess der Investitionsplanung auch die Bestimmung des optimalen Ersatzzeitpunktes sowie Investitionsprogrammentscheidungen. Derartige Programmentscheidungen können mithilfe von Portfoliomanagement-Systemen strukturiert werden (Abschnitt 4).

Zusammenfassung

Der Immobilienmarkt im Sinne eines Asset-Marktes (Handel mit Eigentumsrechten) ist von dem Vermietungsmarkt (Handel mit Nutzungsrechten) zu unterscheiden. Am Vermietungsmarkt werden die Mieteinnahmen als wichtigster Bestandteil des Cashflows aus einer Immobilie determiniert. Davon sind die Bewirtschaftungskosten für Verwaltung, Instandhaltung etc. abzusetzen. Die Immobilienanlage konkurriert als Kapitalanlageprodukt mehr oder weniger eng mit anderen Anlagealternativen (zum Beispiel Anleihen, Aktienfonds). In vielen Fällen wird lediglich indirekt in Immobilien investiert, das heißt es werden Ansprüche auf Cashflows aus Immobilien (Underlying Assets) erworben (zum Beispiel durch Beteiligung an Immobilienfonds). Für die indirekte Anlage sprechen die Argumente der Delegation der Immobilienverwaltung sowie der Verbesserung von Risikostreuung und Fungibilität.

Unter einer Investition versteht man die Transformation von liquiden Mitteln in Sach- oder Finanzanlagen mit mittlerem bis langem Zeithorizont. Aus bilanzieller Sicht handelt es sich um einen Aktivtausch. Die Investitionsplanung umfasst neben der Investitionsrechnung auch Ersatz- und Investitionsprogrammentscheidungen.

Wichtige Begriffe und Konzepte

Cashflow	Indirekte Anlage	Underlying Asset
Finanzierung	Investition	Vermietungsmarkt
Immobilienmarkt	Investitionsplanung	

Verständnisfragen

K 1.1
Erläutern Sie die Unterschiede zwischen dem Vermietungsmarkt (»Space-Markt«) und dem Immobilienmarkt (»Asset-Markt«)!

K 1.2
Aus welchen Komponenten setzt sich der Cashflow einer Immobilie zusammen?

K 1.3
Geben Sie je ein Beispiel für eine enge und eine weite Substitutionsbeziehung eines Investments im Verhältnis zur Immobilienanlage!

K 1.4
Wie und wo zeigt sich eine Investition in der Bilanz eines Unternehmens?

K 1.5
Wie und wo zeigt sich ein Finanzierungsvorgang in der Bilanz eines Unternehmens?

K 1.6
Mit welchen Anlageprodukten kann man in Immobilien investieren?

K 1.7
Erklären Sie den Unterschied zwischen einem »Anlageprodukt« (auch: »Investment-Vehikel«) und einem sogenannten Underlying Asset!

Literaturhinweise

Schulte (2005): Investition in Immobilien.

Wang (2001): Econometric Analysis of the Real Estate Market and Investment, Part 1.

2 Immobilieninvestoren: Motive und Beschränkungen

Geld fällt nicht vom Himmel. Man muss es sich hier auf Erden verdienen.
Margaret Thatcher

In diesem Kapitel sollen Sie erkennen,

- welche Arten von Investoren am Immobilienmarkt aktiv sind,
- dass jede Investition einen entsprechenden Konsumverzicht voraussetzt,
- dass Investoren unterschiedliche Präferenzen und Beschränkungen haben.

Die Frage nach der Definition eines »Investors« ist leicht zu beantworten. Investoren sind alle, die im Sinne der oben gegebenen Definition in Immobilien investieren. Darunter fallen institutionelle Investoren wie Versicherungen, Pensionskassen, Stiftungen, Staatsfonds, Immobilien- und Private Equity-Fonds ebenso wie private Anleger. Nach unserer Definition sind also nicht nur diejenigen, die das direkte Eigentum an der Immobilie halten, als Investoren anzusehen, sondern alle, die auf den Cashflows von Immobilien basierende Kapitalanlagen getätigt haben.

Private Investoren	**Institutionelle Investoren**		**Unternehmen**
Selbstnutzer	Versicherungen	Stiftungen	REIT-AG Immobilien-AG
Kapitalanleger	Pensionskassen	Staatsfonds	Mischformen (Developer, Bauunternehmen)
Private Equity	Offene Immobilienfonds	Leasinggesellschaften	Sonstige Unternehmen
	Geschlossene Immobilienfonds	Ausländische Investoren	Non-Property-Unternehmen

Abb. 2.1: Immobilieninvestorengruppen

Die Investoren treten als Marktteilnehmer auf der Nachfrageseite des Immobilienmarktes auf. Aus der Sicht der Angebots-/Verkäuferseite handelt es sich bei der Immobilientransaktion um eine »Desinvestition«, also um die Transformation von Sach- oder Finanzanlagen in liquide Mittel (siehe auch Abschnitt 5.2.1).

Investorengruppe	**Bestand**	**Anteil**
	in ca. Mrd. EUR	**in %**
Kommunale/kirchliche/genossenschaftliche Wohnungsunternehmen	510	26
Private Wohnungs- und Immobilienunternehmen, REITs	490	25
Immobilienfonds	180	10
Versicherungen und Pensionskassen, Private Equity, Banken	120	6
Immobilien-Entwickler	50	3
Private Profis und Family Offices	590	30
Gesamt	**1.940**	**100**

Tab. 2.1: Immobilienbestand institutioneller Investorengruppen in Deutschland[1]

Jegliche Investition setzt aus gesamtwirtschaftlicher Sicht eine entsprechende Spartätigkeit im Vorfeld voraus. Kapital kann nur durch Konsumverzicht gebildet werden. Nach der volkswirtschaftlichen Verwendungsgleichung $Y = C + S$ bzw. $Y = C + I$ kann jedes einem Wirtschaftssubjekt zugeflossene Einkommen (Y, zum Beispiel Einkünfte aus Vermietung und Verpachtung in Höhe von 100 EUR) nur für Konsumzwecke (C, zum Beispiel 90 EUR für Reisen, Lebensmittel etc.) oder für Sparzwecke (S, zum Beispiel 10 EUR für den Kauf eines Pfandbriefs) verausgabt werden.

Da die beiden Verwendungsalternativen sich gegenseitig ausschließen, kann Investieren als »Nicht-Konsum« angesehen werden. Damit überhaupt ein Kapitalangebot am gesamtwirtschaftlichen Kapitalmarkt zustande kommt, müssen wenigstens einige Wirtschaftssubjekte (private Haushalte, Unternehmen oder die öffentliche Hand) zuvor Konsumverzicht geleistet haben, also das ihnen in der betreffenden Periode zugeflossene Arbeits-, Vermögens-, Gewinn- oder sonstige Einkommen eben nicht gänzlich für Konsumzwecke verausgabt haben. Der Kapitalmarkt bringt das Angebot an Sparkapital und die Nachfrage der Investoren danach zum Ausgleich ($S = I$).

Allen Sparprozessen gemeinsam ist der Grundgedanke des Konsumverzichts heute im Austausch gegen einen Mehr-Konsum morgen (»Warteopfer«). Ohne eine Kompensation durch entsprechende Zinszahlungen wäre die Bereitschaft zum Konsumverzicht sicher deutlich geringer. Allerdings ist die reale Verzinsung (also unter Berücksichtigung der laufenden Geldentwertung durch Inflation) zumindest bei klassischen

1 Quelle: Roland Berger Strategy Consultants 2015, S. 29.

Sparprodukten wie dem Sparbuch in Deutschland schon seit einigen Jahren negativ. Auf die Sparquote der privaten Haushalte aus dem verfügbaren Einkommen hat sich das aber noch nicht ausgewirkt. Diese lag 2018 mit 10,4 % wieder so hoch wie in der Finanzkrise. Das entsprechende Aufkommen an Ersparnissen der privaten Haushalte lag bei rund 207 Mrd. EUR. Die gesamtwirtschaftlichen Bauinvestitionen betrugen im Jahr 2018 rund 280 Mrd. EUR. Davon waren mehr als 60 % Wohnungsbauinvestitionen.

Die Investorenschaft weist als Gruppe eine heterogene Zusammensetzung auf. Unterschiedliche Investoren investieren aus unterschiedlichen Gründen in unterschiedlichen Formen in unterschiedliche Assets: ein gut verdienender Privatanleger in eine Eigentumswohnung in Leipzig, ein offener Immobilienfonds in ein Bürogebäude in Amsterdam, eine Lebensversicherung in einen Immobilien-Spezialfonds mit Schwerpunkt auf Wohnimmobilien, ein kommunales Wohnungsunternehmen in die Modernisierung eines Altbaus, ein Geierfonds in ein Bündel notleidender Hypothekarkredite etc. Aus der Sicht der Anbieter von Kapitalanlageprodukten kommt es darauf an, Anlageprodukte für die unterschiedlichen Präferenzen der unterschiedlichen Investorengruppen im Hinblick auf Risiko, Rendite, Fungibilität, Transaktionskosten, Cashflow-Verlauf, Steuereffekt, Verwaltungsaufwand und Inflationsresistenz ihrer Anlage »maßzuschneidern«.

Ein entsprechend differenziertes Angebot an Investitionsmöglichkeiten steht am Kapitalmarkt zur Verfügung (Produktdifferenzierung). Die Angebotspalette wird in Zukunft sicher noch erweitert werden – etwa um indexbasierte Produkte oder um Fonds mit einem spezifischen Branchen- oder Länderfokus. Sogenannte REIT-Aktiengesellschaften sind in Deutschland bereits seit 1.1.2007 zugelassen. Die REIT-Aktiengesellschaften vereinen die Steuertransparenz der geschlossenen Immobilienfonds (Anleger als Steuersubjekt) mit der Fungibilität der Beteiligung an einer Immobilien-Aktiengesellschaft (durch börsenmäßigen Handel der Aktien). Aus wohnungspolitischen Gründen ist es ihnen aber verboten, in Bestandsmietwohnimmobilien zu investieren, die vor dem Stichtag 1.1.2007 fertiggestellt worden sind.

Einem großen Sprung in der Entwicklung des Spektrums der Immobilienanlagen kommt die Möglichkeit der Investition in Immobilienderivate gleich. Man spricht in diesem Zusammenhang auch von der »Virtualisierung von Immobilien«. Das Handelsinstrumentarium soll um »die letzte klassische Assetklasse ohne Derivate« erweitert werden.[2]

Derivate sind abgeleitete Finanzprodukte (lat. »derivare« = »ableiten«). Jedem Derivat liegt ein Basiswert zugrunde. Dabei kann es sich um Wertpapiere wie Aktien oder

2 Siehe dazu Kofner 2009b.

Anleihen, aber auch um Kredite, Rohstoffe oder Devisen handeln. Auch Aktien- oder Rohstoffindizes eignen sich als Basiswerte. Der Preis eines Derivates richtet sich nach der Entwicklung des unterliegenden Basiswertes. Derivate werden nicht auf Gegenwartsmärkten, sondern auf Zukunftsmärkten gehandelt.

Die Frage, welche Rückwirkungen die zunehmende Ausbreitung von Immobilienderivaten auf die »Kassamärkte« haben wird, lässt sich derzeit noch nicht abschließend beantworten. Wir können annehmen, dass die Derivate, die in Zukunft das Marktgeschehen bestimmen werden, auf Immobilienindizes basieren werden. Immobilienindizes werden also die Basiswerte für Futures, Optionen, Swaps und andere Derivate bilden und nicht etwa die Immobilien selbst.[3]

Die Wettbewerbsfähigkeit von Immobilieninvestments dürfte sich ganz allgemein verbessern, wenn sich den Investoren verbesserte Möglichkeiten bieten, sich gegen Preisrisiken abzusichern, spekulative Immobilienengagements einzugehen oder ihr Portfolio zu diversifizieren. Tatsächlich dürfte wegen der zahlreichen Marktunvollkommenheiten (Abschnitt 3) die Zeit- und Kostenersparnis durch Derivate an keinem anderen Markt so hoch ausfallen wie am Immobilienmarkt. Die Reaktionsgeschwindigkeit bei externen Schocks liegt an den Derivatemärkten viel höher als am primären Immobilienmarkt.

Die Derivate bieten im Vergleich mit einem direkten Engagement am Primärmarkt eine ganze Reihe von Vorteilen: wesentlich niedrigere Transaktionskosten, eine deutlich niedrigere Kapitalunterlegung, die Möglichkeit mittels Leerverkäufen auf fallende Preise zu spekulieren etc. Auf der anderen Seite kann nicht ausgeschlossen werden, dass destabilisierende Spekulationsbewegungen an den Derivatemärkten die Volatilität der Preise an den Spotmärkten vergrößern.

Für die Bestimmung der Anlageprodukte und -schwerpunkte sind die unterschiedlichen Zielsetzungen der Anleger im Hinblick auf den Vermögensaufbau von großer Bedeutung. Hier kann man drei grundlegende Zielstellungen unterscheiden:

- Wachstumsziel (Sparziel),
- Einkommensziel (laufender Cashflow) und
- Kapitalverzehr.

Während einkommensorientierte Anleger an laufenden Ausschüttungen aus ihrem Investment interessiert sind, wollen wachstumsorientierte Anleger einen möglichst raschen Vermögensaufbau erreichen, indem sie laufende Überschüsse sofort wie-

3 Für den deutschen Immobilienmarkt sind drei Indizes von besonderer Bedeutung: der bulwiengesa German Property Index, der IPD DIX Deutscher Immobilien Index und der E & G Deutscher Immobilien-Aktienindex (DIMAX).

der investieren. Ein wachstumsorientierter Investor hat wahrscheinlich einen langen Zeithorizont und keinen kurz- oder mittelfristigen Liquiditätsbedarf. Ein einkommensorientierter Anleger wird dagegen einen kürzeren Zeithorizont haben und einen andauernden Liquiditätsbedarf aufweisen (Ausschüttungen). Beide Investmentansätze können auch kombiniert werden (zum Beispiel Wiederanlage nur eines Teils der laufenden Ausschüttungen). Jede Entnahme schmälert aber den Endwert des Vermögens.

Ältere Anleger sind zum Teil weder einkommens- noch wachstumsorientiert, sondern sie wollen ihr angesammeltes Kapital bis zu ihrem Lebensende verzehren. Die Finanzindustrie bietet für alle Anlegertypen entsprechende Produkte an, zum Beispiel ausschüttende und thesaurierende Fonds, Leibrentenversicherungen und sogenannte »Immobilienverzehrpläne« (auch »reverse mortgage« genannt), die darauf abzielen, das in einer selbstgenutzten oder vermieteten Immobilie gebundene Kapital zur Erzielung einer Rente im Alter schrittweise freizusetzen.

Jeder Investor unterliegt spezifischen Beschränkungen. Die Zusammenstellung eines Anlageportfolios vollzieht sich im Spannungsfeld zwischen den Beschränkungen und den Präferenzen eines Anlegers. Eine wesentliche Beschränkung eines Anlegers kann in seiner Fähigkeit liegen, Risiken zu tragen. Unter Risiko wird hier die Möglichkeit negativer Abweichungen der Rückflüsse aus einer Investition von den angenommenen Werten verstanden. Die Ursachen dafür können auf der Einnahmenseite (zum Beispiel höherer Leerstand als erwartet) oder auf der Ausgabenseite (zum Beispiel Zinsänderungsrisiko) liegen. Einkommensorientierte Anleger, die an einem möglichst stabilen Auszahlungsstrom interessiert sind, können solche Risiken nicht gut verkraften. Sie werden daher kaum in Immobilien investieren, deren Rückflussverlauf für sie schwer einzuschätzen ist.

Eine weitere Beschränkung liegt in der Liquiditätspräferenz der Anleger. Diese kann ganz unterschiedlich ausgeprägt sein. Wer eine hohe Liquiditätspräferenz hat, sollte auch entsprechend liquide Anlageprodukte wählen. Während man Bundeswertpapiere börsentäglich veräußern kann, ist es um die Liquidisierbarkeit direkter Immobilienanlagen meistens nicht gut bestellt. Die Veräußerung ist in jedem Fall zeit- und kostenintensiv. Anders sieht dies bei manchen indirekten Anlageprodukten aus. So kann man Immobilienaktien an jedem Börsentag verkaufen.

Von großer Bedeutung für den Anlagemix ist auch der Zeithorizont des Investors. Die Immobilienanlage ist grundsätzlich eher für Anleger mit einem mittel- bis langfristigen Zeithorizont geeignet. Bei der direkten Immobilienanlage sind der Umschlaghäufigkeit schon durch den Zeit- und Kostenbedarf von Immobilientransaktionen natürliche Grenzen gesetzt. Bei offenen Immobilienfonds sprechen die Ausgabeaufschläge sowie die gesetzlichen Mindesthalte- und Kündigungsfristen gegen ein allzu kurzfristiges Engagement. Es ist aber nicht ausgeschlossen, dass zukünftig noch Anlageprodukte an den Markt kommen, die sich durch niedrigere Transaktionskosten auszeichnen (zum Beispiel Exchange Traded Funds auf einen Korb von Immobilienaktien). Diese Produkte könnten dann auch für kurzfristig orientierte Anleger attraktiv sein.

Beschränkt können Investoren auch durch ihre Management-Expertise und -kapazität sein. Immobilieninvestments sind von der Natur der Sache her besonders managementintensiv. Man denke nur an die hohen Anforderungen, die die Rechtsprechung etwa an die Wirksamkeit einer Mieterhöhungserklärung oder einer Betriebskostenabrechnung stellt. Die Verwaltung von Immobilien ist unvergleichlich viel aufwendiger als etwa die von Bundeswertpapieren.

Nicht zuletzt ist auch das schiere Volumen des Portfolios eines Investors von Bedeutung für seine Anlageentscheidungen. Dabei wirkt Größe tendenziell kostensenkend und risikomindernd. Die Größe des Investors beeinflusst die Transaktionskosten ebenso wie die Finanzierungskonditionen (zum Beispiel haben Immobilienfonds und Immobilien-Aktiengesellschaften Zugang zu den Kapitalmärkten). Selbstverständlich beeinflusst das Format eines Investors auch seine Risikoexposition. Wer viel Kapital anzulegen hat, hat auch mehr Diversifikationsmöglichkeiten nach Branchen, Ländern, Regionen etc. Ein Privatanleger mit beschränkten Mitteln kann dagegen zumindest im Wege der direkten Immobilienanlage kaum eine angemessene Risikostreuung erreichen.

Zusammenfassung

Unter den Investoren sind institutionelle Anleger wie Versicherungen und Immobilienfonds und private Anleger zu unterscheiden. Jede Investition setzt gesamtwirtschaftlich einen entsprechenden Konsumverzicht voraus. Kapitalangebot und Kapitalnachfrage werden am Kapitalmarkt zum Ausgleich gebracht.

Den heterogenen Präferenzen der Investoren im Bezug auf Risiko, Rendite, Fungibilität etc. ihrer Anlage stehen entsprechende »maßgeschneiderte« Kapitalanlageprodukte gegenüber. Das Produktspektrum wird durch REIT-AGs und Immobilienderivate erweitert. Die Finanzinnovationen werden zukünftig an Bedeutung gewinnen.

Anleger verfolgen unterschiedliche Zielstellungen im Hinblick auf den Vermögensaufbau. Einkommensorientierte Anleger benötigen die laufenden Ausschüttungen aus ihrem Investment für Konsumzwecke, während wachstumsorientierte Anleger die Ausschüttungen wiederanlegen. Auch der »Verzehr« eines Kapitals oder eines Sachwertes kommt als Zielstellung infrage.

Anleger unterliegen in unterschiedlichem Ausmaß Beschränkungen: Risikotragfähigkeit, Liquiditätspräferenz, Zeithorizont, Managementkapazität, Anlagevolumen. Die Zusammenstellung eines Anlageportfolios vollzieht sich im Spannungsfeld zwischen den Beschränkungen und den Präferenzen eines Anlegers.

Wichtige Begriffe und Konzepte

Diversifikation	Investor	Sparen
Einkommensorientierung	Liquiditätspräferenz	Wachstumsorientierung
Immobilienverzehrplan	REIT	Zeithorizont
Immobilienderivate	Risiko	
Institutioneller Investor	Risikostreuung	

Verständnisfragen

K 2.1
Worin unterscheiden sich institutionelle und private Investoren?

K 2.2
Schließen sich der wachstums- und der einkommensorientierte Investment-Ansatz gegenseitig aus?

K 2.3
Wie definieren Sie das Risiko eines Immobilieninvestments in allgemeiner Form?

K 2.4
Für welchen zeitlichen Horizont des Anlegers eignet sich die Immobilienanlage?

Weiterführende Fragen und Themen

W 2.1
Welche Folgen hätte eine dauerhafte Senkung der gesamtwirtschaftlichen Sparquote (S/Y) für die Kapitalmarktzinsen?

W 2.2
Informieren Sie sich über die Voraussetzungen für die Erlangung des Status einer REIT-Aktiengesellschaft nach dem REIT-Gesetz!

W 2.3

Stellen Sie – gegebenenfalls mithilfe eines Lehrbuches der Immobilienverwaltung – die Tätigkeitsbereiche eines Immobilienverwalters zusammen!

W 2.4

Worin liegen die Vorteile der Risikostreuung? Nennen Sie ein Beispiel für einen einseitigen Investmentansatz!

W 2.5

Informieren Sie sich über die aktuelle wirtschaftliche Situation der offenen Immobilienfonds. Wie haben sich die Zu- und Abflüsse der Anlagegelder in den letzten 15 Jahren entwickelt? Gab es Fonds mit Rendite- oder Liquiditätsproblemen?

Literaturhinweise

Byrne/Lee (2001): Risk reduction and real estate portfolio size zum Einfluss der Größe des Immobilienportfolios auf das Risiko desselben.

Maier (2004): Risikomanagement im Immobilien- und Finanzwesen, Kapitel 1 zum Risikobegriff im engeren und im weiteren Sinne.

Schäfer/Conzen (Hrsg.) (2016): Praxishandbuch Immobilien-Investitionen.

Sindt (1998): Real Estate Investment, Chapter 2.

3 Immobilien als Klasse von Anlageprodukten

»Wenn jemand sagt, sein Haus sei eine Vermögensanlage, dann hat er in der Regel zu viel dafür gezahlt.«
Larry Biehl, Direktor Bailard, Biehl & Kaiser

In diesem Kapitel sollen Sie erkennen,

- welche besonderen Eigenschaften von Immobilien für und gegen ein Engagement in dieser Klasse von Anlageprodukten sprechen,
- welche Steuervorteile der Gesetzgeber der Immobilienanlage eingeräumt hat,
- welche Argumente für das Immobilieninvestment angeführt werden können und wie diese Argumente zu bewerten sind.

Immobilien als Klasse von Vermögensgegenständen sind für bestimmte Investoren mit bestimmten Anlagezielen und Beschränkungen besonders attraktiv. So ist die Direktanlage in Immobilien in erster Linie für Investoren mit einem großen Vermögen, einem langen Anlagehorizont und entsprechender Managementexpertise interessant. Wir wollen uns im Folgenden näher mit denjenigen Eigenschaften von Immobilien beschäftigen, die für die Investitionsentscheidung von besonderer Bedeutung sind. Im Einzelnen sind dies:

- Heterogenität,
- Standortgebundenheit,
- lange Nutzungszeiten,
- inelastisches Angebot,
- geringer Liquiditätsgrad,
- Marktineffizienzen,
- hoher Verschuldungsgrad,
- hohe Managementintensität,
- steuerliche Vorteile.

3.1 Heterogenes Angebot, Standortgebundenheit, lange Nutzungszeit

Die Immobilie weist als Anlageprodukt eine Kombination von Eigenschaften auf, die sie deutlich von allen anderen Vermögensgegenständen unterscheidet. Schon aus der außerordentlich heterogenen Struktur des Angebots an Immobilien ergeben sich einige wichtige Schlussfolgerungen. Immobilien sind alles andere als »vertretbare« Wirtschaftsgüter. Die Folge ist eine sehr beschränkte Markttransparenz, die entsprechende Investitionsrisiken begründet (»mispricing«). Vor diesem Hintergrund spielt die Marktforschung bei Immobilieninvestments eine große Rolle. Jede größere Investition erfordert grundsätzlich eine Markt- und Standortanalyse zur Einschätzung der zukünftigen Nachfrage. Verschärft wird das Investitionsrisiko durch die Standortgebundenheit der Immobilie. Der Immobilienmarkt zerfällt in viele regionale Teilmärkte, die mehr oder weniger lose miteinander verbunden sind. Hat der Investor das Potenzial des Standorts falsch eingeschätzt, so hat er keine Möglichkeit der Standortverlagerung. Seine Investition ist irreversibel. Ein Verkauf der Immobilie hat lediglich den Effekt, dass der Verlust früher realisiert wird.

Weiter vergrößert wird das Risiko eines Immobilieninvestments durch die vergleichsweise langen Nutzungszeiten von Immobilien. Investoren müssen Zahlungsströme einer ferneren Zukunft abschätzen. Es ist offensichtlich, dass die Fehlerwahrscheinlichkeit solcher Schätzungen umso größer ist, je weiter die Bezugsperiode in der Zukunft liegt.

3.2 Inelastisches Angebot

Eine weitere Besonderheit der Immobilienmärkte ist die inelastische Reaktion des Angebots auf Preisveränderungen, die maßgeblich für die zyklischen Entwicklungen an vielen Immobilienmärkten verantwortlich ist. Bei einer vergleichsweise starr verlaufenden Angebotskurve bewirken unvorhergesehene Schwankungen der Nachfrage erhebliche Preisausschläge nach oben oder unten. Der Preisdruck kann zunächst kaum durch eine Ausweitung der Angebotsmenge gedämpft werden.

Bei einem Investment an einem zyklischen Markt wie dem Immobilienmarkt besteht daher stets die Gefahr, dass man während einer zyklischen Preisspitze in den Markt einsteigt und danach zunächst entsprechende Wertverluste aus dem Engagement zu tragen hat. Als Grund für die inelastische Reaktion des Angebots ist neben der Unvorhersehbarkeit (Nicht-Antizipierbarkeit) von Markttrends vor allem der Zeitbedarf für die Projektentwicklung zu nennen. Die Zuwachsrate des Angebots im Fall steigender Preise hängt außerdem vom Baulandangebot, von der Kapazitätsauslastung in der Bauwirtschaft und nicht zuletzt vom Engagement der Kreditgeber ab.

Die unstetige Kreditvergabe der Banken für Projektentwicklungen wirkt dabei oft als prozyklischer Verstärker der Entwicklung. In einer konjunkturellen Aufschwungphase mit steigenden Immobilienpreisen legen die Kreditgeber nicht selten eine übermäßige Risikofreude an den Tag und sehen bei der Kreditwürdigkeit und den Objektrisiken nicht allzu genau hin. Wenn sie dann im anschließenden Konjunkturabschwung Verluste aus ihren leichtfertig eingegangenen Engagements realisieren, neigen sie dazu, den Zugang zu Finanzierungen spürbar einzuschränken und die Risikoprämien deutlich zu erhöhen. Die Finanzkrise der Jahre 2008 und folgende bietet dafür reichlich Anschauungsmaterial (siehe dazu Kofner 2008b). Es hat sich gezeigt, dass die Ausschläge bei der Einschätzung von Finanzierungsrisiken so extrem ausfallen können, dass es in der Korrekturphase sogar zu einer allgemeinen Kreditklemme kommen kann.

Aus den genannten Gründen haben wir es an den Immobilienmärkten typischerweise mit einer »geknickten« Angebotskurve (»kinked supply curve«) zu tun (siehe Abb. 3.1).

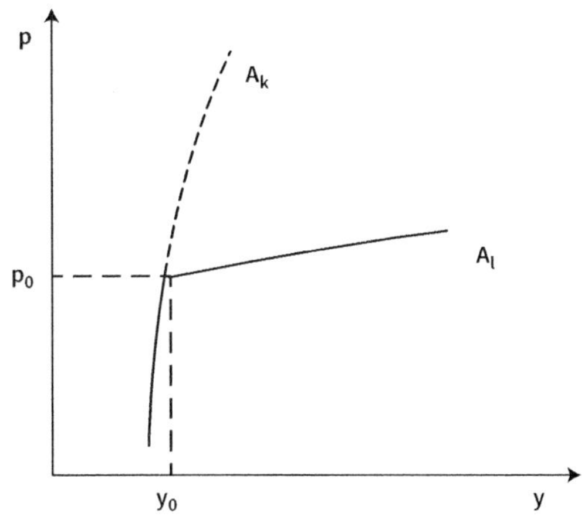

Abb. 3.1: Stilisierte Angebotskurve am Immobilienmarkt

Im Bezug auf den Verlauf der Angebotskurve muss zwischen der kurz-, der mittel- und der langfristigen Perspektive unterschieden werden. In der kurzfristigen Betrachtung verhält sich das Angebot nahezu starr. Bei fallenden Mietpreisen nehmen die Investoren auch auf mittlere Sicht eine Unterdeckung der fixen Kosten durch die Mieteinnahmen in Kauf.

Fallen die Mietpreise so weit, dass selbst Instandhaltungsmaßnahmen im Vergleich mit Kapitalmarktrenditen nicht mehr lohnend erscheinen, so unterbleiben die notwendigen Instandhaltungen. Dies hat zunächst noch keine Auswirkungen auf das quantitative Angebot. Mittelfristig verschlechtert sich aber die bauliche Beschaffenheit der Immobilien und auf lange Sicht scheiden sie aus dem Markt aus.

Auch bei steigenden Mietpreisen kann das Angebot kurzfristig nur in sehr begrenztem Umfang variiert werden. Wenn die steigenden Preise auf eine unerwartete Zunahme der Nachfrage zurückzuführen sind (externer Schock), konnten sie in den Investitionsplänen nicht vorhergesehen werden. Auch wenn von den gestiegenen Preisen und Renditen nun Anreize für zusätzliche Investitionen ausgehen, vergeht doch viel Zeit, bis ein zusätzliches Angebot marktwirksam werden kann. Mittel- bis langfristig reagiert das Angebot dagegen durchaus elastisch auf gestiegene Preise. Alles in allem ergeben sich die in Abb. 3.1 stilisierten Verläufe der kurzfristigen (A_k) und der langfristigen Angebotskurve (A_l) am Immobilienmarkt.[4]

3.3 Geringer Liquiditätsgrad

Eine weitere Eigenschaft der Immobilie als Anlageprodukt ist ihr geringer Liquiditätsgrad. Hierfür ist neben dem vergleichsweise hohen Kapitalbedarf pro Einheit (Unteilbarkeit) in erster Linie die hohe Transaktionskostenbelastung verantwortlich zu machen (zum Beispiel durch Wertermittlungsgebühren, Maklerprovisionen, Grundbuchgebühren, Grunderwerbsteuer). Die Einfädelung und die Abwicklung einer Grundstückstransaktion sind zeit- und kostenintensiv (zum Beispiel Käufersuche, Due-Diligence-Prüfung, Preisverhandlungen). Die Transferierbarkeit von Immobilien kann außerdem durch Grundschulden oder andere Belastungen eingeschränkt sein.

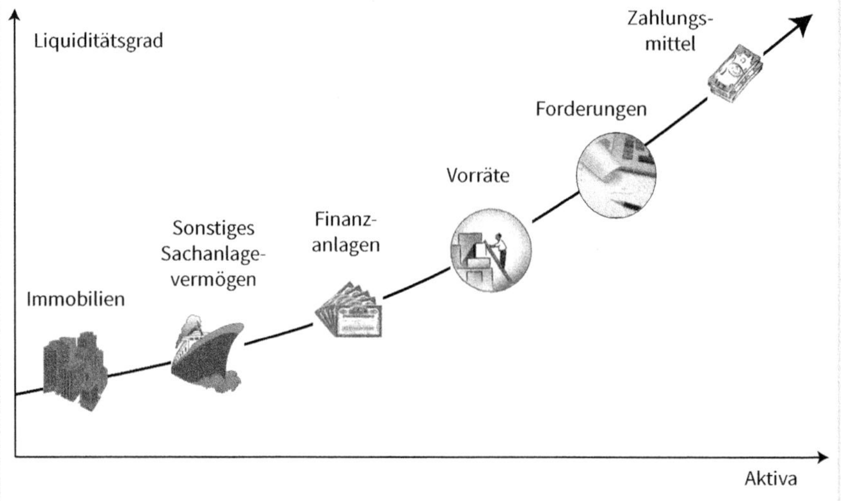

Abb. 3.2: Liquiditätsgrade unterschiedlicher Aktiva

Der Liquiditätsgrad der Immobilienanlage hängt allerdings auch davon ab, ob man direkt oder indirekt in Immobilien investiert hat. In vollem Umfang trifft der niedrige Liquiditätsgrad die Investoren, die das direkte Eigentum an der Immobilie halten. Das indirekte Investment etwa eines Aktionärs einer Immobilien-AG ist dagegen deutlich liquider. Er kann seine Aktien jederzeit veräußern.

4 Siehe auch Kofner 2012, Abschnitt 2.1.

Nicht zu unterschätzen ist die Bedeutung steuerlicher Gesichtspunkte für die Liquidität eines Investments. Je nachdem, wie die Bewertung von Immobilien für die Zwecke der Handelsbilanz und die Wertzuwachsbesteuerung geregelt ist, kann die Veräußerung einer Immobilie zu steuerpflichtigen Veräußerungsgewinnen führen. Insbesondere wenn – wie in Deutschland – die Bewertung historisch und marktfern erfolgt (Anschaffungs- oder Herstellungskosten vermindert um planmäßige Abschreibungen) und Wertzuwächse lediglich zum Realisationszeitpunkt steuerlich erfasst werden, haben die Unternehmen aus steuerlichen Gründen einen Anreiz, an ihren Immobilien festzuhalten (»buy and hold«).[5]

3.4 Marktineffizienzen

Eine weitere Besonderheit des Immobilieninvestments ist die Tatsache, dass es auf einen äußerst ineffizient arbeitenden Markt gerichtet ist. Wohl kaum ein Markt entspricht dem Idealbild eines vollkommenen Marktes[6] (welches etwa an hochorganisierten Wertpapier- und Devisenmärkten weitgehend erfüllt ist) so wenig wie der Immobilienmarkt:

- Die auf ihm gehandelten Güter sind alles andere als homogen (Abschnitt 3.1). Es herrscht vielmehr eine sehr weitgehende Produktdifferenzierung. Die bewertungsrelevanten Informationen sind in erster Linie lokal verankert. Dies erhöht die Kosten eines diversifizierten Investment-Ansatzes mit Immobilien.
- Die Bedingung der vollkommenen Markttransparenz ist auch nicht im Ansatz erfüllt. Die Marktteilnehmer verfügen aufgrund der Intransparenz des Marktes keineswegs über alle Preisinformationen, die sie für ihre Entscheidungen benötigen. Als Folge spielt die Immobilienbewertung durch Sachverständige eine große Rolle bei der Preisfindung. Auch Mietspiegel und Internet-Börsen können zur Verbesserung der Preistransparenz beitragen. Trotz dieser Hilfsmittel sind die Immobilienmärkte von verbreitetem Mispricing geprägt. Der Handel mit Immobilien ist damit zugleich risiko- und chancenreicher als der mit anderen Vermögensgegenständen.
- Die Marktteilnehmer am Immobilienmarkt reagieren keineswegs unendlich schnell auf veränderte Marktbedingungen. Nach externen Schocks (zum Beispiel

5 Für Einzelheiten Kofner 2002.

6 Die Marktform der vollständigen Konkurrenz ist durch folgende Merkmale gekennzeichnet: Alle Anbieter verkaufen ein identisches (homogenes) Produkt. Auf beiden Marktseiten gibt es sehr viele Käufer und Verkäufer. Aus dieser atomistischen Marktstruktur folgt, dass keiner der Marktteilnehmer über Marktmacht verfügt. Die Anbieter und Nachfrager nehmen den Preis, der sich am Markt herausbildet, als Datum hin und passen ihre angebotenen bzw. nachgefragten Mengen daran an (Preisnehmer- bzw. Mengenanpasserverhalten). Ihre Anpassungsreaktionen vollziehen sich außerdem unendlich schnell. Reaktions- oder Wirkungsverzögerungen treten nicht auf. Weiterhin gibt es keine Barrieren für den Markteintritt oder -austritt. Neue Anbieter können also kostenlos hinzutreten und das Marktangebot erweitern. Es kommt hinzu, dass Anbieter und Nachfrager vollständig über alle Preise, die zustande kommen, informiert sind (»Law of one Price«). Schließlich ist die vollständige Konkurrenz gekennzeichnet von der vollständigen Abwesenheit von Transaktionskosten (Kosten der Marktbenutzung). Insbesondere fallen keine Transportkosten an (Punktmarkt).

unerwarteten Zuwanderungen) brauchen Anbieter und Nachfrager viel Zeit, um sich an die veränderten Marktbedingungen anzupassen (zum Beispiel durch Neubau, Modernisierung, Umzug).

- Der Immobilienmarkt ist ein Markt mit sehr hohen Transaktionskosten (zum Beispiel Informations- und Suchkosten, Maklercourtage, Gerichts- und Notariatsgebühren beim Eigentumsübergang, Umzugskosten).

Der Immobilienmarkt ist somit zwar kein Markt wie jeder andere, doch gelten die fundamentalen Gesetze von Angebot und Nachfrage auch an ihm. Die Fragmentierung des Marktes und die langsamen Reaktionsgeschwindigkeiten der Marktteilnehmer sorgen aber dafür, dass die Anpassungsprozesse an und zwischen den einzelnen Teilmärkten keineswegs reibungslos verlaufen und viel Zeit beanspruchen.

3.5 Hoher Verschuldungsgrad

1. $EKR = \frac{G}{EK}$	*2.* $GKR = \frac{G + i \times FK}{GK}$	*3.* $GK = EK + FK$
3 in *2*:	*4.* $GKR = \frac{G + i \times FK}{EK + FK}$	
4 aufgelöst nach G:	*5.* $G = GKR \times [EK + FK] - i \times FK$	
5 eingesetzt in *1*:	*6.* $EKR = \frac{GKR \times [EK + FK] - i \times FK}{EK} = GKR \times \frac{EK}{EK} + GKR \times \frac{FK}{EK} - i \times \frac{FK}{EK}$	
	Leverage-Formel: $EKR = GKR + [GKR - i] \times \frac{FK}{EK}$	

EKR = Eigenkapitalrentabilität	GK = Gesamtkapital
EK = Eigenkapital	G = Gewinn (nach Abzug von Fremdkapitalzinsen)
GKR = Gesamtkapitalrentabilität	i = Fremdkapitalzins
FK = Fremdkapital	V = Verschuldungsgrad(FK / EK)

Abb. 3.3: Herleitung der Leverage-Formel Quelle: Rolfes, Investitionen und Finanzierung, Februar 2004

Auf der Finanzierungsseite sind Immobilieninvestments oft von einem hohen Verschuldungsgrad (Verhältnis von Eigen- und Fremdkapital an der Finanzierung) geprägt. 70 bis 75 % Fremdkapitalanteil sind für die deutschen Verhältnisse als typisch anzusehen. Zum Teil akzeptieren die finanzierenden Banken auch deutlich höhere Verschuldungsgrade. Der Verschuldungsgrad hat einen entscheidenden Einfluss auf die Rentabilität des Eigenkapitals (sogenannter Leverage-Effekt).

Nach der Leverage-Formel (Herleitung siehe Abb. 3.3) setzt sich die Eigenkapitalrentabilität aus der Gesamtkapitalrentabilität (Gewinn plus Zinsaufwand bezogen auf das Gesamtkapital) und der Differenz aus Gesamtkapitalrentabilität und Fremdkapitalzins multipliziert mit dem Verschuldungsgrad (FK/EK) zusammen. Ist diese Differenz positiv, verzinst sich also das Projekt intern höher als der Kreditzins, so lässt sich die Eigenkapitalrentabilität steigern, indem man den Fremdkapitalanteil an der gesamten Finanzierung erhöht.

Die machtvolle Wirkung des Fremdkapitalhebels soll nun noch anhand eines Beispiels demonstriert werden.

Beispiel

Variante 1

- Die Anschaffungs- und Herstellungskosten unserer Immobilie betragen 1 Mio. EUR.
- Die Finanzierungsstruktur des Investments: 400 TEUR Eigenkapital, 600 TEUR Fremdkapital (Festdarlehen zum Zinssatz von 3 %).
- Der erwartete Cashflow (CF) aus unserem Vorhaben: CF = 60.000 EUR/Jahr.
- Daraus ergibt sich eine Gesamtkapitalrendite GKR von: (60 TEUR / 1.000 TEUR) × 100 = 6 %.
- Die Eigenkapitalrendite beträgt: EKR = [60 TEUR - (0,03 × 600 TEUR)] / 400 TEUR = 10,5 %.

Variante 2

- Die Anschaffungs- und Herstellungskosten unseres Objekts: wie gehabt 1 Mio. EUR.
- Die Finanzierungsstruktur des Investments nunmehr: 100 TEUR Eigenkapital, 900 TEUR Fremdkapital (Festdarlehen zu 3 %).
- Der unveränderte Cashflow vor Kapitaldienst: CF = 60.000 EUR/Jahr.
- Gesamtkapitalrendite: GKR = 6 % (wie gehabt).
- Die Eigenkapitalrendite beträgt aber nunmehr: EKR = [60 TEUR – (0,03 × 900 TEUR)] / 100 TEUR = 33 %.

Abb. 3.4 zeigt die Wirkung des Verschuldungshebels für drei Fälle. Fall A entspricht einem Beleihungsauslauf von 80 %, Fall B einem von 60 % und Fall C einem von 90 %. Die Beispiele zeigen, dass die Chance besteht, mit einer Erhöhung des Verschuldungsgrades die Eigenkapitalrendite spürbar zu steigern. Der Effekt wirkt aber auch in die andere Richtung. Bleibt die Gesamtkapitalrentabilität wider Erwarten hinter dem Fremdkapitalzins zurück, so fallen auch die Verluste umso größer aus, je höher der Verschuldungsgrad gewählt wurde.

	Fall A			Fall B			Fall C		
	V = 4			V = 3			V = 9		
	Fremdkapitalzins = 8 %								
Schwankungsbreite	Unteres Extrem	Mittleres Niveau	Oberes Extrem	Unteres Extrem	Mittleres Niveau	Oberes Extrem	Unteres Extrem	Mittleres Niveau	Oberes Extrem
GKR	+3 %	+10 %	+20 %	+3 %	+10 %	+20 %	+3 %	+10 %	+20 %
	↓	↓	↓	↓	↓	↓	↓	↓	↓
EKR	-17 %	**+18 %**	+68 %	-12 %	**+16 %**	+56 %	-42 %	**+28 %**	+128 %
GKR = Gesamtkapitalrentabilität, EKR = Eigenkapitalrentabilität									

Abb. 3.4: Verschuldungshebel bei schwankender Gesamtkapitalrentabilität

In Deutschland verhindert vielfach schon die Beleihungspolitik der Banken das Ausreizen des Leverage-Effektes. Allgemein gilt, dass die Kapitalgeber (Anteilseigner wie auch Gläubiger) für das höhere Verlustrisiko eine Kompensation in der Form höherer Verzinsungsansprüche verlangen. Damit werden die im Erfolgsfalle günstigen Effekte eines hohen Verschuldungsgrades zum Teil wieder zunichte gemacht.

Das Risiko eines hohen Verschuldungsgrades für die Kapitalgeber kann man nur vor dem Hintergrund des Gesamtrisikos der Investments einschätzen. Im Fall einer relativ geringen Streuung der erwarteten Cashflows (geringes Risiko) fällt der geforderte Zinsaufschlag aufgrund eines höheren Verschuldungsgrades natürlich geringer aus. Die Finanzkrise hat uns die Grenzen des Leverage-Effektes mit aller Deutlichkeit vor Augen geführt. Wenn auf breiter Front etwa risikoreiche Kredite mit hohen Beleihungsausläufen für Unternehmensübernahmen oder für die Finanzierung der Eigenheime von Schuldnern mit zweifelhafter Kreditwürdigkeit vergeben werden, diese anschließend ohne Eigenkapitalunterlegung verbrieft und die Anleihen schließlich von Investoren übernommen werden, die ihrerseits mit hohen Verschuldungshebeln arbeiten, dann entstehen daraus systemische Risiken, die die Stabilität des Weltfinanzsystems gefährden können.

3.6 Aktives Investment

Die Immobilienanlage ist ein »aktives« Investment. Immobilien sind verglichen mit anderen Vermögensgegenständen sehr managementintensiv. Ihre laufende Verwaltung ist wesentlich aufwendiger als etwa die von Bundeswertpapieren.

In seiner Eigenschaft als Vermieter ist der Investor unter anderem zuständig für: Instandhaltung und Modernisierung der Mietsache, laufende Bewirtschaftung (zum Beispiel Einkauf von Brennstoffen, Wartung der Heizung, Gartenpflege), Betriebskostenabrechnung, Mietanpassung und gegebenenfalls auch für die Gewinnung von Nachmietern. Auch wenn diese Tätigkeiten zum Teil an spezialisierte Dienstleister delegiert werden können, so bleiben die Überwachung und das Vertragsmanagement doch im Verantwortungsbereich des Vermieters. Eine weitgehende Entlastung kann allein durch die Beauftragung eines professionellen Immobilienverwalters erreicht werden.

Der Aufwand für die laufende Immobilienverwaltung trifft natürlich allein die direkten Eigentümer der Immobilien. Wer sich etwa an einem offenen Immobilienfonds beteiligt, der tut dies möglicherweise nicht zuletzt aus dem Motiv heraus, durch das Fondsmanagement von der laufenden Verwaltung entlastet zu werden.

3.7 Steuerliche Behandlung

In der Vergangenheit haben nicht zuletzt spürbare Steuervorteile für die Immobilienanlage gesprochen. Natürlich ist mit der bloßen steuerlichen Abzugsfähigkeit von Zinsen und Abschreibungen noch keine Subventionierung von Immobilieninvestments verbunden. Eine Förderwirkung wird erst durch die steuerliche Zulässigkeit höherer Abschreibungen erreicht. In diesem Fall läuft die steuerliche Wertminderung der wirtschaftlichen voraus. Die Abschreibungsbedingungen wurden im Zeitablauf teils aus steuerlichen Lenkungsmotiven, teils aus fiskalischen Motiven heraus immer wieder geändert.[7]

Voraussetzung für die Inanspruchnahme dieser Steuervorteile ist das Eigentum an dem begünstigten Objekt. Diese Voraussetzung ist bei direktem Immobilieneigentum ebenso erfüllt wie bei einer Beteiligung an einer Personengesellschaft (beispielsweise Beteiligung an einem geschlossenen Immobilienfonds in der Rechtsform der Kommanditgesellschaft). Bei Kapitalgesellschaften fallen die Steuervorteile aus dem Bau oder Erwerb einer Immobilie dagegen nur auf der Ebene der Gesellschaft an.

Die Vorteilhaftigkeit eines Immobilieninvestments nach Steuern hängt nicht zuletzt auch von der steuerlichen Behandlung der anfallenden Liquidationserlöse ab. Wird das Objekt am Ende der Haltezeit verkauft und übersteigt der Verkaufserlös den Buchwert, so unterliegt die Differenz, der sogenannte Veräußerungsgewinn, in der Regel der Einkommen- bzw. Körperschaftsteuer.

7 Kofner 2003a, S. 328–330.

3.7.1 Planmäßige Gebäudeabschreibung

3.7.1.1 Bemessungsgrundlage und Abschreibungsarten

Bemessungsgrundlage der steuerlichen Gebäudeabschreibung (AfA[8]) sind die Anschaffungs- oder Herstellungskosten des Gebäudes. Nicht zur Bemessungsgrundlage zählen die anteiligen Grundstückskosten. Kosten, die nicht eindeutig dem Grundstück oder dem Gebäude zugerechnet werden können wie etwa die Maklerprovision müssen aufgeteilt werden (zum Beispiel mittels Bodenrichtwerten).

Wird ein Gebäude gemischt genutzt, dürfen nur die für die jeweiligen Gebäudeteile zulässigen Abschreibungsmethoden genutzt werden. Dies kann dazu führen, dass die Abschreibung für die einzelnen Gebäudeteile getrennt vorgenommen werden muss.

Die Höhe der AfA richtet sich nach der Art des Gebäudes und dem Zeitpunkt des Erwerbs. Man unterscheidet folgende Abschreibungsarten:

- lineare AfA mit gleichbleibenden Prozentsätzen,
- degressive AfA mit fallenden Jahresbeträgen,
- Sonderabschreibungen, zum Beispiel in den 1990er Jahren in den neuen Bundesländern,
- erhöhte Abschreibungen.

3.7.1.2 Lineare Abschreibung

Bei der linearen AfA beträgt die jährliche Abschreibung für Wohngebäude:

- 2,5% für vor dem 1.1.1925 fertiggestellte Gebäude,
- 2% für nach dem 31.12.1924 fertiggestellte Gebäude.

Diese Sätze gelten unabhängig davon, ob die Gebäude in einem Betriebs- oder Privatvermögen gehalten werden. Dabei wird eine verbleibende Nutzungsdauer von 40 bzw. 50 Jahren unterstellt. Bei sehr alten Gebäuden oder einem schlechten Bauzustand ist die Restnutzungsdauer entsprechend zu verkürzen.

Für gewerblich genutzte Gebäude ist nur die lineare Abschreibung zulässig. Befindet sich die Immobilie in einem Betriebsvermögen, gelten folgende Sätze:

- 4% bei Bauantrag/Anschaffung nach dem 31.3.1985 und vor dem 1.1.2001,
- 3% bei Bauantrag/Anschaffung nach dem 31.12.2000.

8 AfA ist die Abkürzung für »Absetzung für Abnutzung«. Diesen Begriff benutzt das Einkommensteuergesetz anstelle von »Abschreibung«.

Wird die Gewerbeimmobilie in einem Privatvermögen gehalten, so wird sie wie ein Wohngebäude je nach Baujahr mit 2 oder 2,5 % linear abgeschrieben.

3.7.1.3 Degressive Abschreibung

Für Wohngebäude konnte bis zum Jahr 2005 die sogenannte degressive AfA beantragt werden, wenn das Gebäude selbst hergestellt oder bis zum Ende des Jahres seiner Fertigstellung angeschafft wurde. Bei der degressiven AfA wurden zuletzt[9] folgende Prozentsätze zugrunde gelegt (jeweils in Prozent der Anschaffungs- bzw. Herstellungskosten des Gebäudes):

- 10 Jahre je 4 %,
- 8 Jahre je 2,5 %,
- 32 Jahre je 1,25 %.

Diese Sätze galten unabhängig davon, ob das Gebäude in einem Betriebs- oder Privatvermögen gehalten wird.

Mit der degressiven Abschreibung wird eine Verlagerung der Abschreibungen in die Anfangsjahre der Investition erreicht. Daraus ergibt sich ein spürbarer Steuerstundungseffekt (zinsloser »Steuerkredit«), der renditesteigernd und liquiditätserhöhend wirkt. Gegebenenfalls kommt noch eine Steuerersparnis aufgrund der Steuerprogression hinzu (Glättung des zu versteuernden Einkommens in der Zeit durch den gezielten Einsatz der erhöhten Abschreibungen zum Zwecke der Steuerersparnis). Auch der Finanzierungseffekt der Abschreibungen (Abschnitt 5.2.1) fällt bei degressiver Abschreibung stärker aus als bei linearer. Das Steuerrecht erzwingt hier gewissermaßen eine zusätzliche Gewinnthesaurierung in der Handelsbilanz.

3.7.1.4 Erhöhte Abschreibung

Für Investitionen in denkmalgeschützte Gebäude sowie in Gebäude in förmlich ausgewiesenen Sanierungsgebieten gilt eine erhöhte AfA. Diese Form der Förderung ist insbesondere für private Anleger mit einem hohen Grenzsteuersatz bei der Einkommensteuer attraktiv. Sie können im Jahr der Herstellung und in den folgenden sieben Jahren 9 % der Herstellungskosten und in den darauffolgenden 4 Jahren jeweils 7 % der Herstellungskosten steuerlich absetzen.

9 Bauantrag/Abschluss des Kaufvertrags nach dem 31.12.2003 und vor dem 1.1.2006.

3.7.1.5 Sonderabschreibung für den Mietwohnungsneubau

Als Reaktion auf die zunehmende Zahl angespannter Wohnungsmärkte hat die Bundesregierung einen Gesetzentwurf beschlossen, der Sonderabschreibungen für den Mietwohnungsneubau vorsieht.[10] Mit dem Gesetzentwurf sollen zeitlich befristete Sonderabschreibungen für die Anschaffung oder Herstellung neuer Mietwohngebäude eingeführt werden. Die begünstigten Mietwohnungen müssen für mittlere und untere Einkommensgruppen bezahlbar sein und mindestens 10 Jahre der Vermietung zu Wohnzwecken dienen.

Für die Förderung wird die Einhaltung einer Baukostenobergrenze von 3.000 EUR je m^2 Wohnfläche vorausgesetzt, von der maximal 2.000 EUR je m^2 Wohnfläche gefördert werden. Die Förderung ist zeitlich auf Baumaßnahmen begrenzt, für die der Bauantrag oder die Bauanzeige zwischen dem 31.8.2018 und 1.1.2022 gestellt worden ist.

Abgeschrieben werden können neben der Normalabschreibung von linear 2 % in den ersten 4 Jahren nach der Fertigstellung jeweils weitere 5 % der Anschaffungs- oder Herstellungskosten. Damit beträgt die Summe der Sonder- und Normalabschreibungen in den ersten 4 Jahren 28 %.

Der Bundesrat sollte am 14.12.2018 grünes Licht für den Gesetzentwurf der Bundesregierung geben. Doch das Gesetzesvorhaben wurde von der Tagesordnung genommen. Bemängelt wurde neben der fehlenden Begrenzung der Miethöhe die jedenfalls für Metropolstädte mit 3.000 EUR zu niedrig angesetzte Obergrenze für die Herstellungs- und Anschaffungskosten.

Sowohl die Bundesländer als auch die Bundesregierung können den Gesetzesentwurf in einer der nächsten Bundesratssitzungen wieder auf die Tagesordnung setzen.

3.7.2 Behandlung von Veräußerungsgewinnen

Die einkommensteuerliche Behandlung von Gewinnen aus der Veräußerung von Immobilien hängt davon ab, ob das Objekt in einem Privat- oder einem Betriebsvermögen gehalten wird. Im Privatvermögen sind Veräußerungsgewinne bei entsprechend langen Haltedauern in der Regel nicht steuerpflichtig. In einem Betriebsvermögen sind solche Gewinne dagegen unabhängig von der Haltedauer grundsätzlich steuerpflichtig.

10 BR-Drucksache 470/18.

Unter bestimmten Voraussetzungen[11] können die Veräußerungsgewinne allerdings auf Ersatzwirtschaftsgüter übertragen bzw. zunächst zeitlich befristet entsprechende Rücklagen gebildet werden. Für Grundstücke und Gebäude sind die Übertragungsmöglichkeiten folgendermaßen geregelt:

Übertragung auf **Übertragung von**	**Grund und Boden**	**Gebäude**
Grund und Boden	100 %	100 %
Gebäude	–	100 %

Tab. 3.1: Übertragungsmöglichkeiten für Veräußerungsgewinne

Soweit steuerliche Effekte in einer Investitionsrechnung berücksichtigt werden, sind die Veräußerungsgewinne »netto«, also nach Abzug der darauf anfallenden Einkommen- oder Körperschaftsteuer zu erfassen. Im Fall der Übertragung auf ein Ersatzwirtschaftsgut sind die zukünftigen Abschreibungsminderungen als der Investition zurechenbare Auszahlungen auf die Gegenwart abzuzinsen (siehe Abschnitt 10).

3.7.3 Steuerliche Gesamtbelastung der Unternehmen

Für die Berücksichtigung steuerlicher Effekte in einer Investitionsrechnung benötigt man einen einheitlichen »Steuersatz« zur Anwendung auf die steuerbaren Einkünfte aus der Vermietung in den einzelnen Jahren des Planungszeitraums.

Nach Berechnungen[12] lag die durchschnittliche effektive Steuerbelastung von deutschen Kapitalgesellschaften im Jahr 2014 bei 30,4 %[13]. Bei einer Ausschüttung von Gewinnen basierend auf dem Abgeltungssteuersatz von 25 % liegt der nominale Grenzsteuersatz in der Spitze (das heißt bei einem Gewerbesteuerhebesatz von 550 %) bei 52,2 %. Ein Personenunternehmen hat unter Anwendung des Teileinkünfteverfahrens einen nominalen Grenzsteuersatz von 53,6 % zu tragen.

11 So muss das ausgeschiedene Wirtschaftsgut bereits für mindestens sechs Jahre zum Anlagevermögen gehört haben (§ 6b Abs. 4 Nr. 2 EStG). Außerdem muss die Anschaffung oder Herstellung des Ersatzwirtschaftsgutes im Laufe des Geschäftsjahres der Veräußerung oder im Vorjahr erfolgen bzw. erfolgt sein.

12 BDI/CVI 2015, S. 11.

13 Körperschaftsteuersatz plus Solidaritätszuschlag und Gewerbesteuer unter Berücksichtigung von Gestaltungsmöglichkeiten bei der Bemessungsgrundlage.

3.8 Warum also in Immobilien investieren?

Die Besonderheiten von Immobilieninvestitionen ergeben sich aus den besonderen Eigenschaften von Immobilien als Investitionsgüter. Sie lassen sich wie folgt zusammenfassen:

- Immobilieninvestments zeichnen sich durch eine hohe Kapitalbindung im Verhältnis zum jährlichen Cashflow bzw. durch lange Amortisationszeiten aus. Der Grund für den niedrigen Kapitalumschlag liegt in den langen Nutzungszeiten von Immobilien.
- Aus der Höhe und der Dauerhaftigkeit der Kapitalbindung folgt der in den meisten Fällen hohe Fremdfinanzierungsanteil von Immobilieninvestments. Daraus ergibt sich die enge Verbindung von Immobilienmarkt und Kapitalmarkt.
- Eine Folge des hohen Fremdmittelanteils ist die große Bedeutung des Zinsänderungsrisikos bei Immobilieninvestments. Zinsfestschreibungen sind wegen der in den meisten Fällen niedrigen Anfangstilgungen und der dementsprechend langen Laufzeiten der Fremdmittel oft nicht für die gesamte Kreditlaufzeit erhältlich. Damit kann das Zinsänderungsrisiko bei Ablauf der Zinsbindungsfrist schlagend werden.
- Das Fehlinvestitionsrisiko ergibt sich aus der Dauerhaftigkeit der Kapitalbindung, der Standortgebundenheit (Irreversibilität des Investments) sowie aus dem Risiko des Mispricing.
- Das ausgeprägte Fehlinvestitionsrisiko zieht ein ganz bestimmtes Investitionsverhalten nach sich, den sogenannten Investitionsattentismus. Bei langfristigen Investments können schon vergleichsweise kleine, aber dauerhafte Änderungen der erwarteten Cashflows einen spürbaren Einfluss auf den Kapitalwert der Investition nehmen. Jede Form von Unsicherheit (zum Beispiel hinsichtlich der steuerlichen Rahmenbedingungen oder des Zinsumfelds) kann zu einem attentistischen Verhalten auf der Seite der Investoren führen.
- Typisch für Immobilieninvestitionen ist außerdem die unregelmäßige Verteilung der Einzahlungs- und Auszahlungsströme über die Nutzungsdauer. Während ein festverzinsliches Wertpapier eines Emittenten mit erstklassiger Bonität während der Nutzungszeit einen äußerst stabilen Cashflow erwarten lässt, schwanken bei Immobilieninvestments in der Regel sowohl die Einzahlungen (Mieteinnahmen) als auch die Auszahlungen (Kapital- und Bewirtschaftungskosten, Veräußerungspreis) nicht unerheblich. Diese letztlich nicht genau vorhersehbaren Schwankungen begründen die besonderen Risiken und Chancen von Investitionen in Immobilien. Sie sind in der Investitionsrechnung durch eine geeignete Annahmesetzung sowie durch Szenario- und Sensitivitätsanalysen zu berücksichtigen (Abschnitt 13).

Heute sind steuerliche Vorteile in den meisten Fällen nicht mehr das ausschlaggebende Motiv für Investments in Immobilien. Welche Gründe sprechen aber für die Investition in die Immobilie?

Zunächst einmal ist der Immobilienmarkt ein sehr großes Segment des Kapitalmarktes, das man als Investor nicht gut übergehen kann. Der Immobilienmarkt bietet aufgrund seines typischen Risikoprofils und des verbreiteten Mispricing große Investitionschancen. Die besonderen Risiken des Immobilieninvestments spiegeln sich grundsätzlich in den am Immobilienmarkt erzielbaren Renditen wider, sodass im Durchschnitt eine wettbewerbsfähige Performance gegenüber anderen Formen der Kapitalanlage erwartet werden darf. Das schließt natürlich nicht aus, dass aus einzelnen Engagements auch Verluste erwachsen können. Weiterhin ist die Immobilienanlage ein unverzichtbares Element der Portfoliodiversifizierung, denn sie weist eine vergleichsweise geringe Korrelation mit anderen Anlageprodukten auf.[14]

Bei dem immer wieder genannten Argument des Inflationsschutzes durch Immobilien ist dagegen Vorsicht angebracht. Hier gilt es, die Begründung und die Voraussetzungen zu klären. Es ist offensichtlich, dass die naive Fassung des Argumentes – Immobilie als »Betongold« – keinen Sinn hat. Die inflationsschützende Wirkung der Immobilienanlage hängt eben nicht von ihrem Sachwertcharakter ab, sondern einzig und allein von der Inflationsresistenz der mit ihr verbundenen Cashflows. Eine inflationsschützende Wirkung setzt voraus, dass der nominale Cashflow aus einer Immobilie sich im Einklang mit der Inflationsrate entwickelt. Ob dies der Fall ist, kann erst nach einer eingehenden Betrachtung der mietvertraglichen Situation (Mietanpassungsmodell: zum Beispiel Vergleichsmiete oder Indexierung, Kündigungsmöglichkeiten und -fristen) und der Finanzierungskonditionen (feste oder variable Verzinsung, gegebenenfalls Restlaufzeit der Zinsbindung) beurteilt werden.[15] Selbst wenn die Einschätzung in dieser Hinsicht günstig ausfällt, bleibt die Frage nach den Alternativen. Auch inflationsindexierte Anleihen bieten Schutz vor der Inflation.[16]

Zusammenfassung

Das Angebot an Immobilien ist heterogen (regionale und sachliche Teilmärkte) und dementsprechend intransparent. Diese Eigenschaft begründet zusammen mit den Eigenschaften der Standortgebundenheit und der langen Nutzungszeit das besondere Fehlinvestitionsrisiko. Bei jeder Transaktion besteht die Gefahr des Mispricing. Außerdem sind die Kosten eines diversifizierten Investmentansatzes hoch.

14 Immobilienwertpapiere wie Immobilienaktien und Anteile an Immobilienfonds weisen eine relativ geringe Korrelation (zwischen 0,3 und 0,5) mit »traditionellen« Wertpapieren auf. Aktien korrelieren dagegen wesentlich enger miteinander (Korrelationskoeffizienten zwischen 0,7 und 0,9). Mit der Beimischung von Immobilienwertpapieren in ein Portfolio kann daher das Risiko bei gleichbleibender Rendite gesenkt werden (Schoellerbank 2002).

15 Kofner 1998.

16 Die empirische Studie von Liu/Hartzell/Hoesli (1997) kommt zu dem Schluss, dass Immobilienwertpapiere zumindest in einigen der untersuchten Länder einen schlechteren Inflationsschutz bieten als Aktien.

Das Angebot an Immobilien verhält sich inelastisch. Bei unvorhergesehenen Änderungen der Nachfrage dauert es lange, bis das Angebot sich anpasst. Dies ist der Grund für die ausgeprägten zyklischen Entwicklungen an vielen Immobilienmärkten.

Die Immobilienanlage wurde traditionell durch steuerliche Abschreibungsvergünstigungen gefördert. Diese sind heute auf bestimmte Förderzwecke gerichtet.

Das Investment in Immobilien ist wenig liquide, nicht zuletzt auch aus steuerlichen Gründen. Mit dem Ausreizen des Leverage-Effektes durch einen möglichst hohen Verschuldungsgrad des Investments werden erhebliche Verlustrisiken begründet.

Für das Engagement in Immobilien sprechen die Größe des Marktes, die erzielbaren Renditen und die Portfoliodiversifizierung, weniger aber der Inflationsschutz.

Wichtige Begriffe und Konzepte

Amortisationszeit	Korrelation	Mispricing
Buy and hold	Leverage-Effekt	Transaktionskosten
Erhöhte Abschreibung	Lineare/degressive AfA	Unteilbarkeit
Fehlinvestitionsrisiko	Liquiditätsgrad	Veräußerungsgewinn
Investitionsattentismus	Marktineffizienzen	Verschuldungsgrad
Kinked Supply Curve	Markttransparenz	Zinsänderungsrisiko

Verständnisfragen

K 3.1

Erläutern Sie den Begriff des »Mispricing« bei Immobiliengeschäften!

K 3.2

Begründen Sie die unterschiedlichen Verläufe der Angebotskurve bei steigenden und bei fallenden Mietpreisen!

K 3.3

Können Sie Beispiele für besonders liquide Assets nennen?

K 3.4
Wie viel Prozent Fremdkapitalanteil sind in Deutschland für ein Immobilieninvestment typisch?

K 3.5
Erläutern Sie den Unterschied zwischen Beleihungswert und Beleihungsgrenze!

K 3.6
Die Immobilienanlage ist ein aktives Investment. Auf welchen Gebieten?

K 3.7
Für welche Gruppen von Investoren sind Immobilienanlagen besonders attraktive Investments?

Weiterführende Fragen und Themen

W 3.1
Informieren Sie sich über Zweck, Inhalt und Aufbau einer »Markt- und Standortanalyse«. In welchem sachlichen und zeitlichen Verhältnis steht eine solche Analyse zur Investitionsrechnung?

W 3.2
Stellen Sie einen Katalog mit den Risiken eines Immobilieninvestments zusammen!

W 3.3
Worin liegen die Risiken eines hohen Verschuldungsgrades?

W 3.4
Stellen Sie die unterschiedlichen steuerlichen Abschreibungsmöglichkeiten für Immobilien in einer Tabelle oder einem Schaubild dar!

W 3.5
Als besonderer Vorteil der Immobilienanlage wird immer wieder das Argument des inflationsgeschützten Investments genannt (»Betongold«). Unter welchen Voraussetzungen sind die Cashflows aus Immobilien tatsächlich als inflationsgesichert anzusehen?

W 3.6
Vergleichen Sie den Immobilienmarkt mit dem Kunstmarkt!

W 3.7
Stellen Sie je eine Liste mit den Pros und Kontras der direkten und der indirekten Immobilienanlage zusammen.

Literaturhinweise

Allgemeine Empfehlungen

Sindt (1998): Real Estate Investment, Chapter 2.

Roland Berger Strategy Consultants (2015): Studie Betongoldrausch in Deutschland.

Zu den Eigenschaften von Immobilien

Dipasquale (1999): Why Don't We Know More About Housing Supply? zur Elastizität des Wohnungsangebots.

Krainer (1999): Real Estate Liquidity zur Liquidität von Immobilieninvestments.

Mcdonald (1999): Optimal Leverage in Real Estate Investment zur Optimierung des Verschuldungsgrades.

Speziell zu den Marktineffizienzen:

Guntermann/Norrbin (1991): Empirical Tests of Real Estate Market Efficiency.

Keogh/D'Arcy (1999): Property Market Efficiency: An Institutional Economics Perspective.

Liu/Grissom/Hartzell (1990): The Impact of Market Imperfections on Real Estate Returns and Optimal Investor Portfolios zu den Auswirkungen der Marktineffizienzen.[17]

Schulte/Rottke/Pitschke (2005): Transparency in the German Real Estate Market zur Entwicklung der Markttransparenz.

Zur Besteuerung von Immobilien

Steck (2019): Praxiswissen Immobilien und Steuern.

17 Diese Studie kommt zu dem Ergebnis, dass die Illiquidität von Immobilien mit einer Prämie in Form einer zusätzlichen Rendite einhergeht. Außerdem wirke sich der geringe Liquiditätsgrad negativ auf den Anteil von Immobilien in den Portfolios der Investoren aus.

4 Grundlagen des Immobilienportfoliomanagements

»An dem Tag, an dem die Manager vergessen, dass eine Unternehmung nicht weiterbestehen kann, wenn die Gesellschaft ihre Nützlichkeit nicht mehr empfindet oder ihr Gebaren als unmoralisch betrachtet, wird die Unternehmung zu sterben beginnen.«

Alfred Herrhausen

In diesem Kapitel sollen Sie erkennen,

- In welcher Hinsicht sich Portfoliomanagement und Objektverwaltung unterscheiden,
- Wie sich Geschäftsfelderportfolios von Immobilienportfolios unterscheiden,
- Welche Strukturen allen Immobilienportfolios gemeinsam sind,
- Wie Investitionsrechnung und Portfoliomanagement in den Zielbildungsprozess des Unternehmens eingebettet sind,
- Wie man die verschiedenen Investitionsalternativen gedanklich zu einem Handlungsraum zusammenfasst und welche Folgerungen sich daraus für die Zuordnung von Ein- und Auszahlungen aus der Investition ergeben.

Ob es um die Definition einer Investition, die Motive und Beschränkungen der Investoren oder um die besonderen Eigenschaften von Immobilien ging, wir haben bislang stets bezogen auf eine einzelne Immobilie oder einen bestimmten Immobilien-Teilmarkt argumentiert. Zwischen dem einzelnen Objekt und dem gesamten Markt gibt es aber noch eine Me[redacted]: das Immobilienportfolio im Sinne einer gedanklichen Zusammenfassung verschiedener Einzelobjekte zu einem kohärenten Ganzen. Die Portfolioperspektive erfordert aber andere Managementmethoden und -instrumente als die klassische Objektverwaltung.

4.1 Portfoliomanagement versus Objektverwaltung

Unter Immobilienportfoliomanagement versteht man die laufende Anpassung eines Immobilienbestandes an Umweltveränderungen gemäß den langfristigen strategischen Zielvorgaben eines Unternehmens zum Zwecke der Performance-Optimierung und Risikostreuung.

Es ist wichtig zu verstehen, dass Portfoliomanagement eine Denkhaltung ist. Der Portfoliomanager denkt gesamtbestands- und nicht objektbezogen. Darin unterscheidet er sich sowohl vom »Immobilienverwalter« als auch vom »Objektmanager«. Als Immobilienverwaltung bezeichnet man die reagierende Verwaltung eines langfristig gehaltenen Immobilienbestandes (»buy and hold«). Die Perspektive ist dabei ausschließlich objektbezogen.

Auch beim Objektmanagement wird diese objektbezogene Perspektive nicht aufgegeben. Anders als ein Verwalter gestaltet ein Objektmanager aber innerhalb gewisser Grenzen aktiv die Cashflows aus den einzelnen Immobilien. Er versucht, die Kosten und Erträge für jedes einzelne Objekt unter Berücksichtigung der Anforderungen der Nachfrageseite und der Eigentümer zu optimieren und auf diese Weise die Effizienz der Bewirtschaftung zu steigern.

Ein Portfoliomanager gestaltet dagegen bewusst und zielgerichtet die (typologische, räumliche, qualitative etc.) Struktur des von ihm gesteuerten Immobilienbestandes, um Effizienz und Risikostreuung zu verbessern. Er ändert gezielt die Zusammensetzung des Portfolios durch An- und Verkäufe sowie Schwerpunktbildung bei Modernisierungsinvestitionen. Der Portfoliomanager interessiert sich also weniger für die Ertrags- und Kostensituation der einzelnen Objekte im Portfolio als vielmehr für die Angebots- und Nachfrageentwicklung auf ganzen Teilmärkten und die Mischung und Streuung der Immobilien im Portfoliozusammenhang. Die Marktperspektive dominiert hier also gegenüber der Objektperspektive. Portfoliomanagement erfordert daher eine systematische Marktforschung (qualitatives Portfoliomanagement).

Im Ergebnis führt der Portfoliomanagementansatz zu dynamischen Veränderungen der Portfoliozusammensetzung. Veränderungen können von Änderungen in den strategischen Zielvorgaben oder von Änderungen im operativen Umfeld des Unternehmens ausgelöst werden.

Das operative Umfeld beeinflusst den Erfolg eines Unternehmens, ohne dass das Unternehmen seinerseits darauf Einfluss nehmen könnte. Es handelt sich also um exogene Erfolgsfaktoren. So wird das operative Umfeld eines Wohnungsunternehmens geprägt von Änderungen in den

- politisch gesetzten Rahmenbedingungen, zum Beispiel Steuerrechtsänderungen, Mietrechtsreformen, Fortbildung des Mietrechts durch Gerichtsentscheidungen, Änderungen in den Förderprogrammen der sozialen Wohnraumförderung oder bei der Modernisierungsförderung, gestiegene Anforderungen an die energetische Effizienz von Baumaßnahmen, Änderungen bei den Unterkunftskostenregelungen des Arbeitslosengeldes II.
- wirtschaftlichen Rahmenbedingungen, zum Beispiel steigende Arbeitslosigkeit wegen einer Konjunkturkrise, wirtschaftliche Probleme eines großen Arbeitgebers in der Region, Preisentwicklung von Brennstoffen.
- finanzwirtschaftlichen Rahmenbedingungen, zum Beispiel Rückzug von Banken aus der Fläche, Änderung von Kreditkonditionen (Zugang, Zins, Besicherung), Einführung von Ratingsystemen.

- langfristig wirkenden sozialen und demografischen Kräften, zum Beispiel Alterung der Bevölkerung, Langzeitarbeitslosigkeit, Pauperisierung, Gentrification[18], soziale Segregation, Wohnungsmangel aufgrund hoher Nettozuwanderung.

Das operative Umfeld entwickelt sich also dynamisch und dies macht dynamische Anpassungen der Immobilienportfolios erforderlich. Ein Portfolio, das eben noch gemessen an den strategischen Zielvorgaben als optimal angesehen wurde, muss angepasst werden, wenn beispielsweise die Energiepreise nachhaltig steigen und gleichzeitig die gesetzlichen Anforderungen an die Energieeffizienz von Wohngebäuden verschärft werden. Als Folge solcher Änderungen im operativen Umfeld wird sich auch das Soll-Portfolio im Hinblick auf die energetischen Effizienzanforderungen ändern. Dies kann Änderungen im Modernisierungsprogramm oder auch Desinvestitionsentscheidungen zur Folge haben.

Bei den ständigen Anpassungen zur dynamischen Optimierung des Portfolios wird aus der Menge der »effizienten« Portfolios dasjenige ausgewählt, welches den strategischen Zielvorgaben am ehesten entspricht. Dabei muss aber das ökonomische Prinzip beachtet werden. Entweder man versucht, eine bestimmte Portfoliorendite mit minimalem Risiko (sprich minimaler Streuung der Verteilung) oder eine maximale Rendite bei gegebenem Risiko zu realisieren. Und natürlich sind steigende Chancen in aller Regel mit einem höheren Risiko verbunden.

4.2 Portfoliomodelle

Portfoliomodelle sind Instrumente der Komprimierung von Informationen. Mit ihrer Hilfe können die Verantwortlichen auch bei sehr großen und heterogenen Immobilienbeständen den Überblick bewahren. Wie bei jedem Modell fallen eine Menge Informationen unter den Tisch, aber man hofft, in der Modellabstraktion die wesentlichen Ursache-Wirkungs-Beziehungen isolieren zu können.

18 Der Begriff der »Gentrification« (deutsch: »Gentrifizierung« oder »Gentrifikation«) leitet sich von dem Wort »gentry« ab, einer Bezeichnung für Menschen von vornehmer Geburt mit einer guten Ausbildung oder einer hohen gesellschaftlichen Stellung wie den Angehörigen des Landadels. Der Begriff wurde 1964 von der Soziologin Ruth Glass geprägt, um die mit dem Einströmen von besserverdienenden Menschen in Städte oder Quartiere regelmäßig verbundene Verdrängung der ansässigen, wirtschaftlich meistens schlechter gestellten Bevölkerungsschichten zu bezeichnen. Besonders zentrumsnahe Stadtviertel oder Nachbarschaften mit einem hohen Mieteranteil, architektonischen oder städtebaulichen Besonderheiten, einer vernachlässigten Bausubstanz und niedrigen Immobilienpreisen und Mietniveaus sind attraktiv für derartige Invasions-/Verdrängungs- und Aufwertungsprozesse. Im Verlauf des Gentrifizierungsprozesses ändert sich die Wirtschafts- und Sozialstruktur des betroffenen Viertels in vielerlei Hinsicht. Nicht zuletzt erfährt die Gebäudesubstanz umfangreiche Investitionen, um sie den Ansprüchen der In-Migranten anzupassen und potenzielle Mieterhöhungsspielräume auszuschöpfen. Siehe dazu auch Kofner 2009c.

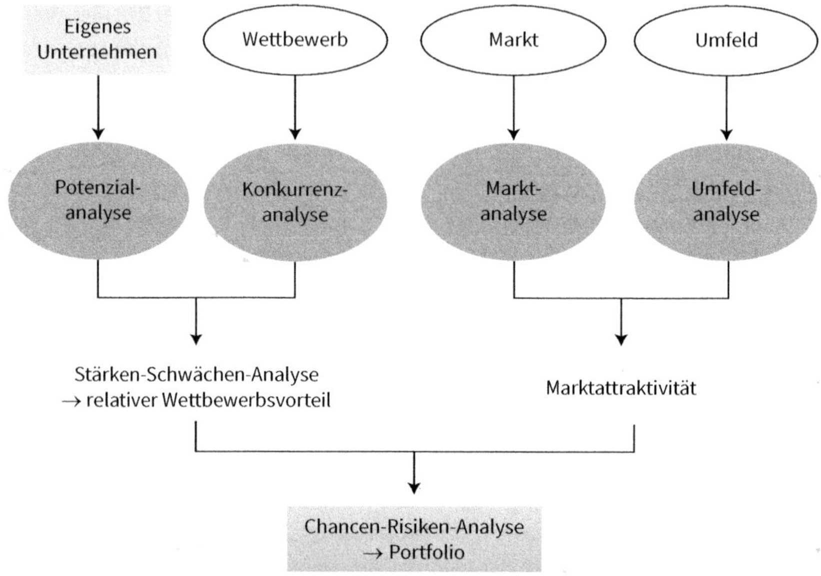

Abb. 4.1: Analysebereiche und Portfoliodimensionen

Die klassischen Geschäftsfeldportfolios sind in der Regel zweidimensionale Modelle. Die Dimension »relativer Wettbewerbsvorteil« ergibt sich aus einer Stärken-Schwächen-Analyse, bei der die Potenziale des eigenen Unternehmens (zum Beispiel langjährige Erfahrung und damit verbundene Kostenvorteile in der Altbaumodernisierung) mit denen der wichtigsten Konkurrenten verglichen werden. Die Dimension »Marktattraktivität« stellt auf die einzelnen Teilmärkte und ihr jeweiliges Umfeld ab. Beide Dimensionen zusammengenommen beschreiben die Chancen-Risiken-Situation der einzelnen Geschäftsfelder aus der Sicht des Unternehmens.

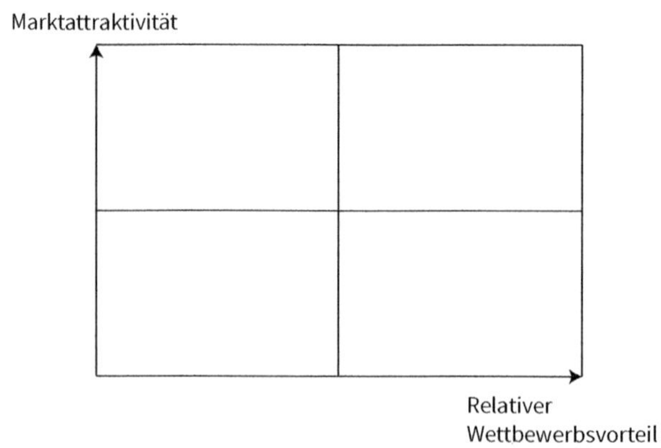

Abb. 4.2: Grundstruktur eines Portfoliomodells

Anders als bei den klassischen Geschäftsfeldportfolios wird bei den meisten Immobilienportfoliomanagementmodellen die Dimension »relativer Wettbewerbsvorteil« nicht auf die in der Organisation verkörperten Potenziale bezogen, sondern auf die Immobilienteilbestände. Dementsprechend fassen die Dimensionen eines Immobilienportfoliomodells (1. Ebene) eine Vielzahl von Eigenschaften der einzelnen Objekte zu einem Punktestand zusammen, der die Qualität der Immobilien bei der ausgewählten Dimension im Verhältnis zum Durchschnitt beschreibt (zum Beispiel »überdurchschnittliche Standortqualität«). Dabei kann den verschiedenen Dimensionen ein unterschiedliches Gewicht zugewiesen werden (zum Beispiel 40 % für »Ausstattung und Beschaffenheit« und 30 % für »Standort«).

1. Ebene: Dimensionen	Gewichte	2. Ebene: Submerkmale	Gewichte
Standort	30 %	Parken Ärzte …	% % %
Ausstattung und Beschaffenheit	40 %	Parkett Wärmeschutz Balkon …	% % % %
Vermietungs-erfolg	30 %	Miete Leerstand	% %

Abb. 4.3: Portfoliokriterien

Es reicht natürlich nicht aus, nur die Dimensionen vorzugegeben, denn jeder versteht unter einer »überdurchschnittlichen Standortqualität« etwas anderes. Die Zuordnung der Objekte zu den verschiedenen Kategorien (zum Beispiel einfache, durchschnittliche oder überdurchschnittliche Standortqualität) muss daher so weit wie möglich objektiviert werden. Dies geschieht mithilfe von Submerkmalen (wie Parkmöglichkeiten oder ärztliche Versorgung), die ebenfalls bepunktet werden. Im Idealfall kann das Scoring-Modell hier auf quantitativ messbare Eigenschaften gestützt werden (zum Beispiel fußläufige Entfernung zur nächsten Praxis für Allgemeinmedizin oder zum nächsten Supermarkt). Die Einschätzung der Standortqualität eines Objekts ergibt sich also aus einer möglichst objektivierten Bewertung von Submerkmalen anhand eines Punktesystems, wobei die Submerkmale ihrerseits ein unterschiedliches Gewicht haben können.

Portfoliomanagementmodelle bleiben nicht bei der bloßen Visualisierung des Ist-Portfolios in der Portfoliomatrix stehen. Dem Ist-Portfolio wird ein Soll-Portfolio gegenübergestellt. Dabei handelt es sich um ein effizientes Portfolio, das den strategischen Zielvorgaben angesichts der Umfeldbedingungen möglichst nahe kommt. Die sogenannten »Normstrategien« beziehen sich auf einzelne Geschäftsfelder im Portfolio. Sie sind so definiert, dass im Vollzugsfalle ein Schritt zur Transformation des Ist- in das angestrebte Soll-Portfolio getan wird.

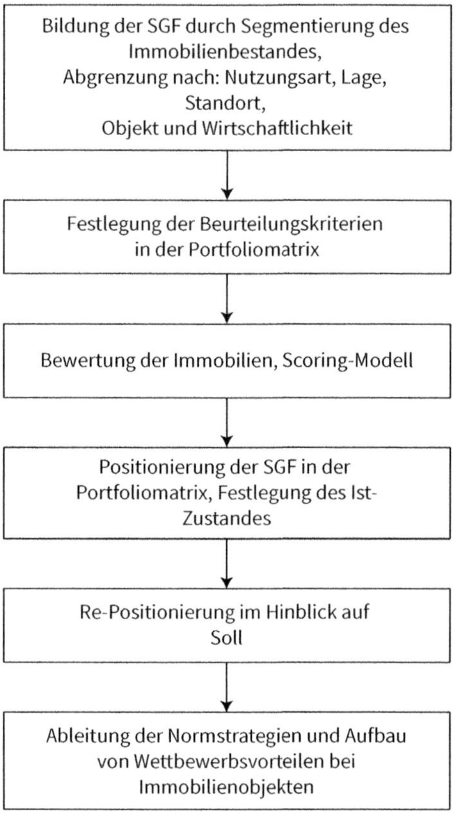

Abb. 4.4: Vorgehensweise der Immobilienanalyse

Ein Defizit der meisten Portfoliomodelle besteht darin, dass sie einseitig auf die Eigenschaften der Objekte im Bestand abstellen und dabei das Kundenprofil vernachlässigen. Die Strategiefestlegung sollte sich aber im Spannungsfeld von Objektprofil und Kundenwunschprofil vollziehen. Kunden- und Objektprofil müssen in Übereinstimmung gebracht werden, und zwar auch und gerade durch Investitionen im Bestand oder Portfoliovariationen.

Es ist wichtig zu erkennen, dass sich die objektbezogene Perspektive von der Kundenperspektive auf die Wohnung/Immobilie unterscheidet. Das wird deutlich, wenn wir uns mit den Eigenschaften der Immobilie beschäftigen. Während die Objektperspektive einzelne, eindeutig abgrenzbare Eigenschaften im Sinne von Ausstattungsmerkmalen betont (Objektqualität), sieht der Kunde mehr auf die Summe der Eigenschaften von Wohnung, Gebäude und Wohnumfeld (Wohlfühlanspruch). Der Kunde, sei er Mieter oder Käufer, weiß oft aus dem Bauch heraus, wo er sich zu Hause fühlen könnte und wo nicht.

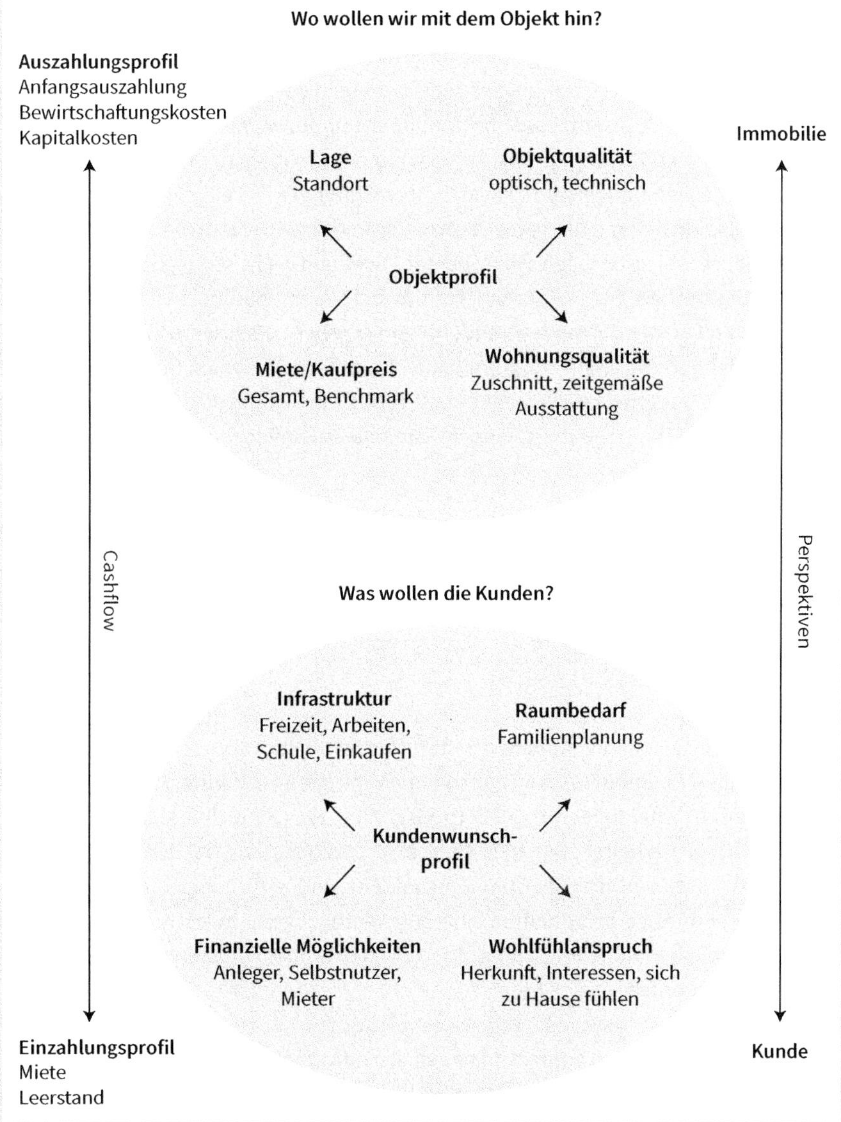

Abb. 4.5: Strategiefestlegung: Objekt- versus Kundenwunschprofil Quelle: Flachmann/Kofner

Aus der Perspektive einer Investitionsrechnung beeinflusst das Objektprofil, das durch Investitionen gestaltet werden kann, das zukünftige Auszahlungsprofil der

Immobilie (Bewirtschaftungs- und Kapitalkosten), während die Frage, ob und inwieweit das Objektprofil dem Kundenwunschprofil entspricht, das Einzahlungsprofil prägt (Mietniveau, Erlösschmälerungen durch Leerstand).

4.3 Portfoliomanagement und Investitionsrechnung

Zwischen dem Portfoliomanagement und der Investitionsrechnung für Immobilien bestehen enge Wechselbeziehungen. Der Charakter dieser Wechselbeziehungen kann mit dem simplen Gegensatzpaar »bottom up«/»top down« nur unzureichend erfasst werden. Ein reiner Bottom-up-Ansatz (von unten nach oben) der Investitionsplanung würde – nur scheinbar genaue – Investitionsrechnungen für eine Vielzahl von Investitionsprojekten liefern. Die Investitionsentscheidungen wären bei diesem Ansatz ausschließlich objektbezogen (Mikroperspektive) und nicht strategisch koordiniert. Aus der Gesamtheit der unkoordinierten Investitionen würden sich aber dennoch strategisch relevante Bestandsveränderungen ergeben. Diese wären aber nicht strategisch reflektiert, da es eine übergreifende Strategie beim reinen Bottom-up-Ansatz gar nicht gibt. Der Entscheider sieht buchstäblich »den Wald vor lauter Bäumen nicht mehr«. Strategische Handlungsperspektiven und Zukunftschancen können aus dem Blick geraten.

Demgegenüber wird beim Top-down-Ansatz (von oben nach unten) eine Makroperspektive auf den Immobilienbestand eingenommen. Der gesamte Immobilienbestand wird nach Kriterien wie Standort- oder Ausstattungsqualität segmentiert und die Aufmerksamkeit richtet sich mehr auf die zusammengefassten Teilbestände als auf die einzelnen Immobilien.

Auf diese Weise können Abhängigkeiten von Investitionsentscheidungen aufgedeckt werden. So beeinflussen Unternehmen mit großen Marktanteilen durch ihre Investitionsentscheidungen das Mietpreisgefüge zwischen den Marktsegmenten. Das Investitionsverhalten, genauer die Schwerpunktsetzung bei den Investitionen, beeinflusst in diesem Fall die Annahmesetzung und -erfüllung. Um solche Rückkopplungen im Auge zu behalten, sind segmentbezogene Investitionsrechnungen unter einheitlichen Annahmen für größere Teilbestände (»Cluster«) bzw. für Portfoliofelder erforderlich.

Diese Rechnungen treten ergänzend neben die individuellen, objektbezogenen Investitionsrechnungen. Portfoliomanagement und segmentbezogene Rechnungen können die objektbezogene Herangehensweise nicht ersetzen und umgekehrt. Die beiden Perspektiven auf den Immobilienbestand (bottom up und top down) ergänzen sich also (Gegenstromprinzip). Es handelt sich hier nicht um Alternativen, zwischen denen eine Entscheidung getroffen werden muss.

4.4 Der Zielbildungsprozess des Unternehmens

Mit jedem Portfoliomanagementmodell wird ein bestimmtes Soll-Portfolio angestrebt, das den strategischen Zielvorgaben angesichts der Umfeldbedingungen möglichst nahekommt. Damit ist die Frage nach der Herkunft der strategischen Zielvorgaben aufgeworfen.

Jedes Unternehmen hat eine Vision (Wo wollen wir hin?), die sich in einem Leitbild oder einer »Business Mission« konkretisiert (zum Beispiel »Wir bieten ganzheitliche sozialverträgliche Lösungen für individuelle Bedürfnisse rund um das Wohnen.«). Die Business Mission bestimmt die Führung, das Denken und das Handeln des gesamten Unternehmens. Sie sollte daher langfristig, gesellschaftsorientiert, mehrdimensional, dynamisch und zukunftsbezogen formuliert sein. Verantwortlich für die Entwicklung der Vision sind der Gesetzgeber (Gesetze regeln, inwieweit Unternehmen neben dem Gesellschaftsinteresse auch dem Unternehmensinteresse dienen)[19], die Gesellschafter und der Aufsichtsrat.

	Persönliche Ebene	**Unternehmensebene**
Vision	Sinn, Glück, Wertvorstellungen, Glaube, Familie	Leitbild, Unternehmens-philosophie, Business Mission
Strategie	Gewinnerwartung, Risikobereitschaft, Zeithorizont, Ressourcen	Operating Environment, Corporate Governance, weiter Zeithorizont
Portfolio	Humankapital, Sparbuch, Girokonto, Aktien, Lebens-versicherung, Immobilien, Fonds, Bargeld, …	Geschäftsfelder, Immobilien, Mieter, Mitarbeiter

Abb. 4.6: Der Dreiklang von Vision, Strategie und Portfolio

19 Im Aktienrecht wird zwischen dem Gesellschaftsinteresse und dem Unternehmensinteresse unterschieden. Das eng definierte Gesellschaftsinteresse umfasst alles, »(...) was den Bestand, die Funktionsfähigkeit und die Aufgabenerfüllung des Verbandes im Hinblick auf den Zweck des Verbandes begünstigt und gewährleistet« (Krämer 2002, S. 47). Es repräsentiert somit eher die Anteilseignerinteressen. Das weitergehende Konzept des Unternehmensinteresses stellt dagegen auf die Selbsterhaltung und fortdauernde funktionsgerechte Erfüllung der Aufgaben des Unternehmens gegenüber Anteilseignern, Arbeitnehmern, Lieferanten, Abnehmern, Konsumenten, Staat und Gesellschaft ab (siehe auch Kofner 2009a).

Das Wort »Strategie« leitet sich vom altgriechischen »strategós« ab, was so viel wie Feldherr oder Kommandant bedeutet. Im Gegensatz zur Taktik handelt es sich um ein längerfristig ausgerichtetes planvolles Anstreben einer vorteilhaften Lage oder eines Ziels. Die Strategie ist der Vision also nachgeordnet. Sie ist der Fahrplan zur Realisierung der langfristigen Vision des Unternehmens. Die Verantwortung liegt hier bei Geschäftsführung und Aufsichtsrat.

Der strategische Fahrplan konkretisiert sich in der Form von Normstrategien zur laufenden Annäherung des Ist-Portfolios an das Soll-Portfolio. Das Portfoliomanagement (Verantwortung: Geschäftsführung, Management, alle Mitarbeiter) seinerseits bestimmt die Zusammensetzung des Portfolios und die Schwerpunkte der bestandsbezogenen Investitionstätigkeit. Die im Mittelpunkt dieses Lehrbuches stehende Investitionsrechnung ist im Wesentlichen nur eine Einzelfallprüfung, die der Einschätzung der individuellen Vorteilhaftigkeit und der finalen Auswahl von Investitionsvorhaben dient, die im Rahmen des Portfoliomanagements zur Annäherung an die strategischen Zielvorgaben und damit an die Vision des Unternehmens beitragen sollen.

4.5 Handlungsraum und Strategiebestimmung

Der Handlungsraum bei einer Investitionsentscheidung wird durch alle möglichen Handlungsalternativen gebildet. Bei Immobilieninvestitionen gibt es oft mehr als zwei Handlungsalternativen. Wir sprechen dann von einem komplexen Handlungsraum. Stellen wir uns eine Immobilie im Bestand vor, bei der ein gewisser Instandhaltungsstau aufgelaufen ist. Im Einzelnen stehen der Entscheidungsinstanz dann folgende – einander technisch ausschließende – Handlungsalternativen offen:

1. bewirtschaften mit minimalem Aufwand und spätere Verwertung (Abbruch oder Verkauf),
2. instandsetzen und bewirtschaften,
3. modernisieren und bewirtschaften: diverse Programme, zum Beispiel ohne oder mit energetischen Maßnahmen bzw. ohne oder mit Nutzungsänderung,
4. sofortiger Abbruch mit/ohne Grundstücksentwicklung (zum Beispiel Grundstücksteilung) und Neubebauung oder teilweiser Rückbau,
5. sofortiger Verkauf,
6. Wohnungseigentum begründen und als Eigentumswohnungen vertreiben.

Wir haben es hier offenbar mit einem sehr komplexen Handlungsraum zu tun. Selbst die Weiterbewirtschaftung ohne Investitionen für Instandsetzung oder Modernisierung (Alternative 1) stellt eine selbstständige Handlungsalternative dar, für die eine Rendite berechnet werden kann. Hier kann es sich um Fälle handeln, bei denen das Objekt als »Cash Cow« genutzt werden soll. Auch eine zu kurze verbleibende Amortisationszeit kann gegen einen investiven Bewirtschaftungsansatz sprechen.

Hinter den investiven Handlungsalternativen (Alternativen 2 bis 4: Instandsetzen, Modernisieren, Neubebauung) stehen diverse alternative Investitionsprogramme, zum Beispiel ohne oder mit Maßnahmen zur energetischen Optimierung. Auch der Abbruch des Objekts und die anschließende Neubebauung kann sich als die vorteilhafteste Handlungsalternative erweisen, zum Beispiel bei Wohnungen aus den 1950er Jahren, die nach Raumhöhen und Zuschnitt nur schwerlich an heutige Nutzungsanforderungen angepasst werden können. Davon abgesehen besteht auch die Möglichkeit, das Grundstück nach dem Abbruch zu veräußern.

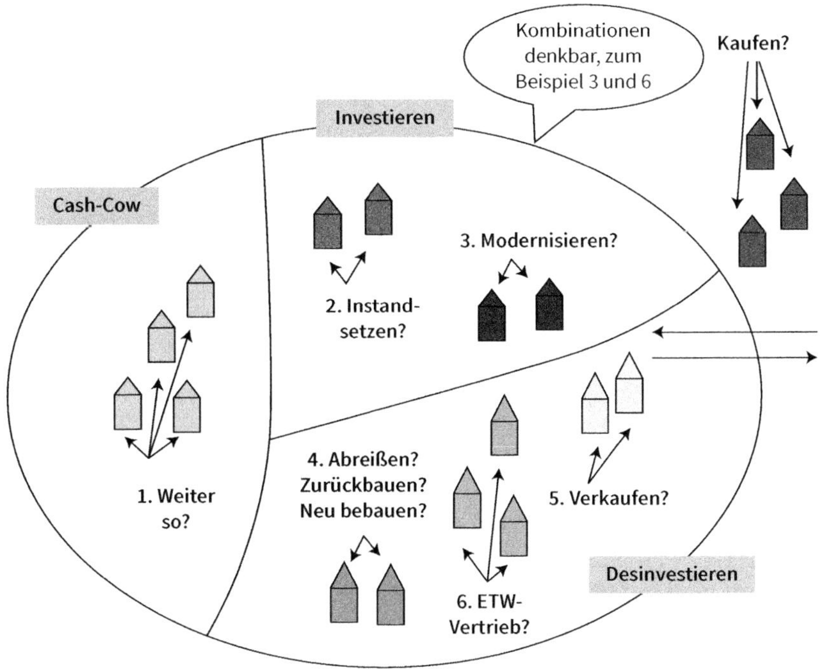

Abb. 4.7: Handlungsalternativen im Immobilienbestand

Der Verkauf des Objekts (Alternative 5) kann einzeln oder als Bestandteil einer Pakettransaktion erfolgen. Im Fall eines Paketzuschlags liegt der gesamte Verkaufspreis des Teilportfolios über der Summe der Werte bei Einzelveräußerung aller im Paket enthaltenen Objekte. Pakettransaktionen werden aus steuerlichen Gründen oft im Wege des Verkaufs einer Kapitalgesellschaft durchgeführt. Für privatisierungsgeeignete Bestände kann schließlich die Begründung von Wohnungseigentum und der anschließende Vertrieb als Eigentumswohnungen (Alternative 6) am vorteilhaftesten sein.

Bei der Vorbereitung einer Investitionsentscheidung kommt es darauf an, den Handlungsraum möglichst vollständig zu beschreiben, damit keine logische Alternative übersehen wird. So ist es möglich, dass die Instandsetzungsalternative eine interne Verzinsung erwarten lässt, die von den Eigentümern als ausreichend angesehen wird. Wenn aber nun Modernisierungsvarianten einschließlich energetischer Programme gar nicht in die Betrachtung einbezogen werden, dann ist es nicht sicher, dass die Entscheidung für die Instandsetzungsalternative optimal war. Es mag sein, dass mit einer Modernisierungsvariante eine höhere Rendite erzielt werden kann.

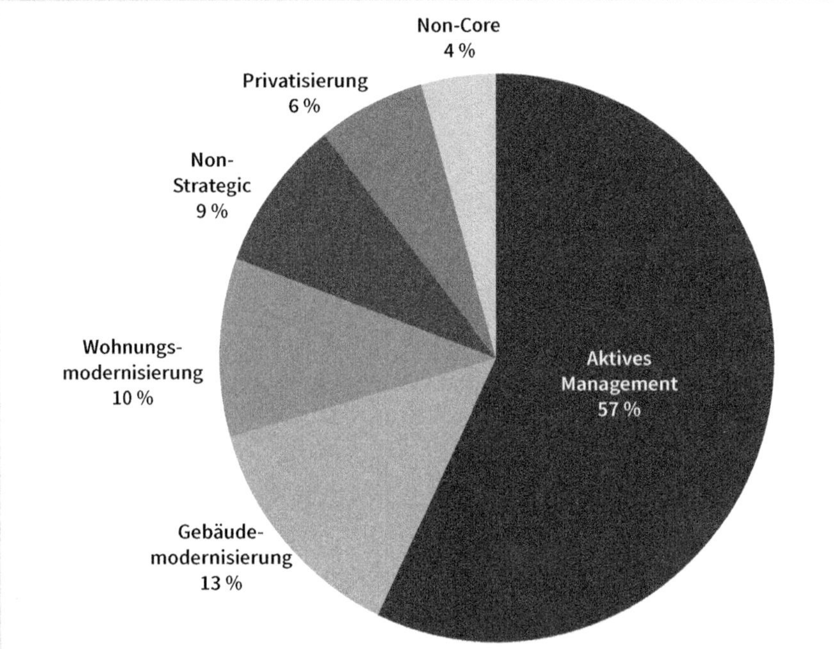

Abb. 4.8: Vonovia-Portfoliosegmentierung zum 30.9.2015 Quelle: Vonovia 2015

Das börsennotierte Wohnungsunternehmen Vonovia hat hauptsächlich folgende Kriterien angewandt, um Einheiten einem ihrer strategischen Teilportfolios zuzuordnen (Vonovia 2015): mikroökonomischer Ausblick für die Immobilien, langfristige demografische Entwicklungen und Entwicklungen des Mietwohnungsmarktes, betriebliche Effizienz und Potenzial für wertsteigernde Maßnahmen. Das Unternehmen hatte sein Gesamtportfolio nach diesen Kriterien in sechs strategische Teilportfolios unterteilt: 1. Aktives Management, 2. Gebäudemodernisierung, 3. Wohnungsmodernisierung, 4. Non Strategic, 5. Privatisierung und 6. Non-Core. Die strategischen Teilportfolios 1. bis 3. bildeten zusammen das Unterportfolio »Strategic«. Die Portfolios »Non Strategic«, »Privatisierung« und »Non-Core« zählen dagegen nicht zum Kernwohnungsbestand und waren zum Verkauf vorgesehen. Die Normstrategien der einzelnen strategischen Teilportfolios definieren die weitere Behandlung der jeweils zugeordneten Wohnungsbestände:

1. Aktives Management (»Weiter so«): Es handelt es sich um Aktiva, bei denen mittelfristig kein Bedarf an wesentlichen Portfoliomaßnahmen, wie etwa größeren

Investitionen oder Veräußerungen, besteht. Operative Wertsteigerungen sollen durch Erlösoptimierung sowie durch Kostensenkungen aufgrund von Skaleneffekten erreicht werden.

2. Gebäudemodernisierung: Die Immobilien in diesem Portfolio sind vorbehaltlich ausreichender Kapitalverfügbarkeit für energetische Sanierungsprojekte vorgesehen[20], die teilweise durch KfW-Kredite finanziert werden sollen. Für die Gebäudeinvestitionen wird eine durchschnittliche Rendite von 7 % auf das investierte Kapital angestrebt (ohne Wertsteigerungen).
3. Wohnungsmodernisierung: Diese Wohnungen sind für größere Aufwertungen *bei Mieterwechseln* vorgesehen (barrierefreie Zugänge für seniorenfreundliches Wohnen sowie wertsteigernde Sanierungen von Wohnungen auf Märkten mit zusätzlichem Mietpotenzial). Der Renditeanspruch liegt auch hier bei 7 % und die Finanzierung soll mit KfW-Förderdarlehen sowie aus dem Cashflow aus der laufenden Geschäftstätigkeit erfolgen.
4. Non Strategic: Dieses Portfolio enthält Standorte und Teilbestände, die als nicht zwingend notwendig für die weitere strategische Entwicklung des Unternehmens sind (Standorte mit unterdurchschnittlichen Mietwachstumsprognosen und periphere Lagen). Die Wohnungsbestände in diesem Portfolio sollen opportunistisch verkauft werden, falls die Preise attraktiv genug sind.
5. Privatisierung: Der Privatisierungsbestand umfasst Eigentumswohnungen sowie Einfamilienhäuser, die bereits für den Verkauf an private Eigentümer und kleinere Investoren vorbereitet sind. Diese Einheiten sollen langfristig zu Durchschnittspreisen verkauft werden, die mindestens 20 % über den Verkehrswerten liegen.
6. Non-Core: Diese Gebäude sind in Städten oder Regionen mit minimaler Präsenz des Unternehmens oder an Makro- oder Mikrostandorten mit negativem Ausblick und strukturell niedrigen Mietniveaus oder hohen Leerstandsquoten gelegen. Ferner enthält dieses Portfolio große Gewerbeeinheiten. Die Gebäude in diesem Portfolio sollen in etwa zu ihrem Verkehrswert verkauft werden.

Das Teilportfolio »Aktives Management« entspricht der Handlungsalternative »Weiter so«, die Teilportfolios »Gebäudemodernisierung« und »Wohnungsmodernisierung« der Handlungsalternative »Modernisieren«, das Teilportfolio »Privatisierung« der Handlungsalternative »ETW-Vertrieb« und die Teilportfolios »Non Strategic« und »Non-Core« der Handlungsalternative »Verkaufen«. Im aktuellen Portfolio der Vonovia sind diese Teilportfolios tatsächlich durch entsprechende Verkaufstransaktionen bereits weitgehend aufgelöst. Reine Instandsetzungsprogramme führt die Vonovia abgesehen von Einzelmaßnahmen nicht durch. Instandsetzungsmaßnahmen sind in der Regel mit Modernisierungsmaßnahmen verbunden.

20 Typische Maßnahmen zielen auf eine Senkung des Energieverbrauchs durch bessere Isolierung und effizientere Heizungsanlagen ab.

Bei der Entwicklung eines Immobilienportfolios ist die räumliche Perspektive von großer Bedeutung. Durch räumliche Konzentrationen an wenigen Standorten können die Kosten der Bewirtschaftung und Wohnungsverwaltung reduziert werden. Auf der anderen Seite kann ein räumlich breit diversifiziertes Portfolio, in dem verschiedene Regionen und Marktlagen gemischt sind, unter Risikogesichtspunkten (Vermeidung eines Klumpenrisikos) vorteilhaft sein.

Das Wohnungsportfolio der Vonovia ist ein Beispiel für die gezielte räumliche Erweiterung eines Wohnungsportfolios. Die Zukäufe von vitus, DeWAG und Franconia in den Geschäftsjahren 2013 und 2014 waren auf Seiten der Vonovia nicht zuletzt durch die Verbesserung der räumlichen Streuung des Gesamtportfolios im Sinne einer ausgewogeneren Verteilung motiviert.

Ein Beispiel für eine räumlich fokussierte Portfoliostrategie bildet die Deutsche Wohnen AG, die nicht zuletzt durch die Übernahme der Berliner GSW den Anteil der im Großraum Berlin gelegenen Wohnungen auf mittlerweile mehr als 75 % ihres Gesamtbestandes gesteigert hat. Dieser Berlin-Fokus wird der Finanzöffentlichkeit als wesentlicher Vorteil für die Aussichten der Aktie dargestellt. Die herausragende Entwicklung des Berliner Wohnungsmarktes in den letzten Jahren stützt diese Argumentation. Aber grundsätzlich handelt es sich hier natürlich um ein räumliches Klumpenrisiko. Einen anderen Ansatz verfolgt die Akelius Residential AB, die länderübergreifend in ausgewählte Metropolen investiert.

Weitere Ansatzpunkte für eine räumlich konzentrierte Strategie können Städtekategorien (A-, B-, C-Städte) sein. So kann ein Wohnungsportfolio beispielsweise auf die Ränder von Ballungsgebieten und sogenannte B-Städte ausgerichtet werden, also gerade nicht auf die A-Städte selbst.

4.6 Fallstudie Unterbringungsvarianten

Um die Problematik der Zuordnung von Ein- und Auszahlungen zu den verschiedenen Investitionsalternativen besser zu verstehen, werfen wir nun einen Blick nach Bahnstadt, wo es um die Ermittlung der geeignetsten Unterbringungsmöglichkeit für das technische Rathaus dieser Großstadt mit ihren 500.000 Einwohnern geht.

Verschiedene Ämter (unter anderem Personalamt, Ordnungsamt, Wohngeldstelle, Amt für Bauordnung und Denkmalpflege, Hoch- und Tiefbauamt) mit insgesamt 1.200 Mitarbeitern sind derzeit in einem Mietobjekt in zentraler Lage untergebracht. Der Mietvertrag läuft zum 30.6.2020 aus und die Stadtverwaltung prüft verschiedene Unterbringungsalternativen. Für die 1.200 Mitarbeiter wird eine Nettogrundfläche zwischen 30.000 und 35.000 m^2 benötigt, außerdem 100 Stellplätze für PKW. Die Nutzungsdauer soll 20 Jahre betragen und aus qualitativer Sicht wird vor allem Wert auf eine gute infrastrukturelle Anbindung gelegt. Zur Diskussion stehen vier Unterbringungsvarianten:

- **Alternative 1: Anschlussmietverhältnis**
  - Mietvertrag läuft am 30.6.2020 aus.
  - Gebäude befindet sich in keinem zeitgemäßen Zustand mehr und benötigt eine Sanierung (vom Eigentümer zu tragen).
- **Alternative 2: Anmietung und Neubau**
  - Gebäude Ende des 19. Jahrhunderts errichtet.
  - Stark gegliederte Fassade → städtebauliche Relevanz.
  - Bestandsgebäude mit 16.300 m^2 BGF zu klein → weiteres Gebäude erforderlich (Neubau).
- **Alternative 3: Neubau**
  - Benötigtes Grundstück im Eigentum der Stadt.
  - Zentrale Lage mit hervorragender Verkehrsanbindung.
  - Neubau in eigener Regie mit ausreichenden Büroflächen und zusätzlichen Einzelhandelsflächen im Erdgeschoss.
- **Alternative 4: Umnutzung ehemaliger Schulgebäude**
  - Nutzung sechs leer stehender Schulgebäude im Stadtgebiet.
  - Alter und Bauweise sehr unterschiedlich.
  - Derzeit laufende Kosten für Leerstandsmanagement.
  - Aufwendige Baumaßnahmen für Nutzungsänderungen und Sanierung.

Wir haben es hier ohne Frage mit einem komplexen Handlungsraum zu tun. Um das Entscheidungsproblem wenigstens etwas zu vereinfachen, betrachten wir im Folgenden nur noch die Alternativen 1 (Anschlussmietverhältnis) und 3 (Neubau). Wir wollen nun die Frage diskutieren, wie sich die Anfangsauszahlung/Anfangseinzahlung und die laufenden Ein- und Auszahlungen der Alternativen 1 und 3 zusammensetzen.

	Alternative 1 Anschlussmietverhältnis	**Alternative 3 Neubau**
Anfangsauszahlung/Anfangseinnahme	Vermiedene Herstellungskosten + Marktwert des Grundstücks + vermiedene Umzugskosten + vermiedene BGA-Ausgaben	Herstellungskosten + Marktwert des Grundstücks + Umzugskosten + BGA
Einzahlungen	Vermiedene Bewirtschaftungskosten der Neubauvariante	Ladenmieten, ersparte Miete aus der günstigsten Mietalternative, Liquidationserlös
Auszahlungen	Mietzahlungen, entgangene Ladenmieten, entgangener Liquidationserlös	Instandhaltung und Verwaltung für alle Flächen, Mietausfallwagnis für Ladenflächen

Tab. 4.1: Ein- und Auszahlungen der Investitionsalternativen

Dazu müssen wir uns zuerst vergegenwärtigen, dass die beiden ausgewählten Alternativen sich zueinander spiegelbildlich verhalten. Das heißt: Wenn die eine Alternative nicht realisiert wird, dann auf jeden Fall die andere. Bei alternativen Optionen sind die Annahmen aber voneinander abhängig. Es gibt keine weiteren Handlungsalternativen im Handlungsraum. Die Betriebskosten können wir vernachlässigen, da sie bei beiden Alternativen anfallen.

Bei der Neubaualternative ist es offensichtlich, dass die Anfangsauszahlung der Investition sich aus den Herstellungs- und den Umzugskosten zusammensetzt. Nicht vergessen dürfen wir den aktuellen Marktwert des Grundstücks, denn wir dürfen annehmen, dass die Stadt das Grundstück verkaufen würde, wenn sie die Alternative »Anschlussmietverhältnis« realisiert. Hinzu kommen noch die Ausgaben für Betriebs- und Geschäftsausstattung (BGA) im Zusammenhang mit dem Umzug (zum Beispiel für Büromöbel). Die Auszahlungsseite bereitet keine größeren Schwierigkeiten. Hier sind die üblichen Bewirtschaftungskosten anzusetzen. Auf der Einzahlungsseite haben wir zahlungswirksame Mieteinnahmen aus den vermieteten Ladenflächen. Hinzuzählen müssen wir aber auch die ersparte Miete, die bei der Entscheidung für die spiegelbildliche Investitionsalternative angefallen wäre. Die ersparte Miete ist der Neubaualternative als Einzahlung zuzurechnen, weil die Entscheidung für diese Alternative eine Entscheidung gegen die Fortsetzung des Mietverhältnisses ist. Es ist also eine direkte Folge dieser Entscheidung, dass keine Mietzahlungen mehr anfallen. Die Voraussetzungen dafür werden erst durch die Neubauinvestition geschaffen.

Wir können aber auch das Mietverhältnis als Investition betrachten. Die Anfangsauszahlung ist aus dieser Sicht eine Anfangseinzahlung und sie entspricht der Anfangsauszahlung der Neubaualternative mit umgekehrtem Vorzeichen. Auf der Auszahlungsseite sind neben den Mietzahlungen an den Eigentümer die entgangenen Ladenmieten und der entgangene Liquidationserlös zu berücksichtigen. Die Einzahlungen entsprechen den vermiedenen Bewirtschaftungskosten der Neubauvariante. Die Kapitalwerte[21] der beiden spiegelbildlichen Investitionsalternativen addieren sich zu null. Die Variante mit dem positiven Kapitalwert ist vorteilhaft und damit zu realisieren.

Zusammenfassung

Unter Immobilienportfoliomanagement versteht man die laufende Anpassung eines Immobilienbestandes an Umweltveränderungen gemäß den langfristigen strategischen Zielvorgaben zum Zwecke der Performance-Optimierung und Risikostreuung. Die Portfolioperspektive erfordert andere Managementmethoden und -instrumente als die klassische Objektverwaltung.

21 Der Kapitalwert ergibt sich durch Abzinsung aller Ein- und Auszahlungen einer Investition auf die Gegenwart und anschließenden Abzug der Anfangsauszahlung. Siehe dazu die Abschnitte 5.3 und 7.

Ein Portfoliomanager gestaltet zielgerichtet die (typologische, räumliche, qualitative etc.) Struktur des von ihm gesteuerten Immobilienbestandes. Die Marktperspektive dominiert hier gegenüber der Objektperspektive.

Beim operativen Umfeld eines Unternehmens handelt es sich um die exogenen Erfolgsfaktoren. Das operative Umfeld eines Wohnungsunternehmens wird geprägt von Änderungen in den politisch gesetzten, den wirtschaftlichen und den finanzwirtschaftlichen Rahmenbedingungen sowie den langfristig wirkenden sozialen und demografischen Kräften. Das operative Umfeld entwickelt sich dynamisch und dies macht dynamische Anpassungen der Immobilienportfolios erforderlich.

Portfoliomodelle sind Instrumente zur Komprimierung von Informationen. Immobilienportfoliomanagementmodelle fassen eine Vielzahl von Eigenschaften der einzelnen Objekte zu einem Punktestand zusammen, der die Qualität der Immobilien bei ausgewählten Dimensionen (zum Beispiel Standort, Ausstattung, Vermietungserfolg) im Verhältnis zum Durchschnitt beschreibt. Dem Ist-Portfolio wird ein Soll-Portfolio gegenübergestellt, das den strategischen Zielvorgaben angesichts der Umfeldbedingungen möglichst nahe kommt. Die sogenannten »Normstrategien« für die einzelnen Portfoliofelder sind so definiert, dass das Ist- in das angestrebte Soll-Portfolio transformiert wird.

Portfoliomanagement und segmentbezogene Rechnungen können die objektbezogene Herangehensweise bei der Investitionsrechnung nicht ersetzen und umgekehrt. Die beiden Perspektiven auf den Immobilienbestand ergänzen sich vielmehr (Gegenstromprinzip). Portfoliomanagement und Investitionsrechnung sind in den Zielbildungsprozess des Unternehmens eingebettet (Vision und Strategie).

Investieren heißt, sich für eine Alternative innerhalb des Handlungsraums zu entscheiden. Bei Immobilieninvestitionen ist der Handlungsraum oft komplex und die wirtschaftlich angemessene Zuordnung von Ein- und Auszahlungsströmen zu den einzelnen Handlungsalternativen ist nicht immer einfach. Das gilt besonders bei sich einander technisch ausschließenden Alternativen. Es ist aber wichtig, den Handlungsraum vollständig zu beschreiben, damit nicht etwa die vorteilhafteste Alternative übersehen wird.

Wichtige Begriffe und Konzepte

Business Mission	Ist-Portfolio	Risikostreuung
Effizientes Portfolio	Objektverwaltung	Soll-Portfolio
Gesellschaftsinteresse	operatives Umfeld	Strategie
Handlungsalternative	Normstrategien	Unternehmensinteresse
Handlungsraum	Portfoliodimensionen	Vision
Immobilienportfolio	Portfoliomanagement	
Investitionsalternative	Portfoliomodell	

Verständnisfragen

K 4.1
Worin unterscheidet sich ein Portfoliomanager von einem Objektmanager und einem Immobilienverwalter?

K 4.2
Wie wirken sich Änderungen im operativen Umfeld auf das Portfoliomanagement aus?

K 4.3
Erläutern Sie die Beziehungen zwischen Ist- und Soll-Portfolio!

K 4.4
Grenzen Sie die Objektperspektive auf eine Wohnimmobilie von der Kunden- bzw. Mieterperspektive ab!

K 4.5
Wer ist in einer Kapitalgesellschaft (AG oder GmbH mit Aufsichtsrat) für die Entwicklung von Vision und Strategie und wer ist für das Portfoliomanagement zuständig?

K 4.6
Beschreiben Sie möglichst vollständig den Handlungsraum für eine ältere Mietwohnimmobilie im Bestand, bei der sich über die Jahre ein Instandhaltungsstau aufgebaut hat. Die Heizkosten liegen bei 1,40 EUR pro Monat und m^2.

Weiterführende Fragen und Themen

W 4.1

Stellen Sie eine Liste mit den wesentlichen Änderungen im operativen Umfeld der Wohnungswirtschaft in Ihrer Region in den letzten 10 Jahren zusammen!

W 4.2

Inwieweit hat die globale Finanzkrise das operative Umfeld der Immobilienwirtschaft verändert? Welche Zweige der Immobilienwirtschaft waren besonders betroffen?

W 4.3

Kennen Sie ein Stadtviertel, in dem sich ein Gentrifizierungsprozess vollzogen hat?

W 4.4

Fertigen Sie eine Stärken-Schwächen-Analyse für ein bekanntes bzw. Ihnen vertrautes Unternehmen der Immobilienwirtschaft an!

W 4.5

Schlagen Sie für die Zwecke der Standortbewertung eines Wohnimmobilienbestandes eine Zuordnungsvorschrift für das Submerkmal »Parkmöglichkeiten« (Kriterien und zu vergebende Punkte) vor, die dem Bearbeiter möglichst wenig Ermessensspielräume lässt!

W 4.6

Beschreiben Sie Ihre persönliche Karrierevision. Wo wollen Sie in 20 Jahren stehen? Entwickeln Sie eine Strategie für die Annäherung an Ihre Vision. Welche Ressourcen stehen Ihnen heute und in der Zukunft zur Verfügung?

Literaturhinweise

Kreisel/Löhr (2002): Immobilien-Portfolio Management als Einführung in die Portfolio-Analyse, insbesondere auch zur Abgrenzung der Portfolioansätze, zu den Einflussfaktoren und zu den Besonderheiten der Immobilienportfolio-Analyse.

Trampe (2009): Was sind meine Bestände wert? Zur Einbeziehung der Finanzierungs- und Besicherungsseite in das Portfoliomanagement.

Brown/Matysiak (2000): Real Estate Investment: A Capital Markets Approach, Chapter 15 «Developing a Portfolio Strategy«.

5 Grundlagen der Immobilieninvestitionsrechnung

»Wer hohe Türme bauen will, muss lange beim Fundament verweilen.«
Anton Bruckner

In diesem Kapitel sollen Sie erkennen,

- dass die Investitionsrechnung nur als eine Teilaufgabe des Problemlösungsprozesses der Investition anzusehen ist,
- wie man Immobilieninvestitionen üblicherweise einteilt und welche bilanziellen Auswirkungen die unterschiedlichen Arten von Investitionen zeitigen,
- aus welchen Eingangsgrößen sich der Dateninput einer Investition zusammensetzt und wie diese Eingangsgrößen ermittelt bzw. geschätzt werden können,
- wie Zahlungen zu unterschiedlichen Zeitpunkten miteinander verglichen werden können,
- welche Probleme bei Investitionsrechnungen auftreten können.

5.1 Problemlösungsprozess der Investition

Den Problemlösungsprozess der Investition können wir uns als einen Filterprozess (Trichtermodell) vorstellen: Auf verschiedenen Stufen werden schrittweise aus der Menge aller in Betracht gezogenen Investitionsvorhaben diejenigen ausgewählt, die schließlich zur Durchführung freigegeben werden. Dabei werden die Filter immer feiner, je näher wir uns auf die endgültige Auswahl zubewegen.

Der Problemlösungsprozess der Investition vollzieht sich in vier Phasen (Planung, Entscheidung, Vollzug und Evaluation). Der Anstoß wird durch die Investitionsanregung gegeben. Investitionsanregungen können sowohl unternehmensinternen (zum Beispiel Modernisierung eines Gebäudes wegen überdurchschnittlicher Instandhaltungsaufwendungen) als auch externen Ursprungs sein (zum Beispiel Absatzmarktentwicklungen wie die zunehmende Nachfrage nach betreuten Wohnlösungen).

Die Zahl der in Betracht gezogenen Investitionsvorhaben übersteigt in der Regel die finanziellen Möglichkeiten des Unternehmens. Da man aus Zeit- und Kostengründen nicht jede Alternative einer Detailanalyse unterziehen kann, muss eine Grobselektion anhand standardisierter Bewertungskriterien erfolgen. Dabei ist die Vereinbarkeit mit dem Unternehmenszweck und den Zielen der strategischen Planung zu überprüfen. Zusätzlich können quantitative und qualitative Beurteilungskriterien herangezogen werden (zum Beispiel Höhe und Dauer der Kapitalbindung, Marktwachstum, Ausschluss bestimmter Regionen). Außerdem ist für die Zwecke der Grobselektion kursorisch zu prüfen, ob die für das Unternehmen wichtigen wirtschaftlichen, technischen, rechtlichen und sozialen Nebenbedingungen eingehalten werden.

Diejenigen Investitionsvorhaben, die die Grobselektion überstanden haben, werden nun etwas genauer untersucht, wobei auch grobe quantitative Rechenverfahren zum Einsatz kommen. Dabei sind bereits wesentliche entscheidungsrelevante technische, wirtschaftliche und soziale Daten über die einzelnen Investitionsalternativen zu erfassen (zum Beispiel technische Daten über Heizungs- und Klimatechnik, wirtschaftliche Daten wie Marktwert der Immobilie, Vermietungsstand, Höhe der Mieteinnahmen und der laufenden Bewirtschaftungskosten sowie eine grobe Schätzung der Modernisierungskosten).

Diese Datenerfassung ist Grundlage der Grobkalkulation. Auf dieser Stufe des Filterprozesses reicht es meistens aus, wenn man sich statischer Verfahren der Investitionsrechnung bedient. Mithilfe des gewählten Rechenverfahrens sollen lediglich offensichtlich unwirtschaftliche Projekte ausgeschieden werden. Dies kann beispielsweise durch eine Obergrenze für den Ankaufmultiplikator erfolgen.[22]

Die verbleibenden Projekte werden dann nach Dringlichkeit sortiert. Dabei wird zwischen Zwangs- und Alternativinvestitionen unterschieden. So stellt die Reparatur eines undichten Daches bei Gefährdung der Bausubstanz, Vollvermietung des Objekts und sonst mangelfreiem baulichen Zustand eine Zwangsinvestition dar. Davon abgesehen liegen Zwangsinvestitionen immer dann vor, wenn es um Gefahren für Leben oder Gesundheit von Menschen geht (zum Beispiel Brandschutz, Verkehrssicherungspflichten).

An die Einordnung der Projekte nach Dringlichkeit schließen sich die vollständige Datensammlung und die darauf basierende detaillierte Wirtschaftlichkeitsberechnung an, die Hauptgegenstand dieses Lehrbuches ist. Auf dieser Stufe des Filterprozesses kommen grundsätzlich nur dynamische Rechenverfahren infrage, die eine explizite und komponentenweise Modellierung des zukünftigen Cashflow-Verlaufs in Jahresscheiben zulassen. Dabei kommt es insbesondere auf die Auswahl des geeig-

22 Der Ankaufmultiplikator entspricht dem Verhältnis Ankaufpreis/Jahresnettokaltmiete. Es kann beispielsweise die Regel aufgestellt werden, dass der Multiplikator bei Mietwohnimmobilien nicht über 20 liegen darf.

neten Verfahrens, die Beachtung der Grenzen der Vergleichbarkeit der Ergebnisse, die abgewogene Annahmesetzung und die Risikobeurteilung an. Die angemessene Interpretation der Ergebnisse ist dabei als die schwierigste Teilaufgabe der Investitionsbewertung anzusehen.

Der Inhalt einer vorlagefähigen Wirtschaftlichkeitsberechnung geht über die bloße Berechnung der entsprechenden Kennzahl weit hinaus. Im Einzelnen umfasst eine entscheidungsreife Vorlage folgende Komponenten:

- Beschreibung des Mikro- und des Makrostandortes[23] mithilfe von Lageplan, Fotos und Benchmarks,
- Definition der Handlungsalternativen (Abschnitt 4.5),
- Übersicht über die Auswirkungen der verschiedenen Handlungsalternativen (Abschnitt 11.3),
- Maßnahmenkatalog mit Angabe des Modernisierungs- und Instandsetzungsanteils (Abschnitt 11.3),
- Übersicht über die getroffenen Annahmen: Miet- und Leerstandsszenarien, gegebenenfalls Verkaufsquoten,
- Berechnung der ausschlaggebenden Kennzahl(en) (zum Beispiel Kapitalwert, VoFi-Rendite oder interner Zinsfuß),
- Einschätzung des Projektrisikos: kritische Werte, Szenarien,
- begründeter Vorschlag zur weiteren Vorgehensweise.

Aus den Bewertungen sollten sich eindeutige Empfehlungen für die Annahme oder Ablehnung der einzelnen Investitionsvorhaben und eine Rangordnung der alternativen Projekte ergeben.

Die Entscheidungen folgen erfahrungsgemäß nicht immer den Empfehlungen aus der Investitionsbewertung. Derartige Abweichungen können sich zum Beispiel aus der Abstimmung der Investitionsplanung mit der Finanzplanung ergeben. Auch der »menschliche Faktor« kann zu einer Abweichung von den Empfehlungen führen (Einführung zusätzlicher Beurteilungskriterien, Irrationalität, Gruppendynamik).

23 Der Makrostandort umfasst im Gegensatz zum Mikrostandort einen geografischen Großraum, in dem sich ein Grundstück befindet, sowie dessen Einzugs- und Verflechtungsbereich, zum Beispiel Stadtteil, Stadt oder Region. Der Mikrostandort beschreibt das unmittelbare Umfeld des Objekts.

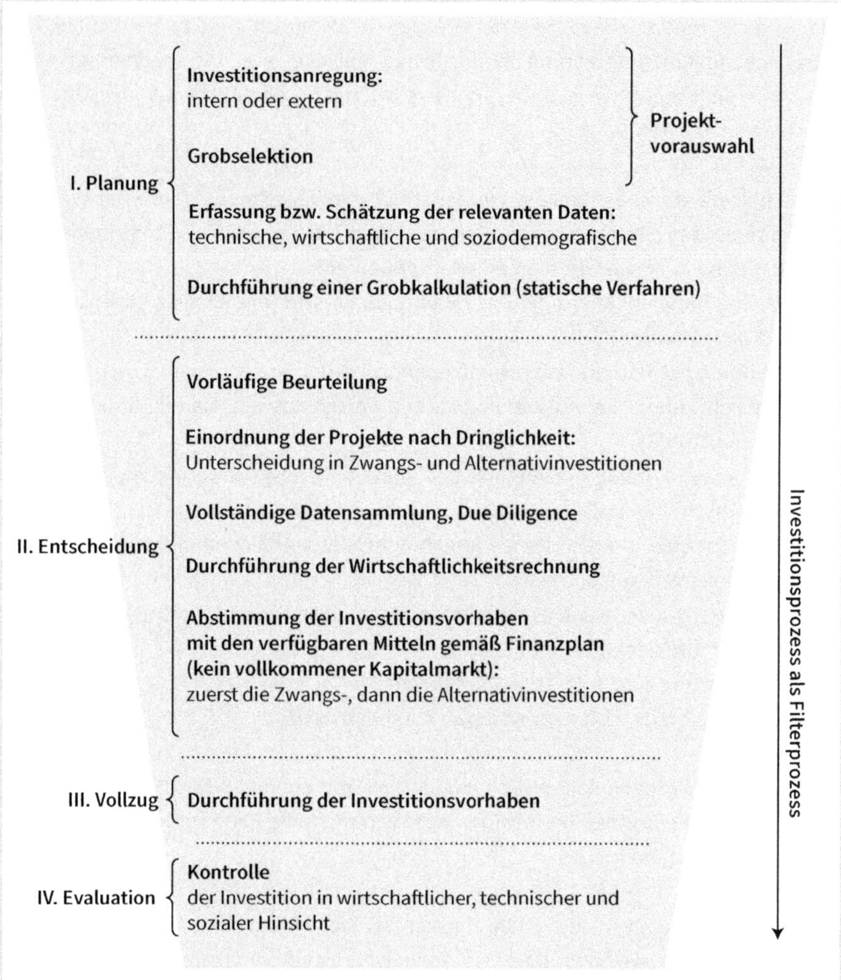

Abb. 5.1: Problemlösungsprozess der Investition

Grundlage der Realisierung einer Investition ist eine positive Investitionsentscheidung. Die Vollzugsphase umfasst die bei Immobilien komplexe Beschaffungsphase (Anordnung, Verhandlung, Abschluss des Kaufvertrags, notarielle Beglaubigung desselben, Zahlung, Eigentumsübergang, Inbesitznahme etc.) sowie gegebenenfalls die Planungs- und Bauphase. Die Honorarordnung für Architekten und Ingenieure (HOAI) unterscheidet folgende neun Leistungsphasen:

1. Grundlagenermittlung: Ermitteln der Voraussetzungen zur Lösung der Bauaufgabe durch die Planung.
2. Vorplanung (Projekt- und Planungsvorbereitung): Erarbeiten der wesentlichen Teile einer Lösung der Planungsaufgabe.

3. Entwurfsplanung (System- und Integrationsplanung): Erarbeiten der endgültigen Lösung der Planungsaufgabe.
4. Genehmigungsplanung: Erarbeiten und Einreichen der Vorlagen für die erforderlichen Genehmigungen oder Zustimmungen.
5. Ausführungsplanung: Erarbeiten und Darstellen der ausführungsreifen Planungslösung.
6. Vorbereitung der Vergabe: Ermitteln der Mengen und Aufstellen von Leistungsverzeichnissen.
7. Mitwirkung bei der Vergabe: Ermitteln der Kosten und Mitwirkung bei der Auftragsvergabe.
8. Objektüberwachung (Bauüberwachung): Überwachung der Ausführung des Objekts.
9. Objektbetreuung und Dokumentation: Überwachung der Beseitigung von Mängeln und Dokumentation des Gesamtergebnisses.

Parallel zur Realisierung des Investitionsvorhabens, aber auch während der gesamten Haltedauer sollen entsprechende Controllingaktivitäten sicherstellen, dass das Investitionsziel und damit der angestrebte Beitrag zu den Unternehmenszielen erreicht wird. Zur Ausführungskontrolle gehört insbesondere die Kontrolle der Ausgaben, der Termine und der Qualität der Bauausführung. Abweichungen in diesen Bereichen stellen die Annahmen der Investitionsrechnung infrage. Dabei sind Terminüberschreitungen wegen der Verlängerung der Kapitalbindung ebenso von Bedeutung wie Kostenüberschreitungen, die zu einer Überschreitung der in der Investitionsrechnung für das Projekt kalkulierten Gesamtgestehungskosten führen können.

Zur Ergebniskontrolle zählen die laufende Beobachtung und Überprüfung der Wirtschaftlichkeit und der Rentabilität des Vorhabens und der sonstigen mit der Investition verbundenen Zielsetzungen. Zeitpunkte, Dauer und Intensität der Investitionskontrolle sind abhängig vom Investitionsvolumen und von der Bedeutung der Investition für die wirtschaftliche und technische Fortentwicklung des Unternehmens zu wählen.[24]

Werden durch das Controlling systematische Abweichungen von Soll- und Istgrößen festgestellt (zum Beispiel ständige Unterschätzung des Zinsänderungsrisikos oder der Modernisierungskosten), so muss dies Rückwirkungen auf den Prozess der Investitionsplanung haben. Auf der Projektebene sind eventuell die Vorgaben für die Folgeperioden anzupassen. Weitere Controllingaufgaben sind die Überprüfung der Abläufe und Schnittstellen (Verantwortlichkeiten, Kommunikationswege, Dokumentation).

24 Olfert 2015, S. 82 f.

Die Verantwortlichkeiten für die Erstellung der Wirtschaftlichkeitsberechnung sollten wie folgt zugeordnet werden: Die Erstellung des Rechenmodells und die Festlegung der Handlungsoptionen (zugelassene Alternativen) sollte das Controlling in Abstimmung mit den Eigentümern vornehmen bzw. je nach Rechtsform des Unternehmens mit den zuständigen Leitungs- und Überwachungsorganen. Für die Festlegung der allgemeinverbindlichen Annahmen (zum Beispiel Kalkulationszins) sollte das Portfoliomanagement in Abstimmung mit den Eigentümern bzw. den Leitungs- und Überwachungsorganen und den jeweils operativ verantwortlichen Abteilungen für Finanzen, Steuern, Einkauf etc. zuständig sein.

5.2 Einteilung von Immobilieninvestitionen

Immobilieninvestitionen kann man grundsätzlich in Erweiterungs- (Neubau, Zukauf) und Bestandsinvestitionen (Instandhaltungs-, Instandsetzungs- und Modernisierungsinvestitionen einschließlich Um- und Ausbau sowie Investitionen in das Wohnumfeld) unterteilen. Die Bedeutung der Neubauinvestitionen dürfte in den kommenden Jahren wieder zunehmen, weil der Bedarf an zusätzlichen Flächen aufgrund der Entwicklung der Zahl der Haushalte und des gesamtwirtschaftlichen Wachstums zunimmt. Davon abgesehen ist am Wohnungsmarkt wegen der jahrelang zu geringen Bautätigkeit ein Nachholbedarf entstanden.

5.2.1 Auswirkungen auf die Bilanz

Eine bestandserweiternde Investition stellt aus bilanzieller Sicht einen Aktivtausch dar. Die liquiden Mittel nehmen ab und im gleichen Umfang nimmt das Anlagevermögen zu. Die Passivseite wird dabei nicht berührt und die Bilanzsumme bleibt unverändert.

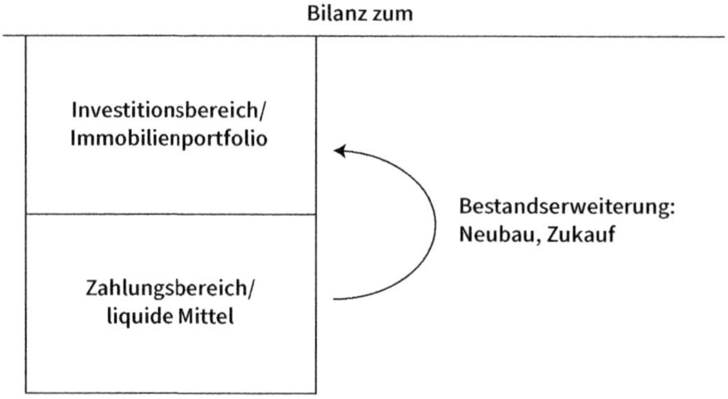

Abb. 5.2: Auswirkungen auf die Bilanz – Bestandserweiterung

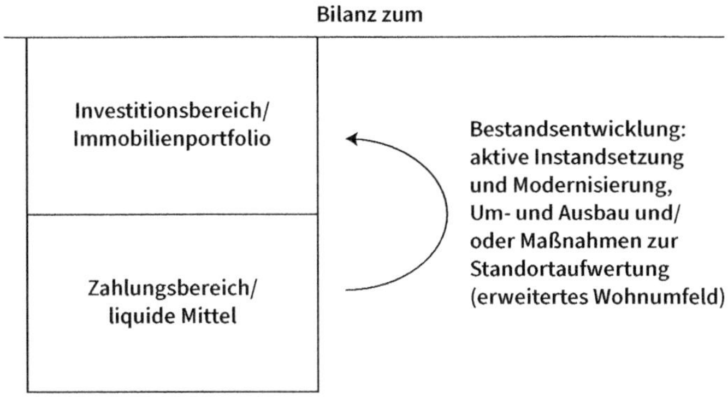

Abb. 5.3: Auswirkungen auf die Bilanz – Bestandsentwicklung

Investitionen zur Bestandsentwicklung führen entweder zu einem Aktivtausch (bei Aktivierungsfähigkeit der Ausgaben) oder aber zu einer Aktiv/Passiv-Minderung (Bilanzverkürzung), wenn es sich um nicht aktivierungsfähigen Aufwand handelt. Aus handelsrechtlicher Sicht sind grundsätzlich nur werterhöhende Modernisierungsmaßnahmen aktivierungsfähig.[25] Bei komplexen Modernisierungsmaßnahmen können in der Regel nicht die gesamten Kosten aktiviert werden.

Abhängig von Rechtsform und Kapitalmarktorientierung haben Wohnungsunternehmen unterschiedliche Präferenzen im Hinblick auf die Mittelverwendung für Aufwands- oder Aktivierungsmodernisierungen. Kapitalmarktorientierte Unternehmen neigen dazu, den nicht aktivierbaren Instandhaltungsaufwand zu senken und bevorzugen stattdessen umfassende Modernisierungen mit einem möglichst hohen Anteil aktivierbarer Ausgaben – dies meistens an Standorten, wo man sich spürbare Auswirkungen auf den Vermietungserfolg gemessen an Leerstand und Mieteinnahmen verspricht.

Das Steuerrecht arbeitet mit den Begriffen »Herstellungskosten« und »Erhaltungsaufwand«. Auch hier ist die Abgrenzung nicht immer einfach. Herstellungskosten sind aktivierungspflichtig und mindern die Bemessungsgrundlage der Einkommen- bzw. Körperschaftsteuer nur im Rahmen der planmäßigen Abschreibungen. Erhaltungsaufwand kann dagegen zu 100 % im Jahr seiner Entstehung als Aufwand vom Gewinn abgezogen werden, woraus sich ein Zins- und Liquiditätsvorteil ergibt.

25 Birkner/Bornemann 2014, S. 113.

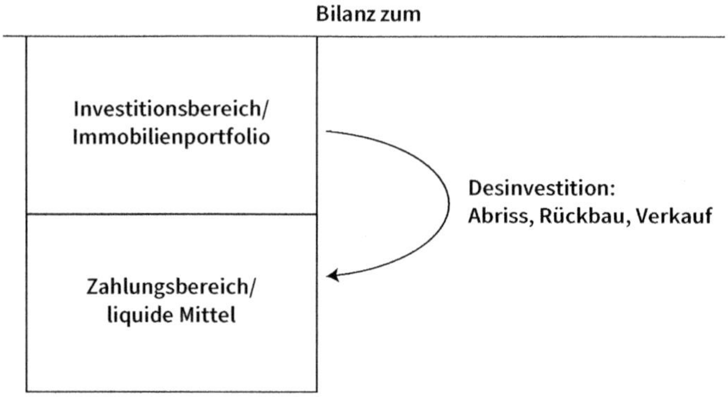

Abb. 5.4: Auswirkungen auf die Bilanz – Desinvestition

Die bilanziellen Auswirkungen einer Desinvestition (Eliminierung eines Vermögensgegenstandes aus der Bilanz) hängen von den Bedingungen des Einzelfalles ab. Wird ein Grundstück zum Buchwert verkauft, so handelt es sich um einen Aktivtausch: Der Bestand an Grundstücken nimmt ab und die liquiden Mittel nehmen im gleichen Umfang zu. Gelingt ein Verkauf zu einem Preis über dem Buchwert (zum Beispiel beim Vertrieb als Eigentumswohnungen nach Begründung von Wohnungseigentum), so folgt daraus im Umfang des Veräußerungsgewinns zusätzlich eine Aktiv/Passiv-Mehrung (Bilanzverlängerung): Das bilanzielle Eigenkapital erhöht sich um den Veräußerungsgewinn. Ein Verkauf unter Buchwert oder ein Abriss ziehen dagegen eine Aktiv/Passiv-Minderung nach sich.

Auch den schrittweisen Verzehr des in einer Immobilie verkörperten Nutzungspotenzials kann man unter dem Begriff der Desinvestition subsummieren. Der bilanzielle Ausdruck dieses Werteverzehrs sind die planmäßigen Abschreibungen.

Unter den planmäßigen Gebäudeabschreibungen versteht man die Abzugsbeträge, die bei Gebäuden im Anlagevermögen (Bemessungsgrundlage: aktivierte Anschaffungs- oder Herstellungskosten) die im Laufe der voraussichtlichen Nutzungsdauer (dem Verteilungszeitraum) periodisch eintretenden Wertminderungen nach einer bestimmten Abschreibungsmethode (Verteilungsverfahren) erfassen sollen.

Planmäßige Abschreibungen werden nur auf Gebäude vorgenommen, nicht aber auf den Grund und Boden. Bemessungsgrundlage der planmäßigen Gebäudeabschreibungen sind die aktivierten Anschaffungs- oder Herstellungskosten. Im Fall eigener Herstellung ist die Aktivierungsfähigkeit der verschiedenen Kosten wie folgt geregelt: Aktivierungspflichtig sind Materialeinzelkosten (Fremdleistungen, Kosten der Bauhandwerker) und Fertigungseinzelkosten (Personalkosten, soweit Eigenleistungen des Wohnungsunternehmens) sowie die Material- und Fertigungsgemeinkosten. Ein Aktivierungswahlrecht besteht im Hinblick auf die Verwaltungsgemeinkosten und die

Kosten für soziale Einrichtungen. Die Aktivierung von Zinsen für Fremdkapital (Bauzeitzinsen) ist verboten.

Der Finanzierungseffekt planmäßiger Abschreibungen ergibt sich aus der schrittweisen Rückvergütung der Anschaffungs- oder Herstellungskosten im Zeitablauf. Dabei kommt es zu einem Aktivtausch bzw. einem Desinvestitionsprozess: Mit jeder Abschreibungsbuchung nimmt der Bilanzwert des Gebäudes ab, während die liquiden Mittel zunehmen. Die Abschreibungen verkürzen den Gewinn in der Handelsbilanz und führen damit zu einer entsprechenden Sperrung von Ausschüttungen.

Der Finanzierungseffekt der Abschreibungen kommt allerdings nur zum Tragen, wenn zwei Voraussetzungen erfüllt sind. Zum einen müssen mit der Immobilie entsprechend hohe Mieteinnahmen erzielt werden (Miete > Kapitalkosten + Bewirtschaftungskosten + Abschreibungen) und zum anderen muss eine offensive Ausschüttungspolitik vorherrschen. Bei einer vorsichtigen Ausschüttungspolitik mit einem hohen Thesaurierungsanteil am Gewinn tritt der Finanzierungseffekt der Abschreibungen dagegen gar nicht oder nur in eingeschränktem Maße ein.

In der IFRS-Bilanz werden überwiegend keine planmäßigen Abschreibungen von Immobilienwerten vorgenommen. Im Rahmen der Folgebewertung von Investment Properties beinhaltet IAS 40.30 ein besonderes Wahlrecht: Die Bewertung kann entweder mit den fortgeführten Anschaffungs- und Herstellungskosten (Cost Model) oder zum beizulegenden Zeitwert (Fair-Value-Model) erfolgen. Dieses Wahlrecht kann nur einheitlich für alle Investment Properties angewendet werden und die einmal gewählte Bewertungsmethode ist im Sinne des Stetigkeitsprinzips fortzuführen.

Die meisten der nach IFRS bilanzierenden Unternehmen nutzen das Fair-Value-Modell. Das hat zur Folge, dass die Immobilien jährlich zum Bilanzstichtag neu bewertet werden. Die Abschreibungen sind in diesem Fall nicht planmäßiger Natur, sondern sie entsprechen ggf. der Differenz zum Vorjahreswertansatz. Es können sich aber auch Zuschreibungen ergeben, wenn es sich um eine Wertsteigerung gegenüber dem Vorjahr handelt. Die Fair-Value-Methode wird überwiegend in der Form der Ermittlung des Discounted Cashflow (DCF) umgesetzt. Die DCF-Ermittlung ist der Regelfall für Investment Properties. Dabei werden der Boden und Gebäude im Unterschied zum HGB als Bewertungseinheit angesehen.

5.2.2 Abgrenzung von Instandhaltung, Instandsetzung und Modernisierung

Während Instandhaltung und Instandsetzung auf die Erhaltung bzw. Wiederherstellung der Mietsache abzielen, geht es bei der Modernisierung um die Verbesserung derselben. Das Problem liegt hier darin, dass Modernisierungsmaßnahmen oft mit Maßnahmen zur Instandhaltung oder Instandsetzung zusammentreffen.

§535 Abs. 1 S. 2 BGB verpflichtet den Vermieter, die Mietsache im vertragsgemäßen Zustand zu erhalten. Er muss also den ursprünglichen wirtschaftlichen Bestand erhalten. Dies kann grundsätzlich durch Maßnahmen zur Instandsetzung oder Instandhaltung geschehen. Unter Instandsetzung wird die Behebung von Mängeln oder Schäden verstanden, die insbesondere durch Abnutzung, Alterung und Witterungseinflüsse entstanden sind (zum Beispiel Ersatz schadhafter Fenster, Austausch einer schadhaften Fassadendämmung, Ersatz von Bleiabflussleitungen). Als Instandhaltung (»preventive maintenance«) werden dagegen vorbeugende Maßnahmen bezeichnet, die der Vermeidung von Schäden dienen. Außerdem fallen die ständige Beaufsichtigung und Überprüfung des Gebäudes auf drohende Verschlechterungen seines Zustandes und seiner Gebrauchstauglichkeit hin unter den Begriff der Instandhaltung (zum Beispiel Wartung des Aufzugs oder der Belüftungsanlage, Pflege des Parketts).

Für die Zwecke einer Investitionsrechnung kommt es darauf an, ob die Ausgaben im zeitlichen Zusammenhang mit der Anschaffung oder Modernisierung anfallen oder ob es sich um laufend während der Haltedauer anfallende Auszahlungen handelt. Bei der Abschätzung der laufenden Ausgaben sind die planbaren Maßnahmen periodengetreu den jeweiligen Jahren ihrer Durchführung zuzuordnen. Parallel dazu sollten die in zeitlicher oder sachlicher Hinsicht nicht planbaren Auszahlungen (zum Beispiel für unvorhersehbare Reparaturen) und die regelmäßig anfallenden Auszahlungen (zum Beispiel für wiederkehrende Wartungsarbeiten) mittels einer Pauschale erfasst werden. Auch die Investitionen in Leerwohnungen zählen zu den Ausgaben für Instandhaltung. Es handelt sich hier um aperiodische Ausgaben zur Wiederherstellung bzw. Förderung der Vermietbarkeit einer Wohnung nach einem Auszug einer Mietpartei (zum Beispiel Austausch des Fliesenspiegels und der Toilettenschüssel). Die laufenden Auszahlungen für Instandhaltung unterliegen selbstverständlich im Zeitablauf Veränderungen der unterliegenden Preis- und Kostenstrukturen (zum Beispiel Baulöhne und Baupreise).

Anders als Instandhaltung und Instandsetzung dienen Maßnahmen zur Modernisierung der Verbesserung der vermieteten Räume oder des Gebäudes. Von einer »Verbesserung« spricht man,

- wenn sich der Gebrauchswert der Mietsache nachhaltig erhöht,
- sich die allgemeinen Wohnverhältnisse auf Dauer verbessern oder
- die Maßnahmen eine nachhaltige Einsparung von Heizenergie oder Wasser bewirken.

Als Beispiele für Modernisierungsmaßnahmen seien hier genannt: Maßnahmen zur Verbesserung des Schallschutzes, der Wärmedämmung oder des allgemeinen Wohnumfeldes (Kinderspielplätze, Stellplätze, Grünanlagen), Einbau einer Zentralheizung anstelle einer Ofenheizung, Anbau eines Balkons, Einbau eines Aufzugs.

Für Modernisierungsmaßnahmen sind oft öffentliche Zuschüsse oder Darlehen erhältlich. Deren Inanspruchnahme schränkt jedoch den Handlungsspielraum des Investors ein. Außerdem sind die erhaltenen finanziellen Vorteile an die Mieter weiterzureichen (Abschnitt 5.2.3). Derzeit sind günstige Förderdarlehen der KfW-Bank für energetische Modernisierungen und den altersgerechten Umbau von Wohnräumen erhältlich.

5.2.3 Mieterhöhung nach Modernisierung

Die Unterscheidung zwischen Instandhaltung/Instandsetzung auf der einen und Modernisierung auf der anderen Seite ist für den Vermieter von erheblicher finanzieller Bedeutung. Nur Modernisierungsaufwendungen berechtigen ihn zu einer Mieterhöhung. Für Instandhaltungs- bzw. Instandsetzungsmaßnahmen müssen dagegen entsprechende Deckungsbeiträge in die Grundmiete einkalkuliert werden. Die Rechtsgrundlagen der Modernisierung sind in folgenden BGB-Vorschriften enthalten:

- Duldungspflicht: § 555d Abs. 1–5 BGB (bei Vermietung von Geschäftsraum abdingbar).
- Modernisierungsumlage: §§ 559–559c BGB (nur für Vermietung von Wohnräumen).

Der Vermieter kann nur für duldungspflichtige Maßnahmen eine Mieterhöhung (Modernisierungsumlage) geltend machen. Duldungspflichtig ist der Mieter nur, wenn ihm die Modernisierung ordnungsgemäß und rechtzeitig angekündigt wurde. Die Duldung muss vom Mieter ausdrücklich erklärt werden. In bestimmten Härtefällen kann der Mieter von der grundsätzlichen Duldungspflicht befreit sein. So können Maßnahmen unzumutbar sein, die zu einer andauernden hohen Lärmbelastung führen, die die Raumaufteilung wesentlich verändern, die vorausgegangene Verwendungen des Mieters entwerten oder die zu einer unzumutbaren Mietbelastung führen würden. In Geschäftsraummietverträgen können abweichende Regelungen getroffen werden (zum Beispiel Ausschluss bestimmter Härtefallgründe).

Handelt es bei den modernisierten Räumen um Wohnräume, so ist die anschließende Mieterhöhung in §§ 559–559c BGB geregelt. Grundsätzlich sind die Kosten für jede Wohnung gesondert zu ermitteln. Wo dies nicht möglich ist, sind die Kosten nach dem Anteil der Wohnfläche der jeweiligen Wohnung an der Gesamtwohnfläche zu verteilen. Fallen Instandsetzung und Modernisierung zusammen (zum Beispiel beim Ersatz verrotteter einfachverglaster Fenster durch Isolierfenster), so müssen die Kosten für den Instandsetzungsanteil von den Gesamtkosten der Maßnahme abgezogen werden. Auch »Folgekosten« von energetischen Maßnahmen sind umlagefähig, und zwar im Zweifel zu 100 %. Wird die Fassade gedämmt, so sind die Kosten für Gerüst, Armierung, Putz und Anstrich voll umlagefähig. Bei Schäden an der alten Fassade muss jedoch ein prozentualer Abzug von der Bemessungsgrundlage erfolgen.

Die Umlagefähigkeit von energetischen Modernisierungskosten wird auch durch ein deutliches Missverhältnis zwischen Aufwand und dadurch ausgelöster Heizkostenersparnis nicht eingeschränkt. Nach einer BGH-Entscheidung aus dem Jahr 2004 ist das Verhältnis von Mieterhöhung und Energieeinsparung für die Duldungspflicht des Mieters irrelevant. § 559 BGB Abs. 3a kennt allerdings eine Kappungsgrenze für die Höhe der Modernisierungsumlage. Der Wirtschaftlichkeitsgrundsatz ist kein Kriterium für die rechtliche Beurteilung der Duldungspflicht des Mieters. Der Mieter muss die Maßnahmen dulden, wenn sie zu einer messbaren und dauerhaften Einsparung von Primärenergie führen. Die Maßnahmen müssen für ihn nicht »rentabel« sein. Davon zu unterscheiden sind subjektive Härtefälle. Wenn die Mietbelastung nach der Modernisierung wegen der Einkommensverhältnisse individuell nicht mehr tragbar ist, kann die Duldungspflicht eingeschränkt sein.[26]

Die ermittelten auf die Wohnung entfallenden Kosten sind mit 8 % zu multiplizieren und anschließend durch 12 Monate zu teilen. Bei modernisierungsbedingten Erhöhungen der jährlichen Miete darf sich die monatliche Miete jedoch innerhalb von 6 Jahren nicht um mehr als 3 EUR je m^2 Wohnfläche erhöhen. Beträgt die monatliche Miete vor der Mieterhöhung weniger als 7 EUR pro m^2 Wohnfläche, so darf sie sich abweichend davon um nicht mehr als 2 EUR je m^2 Wohnfläche erhöhen (§ 559 Abs. 3a BGB).

Die errechnete Modernisierungsumlage kann zusätzlich zur Grundmiete alternativ zu der ebenfalls zulässigen modernisierungsbedingten Erhöhung der Vergleichsmiete erhoben werden. Die Zahlungspflicht des Mieters besteht bis zur nächsten Mieterhöhung auf die ortsübliche Vergleichsmiete. Im Fall eines Mieterwechsels darf vom neuen Mieter keine Modernisierungsumlage erhoben werden. Der Mietpreis ist in diesem Fall unter Beachtung der gesetzlichen Mietbegrenzungen neu zu vereinbaren (siehe Abschnitt 5.4.4.3).

Die neue Mietpreisbremse begrenzt unter Umständen die Möglichkeit modernisierungsbedingter Mieterhöhungen. Dabei ist zwischen »umfassenden« und »nicht umfassenden« Modernisierungen zu unterscheiden. Umfassend ist eine Modernisierung, wenn sie einen solchen Umfang aufweist, dass eine Gleichstellung mit Neubauten gerechtfertigt erscheint. Das ist anzunehmen, wenn die Investition etwa ein Drittel des für eine vergleichbare Neubauwohnung erforderlichen Aufwands erreicht.

Die erste Vermietung nach »umfassender« Modernisierung einer Wohnung ist zwar von der Mietpreisbremse ausgenommen (§ 556f BGB), aber für weitere Mieterwechsel

26 Siehe dazu Blank 2008, S. 317 f.

und »nicht umfassende« Modernisierungen gelten keine Ausnahmen. Nicht umfassende Modernisierungen fallen aber unter den Bestandsschutz der »Vormiete«, wenn die entsprechende Modernisierungsumlage bereits vom vorherigen Mieter geschuldet wurde.[27] Das bedeutet, dass in diesen Fällen der Mietpreis die Einzelvergleichsmiete plus 10 % übersteigen darf.

Nach einer umfassenden Modernisierung im laufenden Mietverhältnis kann der Vermieter die Miete im Rahmen der Vorschriften des § 559 BGB erhöhen (8 %ige Modernisierungsumlage, gegebenenfalls zusätzliche Kappung nach Abs. 3a). Kommt es zu einem Mieterwechsel, so sind (im Unterschied zur Behandlung der nicht umfassenden Modernisierungen) sowohl die Mietpreisbremse als auch die Vormiete ohne Belang für die zulässige Miethöhe. Diese ist dann nur noch durch die strafrechtlichen Wuchervorschriften begrenzt. Kommt es jedoch zu einem weiteren Mieterwechsel, so gelten für die zweite und jede weitere Vermietung nach der umfassenden Modernisierung die Mietpreisbremse als Preisobergrenze, aber auch die Vormiete als Preisuntergrenze.

Werden für die Modernisierungsmaßnahmen Zuschüsse aus öffentlichen Haushalten in Anspruch genommen, so ist die Bemessungsgrundlage der Modernisierungsumlage im Umfang der Subvention zu mindern (§ 559a Abs. 1 BGB). Werden zinsverbilligte oder zinslose Darlehen aus öffentlichen Haushalten in Anspruch genommen (zum Beispiel Mittel aus dem KfW-Programm Energieeffizient Sanieren), so ist nach § 559a Abs. 2 BGB die jährliche Modernisierungsumlage um den durch das zinsverbilligte Darlehen gegenüber einem zu marktüblichen Konditionen aufgenommenen Darlehen eingesparten Zinsbetrag zu mindern (Zinsermäßigung). Maßgebend ist der marktübliche Zinssatz für erstrangige Hypotheken zum Zeitpunkt der Beendigung der Modernisierungsmaßnahmen (Referenzzinssatz).

Eine Mieterhöhung wegen Modernisierung ist in folgenden Fällen ausgeschlossen:

- bei (wirksamer) Vereinbarung einer Staffelmiete,
- bei Vereinbarung einer Indexmiete,
- bei Vereinbarung eines Zeitmietvertrages (nur bei ausdrücklichem vertraglichen Vorbehalt).

Zusätzliche Kosten können dem Vermieter durch mögliche Mietminderungen in der Bauphase[28], eventuell auch durch Aufwendungsersatz für Vorbereitungsarbeiten,

---

27 Falls das nicht zutrifft, greift für in den letzten 3 Jahren vor Beginn des Mietverhältnisses durchgeführte Maßnahmen § 556e Abs. 2 BGB: Danach kann der Vermieter die Einzelvergleichsmiete (vor Modernisierung) plus 10 % und zusätzlich einen modernisierungsbedingten Mietzuschlag verlangen, der sich nach den Vorschriften des § 559 BGB richtet (Modernisierungsumlage).

28 Das Minderungsrecht des Mieters ist für die Dauer von drei Monaten ausgeschlossen, wenn der Vermieter Maßnahmen zur energetischen Modernisierung durchführt.

Beaufsichtigung oder Reinigung entstehen. Der Mieter schuldet die erhöhte Miete mit Beginn des dritten Monats nach Zugang der Erhöhungserklärung. Geht die Erhöhungserklärung dem Mieter etwa am 25. Mai zu, so ist die erhöhte Miete ab August zu zahlen.

Da die Regelungen der §§ 559 ff. nur für die Vermietung von Wohnraum gelten, müssen für Geschäftsraummietverhältnisse entsprechende mietvertragliche Vereinbarungen über die Duldung und die anschließende Mieterhöhung getroffen werden.

5.3 Vergleichbarkeit von Zahlungen zu unterschiedlichen Zeitpunkten

Die Basis der dynamischen Verfahren der Investitionsrechnung bildet die unterschiedliche Bewertung von Geldbeträgen je nach dem Zeitpunkt, zu dem sie fällig werden. Alle dynamischen Verfahren zeichnen sich durch eine explizite Schätzung des Cashflow-Verlaufs in der Zeit aus. Wie können Zahlungen, die zu unterschiedlichen Zeitpunkten anfallen, vergleichbar gemacht werden?

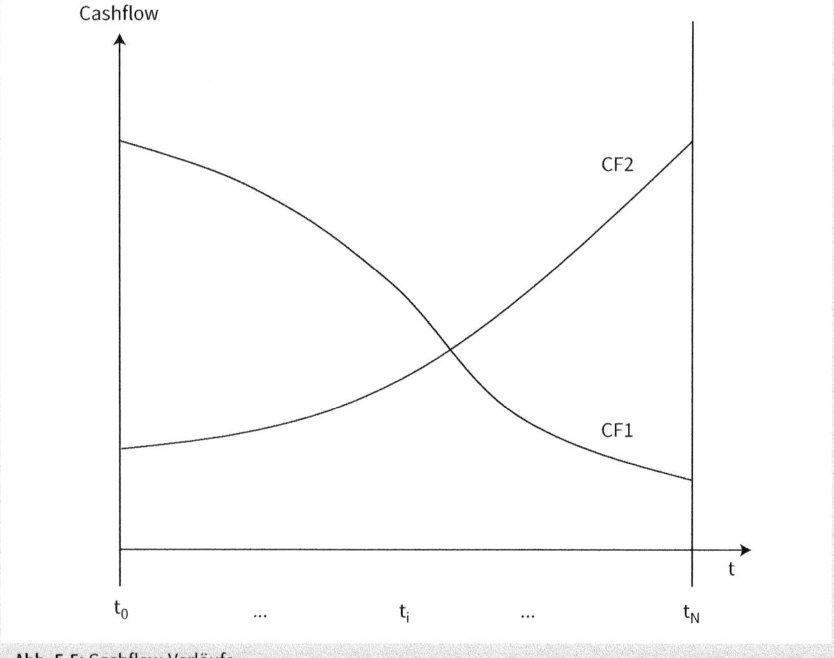

Abb. 5.5: Cashflow-Verläufe

Abb. 5.5 zeigt die Verläufe zweier unterschiedlicher Cashflows. Die Frage nach der relativen Vorteilhaftigkeit kann natürlich nicht im Wege des Vergleichs der beiden Differenzflächen beantwortet werden. Wir leben (noch?) nicht in einer Nullzinsumgebung und dies zwingt den Investor zur Definition eines einheitlichen Referenzzeitpunktes, auf den alle Cashflows bezogen werden müssen. Als Referenzzeitpunkt kann t_0 (Kapitalwertmethode), t_N (Vermögensendwertmethode) oder theoretisch auch irgendein Zeitpunkt während der Haltedauer (t_i) gewählt werden. Es kommt nur darauf an, alle Cashflows auf einen einheitlichen Zeitpunkt umzurechnen (das heißt, im Hinblick auf den Referenzzeitpunkt auf- oder abzuzinsen).

1 EUR heute ist selbstverständlich mehr wert als 1 EUR, den man irgendwann in der Zukunft – sagen wir in 1 Jahr – erhalten wird. Die Begründung ist offensichtlich: Den Euro von heute kann man noch 1 Jahr lang anlegen und Zinsen einnehmen. Das Ergebnis der Anlage am Ende des Anlagezeitraums bezeichnet man als Vermögensendwert K_n (»future value«).

Wenn der Euro so angelegt wird, dass man damit eine jährliche Verzinsung von 10 % erzielt (i = 0,10), so hält man nach 1 Jahr 1,10 EUR in der Hand:

$K_1 = K_0 (1 + i)$

$K_1 = 1\,\text{EUR} \times (1 + 0{,}10) = 1{,}10\,\text{EUR}$

Wenn man den Euro inklusive des Zinsertrags aus dem ersten Jahr ein weiteres Jahr zu 10 % anlegt, wächst das Kapital auf 1,21 EUR an. Der Anlageerfolg setzt sich dabei wie folgt zusammen: 10 % auf das Anfangskapital und 10 % auf den Zinsertrag des ersten Jahres (sogenannter »Zinseszins« oder »compound interest«).

$K_2 = 1{,}00\,\text{EUR} \times [(1 + 0{,}10) \times (1 + 0{,}10)]$

$\Leftrightarrow K_2 = 1{,}00\,\text{EUR}\,[(1{,}10) \times (1{,}10)]$

$\Leftrightarrow K_2 = 1{,}00\,\text{EUR} \times (1{,}10)^2 = 1{,}21\,\text{EUR}$

allgemein: $K_n = K_0 (1 + i)^n$

Je länger die Anlagedauer (je größer n), desto größer fällt der Unterschiedsbetrag zwischen dem Kapitalendwert K_n und dem gegebenen Anfangskapital K_0 aus – bei gegebenem Zinssatz. Dieser Effekt wird durch den Zinseszinseffekt exponentiell verstärkt.

Wir können nun die Perspektive wechseln und die Gegenwart als Bezugszeitpunkt wählen. Die Berechnung des »Gegenwartswertes« (»present value«) soll zunächst für eine Obligation vorgenommen werden, die in 1 Jahr fällig ist. Der Rückzahlungsbetrag laute auf 1.100.000 EUR. Die geforderte Mindestverzinsung des Anlegers betrage 10 % jährlich. Diesen Zinssatz bezeichnen wir als Diskontierungszinssatz (»discount rate«). Es besteht eine negative Abhängigkeit zwischen der Höhe dieses Zinssatzes und dem

Gegenwartswert. Die folgende Gleichung gibt Antwort auf die Frage, wie viel der Anleger höchstens für die Obligation bieten sollte:

$$K_0 = \frac{K_n}{(1+i)^n}$$

$$K_0 = \frac{1.100.000 \text{ EUR}}{(1+0{,}10)^1} = 1.000.000 \text{ EUR}$$

Der Betrag von 1.000.000 EUR entspricht dem Gegenwartswert eines Betrags von 1.100.000 EUR, den man in 1 Jahr erhält zu einem Diskontierungszinssatz von 10 %. Umgekehrt wächst ein zu 10 % angelegter Betrag von 1.000.000 EUR in 1 Jahr auf 1.100.000 EUR an.

Der Wert einer Immobilie oder eines Wertpapiers hängt also von den damit verbundenen zukünftigen Cashflows und von dem für die Abzinsung dieses Zahlungsstroms verwendeten Zinssatz ab. Je höher der Abzinsungssatz, desto geringer fällt der Gegenwartswert eines gegebenen Rückzahlungsstroms aus.

Wir nehmen an, der Anleger hat die Obligation tatsächlich für 1.000.000 EUR gekauft. Wir nehmen weiter an, dass das Preisniveau innerhalb von 1 Jahr um 10 % steigt. Die reale Verzinsung liegt dann bei 0 %. Die gesamte nominale Verzinsung in Höhe von 10 % (entspricht 100.000 EUR) wird zur Aufrechterhaltung der Kaufkraft des Kapitals benötigt. Man braucht nun 1.100.000 EUR, um zu kaufen, was man 1 Jahr zuvor noch für 1.000.000 EUR bekommen hätte. Die Gläubiger müssen also explizit eine Inflationsprämie in ihre Zinsforderung einkalkulieren (Abschnitt 5.4.7.2). Der reale Zins kann näherungsweise als Differenz von nominalem Zins und aktueller Inflationsrate berechnet werden.

Betrachten wir nun die Abzinsung einer Zahlungsreihe mit mehreren Perioden. Eine Obligation mit einem Nennwert von 1.000 EUR wird in 3 Jahren getilgt. Der Zinscoupon liegt bei 10 %. Der Zahlungsstrom stellt sich dann wie folgt dar:

- 100 EUR in 1 Jahr,
- 100 EUR in 2 Jahren,
- 1.100 EUR in 3 Jahren.

Als Abzinsungssatz werden 5 % gefordert. Der Gegenwartswert dieses Zahlungsstroms errechnet sich wie folgt:

$$K_0 = \frac{100 \text{ EUR}}{(1+0{,}05)^1} + \frac{100 \text{ EUR}}{(1+0{,}05)^2} + \frac{1.100 \text{ EUR}}{(1+0{,}05)^3}$$

K_0 = 95,24 EUR + 90,70 EUR + 950,22 EUR = 1.136,16 EUR

Wenn der Gegenwartswert des obigen Zahlungsstroms in Höhe von 1.136,16 EUR zu 5 % angelegt wird, wächst das Kapital auf 1.315,25 EUR an:

$$K_3 = 1.136{,}16\,\text{EUR}\,(1 + 0{,}05)^3 = 1.315{,}25\,\text{EUR}$$

$$\Leftrightarrow K_0 = \frac{1.315{,}25\ \text{EUR}}{(1 + 0{,}05)^3} = 1.136{,}16\ \text{EUR}$$

Alternativ kann man den Vermögensendwert durch Aufzinsen der einzelnen Elemente des Zahlungsstroms bestimmen. Auf die ersten 100 EUR erhält der Anleger für 2 Jahre Zinsen, auf die zweiten 100 EUR für 1 Jahr und auf die dritte Zinszahlung und den Tilgungsbetrag fallen keine Zinsen mehr an:

$$K_3 = 100\,\text{EUR}\,(1 + 0{,}05)^2 + 100\,\text{EUR}\,(1 + 0{,}05)^1 + 1.100\,\text{EUR} = 1.315{,}25\,\text{EUR}$$

Im nächsten Beispiel soll der maximale Kaufpreis einer Immobilie als Gegenwartswert des mit ihr verbundenen Zahlungsstroms berechnet werden. Die Nutzungsdauer beträgt 10 Jahre. Der jährliche Cashflow, also die Differenz aus Mieteinnahmen und Bewirtschaftungsausgaben, liegt konstant bei 75.000 EUR. Am Ende der Laufzeit wird ein Liquidationserlös in Höhe von 800.000 EUR erwartet. Das eingesetzte Kapital soll sich mit mindestens 8 % verzinsen. Als Kaufpreis werden 850.000 EUR gefordert. Hinzu kommen noch 50.000 EUR für Erwerbsnebenkosten. Der Gegenwartswert des Zahlungsstroms kann wie folgt bestimmt werden:

$$\begin{aligned} K_0 = {} & \frac{75.000\ \text{EUR}}{1{,}08^1} + \frac{75.000\ \text{EUR}}{1{,}08^2} + \frac{75.000\ \text{EUR}}{1{,}08^3} + \frac{75.000\ \text{EUR}}{1{,}08^4} + \frac{75.000\ \text{EUR}}{1{,}08^5} + \frac{75.000\ \text{EUR}}{1{,}08^6} \\ & + \frac{75.000\ \text{EUR}}{1{,}08^7} + \frac{75.000\ \text{EUR}}{1{,}08^8} + \frac{75.000\ \text{EUR}}{1{,}08^9} + \frac{75.000\ \text{EUR}}{1{,}08^{10}} + \frac{800.000\ \text{EUR}}{1{,}08^{10}} \\ = {} & 873.811\ \text{EUR} \end{aligned}$$

Der Gegenwartswert liegt unter dem geforderten Kaufpreis einschließlich der Erwerbsnebenkosten. Es ergibt sich ein negativer Kapitalwert in Höhe von –26.189 EUR. Der Kapitalwert der Investition wird ermittelt, indem man die Anfangsauszahlung (der geforderte Kaufpreis plus Nebenkosten in Höhe von zusammen 900.000 EUR) von dem Barwert des Zahlungsstroms (873.811 EUR) abzieht. Bei einem negativen Kapitalwert wird die geforderte Mindestverzinsung nicht erreicht. Der Investor sollte daher von dem Geschäft Abstand nehmen.

Wählt man einen höheren Abzinsungssatz als 8 %, so ergibt sich ein noch niedrigerer Gegenwartswert. Bei einem Abzinsungssatz von weniger als 8 % steigt dagegen der Gegenwartswert des Zahlungsstroms.

5.4 Eingangsgrößen der Investitionsrechnung

Für eine Investitionsrechnung wird ein bestimmter Dateninput benötigt. Dieser besteht aus folgenden Elementen:

- Kapitaleinsatz (Abschnitt 5.4.1),
- Cashflow (Abschnitt 5.4.2) einschließlich der Mieteinnahmen (Abschnitt 5.4.4) und gegebenenfalls der Betriebskosten (Abschnitt 5.4.3),
- Nutzungsdauer (Abschnitte 5.4.5 und 5.4.6),
- Kalkulationszinsfuß (Abschnitt 5.4.7),
- Liquidationserlös (Abschnitt 5.4.8).

5.4.1 Anfangsauszahlung

Unter der sogenannten »Anfangsauszahlung« einer Investition versteht man die Summe aller Mittel, die der Investor einsetzen muss, um sich den Anspruch auf die zukünftigen Cashflows aus dem Investitionsvorhaben zu sichern (ursächlicher Zusammenhang). Dabei kann es sich um direkte Kosten handeln (Anschaffungs- oder Herstellungskosten), aber auch um mit dem Vorhaben verbundene Opportunitätskosten oder -erträge:

- Opportunitätserträge (OB) sind vermiedene Auszahlungen, zum Beispiel vermiedene Umzugskosten beim Vergleich der bisherigen mit einer alternativen Unterbringungsvariante für eine Verwaltung.
- Opportunitätskosten (OC) sind entgangene Einzahlungen, zum Beispiel Bauzeitzinsen oder die Marktwerte der Bausubstanz und des Grundstücks bei der Modernisierung eines Objekts aus dem Eigenbestand (entgangene Verkaufserlöse).

Opportunitätskosten und -erträge treten insbesondere beim direkten Vergleich einander technisch ausschließender Alternativen auf. Diese Fälle sind bei Investitionen in Immobilien durchaus typisch, zum Beispiel wenn verschiedene bauliche Nutzungen auf einem unbebauten Grundstück realisiert werden können oder bestehende Immobilien modernisiert oder verkauft werden sollen.

Die Anschaffungskosten sind in § 255 Handelsgesetzbuch (HGB) als »Aufwendungen, welche geleistet werden, um ein Wirtschaftsgut zu erwerben und in einen betriebsbereiten Zustand zu versetzen« definiert. Hier sind auch investitionsbedingte Sekundärinvestitionen (Folgeinvestitionen) mit einzubeziehen, etwa die Kosten für die Verlegung eines Privatwegs wegen der Bebauung und investitionsbedingte Erhöhungen des Umlaufvermögens (zum Beispiel erhöhte Bestände an Liquidität, Heizöl).

Entscheidend für die Zuordnung zur Anfangsauszahlung ist der ursächliche Zusammenhang zwischen der Investition und der Auszahlung. Wenn die Auszahlung bei Nichtdurchführung des Vorhabens unterblieben wäre, so ist sie dem Projekt zuzurechnen.

Die Anschaffungskosten eines Baugrundstücks setzen sich wie folgt zusammen (siehe auch Fallstudie 1, Abschnitt 8.1.3):

	Anschaffungspreis: Kaufpreis des Grundstücks
+	Vermessungskosten
+	Gerichts- und Notariatsgebühren
+	Maklerprovision
+	Grunderwerbsteuer
+	Wertgutachten/Bodenuntersuchung
+	Abfindungen und Entschädigungen für Miet- und Pachtverhältnisse
+	Ablösung dinglicher Rechte und sonstiger Belastungen
+	nachträgliche Anschaffungskosten (etwa Abbruchkosten, Altlastenentsorgung)
=	**Anschaffungskosten**

Die Anschaffungs- und Herstellungskosten neu errichteter Gebäude setzen sich aus den Anschaffungskosten des Grundstücks, den Baukosten für die Errichtung des Gebäudes, den Erschließungskosten und den Baunebenkosten zusammen. Zu den Baunebenkosten zählen beispielsweise Honorare für Architekten- und Ingenieurleistungen, Vermessungskosten, Gerichts- und Notariatskosten sowie Kosten des Richtfests (Fallstudie 1).

Bei der Modernisierung bestehender Gebäude fallen in jedem Fall Herstellungskosten für die Modernisierungsarbeiten an. Wenn der Verkauf des Objekts eine zulässige Alternative für den Bauherrn ist, zählen außerdem die aktuellen Marktwerte der Bausubstanz und des Grundstücks zu den Gesamtkosten des Vorhabens, weil die Handlungsalternative Modernisierung die Weiternutzung beinhaltet und dieser wiederum die entgangenen Verkaufserlöse zuzurechnen sind. Im Fall einer Modernisierungsinvestition eines kommunalen oder genossenschaftlichen Wohnungsunternehmens, das grundsätzlich keine Objekte verkauft (buy and hold), können diese Art Opportunitätskosten aber nicht als Teil der Anfangsauszahlung mit angesetzt werden.

Der Ansatz des (aktuell erzielbaren) Veräußerungserlöses wäre hier verfehlt, weil im Fall der rechnerischen Vorteilhaftigkeit der Verkaufsalternative eben diese Alternative versperrt ist. Die Modernisierungsalternative unterbliebe wegen des derzeit erzielbaren hohen Verkaufspreises des Objekts, obwohl gar keine Verkaufsabsicht besteht. Folglich ist der Einfluss der am Markt erzielbaren Verkaufspreise bei Buy-and-hold-Investoren auszublenden.

Bei fehlender Verkaufsabsicht besteht die Anfangsauszahlung mithin nur aus den Modernisierungskosten. Beim Ansatz der laufenden Cashflows sind dann entsprechend aber auch nur erhöhte Einzahlungen oder verminderte Auszahlungen zu berücksichtigen.[29]

5.4.2 Cashflow

Eine Investitionsrechnung ist eine rein zahlungsstromorientierte Rechnung. Die Zahlungsströme gehen »unbehandelt« in die Rechnung ein. Es kommt allein auf den tatsächlichen zeitlichen Zahlungsanfall an. Periodisierungen wie im handelsrechtlichen Jahresabschluss sind streng verboten.

Der unterschiedliche Ansatz von handelsrechtlichem Jahresabschluss und Investitionsrechnung lässt sich am Beispiel der Gebäudeabschreibungen aufzeigen. Die Anschaffungs- oder Herstellungskosten für ein Gebäude sind handelsrechtlich nicht Aufwand des Jahres der Anschaffung bzw. Herstellung. Sie werden vielmehr mittels planmäßiger Abschreibungen auf die einzelnen Jahre der Nutzung verteilt. Die Zahlungsströme sehen aber ganz anders aus. Am Anfang steht eine große Auszahlung und den in der Gewinn- und Verlustrechnung erfassten Abschreibungen stehen gar keine Auszahlungen gegenüber.

An dieser Stelle wird deutlich, dass mit den beiden Rechenwerken ganz unterschiedliche Zielstellungen verfolgt werden. Während der handelsrechtliche Jahresabschluss der Ermittlung eines Gewinnes im Sinne einer geeigneten Ausschüttungsrichtgröße dient, soll eine Investitionsrechnung komplexe Zahlungsströme in der Form handhabbarer und vergleichbarer Kennzahlen zeitpunktbezogen bewerten (zum Beispiel Kapitalwert oder interner Zinsfuß). Für das Ergebnis einer Investitionsrechnung ist es von entscheidender Bedeutung, wann Ein- und Auszahlungen während der Nutzungszeit anfallen. Jede Form der Umperiodisierung würde eine ganz willkürliche Verzerrung des Ergebnisses bedeuten.

Das Kriterium der Erfolgswirksamkeit von Vorgängen, welchem aus der Sicht der Handelsbilanz eine zentrale Bedeutung zukommt, ist für die Zwecke einer Investitionsrechnung unbeachtlich. Während Gebäudeabschreibungen – obwohl erfolgswirksam – in einer Investitionsrechnung nicht zu berücksichtigen sind, müssen andererseits Tilgungszahlungen auf aufgenommenes Fremdkapital erfasst werden (wenn die Anfangsauszahlung dem eingesetzten Eigenkapital entspricht, siehe unten), da es sich um »echte« Auszahlungen handelt. Dies obwohl es im Fall der Tilgungen an einer Erfolgswirksamkeit völlig fehlt.

Zusammenfassend kann man festhalten, dass eine Investitionsrechnung keine »fiktiven« Größen enthalten darf (zum Beispiel Abschreibungen, Zuführungen zu langfristigen Rückstellungen), dass auf der anderen Seite aber alle von der Investition verur-

29 Gegebenenfalls ist noch die verlängerte Lebensdauer des Objekts zu berücksichtigen (Einfluss auf Haltedauer, Liquidationserlös).

sachten Ein- und Auszahlungen unabhängig von ihrer Erfolgswirksamkeit vollständig und periodengetreu zu erfassen sind.

Werden einander technisch ausschließende Alternativen direkt verglichen, so fallen in der Regel noch Opportunitätserträge oder Opportunitätskosten aus dem Verzicht auf die jeweils andere Alternative an. In der Fallstudie mit den Unterbringungsalternativen (Abschnitt 4.6) stellte die ersparte Miete einen Opportunitätsertrag der Neubaualternative dar (Alternative »Anschlussmietverhältnis« wird dann nicht realisiert) und bei den entgangenen Ladenmieten handelte es sich um Opportunitätskosten der Mietalternative. Grundsätzlich sind bei selbstgenutzten Immobilien (zum Beispiel Eigenheim, Verwaltungsgebäude einer Versicherung) ersparte Mieten kalkulatorisch anzusetzen.

Der Zusammenhang zwischen dem Jahresüberschuss im Sinne des handelsrechtlichen Jahresabschlusses und dem für die Investitionsrechnung relevanten Cashflow stellt sich wie folgt dar:

	Jahresüberschuss
+	nicht auszahlungswirksame Aufwendungen (zum Beispiel Abschreibungen auf Anlagevermögen, Zuführungen zu Rückstellungen)
+	nicht einzahlungswirksame Erträge (zum Beispiel Zuschreibungen auf Anlagevermögen, Auflösung stiller Reserven, Rückstellungsauflösung)
=	**Cashflow**

Der Cashflow wird in der einschlägigen Literatur auch als »Rückfluss« aus der Investition bezeichnet. Der Rückfluss aus einem Immobilieninvestment setzt sich wie folgt zusammen:

	Erwartete Sollmieteinnahmen
+	gegebenenfalls erwartete Opportunitätserträge
-	erwartete Zinszahlungen
-	erwartete Tilgungszahlungen
-	erwartete Verwaltungskosten
-	erwartete Instandhaltungskosten
-	erwarteter Modernisierungsaufwand
-	erwartete Erlösschmälerungen
-	gegebenenfalls erwartete Opportunitätskosten
+	**erwarteter Liquidationserlös**
-	erwartete Steuerzahlungen
=	**Jährlicher Rückfluss aus der Investition**

Besondere Betonung verdient, dass es sich durchweg um erwartete Größen handelt. Damit wird auf die Sensibilität der Annahmesetzung verwiesen, aber auch darauf, dass Erwartungen enttäuscht werden können.

Ob Zins- und Tilgungszahlungen auf das eingesetzte Fremdkapital veranschlagt werden müssen, hängt von der Kapitalperspektive der Rechnung ab. Soll eine Kennzahl für das gesamte in dem Investitionsprojekt gebundene Kapital berechnet werden (Anfangsauszahlung = Gesamtkosten = Eigenkapital + Fremdkapital), so dürfen Zins- und Tilgungszahlungen nicht von den Mieteinnahmen abgesetzt werden, denn der sachgerecht abgegrenzte Cashflow muss in diesem Fall sowohl die Verzinsung des Eigen- wie auch des Fremdkapitals sicherstellen. Soll dagegen eine Kennzahl lediglich für das gebundene Eigenkapital berechnet werden (Anfangsauszahlung = Eigenkapital), so sind die Zins- und Tilgungszahlungen aus der Perspektive des Eigenkapitals als Auszahlungen anzusehen und entsprechend von den Mieteinnahmen abzusetzen. Die Zins- und Tilgungszahlungen stehen nicht für die Verzinsung des Eigenkapitals zur Verfügung. Dazu ein Beispiel:

Beispiel 5.1: Eigenkapital- versus Gesamtkapitalperspektive

Nehmen wir an, eine Immobilie steht für 1 Mio. EUR einschließlich Erwerbsnebenkosten zum Verkauf. Der Kauf soll ggf. mit 200 TEUR eigenen Mitteln und 800 TEUR Fremdmitteln finanziert werden:
Gesamtkapital GK = 1 Mio. EUR
Eigenkapital EK = 200 TEUR
Fremdkapital FK = 800 TEUR
Nehmen wir weiter an, der erwartete Cashflow vor Kapitalkosten aus der Immobilie liegt bei 100 TEUR.
Das Fremdkapital wird zum Zinssatz i = 4 % als tilgungsfreies Festdarlehen aufgenommen. Bei diesen Konditionen ergeben sich laufende Kapitalkosten in Höhe von 32 TEUR.

Perspektive	Anfangsauszahlung in TEUR	Cashflow in TEUR
EK	200	68
GK	1.000	100

Aus der Eigenkapitalperspektive beträgt dann die Anfangsauszahlung 200 TEUR und der Cashflow vor Kapitalkosten ist um die allfälligen Zinszahlungen zu vermindern. Die 32 TEUR Zinszahlungen werden auf jeden Fall fällig, bevor Cashflows dem Eigenkapital, also den Anteilseignern zugerechnet werden können. Der Cashflow aus der EK-Perspektive liegt daher bei 68 TEUR (100 TEUR – 32 TEUR).
Aus der Gesamtkapitalperspektive beträgt die Anfangsauszahlung dagegen 1.000 TEUR und der Cashflow ist nicht um die Zinszahlungen zu vermindern. Der Cashflow aus der GK-Perspektive liegt daher bei 100 TEUR.
Im Beispiel liegt die Eigenkapitalrendite deutlich über der Gesamtkapitalrendite – ein nicht untypischer Fall.

Anders als in einer Wirtschaftlichkeitsberechnung (Abschnitt 9.2) sind die erwarteten Auszahlungen für Verwaltung und Instandhaltung so weit wie möglich nach dem erwarteten tatsächlichen Zahlungsanfall anzusetzen und nicht zu pauschalieren. Weder darf man sich hier ungeprüft einer Verwaltungspauschale pro Wohneinheit bedienen, die doch nur den Branchendurchschnitt wiedergibt, noch darf man die Instandhaltungskosten im Sinne einer Instandhaltungsrücklage pauschalieren. Gerade Instandsetzungskosten sind ihrer Natur nach aperiodisch. Die Ausgaben für die Neueindeckung des Daches sind ausschließlich als Auszahlungen der Periode der Durchführung der Maßnahme anzusehen.

Dementsprechend sind die planbaren Maßnahmen mit ihren geschätzten zukünftigen Preisen periodengetreu den jeweiligen Jahren ihrer Durchführung zuzuordnen. Parallel dazu sollten die in zeitlicher oder sachlicher Hinsicht nicht planbaren und die periodischen Auszahlungen (zum Beispiel für unvorhersehbare Reparaturen und regelmäßige Wartungsarbeiten) mittels einer dynamisierten Pauschale erfasst werden.

Die Berücksichtigung zukünftiger Auszahlungen für während der Haltedauer vorgesehene Modernisierungsmaßnahmen (zum Beispiel Anschaffung Gebäude 2020, Modernisierung 2025 geplant, geschätzte Haltedauer 20 Jahre) in der Investitionsrechnung (im Beispiel für die Anschaffung des Objekts 2020) ist zwingend erforderlich. Die (zukünftigen) Herstellungskosten sind Auszahlungen im Jahr der Durchführung. Allerdings ergeben sich nach Abschluss der Maßnahmen wahrscheinlich Auswirkungen auf den weiteren Verlauf der Cashflows (zum Beispiel höhere Mieteinnahmen, geringerer Instandhaltungsaufwand) und möglicherweise auch auf die wirtschaftliche Lebensdauer und den am Ende der Haltezeit erzielbaren Verkaufspreis.

Die erwarteten Erlösschmälerungen (Mietausfallwagnis aufgrund von uneinbringlichen Mietforderungen, Mietminderungen und Leerstand) sollten als eigenständige Position im Cashflow abgebildet werden (keine Saldierung mit der Sollmiete). Lediglich die immanente Schätzunsicherheit sollte wie bei allen Cashflow-Komponenten in den Kalkulationszins einfließen (Abschnitt 5.4.7).

Abb. 5.6 zeigt den Verlauf des Cashflows aus einem Immobilieninvestment in stilisierter Form. Die Anfangsauszahlung (Anschaffungskosten AK oder Herstellungskosten HK) wird jedenfalls im Fall eines Neubaus typischerweise nicht zu einem bestimmten Zeitpunkt fällig, sondern die Auszahlungen ziehen sich über ein mehr oder weniger ausgedehntes Zeitintervall hin. Die laufenden Ausgaben setzen sich aus den Bewirtschaftungskosten und gegebenenfalls den Zins- und Tilgungszahlungen auf das eingesetzte Fremdkapital zusammen (wenn nur der mit eigenen Mitteln finanzierte Teil der Gesamtgestehungskosten als Anfangsauszahlung angesehen wird). Bei den Bewirtschaftungskosten wurde ein U-förmiger Verlauf angenommen, dem ein ebenfalls U-förmiger Verlauf der Instandhaltungsausgaben zugrunde liegt. Die Mieteinnahmen bauen sich über eine gewisse Vorlaufperiode hinweg auf und steigen dann während der Nutzungszeit leicht an. Gegen Ende des Lebenszyklus der Immobilie gehen die Mieten dann wegen Leerständen und Mietminderungen wieder zurück.

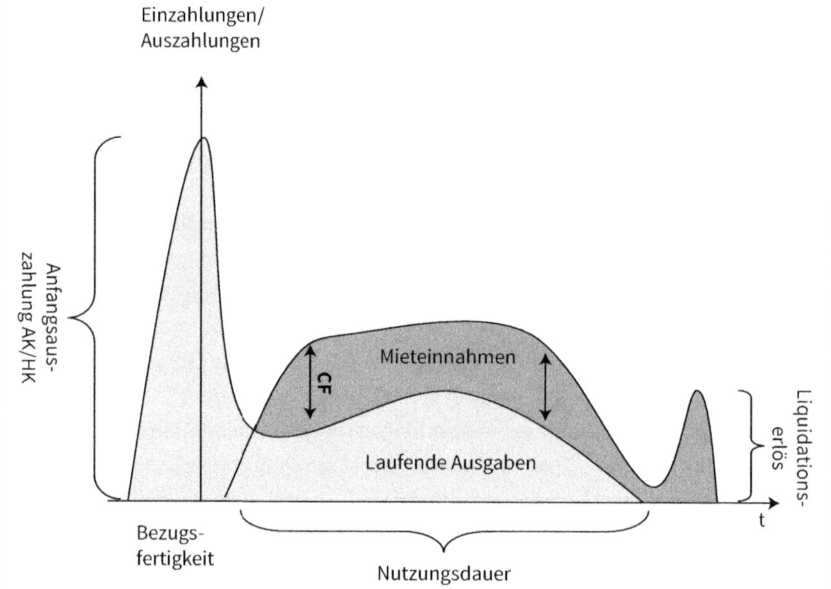

Abb. 5.6: Stilisierter Verlauf der Entwicklung des Cashflows aus einem Immobilieninvestment

Es wäre aber nicht angemessen, sich den Cashflow aus einem Objekt bzw. aus einem Immobilien-Portfolio als eine gegebene Größe vorzustellen. Niveau und Verlauf der Cashflows sind der optimierenden Gestaltung zugänglich. Die Gestaltung kann grundsätzlich an jeder Komponente ansetzen. Eine Möglichkeit ist die Optimierung der Anfangsauszahlung: Da es einen Trade-off zwischen den Modernisierungs- und den laufenden Instandhaltungskosten gibt, kann die Rendite eines Vorhabens durch die Entscheidung für ein anderes Modernisierungsprogramm möglicherweise gesteigert werden, weil auf diese Weise auch die später anfallenden laufenden Auszahlungen für die Instandhaltung beeinflusst werden. Während der Haltedauer eines Objekts kann der laufende Cashflow mithilfe von einzahlungs- oder auszahlungswirksamen Maßnahmen gestaltet werden. So können die Bewirtschaftungskosten durch den Abbau von Personal- oder Sachkosten oder durch die Verkürzung der durchschnittlichen Leerstandsdauer nach einem Auszug gesenkt werden.

Im Zentrum der Betrachtung steht dabei die Modernisierungsstrategie im Bestand. Sie beeinflusst nicht nur den laufenden Instandhaltungsaufwand, sondern auch die Zielgruppenauswahl (Abstimmung von Objekt- und Kundenprofil), die Sollmieten (Modernisierungsumlage, Neupositionierung des Objekts im Wettbewerb) und die leerstandsbedingten Erlösschmälerungen.

5.4.3 Berücksichtigung der Betriebskosten des Objekts

Betriebskosten sind alle Kosten, die dem Eigentümer durch das Eigentum am Grundstück oder durch den bestimmungsgemäßen Gebrauch des Gebäudes, der Anlagen, Einrichtungen und des Grundstücks tatsächlich und laufend entstehen (zum Beispiel Grundsteuer, Wohngebäudeversicherung, Müllgebühren, Heizkosten). Von besonderer Bedeutung ist hier das Merkmal des laufenden Entstehens. Alle Kosten, die einmalig oder völlig unregelmäßig anfallen, sind definitionsgemäß keine Betriebskosten. Eine Aufstellung der Betriebskostenarten findet sich in § 2 der Betriebskostenverordnung.

Die laufenden Betriebskosten wurden in unserer Aufstellung der Cashflow-Komponenten nicht berücksichtigt, da bei üblicher Vertragsgestaltung die tatsächlich entstandenen Kosten gegenüber den Mietern abgerechnet und darauf Vorauszahlungen erhoben werden können.[30] Etwas anderes gilt bei strukturellen Leerständen in einem Objekt oder einer Wirtschaftseinheit. Der Vermieter muss dann einen wesentlichen Teil der entstandenen Betriebskosten selbst tragen (Abschnitt 5.4.6). Im Fall von energetischen Modernisierungsmaßnahmen müssen deren Auswirkungen auf die Heizkosten in der Rechnung in Form von höheren Kaltmieten entsprechend den Wettbewerbsverhältnissen am lokalen Wohnungsmarkt widergespiegelt werden.

Neben dem Vorauszahlungsmodell gibt es noch zwei weitere Möglichkeiten, die Betriebskosten in der Miete zu berücksichtigen:

- Bruttomiete: Alle Nebenkosten sind bereits in der Miete enthalten. Es wird nicht über die tatsächlich entstandenen Kosten abgerechnet. Dementsprechend können auch keine Nachforderungs- oder Rückzahlungsansprüche entstehen. Doch schreibt die Heizkostenverordnung vor, dass die Heiz- und Warmwasserkosten verbrauchsabhängig abgerechnet werden müssen. Deshalb ist eine Bruttomiete nur als Teilinklusivmiete zulässig (also nur für die kalten Betriebskosten).[31]
- Pauschale: Auch bei Vereinbarung einer Pauschale für eine Betriebskostenart kommen dem Vermieter keine Nachforderungsansprüche im Fall einer zu gering bemessenen Pauschale zu. Ob die Pauschale zur Deckung der tatsächlich entstandenen Kosten ausreicht, ist sein Risiko. Eine »echte« Pauschale kann allerdings nicht wirksam vereinbart werden. Sind die tatsächlichen Kosten gefallen, so muss

30 Die Betriebskosten sind aber ein Wettbewerbsparameter mit Einfluss auf die Mieteinnahmen. Decken die Vorauszahlungen die tatsächlich entstandenen Betriebskosten nicht, so kann der Vermieter den Differenzbetrag erst mit der Betriebskostenabrechnung einfordern. Die damit verbundene Kapitalbindung verursacht kalkulatorische Zinskosten, die strenggenommen in einer Investitionsrechnung zu berücksichtigen wären. Auf der anderen Seite sind diese Abweichungen kaum prognostizierbar. Man könnte hier mit der Annahme arbeiten, dass Nachforderungen und Rückzahlungsansprüche der Mieter sich auf lange Sicht ausgleichen. Außerdem kann der Vermieter im Fall gestiegener Betriebskosten die Vorauszahlungsbeträge einseitig anpassen.

31 Nach § 535 Abs. 1 S. 3 BGB hat grundsätzlich der Vermieter »die auf der Mietsache ruhenden Lasten zu tragen«. Eine fehlende Vereinbarung im Mietvertrag über die Umlage von Nebenkosten auf die Mieter (auch Nichtausfüllen beim Formularmietvertrag) geht daher in der Regel zulasten des Vermieters. Im Zweifel wird das Gericht annehmen, dass die Parteien eine Bruttomiete vereinbart haben.

der Vermieter die Pauschale vom Zeitpunkt der Ermäßigung an entsprechend senken (§ 560 Abs. 3 und 6 BGB). Bei gestiegenen Kosten kann die Pauschale nur angepasst werden, wenn dies ausdrücklich im Mietvertrag vereinbart ist. Auch Pauschalen können nur für die kalten Betriebskosten vereinbart werden.

Sind anpassungsfähige Pauschalen vereinbart worden, so besteht kein besonderer Handlungsbedarf zur Anpassung der Investitionsrechnung. Etwas anderes gilt bei starren Pauschalen und Teilinklusivmieten. In diesen Fällen ist eine Überwälzung gestiegener Betriebskosten nicht möglich. Die entsprechenden Kostenrisiken müssten dann in der Rechnung berücksichtigt werden.

5.4.4 Schätzung des Mieteinnahmenstroms

Die Mieteinnahmen sind die wichtigste Komponente des Cashflows aus einer Investition. Entsprechende Aufmerksamkeit verdient bei einer Investitionsrechnung die Annahmesetzung im Hinblick auf die Einstiegsmiete und die zukünftige Mietenentwicklung. Dabei sind Marktdaten und Marktprognosen ebenso von Bedeutung wie die preisrechtlichen Rahmenbedingungen, das Kündigungsrecht, die mietvertraglichen Regelungen und der bauliche Zustand des Objekts.

5.4.4.1 Bestimmungsgründe des Mieteinnahmenstroms

Die mit einem Objekt zu erzielenden Mieteinnahmen unterliegen vielfältigen rechtlichen und wirtschaftlichen Bestimmungsgründen. Die Modellierung des Einzahlungsstroms knüpft bei bestehenden Objekten an die Ausgangsmiete pro m^2 an. Eine Modernisierung wirkt sich möglicherweise nicht nur auf die erzielbaren Quadratmetermieten, sondern auch auf die Wohnfläche aus (zum Beispiel Anbau von Balkonen, Ausbau zum Wintergarten).

Die Mietentwicklung in einem Objekt oder einer Wirtschaftseinheit vollzieht sich im Spannungsfeld von der Entwicklung von Bestandsmiete, Neuvermietungsmiete und Vergleichs-/Mietspiegelmiete, die ihrerseits wirtschaftlichen und rechtlichen Bestimmungsgründen unterliegen.

Die hier vorgestellten Rechenmodelle berücksichtigen aus Gründen der Vereinfachung nicht die je nach Verlauf der individuellen Vorgeschichte unterschiedlichen Miethöhen im Ausgangszustand. Implizit wird angenommen, dass alle Mietparteien in der Ausgangssituation eine einheitliche Miete bezahlen – die Durchschnittsmiete.

Die Mietspiegelmiete ist die dem Mietspiegel zu entnehmende Einzelvergleichsmiete, die für die betreffende Wohnung einschlägig ist.

Die Neuvermietungsmiete ist die Miete, die im Fall eines Mieterwechsels mit einem neuen Mieter erzielt werden kann. Sie kann deutlich über der zuletzt für die Wohnung gezahlten bzw. der durchschnittlichen Bestandsmiete liegen. In den Gebieten, wo eine Mietpreisbremse eingeführt wurde, darf jedoch die Vergleichsmiete bei Neuvermietungen höchstens um 10 % überschritten werden, wobei das bereits mit dem Vormieter erreichte Mietniveau geschützt ist.

Diese Mietsteigerungsmöglichkeit bei Neuvermietungen ist aber meistens mit zusätzlichem Aufwand für das Herrichten der Wohnung verbunden. Dennoch haben die Annahmen über die Entwicklung der Mieterfluktuation einen nicht unerheblichen Einfluss auf das Ergebnis der Rechnung.

Leerstände und Mietrückstände führen zu einem Zurückbleiben der tatsächlich erzielbaren Mieteinnahmen hinter den Sollmieten im Zustand der Vollvermietung. Die entsprechenden Unterschiedsbeträge werden kalkulatorisch im Mietausfallwagnis erfasst (meistens in Form eines Prozentsatzes der Sollmieten). Dabei sind die Marktverhältnisse an den jeweiligen Standorten angemessen zu berücksichtigen. Das Risiko negativer Abweichungen von den angenommenen Erlösschmälerungen während der Haltedauer wird dagegen im Kalkulationszins abgebildet (Abschnitt 5.4.7).

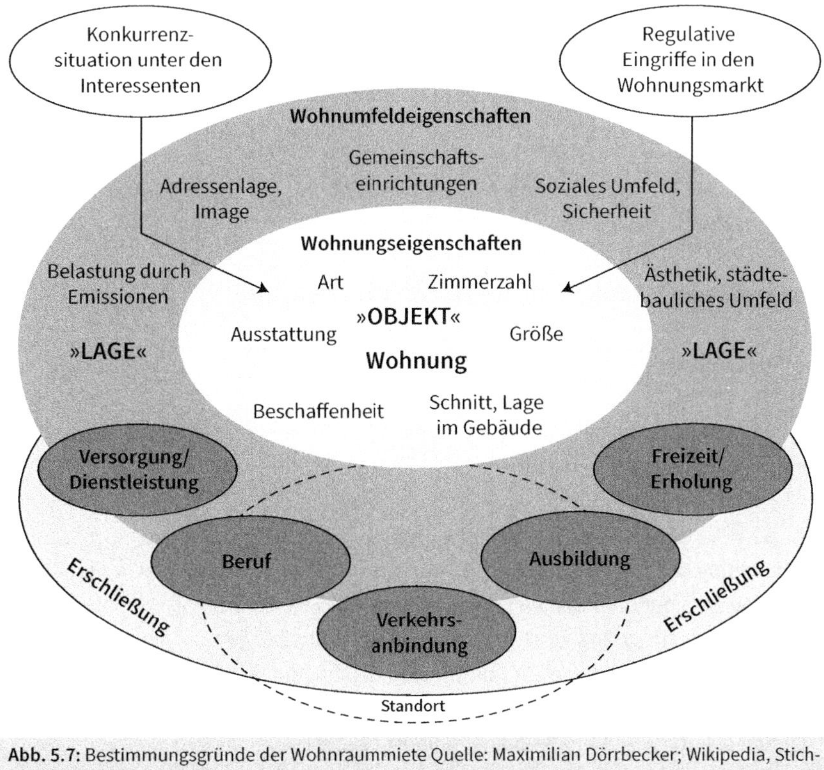

Abb. 5.7: Bestimmungsgründe der Wohnraummiete Quelle: Maximilian Dörrbecker; Wikipedia, Stichwort: Wohnungsmarkt

Die Nebenkosten sind bei erheblichen Leerständen in die Rechnung einzubeziehen, weil bei Leerstand der Vermieter die nicht verbrauchsabhängigen Betriebskosten für die leer stehende Wohnung selbst zu tragen hat.

Es erscheint zweckmäßig, die Eigenschaften zur Erklärung der Mieteinnahmen zu gruppieren. Auf der Objektebene können die Eigenschaften der Wohnung selbst (wie Größe, Ausstattung und bauliche Beschaffenheit) preisbildend wirken. Darüber hinaus kommen natürlich auch Wohnumfeldeigenschaften wie Emissionsbelastung und soziale Nachbarschaft als Erklärungsvariablen infrage. Für die Preisbildung am Mietwohnungsmarkt dürfte außerdem von Belang sein, wie schnell verschiedene häufig aufzusuchende Einrichtungen von den Mietern erreicht werden können (Arbeitsplätze, Ausbildungsstätten, Freizeiteinrichtungen etc.).

Diesem Erklärungsmodell liegt die Vorstellung zugrunde, dass der Preis eines Gutes sich aus den Preisen seiner Eigenschaften zusammensetzt (Theorie der hedonischen Preise). Es geht also um den Erklärungswert der einzelnen Wohnwertmerkmale für die Mietpreis- und Immobilienpreisbildung.

Der Einfluss der einzelnen Eigenschaften auf den Preis kann mithilfe einer Regressionsgleichung geschätzt werden. Bei einer linearen Regressionsanalyse entspricht der Preis des Gutes der Summe der Preise der Eigenschaften.

$$P = C + a_1 E_1 + a_2 E_2 + \ldots + a_N E_N$$

P: Preis des Gutes

E_i: Eigenschaft i

a_i: zu schätzender Parameter (Preis der Eigenschaft i)

C: Modellkonstante

Die lineare Regressionsgleichung für die Preisbestimmung einer Eigentumswohnung könnte folgendermaßen aussehen:

$$P = 51.348 + 47.753 \times \text{Zimmer} + 10.044 \times \text{Balkon} - 762 \times \text{ÖV}_{min}$$

- Wohnung (1) hat vier Zimmer, Balkon und das Stadtzentrum ist innerhalb von 15 Minuten mit öffentlichen Verkehrsmitteln zu erreichen.
  P_1 (geschätzt): 51.348 + 191.012 + 10.044 – 11.430 = 240.974
- Wohnung (2) hat nur zwei Zimmer, keinen Balkon und man braucht 30 Minuten, um mit öffentlichen Verkehrsmitteln ins Stadtzentrum zu gelangen.
  P_2 (geschätzt): 51.348 + 95.506 – 22.860 = 123.994

Neben der einfachen linearen Regression werden auch komplexere Modelle für die Preisbestimmung von Immobilien eingesetzt, zum Beispiel logarithmische Regressionsanalysen und Simulationen.

5.4.4.2 Entwicklung der Wohnraummieten

Die Schätzung des anfänglichen Mietpreises für die Zwecke einer Investitionsrechnung ist eindeutig das kleinere Problem. Hier kann man sich auf Marktdaten, Mietspiegel und ggf. auf die aktuell mit dem Objekt erzielten Mieten stützen. Weit schwieriger ist die Annahmesetzung über die Entwicklung der Mieteinnahmen im Planungszeitraum (Dynamisierung der Miete).

Die durchschnittliche Bruttokaltmiete für Wohnraum hat sich nach den Mikrozensusdaten des Statistischen Bundesamtes seit 1995 recht verhalten entwickelt. Man kommt für den Zeitraum 1995 bis 2017 auf eine durchschnittliche jährliche Zuwachsrate der Mieten von 1,34 %. Diese Zuwachsrate relativiert sich allerdings, wenn man die Inflationsentwicklung mit in die Betrachtung einbezieht. Gemessen an der Entwicklung des Verbraucherpreisindex beträgt die durchschnittliche Inflationsrate für das frühere Bundesgebiet im selben Zeitraum 1,40 % pro Jahr. Daraus ergibt sich für diesen Zeitraum eine reale durchschnittliche Mietsteigerung von –0,1 %.

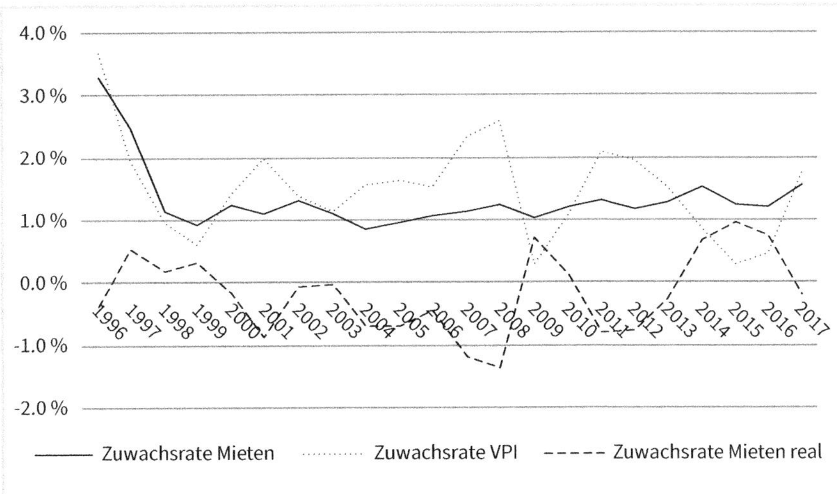

Abb. 5.8: Reale Entwicklung der Wohnungsmieten 1996 bis 2017 Quelle: Statistisches Bundesamt, eigene Berechnungen

Festzuhalten ist, dass die Mietsteigerungen im betrachteten Zeitraum meistens die Inflationsentwicklung nicht vollständig kompensiert haben. Größere reale Mietsteigerungen wurden zuletzt in der angespannten Wohnungsmarksituation der Jahre 1982 bis 1993 erzielt. Auch am aktuellen Rand halten sich die realen Mietsteigerungen bislang in Grenzen.

Die Daten aus dem BBSR-Wohnungsmarktbeobachtungssystem weisen für das Jahr 2017 eine erhebliche regionale Streuung der Erst- und Wiedervermietungsmieten (Angebotsmieten nettokalt) aus. Während im Rhein-Main-Gebiet, in der Metropolregion Stuttgart, im Großraum München und in Hamburg Mieten von über 9 EUR pro m^2 gefordert werden (in München, Hamburg und Frankfurt zum Teil noch deutlich darüber), liegen die Preise in den dünner besiedelten Räumen Mittel- und Ostdeutschlands überwiegend unter 5,50 EUR.

Für die Prognose der Mieteinnahmen ergeben sich daraus folgende allgemeine Schlussfolgerungen: Bei einem ausgeglichenen Wohnungsmarkt (Leerstandsquote ≤ 3 %) mit stabiler Haushaltsprognose kann man als Grundvermutung annehmen, dass die Miete zumindest im Einklang [redacted] im Modell angenommenen [redacted] nur bei besonders günstigen Ausgangsbedingungen am regionalen Markt angesetzt werden (zum Beispiel erhebliches Wohnungsdefizit in der Ausgangssituation und Prognose eines deutlichen Bevölkerungszuwachses). Wenn der Markt dagegen von hohen Leerständen und rückläufiger Nachfrage geprägt ist, bildet die Inflationsrate keinen Prognosemaßstab mehr.

Zur Einschätzung des zukünftigen Mieterhöhungspotenzials (sowie von Kalkulationszins und Leerstand im Modell) ist zunächst die derzeitige Wohnungsmarktsituation zu prüfen. Eine marktaktive Leerstandsquote unter 2 % (gemessen am empirica-CBRE-Leerstandsindex) deutet auf einen angespannten Wohnungsmarkt hin. Unter 1 % Leerstand kann man von einem sehr angespannten Markt sprechen (zum Beispiel München mit 0,2 % oder Stuttgart mit 0,6 % Leerstandsquote). Wenn der Leerstand in den letzten Jahren rapide gefallen ist, hat der Wohnungsneubau mit der Bevölkerungs- und Haushaltsentwicklung nicht schrittgehalten (zum Beispiel in Leipzig zu beobachten). Ein zusätzlicher Anspannungsindikator ist die Entwicklung der Differenz zwischen Bestandsmieten und Neuvertragsmieten. Liegen die Neuvertragsmieten um mehr als 20 % über den Bestandsmieten, so deutet dies ebenfalls auf einen angespannten Wohnungsmarkt hin.

Auf der Nachfrageseite sind besonders die Bevölkerungs- und Haushaltsprognosen wichtig für die Einschätzung der zukünftigen Mietenentwicklung. So wird für München auch weiterhin ein kräftiges Bevölkerungswachstum bis 2030 prognostiziert, während die gesamtdeutsche Bevölkerung nach der 13. koordinierten Bevölkerungsvorausberechnung nur noch langsam wachsen und ab 2020 schrumpfen soll. Außerdem wird für Deutschland insgesamt kein Wachstum der Haushaltszahlen mehr erwartet. Für

München dagegen wird im Zeitraum 2015 bis 2030 eine Zunahme der Privathaushalte um 12 % (entspricht mehr als 100.000 Haushalten) prognostiziert.[32]

Abgesehen von der demografischen Entwicklung sollten die allgemeinen wirtschaftlichen Wachstumsperspektiven des jeweiligen Makrostandortes eruiert werden, um die zukünftige Entwicklung der Haushaltseinkommen abschätzen zu können.

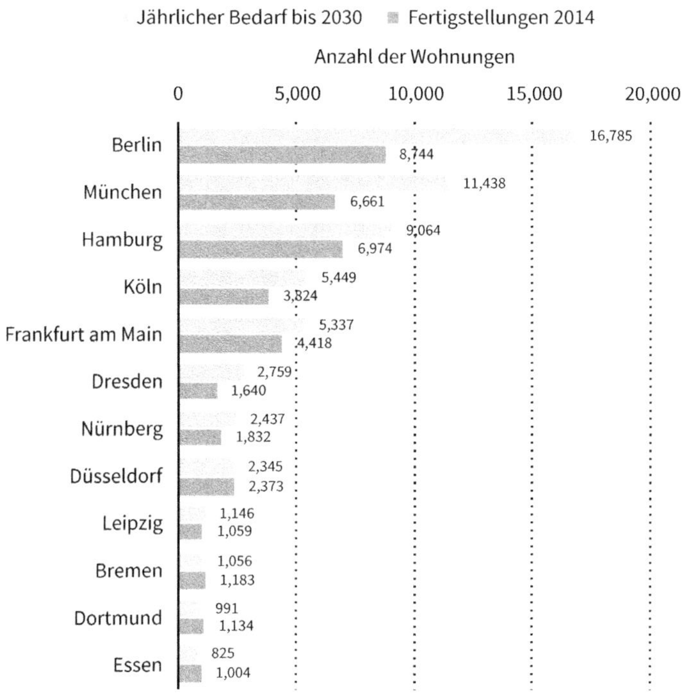

Hinweis: Deutschland
Weitere Angaben zu dieser Statistik, sowie Erläuterungen zu Fußnoten, sind auf Seite 8 zu finden.

Abb. 5.9: Anzahl fertiggestellter Wohnungen in ausgewählten Städten 2014 in Deutschland sowie jährlicher Baubedarf bis 2030 Quelle: IW Köln, Statistisches Bundesamt

Auf der Angebotsseite sollten die Fertigstellungen der Vergangenheit betrachtet und ins Verhältnis zur Haushaltsentwicklung und zum Abrissgeschehen gesetzt werden. Wenn Wohnungsbedarfsprognosen vorliegen, können die Fertigstellungen mit dem jährlichen Baubedarf verglichen werden (siehe Abb. 5.9). Für eine wachsende Zahl von Städten wie München, Berlin, Hamburg und Leipzig lautet der Befund, dass die Bauleistung bei Weitem nicht mit dem Wohnungsbedarf Schritt hält. Als Folge verschärft sich die Marktanspannung immer weiter.

32 LH München: Haushaltsvorausberechnung München 2014 bis 2030.

Für die Beurteilung des zukünftigen Angebotes an Neubauwohnungen sind die Bauleitpläne und besonders die Flächennutzungspläne und die aktivierbaren Baulandreserven wesentliche Quellen. Darüber hinaus kann aus dem Vergleich von Wohnungsbaugenehmigungen und -fertigstellungen der Bauüberhang rechnerisch bestimmt werden (Zahl der Genehmigungen, die sich noch nicht in Fertigstellungen niedergeschlagen haben).

Eine angespannte Marktsituation in der Gegenwart in Verbindung mit der Prognose eines kräftigen Wachstums der Zahl der Haushalte, einer restriktiven Bauleitplanung und geringen Baulandreserven wäre eine fundamentale Idealkombination, die zu einer optimistischen Schätzung der Zuwachsrate der Mieteinnahmen berechtigen würde. Tatsächlich sind in einigen Städten wie Berlin, Dresden, München und Nürnberg die Angebotsmieten in den letzten 10 Jahren deutlich schneller als die Verbraucherpreise gestiegen.

Umgekehrt wäre eine entspannte Marktsituation mit einem hohen Wohnungsleerstand in der Gegenwart in Verbindung mit der Prognose einer abnehmenden Zahl der Haushalte und großen Baulandreserven ein fundamentaler Worst Case, der Anlass zu einer pessimistischen Schätzung der Zuwachsrate der Mieteinnahmen geben sollte (das heißt deutlich unterhalb der Inflationsrate).

5.4.4.3 Preisrechtliche Grundlagen

Vergleichsmiete

Nach § 573 BGB ist die ordentliche Kündigung eines auf unbestimmte Zeit abgeschlossenen Wohnraum-Mietvertrags durch den Vermieter nur zulässig, wenn er ein sogenanntes »berechtigtes Interesse« daran hat (zum Beispiel Vertragspflichtverletzungen des Mieters, Eigenbedarf). Die Vermieter haben also keine Möglichkeit zur Anpassung der Mieten auf dem Verhandlungswege. Sie haben jedoch einen Anspruch darauf, die Vertragsmiete gegebenenfalls auf die »ortsübliche Vergleichsmiete« zu erhöhen.

Die Vergleichsmiete ist eine grundsätzlich empirisch zu ermittelnde Referenzmiete für Mieterhöhungen in laufenden Wohnraum-Mietverträgen. Die Auswahl der mietpreisbildenden Faktoren (Wohnwertmerkmale) ist auf die in § 558 Abs. 2 S. 1 BGB aufgezählten beschränkt (Art, Größe, Ausstattung, Beschaffenheit, Lage). Die Vergleichsmiete für eine bestimmte Wohnung ergibt sich aus den üblichen und marktgerechten Mietpreisen, die für »vergleichbare« Wohnungen innerhalb der letzten 4 Jahre neu vereinbart oder geändert wurden. Nicht erhöhte Bestandsmieten bleiben bei der Vergleichsmietenermittlung außen vor.

Die Vergleichsmiete ist nicht mit einer Marktmiete im Sinne eines aktuellen Durchschnitts von neu vereinbarten Mieten gleichzusetzen. Als Gründe für die verzögerte Anpassung der Vergleichsmiete an die Neuvertragsmieten sind insbesondere zu nennen:

- zeitlicher Rückbezug der Vergleichsmietenermittlung von 4 Jahren,
- Berücksichtigung geänderter Bestandsmieten bei der Vergleichsmietenermittlung,
- gegebenenfalls keine Erhöhung auf die ortsübliche Vergleichsmiete: Beachtung der Kappungsgrenze,
- Limitierung der neu vereinbarten Mieten durch die sogenannte »Mietpreisbremse«,
- oft verzögerte Anpassung der Mietspiegel an die Marktentwicklung.

Erst in einer mittel- bis langfristigen Perspektive eröffnet sich dem Hauseigentümer bei anziehender Nachfrage nach Wohnraum die Chance auf Marktlagengewinne. Die Vergleichsmiete dürfte sich an angespannten Wohnungsmärkten dauerhaft preiskappend auswirken und vor allem das Erreichen eines neuen Gleichgewichtes zwischen Angebot und Nachfrage am Wohnungsmarkt wesentlich verzögern. Das Ausmaß der Verzögerungswirkungen hängt im Übrigen nicht zuletzt von der Praxis der Vergleichsmietenermittlung vor Ort ab.

Das gebräuchlichste Mittel zum Auffinden der Vergleichsmiete für eine bestimmte Wohnung sind Mietspiegel. Ein Mietspiegel ist eine in der Regel tabellenförmig nach den Wohnwertmerkmalen des § 558 BGB (Art, Größe, Ausstattung, Beschaffenheit, Lage) gegliederte Übersicht über die Mietpreisstruktur in einer Gemeinde, soweit sie von der Gemeinde oder von Interessenvertretern der Vermieter und der Mieter gemeinsam erstellt oder anerkannt worden ist (§ 558c Abs. 1 BGB).

Die für eine bestimmte Wohnung maßgebliche Vergleichsmiete kann dem Mietspiegel durch Aufsuchen des zutreffenden Tabellenfelds entnommen werden (bei Tabellenmietspiegeln). Man unterscheidet empirisch-repräsentative Mietspiegel, die auf einer nach anerkannten statistischen Methoden ausgewerteten Primärerhebung der Mietpreisstruktur am Ort basieren, und sogenannte »ausgehandelte Mietspiegel«. In der Praxis der Mietspiegelerstellung sind auch Mischformen anzutreffen. Ist der Mietspiegel »nach anerkannten wissenschaftlichen Grundsätzen erstellt und von der Gemeinde oder von Interessenvertretern der Vermieter und der Mieter anerkannt« (§ 558d Abs. 1) und wird er »im Abstand von zwei Jahren der Marktentwicklung« angepasst (§ 558d Abs. 2 S. 1), so handelt es sich um einen sogenannten »qualifizierten Mietspiegel«. Bei qualifizierten Mietspiegeln gilt die rechtliche Vermutung, dass sie die Vergleichsmiete richtig wiedergeben. Sie verdrängen insoweit andere Begründungs- und Beweismittel wie Sachverständigengutachten und Vergleichswohnungen.

Mietbegrenzungen außerhalb des Vergleichsmietensystems

Einen Bruch mit der im Vergleichsmietenverfahren prinzipiell angelegten marktorientierten Mietpreisermittlung stellt die Begrenzung der Mieterhöhungen in laufenden Verträgen auf 20 % innerhalb von 3 Jahren (bzw. 15 % an angespannten Wohnungsmärkten) durch die sogenannte »Kappungsgrenze« (§ 558 Abs. 3 BGB) dar. Die Kappungsgrenze wird besonders dann zum Problem für die Wohnungswirtschaft, wenn die mit einer Wohnungsbaufördermaßnahme verbundene Preisbindung ausläuft. Sie verhindert in solchen Fällen ein rasches Aufholen der vormals preisgebundenen Mieten auf das Vergleichsmietenniveau.

Außerhalb des BGB finden sich außerdem Vorschriften, die gegen wesentliche Überschreitungen der für vergleichbare Wohnräume üblichen Mietpreise gerichtet sind (Mietpreisüberhöhung und Mietwucher). Nach § 5 Wirtschaftsstrafgesetz (WiStG) liegt eine Mietpreisüberhöhung dann vor, wenn der Vermieter vorsätzlich oder leichtfertig unangemessen hohe Entgelte fordert. Unangemessen sind die Entgelte, wenn die ortsübliche Vergleichsmiete infolge der Ausnutzung eines geringen Angebots an vergleichbaren Räumen um mehr als 20 % überschritten wird.[33]

§ 5 WiStG hat in der Praxis nur eine sehr geringe Bedeutung. Zu dieser Situation hat insbesondere der Bundesgerichtshof (BGH) durch zwei Entscheidungen aus den Jahren 2004 und 2005 beigetragen.[34] Es geht hier vor allem um die Frage, was »Ausnutzung eines geringen Angebotes« bedeutet. Nach Ansicht des BGH muss das geringe Angebot in dem betreffenden Qualitätssegment im gesamten Stadtgebiet gelten und nicht etwa nur im Stadtviertel oder Quartier, wo die Wohnung liegt. Und außerdem soll es laut BGH auch auf das Verhalten und die persönliche Situation des Mieters ankommen.

Wegen Mietwuchers nach § 291 StGB macht sich strafbar, wer den Mangel an Urteilsvermögen oder die erhebliche Willensschwäche eines anderen dadurch ausbeutet, dass er sich für die Vermietung von Wohnräumen Vermögensvorteile versprechen oder gewähren lässt, die in einem auffälligen Missverhältnis zu seiner Leistung stehen. Ein auffälliges Missverhältnis zwischen Leistung und Gegenleistung wird heute in der Regel angenommen, wenn die verlangte Miete die ortsübliche Miete um mehr als 50 % übersteigt. Auch der Wucherparagraph hat so gut wie keine praktische Bedeutung.

Das gilt nicht für die 2015 eingeführte Mietpreisbremse, die in Gebieten mit »angespannten Wohnungsmärkten« die Mieten für neu abgeschlossene Mietverhältnisse auf 10 % oberhalb der jeweiligen Einzelvergleichsmieten begrenzt. Die Landesregierungen sind ermächtigt worden, die entsprechenden Gebiete für einen Zeitraum von höchstens 5 Jahren durch Rechtsverordnung zu bestimmen (§ 556d Abs. 2 S. 1 BGB). Inzwischen gilt die Mietpreisbremse in vielen Gemeinden besonders in Süd- und Westdeutschland sowie in Hamburg und Berlin.

33 Ist der Tatbestand des § 5 WiStG erfüllt, so liegt eine Ordnungswidrigkeit vor. Darüber hinaus hat der Verstoß zur Folge, dass die Mietpreisvereinbarung nichtig ist, soweit sie gegen das gesetzliche Verbot des § 5 WiStG verstößt. Den überzahlten Betrag kann der Mieter zurückfordern.

34 BGH, VIII ZR 190_03 sowie BGH, VIII ZR 44_04.

Gebiete mit angespannten Wohnungsmärkten liegen vor, wenn die ausreichende Versorgung der Bevölkerung mit Mietwohnungen in einer Gemeinde oder einem Teil der Gemeinde zu angemessenen Bedingungen besonders gefährdet ist. Dies kann nach § 556d Abs. 2 S. 3 insbesondere dann der Fall sein, wenn

1. die Mieten deutlich stärker steigen als im bundesweiten Durchschnitt,
2. die durchschnittliche Mietbelastung der Haushalte den bundesweiten Durchschnitt deutlich übersteigt,
3. die Wohnbevölkerung wächst, ohne dass durch Neubautätigkeit insoweit erforderlicher Wohnraum geschaffen wird, oder
4. geringer Leerstand bei großer Nachfrage besteht.

Eine entsprechende Rechtsverordnung muss spätestens am 31.12.2020 in Kraft treten. Sie muss begründet werden. Aus der Begründung muss sich ergeben, aufgrund welcher Tatsachen ein Gebiet mit einem angespannten Wohnungsmarkt im Einzelfall vorliegt. Ferner muss sich aus der Begründung ergeben, welche Maßnahmen die Landesregierung in den von ihr bestimmten Gebieten ergreifen wird, um Abhilfe zu schaffen.

Die Vorschrift enthält eine übergangsweise Ermächtigung der Landesregierungen mit räumlich begrenztem Anwendungsbereich:

- Die Landesregierungen können, müssen aber nicht tätig werden.
- Entsprechende Rechtsverordnungen der Landesregierungen können nach dem 31.12.2020 nicht mehr in Kraft treten, sodass die maximale Wirkungsdauer einer solchen Verordnung bis zum Jahresende 2025 reichen kann.

Laufende Mietverhältnisse sind von der neuen Regelung nicht betroffen. Insbesondere müssen Mieten in laufenden Mietverträgen nicht gesenkt werden, auch wenn sie um mehr als 10 % über der Einzelvergleichsmiete liegen. Dies kann zum Beispiel der Fall sein, wenn der Mietvertrag kurz vor Inkrafttreten der Mietpreisbremse abgeschlossen wurde.

Außerdem ist das Mietniveau, das im Einzelvertrag mit dem Vormieter bereits erreicht wurde (die sogenannte »Vormiete«) »geschützt«, und zwar unabhängig davon, wie weit die Vergleichsmiete überschritten wird (§ 556e Abs. 1 BGB). Also kann bei einer Anschlussvermietung das im vorangegangenen Mietvertrag bereits erreichte Mietniveau beibehalten werden. Das bei dieser Gestaltung offensichtliche Nachweisproblem hat der Gesetzgeber durch eine Auskunftspflicht des Vermieters gegenüber dem Mieter »über diejenigen Tatsachen ..., die für die Zulässigkeit der vereinbarten Miete ... maßgeblich sind« zu entschärfen versucht (§ 556 g Abs. 3).

Weitere Ausnahmen von der Mietpreisbremse gelten für

- Neubauwohnungen (nach dem 1.10.2014 erstmals genutzt) sowie für
- die erste Vermietung nach umfassender Modernisierung einer Wohnung (§ 556f BGB).

In diesen Fällen kann der Mietpreis grundsätzlich innerhalb der weit gezogenen ordnungs- und strafrechtlichen Grenzen frei vereinbart werden. Mit diesen Ausnahmen sollten negative Auswirkungen auf die Investitionsanreize für Neubauten und Modernisierungen vermieden werden.

Schlussfolgerungen für die Investitionsrechnung

Für die pragmatischen Zwecke einer Investitionsrechnung können wir die Ergebnisse wie folgt zusammenfassen. Bei der erstmaligen Vermietung und allen folgenden Vermietungen einer Neubauwohnung ist die Miete nach oben hin praktisch nicht begrenzt. Im Fall der Wiedervermietung einer Wohnung ist die Miete an angespannten Märkten durch die Mietpreisbremse begrenzt (Vergleichsmiete plus 10%). Es gelten aber Ausnahmen für die Vormiete, für modernisierte Wohnungen sowie für nach dem Stichtag 1.10.2014 erstmals genutzte Wohnungen. An den nicht der Mietpreisbremse unterliegenden regionalen Wohnungsmärkten herrscht weitgehende Preisfreiheit bei der Wiedervermietung. Das sind allerdings im Zweifel gerade die Märkte, die fundamental gesehen auch weniger Aufwärtspotenzial haben.

Während eines laufenden Mietverhältnisses darf die Vergleichsmiete nicht überschritten werden. Auch hier gelten Ausnahmen nach Modernisierungen. Bei neu abgeschlossenen Mietverhältnissen gibt es so lange keine Mieterhöhungsspielräume, bis die Vergleichsmiete zur Vertragsmiete aufgeschlossen hat (bzw. bis zu einem Mieterwechsel). Außerdem hat im Zweifel die Kappungsgrenze (maximale Mieterhöhung um 20 bzw. 15% innerhalb von 3 Jahren) Vorrang vor dem Anspruch des Vermieters auf die Vergleichsmiete. Größere Rückstände der Vertragsmiete gegenüber der Vergleichsmiete können wegen der Kappungsgrenze nur allmählich aufgeholt werden.

Besonderheiten bei Staffel- und Indexmietverträgen

Besondere Bedingungen für die Prognose der Mieteinnahmen gelten bei Staffel- und Indexmietverträgen. Staffelverträge im Sinne von §557a BGB stoßen erfahrungsgemäß auf einen gewissen Widerstand der Mieter. In einer entspannten regionalen Marktsituation sind daher gegenüber der Alternative der Vereinbarung einer Mietanpassung nach dem Vergleichsmietenverfahren gegebenenfalls Abschläge von der Anfangsmiete zu berücksichtigen. Erschwert wird die Prognose des Mieteinnahmestroms durch die gesetzliche Regelung, dass das Kündigungsrecht des Mieters nur für einen Zeitraum von 4 Jahren beschränkt werden darf. Die in der Staffel vorgesehenen Mietsteigerungen dürfen daher nur für die gesicherte Laufzeit von maximal 4 Jahren angesetzt werden. In der Investitionsrechnung muss von Anfang an die Entwicklung der relevanten Vergleichsmiete parallel geschätzt werden. Nach Ablauf der gesicherten Laufzeit wird man die Prognose der Vertragsmiete an die prognostizierte Entwicklung der Vergleichsmiete annähern müssen. Dabei sind die Preisobergrenzen (zum Beispiel §5 WiStG, Kappungsgrenze) zu beachten.

Im Fall einer indexierten Vertragsmiete können die Mieteinnahmen im Grundsatz mit der prognostizierten Inflationsrate fortgeschrieben werden. Es muss aber vor der Erwartung eines von der Marktentwicklung, dem Standort und dem baulichen Zustand unabhängigen Mietsteigerungsautomatismus gewarnt werden.

5.4.5 Nutzungsdauer

Bei der Bemessung der Nutzungsdauer einer Investition kann man den »angelsächsischen« vom »kontinentaleuropäischen« Ansatz unterscheiden. In Europa wird die Frage nach der Nutzungsdauer nicht selten mit der Frage danach gleichgesetzt, wie lange der Cashflow aus dem Objekt überhaupt noch anhält (Buy-and-hold-Mentalität). Es bleibt dann nur noch die Frage, ob man sich an der wirtschaftlichen (so lange, wie bei normaler Instandhaltung noch Einnahmeüberschüsse erzielt werden können) oder an der technischen Nutzungsdauer, an der steuerlich zulässigen Abschreibungsdauer oder an Erfahrungswerten orientiert. Dabei wird der wirtschaftlichen Betrachtungsweise im Zweifel der Vorzug zu geben sein. Ob bei einer nachhaltig leer stehenden Immobilie in einem technischen Sinne noch von »Nutzbarkeit« gesprochen werden kann oder der steuerlich zulässige Abschreibungszeitraum noch läuft, ist aus wirtschaftlicher Sicht nicht von Belang.

Der angelsächsische Ansatz der Bemessung der Nutzungszeit läuft auf eine Vorentscheidung zum Ausstieg aus dem Investment nach x Jahren hinaus (»Exit«, zum Beispiel nach fünf, zehn oder 20 Jahren). In diesem Ansatz zeigen sich die aktive Transaktionsorientierung und der kürzere Zeithorizont der angelsächsischen Märkte. Aus methodischer Sicht hat es allerdings Vorteile, mit einer einheitlichen Nutzungsdauer zu arbeiten. Die Vergleichbarkeit der Ergebnisse von Investitionsrechnungen wird dadurch verbessert.

Die Entscheidung für einen der beiden Ansätze hängt nicht zuletzt auch von Rechtsform, der Business Mission und der Satzung des Unternehmens ab. So mag es bei einer Wohnungsgenossenschaft angemessen sein, an die wirtschaftliche Nutzungsdauer anzuknüpfen, während ein kapitalmarktorientiertes Unternehmen mit einem aktiven Portfoliomanagement besser beraten ist, bei vergleichbaren Vorhaben möglichst einheitliche Haltedauern anzunehmen. Aus methodischer Sicht erscheint diese Vorgehensweise zweckmäßiger als der Versuch der objektindividuellen Vorausschätzung der tatsächlichen Haltedauer. Man darf aber nicht vergessen, dass die Sensitivität des Ergebnisses der Rechnung desto mehr von der Schätzung des Liquidationserlöses (Abschnitt 5.4.8) abhängt, je kürzer der Haltezeitraum gewählt wurde.

5.4.6 Exkurs: Optimierung der Nutzungsdauer von Gebäuden

Am Immobilienmarkt kann das Angebot kurz- und mittelfristig nur in begrenztem Maße zurückgenommen werden. Kurzfristige Kapazitätsanpassungen wie in der Industrie sind in der Wohnungs- und Immobilienwirtschaft wegen des hohen Fixkostenanteils der Produktion betriebswirtschaftlich nicht vorteilhaft.

Die fixen Kosten der Vermietung fallen unabhängig vom Vermietungsstand an. Dabei handelt es sich um die Abschreibungen und die fixen Teile der Instandhaltungs- und Verwaltungskosten, vor allem aber um die (tatsächlichen und kalkulatorischen) Kapitalkosten für das in den Immobilien gebundene Fremd- und Eigenkapital (»versunkene Kosten«). Variabel ist eigentlich nur ein Teil der Verwaltungs- und Instandhaltungskosten. Es kommt hinzu, dass der Vermieter je nach den Regelungen des Mietvertrages einen mehr oder weniger großen Teil der Betriebskosten für leer stehende Einheiten selbst tragen muss (wenn der Anteil der einzelnen Wohnung an der gesamten Wohnfläche des Objekts als Verteilerschlüssel vereinbart ist).

Solange die Mieteinnahmen neben den variablen wenigstens noch einen Teil der fixen Kosten decken, wird ein Vermieter seine Immobilie nicht vom Markt nehmen, sondern sie nolens volens auch nicht kostendeckend weiter zu vermieten suchen. Diese Zusammenhänge werden in dem folgenden Beispiel einer einfachen Überschussrechnung für ein Mietwohngebäude verdeutlicht.

Beispiel 5.2: Entscheidung über den Marktaustritt bei ansteigendem Leerstand

Die Sollmiete für ein in die Jahre gekommenes Wohngebäude mit zehn Wohnungen liegt bei 2,50 EUR pro m^2 netto, kalt. Bei den Verwaltungs-, Instandhaltungs- und Betriebskosten überwiegt jeweils der Anteil der fixen Kosten.

Anzahl Wohnungen		10	
Wohnfläche je Wohnung in m^2		70	
Gesamte Wohnfläche in m^2		700	
Sollmiete netto, kalt pro Monat und m^2 in EUR		2,50	
Sollmiete netto, kalt pro Jahr und WE in EUR		2.100	
Verwaltungskosten pro Jahr und WE in EUR		370	
	davon variabel in EUR		170
	davon fix in EUR		200
Instandhaltungskosten pro Jahr und WE in EUR		1.300	
	davon variabel in EUR		600
	davon fix in EUR		700

Betriebskosten pro Jahr und WE in EUR		1.350	
	davon variabel in EUR		600
	davon fix in EUR		750

In der nachstehenden Tabelle sind die entscheidungsrelevanten Ein- und Auszahlungen aus dem Objekt für vier verschiedene Szenarien mit unterschiedlichen Vermietungsständen wiedergegeben. Die Kapitalkosten können außer Betracht bleiben, weil sie einen anderen Charakter haben als die fixen Teile der Verwaltungs- und Instandhaltungskosten. Während diese Kosten wegfallen, wenn das Gebäude komplett leer steht (nicht aber bei teilweisem Leerstand), laufen die Kapitalkosten (zum Beispiel Zinsen für Fremdkapital) unverändert weiter. Diese Kostenkategorie kann mit der Entscheidung über den Marktaustritt der Höhe nach nicht beeinflusst werden. Die Kapitalkosten bleiben deshalb in unserem Kalkül außen vor. Bei den Instandhaltungs- und Verwaltungskosten kommt es bei den leer stehenden Wohnungen nur zu einer teilweisen Entlastung (die fixen Kostenanteile bleiben), während auf der anderen Seite mit jeder zusätzlich leer stehenden Wohnung eine ganze Sollmiete (ohne Betriebskosten) verlorengeht. Hinzu kommt, dass die leerstandsbedingten Betriebskostenanteile des Vermieters mit jeder zusätzlich leer stehenden Wohnung ansteigen.

Leerstand in % der gesamten Wohnfläche	**0**		**20**		**30**		**60**	
Einzahlungen								
Sollmiete für Anzahl WE in EUR	10 WE	21.000	8 WE	16.800	7 WE	14.700	4 WE	8.400
Auszahlungen in EUR								
Leerstandsbedingte Betriebskosten (fix)	0 WE	0	2 WE	1.500	3 WE	2.250	6 WE	4.500
Instandhaltung vermietete WE (fix/variabel)	10 WE	13.000	8 WE	10.400	7 WE	9.100	4 WE	5.200
Instandhaltung leer stehende WE (fix)	0 WE	0	2 WE	1.400	3 WE	2.100	6 WE	4.200
Verwaltung vermietete WE (fix/variabel)	10 WE	3.700	8 WE	2.960	7 WE	2.590	4 WE	1.480
Verwaltung leer stehende WE (fix)	0 WE	0	2 WE	400	3 WE	600	6 WE	1.200

Leerstand in % der gesamten Wohnfläche	**0**	**20**	**30**	**60**
Überschuss/ Fehlbetrag in EUR	**4.300**	**140**	**-1.940**	**-8.180**

Schon bei drei leer stehenden Wohnungen lohnt sich im Beispiel die Weiterbewirtschaftung des Objekts nicht mehr. Der Vermieter sollte sich bei einer Leerstandsquote von 30% oder mehr bemühen, das Objekt so schnell wie möglich zu entmieten. Durch die Weitervermietung würde Monat für Monat Vermögen vernichtet. Wird die Vermietung dagegen komplett eingestellt, gehen zwar die sieben Sollmieten verloren (14.700 EUR). Da die wegfallenden Kosten (16.640 EUR) aber höher sind, ist die Entmietung wirtschaftlich vorteilhaft.
Es ist allerdings die Frage, wie schnell eine komplette Entmietung erreicht werden kann. Das Problem ist, dass die laufenden Verluste mit zunehmendem Leerstand in dem Objekt immer weiter steigen. Es besteht also die Möglichkeit, dass die Stabilisierung einer bereits hohen Leerstandsquote trotz laufender Verluste die wirtschaftlich bessere Alternative darstellt. Anders ausgedrückt können die letzten ein oder zwei Mietparteien für den Vermieter sehr teuer werden, wenn sie noch viele Jahre in dem Objekt wohnen bleiben. Eine sogenannte »Abrisskündigung« (angemessene wirtschaftliche Verwertung im Sinne von § 573 Abs. 2 Nr. 3 BGB) ist an bestimmte Voraussetzungen gebunden, die in vielen Fällen nicht erfüllt sein dürften, wenn der Abriss ohne den Plan einer Ersatzbebauung erfolgt.

5.4.7 Kalkulationszinssatz und Risiko

Soweit bei der Investitionsrechnung Verfahren eingesetzt werden, die die Vorgabe eines Diskontierungs- oder Kalkulationszinssatzes erfordern (zum Beispiel Kapitalwertmethode, Abschnitt 7.1), muss ein solcher als unabhängige Variable der Rechnung vorgegeben werden. Gleiches gilt für Verfahren, die auf die Gegenüberstellung der ermittelten vorhabenbezogenen Rendite und einer geforderten Mindestverzinsung hinauslaufen (zum Beispiel Interne-Zinsfuß-Methode, Abschnitt 8.1).

5.4.7.1 Finanzierungs- oder opportunitätsorientierte Ermittlung des Kalkulationszinses

Die Grundfrage bei der Bemessung des Kalkulationszinses lautet, ob dieser finanzierungs- oder opportunitätsorientiert zu ermitteln sei. Die finanzierungsorientierte Ermittlung orientiert sich an tatsächlichen Finanzierungszinsen. Dabei stellt sich die Frage, ob damit die Kapitalkosten des betreffenden Projekts, die des gesamten Unternehmens oder aktuelle Kapitalmarktkonditionen gemeint sind.

Die opportunitätsorientierte Ermittlung des Kalkulationszinses knüpft dagegen gemäß dem Opportunitätskostenprinzip an den alternativen Verwendungsmöglichkeiten der investierten Mittel an (Verzinsung anderer möglicher Investitionsalternativen). Mit der »anderen« Investition ist die nächstbeste und verdrängte Investitionsalternative (mit gleichem Risiko) gemeint[35], also die beste unter den nicht zum Zuge gekommenen Alternativen.

Im Fall sich technisch ausschließender Alternativen (zum Beispiel umfassende Modernisierung oder lediglich Beseitigung des Instandsetzungsstaus bei einem Bestandsgebäude) ist die Zuordnung der verdrängten Investition unproblematisch. In allen anderen Fällen müssen für die Bestimmung des Kalkulationszinses zusätzliche Restriktionen (zum Beispiel auf der Finanzierungsseite) formuliert werden. So kann der Kalkulationszins mithilfe des Modells von Dean aus dem Grenzzins abgeleitet werden, bei dem die Rendite der Grenzinvestition und der marginale Zinssatz des Finanzierungsprogramms einander gerade entsprechen.

Obwohl die opportunitätsorientierte Ermittlung theoretisch befriedigender ist, stößt die Einbeziehung der entgangenen (Grenz-)Gewinne aus Investitionsalternativen in der Praxis auf erhebliche Schwierigkeiten. Schon allein die Zuordnung der jeweiligen Alternativinvestitionen stellt eine große Herausforderung dar.

Wir nehmen an, es stehen zehn Investitionsalternativen derselben Risikoklasse mit internen Renditen von 10, 9, 8, 7, 6, 5, 4, 3, 2 und 1 % zur Wahl. Wie kann man die Grenzalternative zu der Alternative 1 (mit i = 10 %) in Abwesenheit von finanzierungsseitigen Restriktionen (vollkommener Kapitalmarkt) bestimmen? Gesucht ist diejenige Handlungsalternative, die man gewählt hätte, wenn man die Alternative 1 nicht durchführen würde. Maßgeblich ist hier die Rendite der besten verworfenen Alternative. Im Rahmen einer Partialbetrachtung kann dieses Problem nicht gelöst werden, da es an einem Maßstab zur Bestimmung des Grenzzinses fehlt. Die Grenzalternative und ihr zugehöriger Grenzzins können erst dann bestimmt werden, wenn das gesamte Investitionsprogramm schon feststeht. Und dazu ist ein simultanes Totalmodell erforderlich. Derartige Modelle sind aber wegen ihrer Komplexität und der Wirklichkeitsferne ihrer Annahmen für praktische Zwecke der Investitionsrechnung nicht tauglich.

Der opportunitätsorientierte Ansatz der Ermittlung des Kalkulationszinses stellt vor allem größere Organisationen mit einer Vielzahl unabhängiger Entscheidungsträger vor unlösbare Koordinationsprobleme. Aus pragmatischen Gründen entscheiden wir uns daher für die Zwecke dieses Lehrbuches für die Bestimmung des Kalkulationszinses auf der Grundlage der risikofreien Rendite. Der Kalkulationszins entspricht dabei der Summe aus der Basisverzinsung und angemessenen Risikozuschlägen.

35 Rolfes 2003, S. 24.

Auf diese Weise kann der Verzinsungsanspruch des eingesetzten Eigenkapitals bestimmt werden. Die Eigenkapitalkosten bestimmen den Kalkulationszins allein, wenn eine Finanzierung ausschließlich mit Eigenkapital unterstellt wird. Der Kalkulationszins ist dabei Ausdruck der geforderten Mindestverzinsung für das Eigenkapital.[36]

Wenn auch Fremdmittel zur Finanzierung eingesetzt werden und die Kapitalperspektive der Rechnung der gesamte Kapitaleinsatz ist (Eigenkapital + Fremdkapital, Abschnitt 5.4.2), dann ist außerdem die Verzinsung der entsprechenden Fremdmittel bei der Berechnung des Kalkulationszinssatzes in Form eines Mischzinses zu berücksichtigen. Die Gewichtung der beiden Zinssätze wird in diesem Fall nach der Finanzierungsstruktur (Verhältnis von Eigen- und Fremdkapital in der Bilanz) des gesamten Unternehmens vorgenommen (»weighted average cost of capital«, WACC).

5.4.7.2 Zusammensetzung des Kalkulationszinssatzes

Unser Ausgangspunkt ist der langfristige Kapitalmarktzins (auch »Basiszinssatz« oder »landesüblicher Zinssatz« genannt). Darunter wird ein Zinssatz für Anleihen erstklassiger Bonität mit langer Restlaufzeit verstanden. Als Referenz kann die Rendite öffentlicher Anleihen mit 10-jähriger Restlaufzeit dienen. Sie lag im März 2019 bei 0,06%. Diese Renditekennziffer bewegt sich immer noch in der Nähe historischer Tiefpunkte.

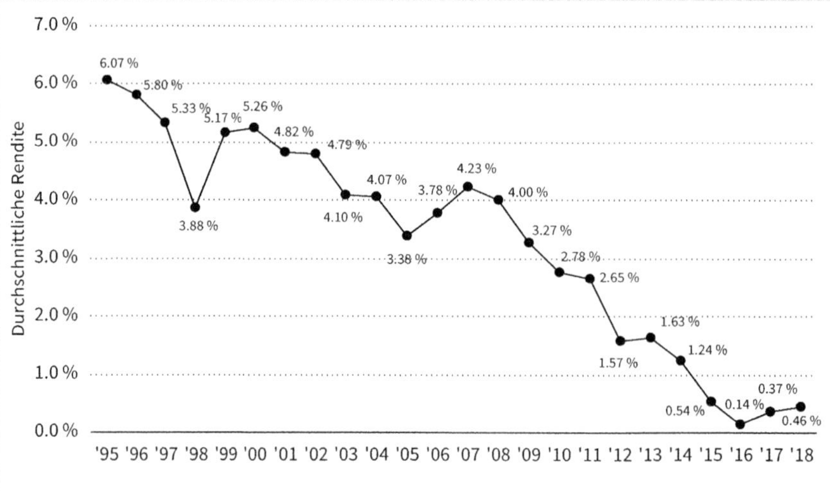

Abb. 5.10: Entwicklung der Rendite zehnjähriger Staatsanleihen Deutschlands in den Jahren von 1995 bis 2018 Quelle: Bloomberg

36 Rolfes 2003, S. 23.

Die Rendite von Staatsanleihen mit einer Restlaufzeit von 10 Jahren eignet sich als Referenzgröße für langfristige Finanzierungen und Investitionsvorhaben. Da die Renditen von deutschen Staatsanleihen Zinssätze für risikolose Anlagen darstellen, müssen bei der Ermittlung des Kalkulationszinses noch Risikozuschläge berücksichtigt werden. Außerdem muss die Inflation im Anlagezeitraum berücksichtigt werden.

Die Inflationsprämie kann aus der Inflationserwartung der Finanzmärkte abgeleitet werden (implizit aus indexierten Euro-Anleihen) oder mittels einer eigenen Schätzung vorgegeben werden. Wenn man sich der These anschließt, dass die Kapitalmärkte in dem Sinne effizient arbeiten, dass sie alle kursrelevanten Informationen (hier solche über die zukünftige Entwicklung der Verbraucherpreise) berücksichtigen, kann man den nominalen Referenzzinssatz (etwa 0 %) als Schätzer für den realen Kapitalmarktzins plus Inflationsprämie ansehen.

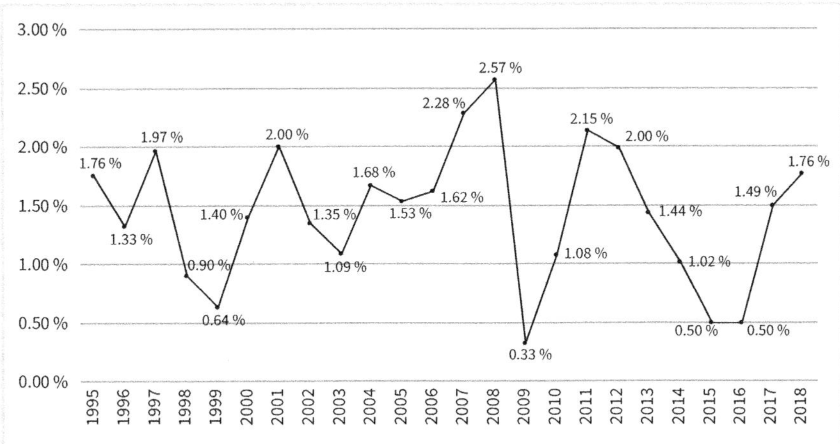

Abb. 5.11: Verbraucherpreisindex für Deutschland, Veränderungsraten zum Vorjahresdurchschnitt in % Quelle: Statistisches Bundesamt

Die jährliche Veränderungsrate des Verbraucherpreisindex (Δ P) lag im Zeitraum Januar bis April 2019 bei rund 1,5 %, sodass sich für den Fall konstanter Inflationserwartungen folgende Zusammensetzung des nominalen Kapitalmarktzinses ergeben würde:

$$i_{nom} = i_{real} + \Delta P$$

$$i_{nom} = -1{,}5\,\% + 1{,}5\,\% = 0\,\%$$

Rechnerisch würde sich so ein realer Kapitalmarktzins (i_{real}) in Höhe von -1,5 % ergeben.

Der Investor muss sich bei der Bemessung des Diskontierungszinssatzes darüber klar werden, ob er die Markterwartung über die Inflation teilt. Tut er das nicht, so ist seine individuelle Inflationserwartung mit einem entsprechenden Zu- oder Abschlag zu berücksichtigen. Im derzeitigen Kapitalmarktumfeld bilden nominale Anleiherenditen möglicherweise keinen geeigneten Ausgangspunkt mehr für die Schätzung des Kalkulationszinses in einer Investitionsrechnung. Die »risikofreie Rendite« sollte eher im Bereich der mittelfristigen Inflationsrate angesetzt werden und im Übrigen der Inflationsannahme im Rechenmodell entsprechen.

Das Risiko einer Investition hatten wir als die Möglichkeit negativer Abweichungen der Rückflüsse von ihren erwarteten Werten verstanden. Eine Risikosituation liegt immer dann vor, »wenn der Entscheidungsträger in der Lage ist, Angaben über die Wahrscheinlichkeiten für das Eintreten der verschiedenen Umweltzustände zu machen«[37]. Im Hinblick auf die verschiedenen Annahmekategorien bei einer Immobilieninvestitionsrechnung müssen wir uns überwiegend mit subjektiven Wahrscheinlichkeiten begnügen, die aufgrund individueller oder organisatorischer Kenntnisse und Erfahrungen gebildet werden. Die empirische Grundlage ist für die Berechnung objektiver Wahrscheinlichkeiten in der Regel nicht ausreichend.

Das Risiko einer Investition wird immer dann schlagend, wenn eine der in der Investitionsrechnung getroffenen Annahmen verfehlt wird (zum Beispiel Überschreitung der erwarteten Leerstandsquote oder des erwarteten Zinssatzes für die Anschlussfinanzierung eines Hypothekendarlehens) und sich negative Erfolgswirkungen einstellen. Die Wahrscheinlichkeit des Eintretens solcher Abweichungen (beispielsweise Überschreitung des angenommenen Prolongationszinses um 1, 2, 3 etc. Prozentpunkte) folgt einer Wahrscheinlichkeitsverteilung (siehe Abb. 5.12).

Das Risiko der Verfehlung einer Annahme (Abweichung vom Erwartungswert) zeigt sich in der Streuung der Verteilung. Die Streubreite der Verteilung um den Erwartungswert kann mit verschiedenen Maßzahlen wie der Standardabweichung oder dem Variationskoeffizient beschrieben werden. Die Streuung der jährlichen Cashflows aus einer Investition ergibt sich aus dem Zusammenspiel der Wahrscheinlichkeitsverteilungen der einzelnen Annahme-Parameter.

Risikoreiche Investitionen sind solche mit einer vergleichsweise breiten Streuung der Cashflows beziehungsweise ihrer Barwerte. Sie müssen natürlich eine höhere Rendite versprechen als risikoarme. Ganz allgemein gilt an den Finanzmärkten der Zusammenhang: Je höher das Risiko, desto höher die Rendite. Der weit überwiegende Teil der Investoren ist als risikoavers einzustufen. Risikoaverse Investoren verlangen aber eine Kompensa-

37 Maier 2004, S. 6.

tion für die einzugehenden Risiken, und zwar in der Form eines höheren Zinssatzes. Sie geben sich bei einer größeren Streuung der Gewinnverteilung nicht einfach damit zufrieden, dass der Erwartungswert der Verteilung sich nicht geändert hat, sondern sie müssen dafür in Form eines höheren Zinses entschädigt werden, dass sie dies in Kauf nehmen.

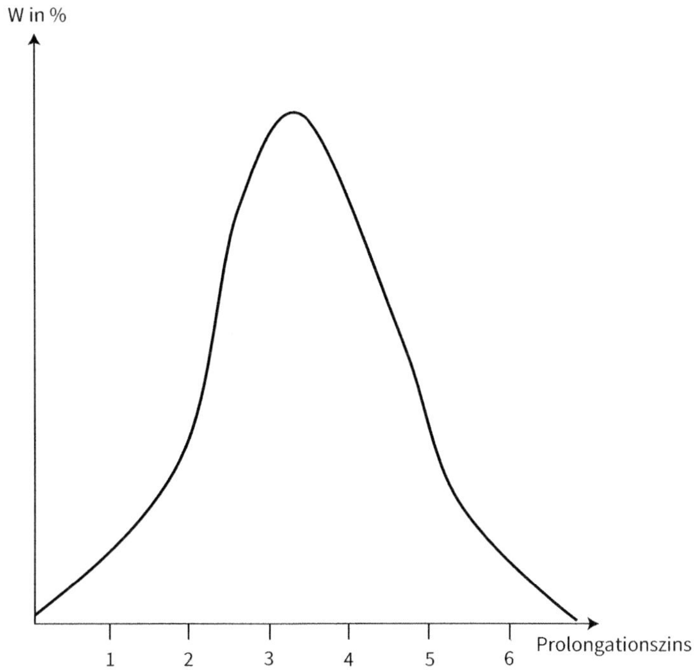

Abb. 5.12: Wahrscheinlichkeitsverteilung des zukünftigen Prolongationszinses

Die speziellen Risiken (»Einzelwagnisse«), die in der Form von Zuschlägen bei der Ermittlung des Kalkulationszinses berücksichtigt werden müssen, lassen sich wie folgt einteilen:

- Anlagenwagnisse (zum Beispiel Beschädigung durch Wasser, verborgene Altlasten),
- Fertigungswagnisse (zum Beispiel Fertigstellungs-, Termin- und Kostenrisiko),
- Vertriebswagnisse (zum Beispiel Absatzrisiko, Bewertungsrisiko, Mietausfallrisiko).

Das Vertriebswagnis eines Immobilieninvestments kommt in objekt-, sparten-, regionen- und standortspezifischen Risikozuschlägen zum Ausdruck. Als Beispiele für besonders risikoreiche Objekte gelten Arenen, Hotels, Diskotheken und Objekte an Standorten mit hohem Leerstand. Auch das zyklische Verhalten der einzelnen Teilmärkte spielt in diesem Zusammenhang eine Rolle. So schwanken die Mieten und Preise für Büroimmobilien in Spitzenlagen erfahrungsgemäß stärker als in weniger bevorzugten Lagen.

Unterschiedliche Erwartungswerte der jeweiligen Variablen sollten wir in den Cashflows der unterschiedlichen Vorhaben abbilden. Wenn ein Standort auf der Grundlage entsprechender Prognosen der Entwicklung der zukünftigen Wohnraumnachfrage einen besonders hohen Leerstand erwarten lässt, so ist dies bei der Schätzung des Mietausfallwagnisses und nicht etwa im Kalkulationszins abzubilden. Die Risikoprämie im Kalkulationszins reflektiert lediglich das Risiko von Annahmeverfehlungen im Sinne von Abweichungen vom Erwartungswert.

Es geht hier um die Streuung der Verteilung, die naturgemäß nicht direkt im Cashflow widergespiegelt werden kann. Wenn also die Zukunft eines Standortes aufgrund der Datenlage oder aus anderen Gründen besonders schlecht eingeschätzt werden kann, dann muss dies einen entsprechend erhöhten Ansatz des Kalkulationszinses nach sich ziehen.

Anders als die Einzelwagnisse umfasst das sogenannte »allgemeine Unternehmerrisiko« alle Risiken, die nicht objektbezogen sind, also zum Beispiel das Besteuerungs-, das Konjunktur-, das Arbeitsmarkt- und ggf. das Auslandsrisiko (und hier besonders das Währungsrisiko). Diese Risiken werden bereits durch die Entscheidung begründet, überhaupt unternehmerisch tätig zu werden. Die unter dem Begriff des allgemeinen Unternehmerrisikos zusammengefassten Risiken sind makroökonomischer, politischer oder soziodemografischer Natur. Diese Risiken sind in ihrer Entstehung vom Unternehmen nicht beeinflussbar. Die Steuergesetze, die Konjunktur und den Wechselkurs kann das Unternehmen ebenso wenig beeinflussen wie das Wetter. Dennoch sind diese Risiken den Techniken des Risikomanagements zugänglich.

Gegen die meisten Einzelrisiken, die das allgemeine Unternehmerrisiko ausmachen, sind Absicherungen in Form von Versicherungsprodukten oder Derivaten allerdings nicht verfügbar. Wie bei den speziellen Risiken sind die Erwartungswerte der jeweiligen Variablen (zum Beispiel Steuersatz, Wechselkurs) bei der Berechnung der jährlichen Rückflüsse anzusetzen, wenn es sich um unversicherbare beziehungsweise unversicherte Risiken handelt. Die Streuung der Verteilung muss dagegen im Kalkulationszins reflektiert werden.

Das allgemeine Unternehmerrisiko wird dann schlagend, wenn unerwartet Steuersätze erhöht, Zinsschranken eingeführt werden oder die Heimatwährung gegenüber der Investitionswährung stärker aufwertet als erwartet. Bestimmte Risiken wie das Konjunktur- und das Arbeitsmarktrisiko beeinflussen mehrere Cashflow-Komponenten.[38] Hier ist von einem mittleren Szenario auszugehen und der Einfluss von negativen Abweichungen (zum Beispiel ungünstiger Konjunkturverlauf aufgrund des Ausbruchs einer Bankenkrise) ist im Kalkulationszins je nach der Sensitivität des individuellen Cashflows zu berücksichtigen.

38 Das Konjunkturrisiko beeinflusst das Mietausfallrisiko (steigende Mietschulden aufgrund der gesamtwirtschaftlichen Entwicklung).

Der Kalkulationszins hat einen objektindividuellen Charakter. Die gewählten Diskontierungszinssätze müssen die individuellen Risiken der einzelnen Investitionsprojekte angemessen reflektieren. Ein einheitlicher Zinssatz ist grundsätzlich nur bei Objekten derselben Risikoklasse angemessen.

Angesichts der unterschiedlichen Ausprägung der projektspezifischen Risiken würde die unternehmensweite Vorgabe eines einheitlichen Kalkulationszinses durch die Geschäftsleitung zu verfälschten Rangfolgen der Investitionsprojekte und damit zu Fehlentscheidungen und Vermögensminderungen führen. Auf der einen Seite würden zu viele Vorhaben mit hohem Risiko freigegeben, während auf der anderen Seite risikoarme Vorhaben unterlassen würden, weil sie sich zum Einheitszins nicht rechnen.

Die Ermittlung des Kalkulationszinses sollte also objektindividuell erfolgen, dabei aber so weit wie möglich objektiviert werden, damit in vergleichbaren Fällen mit demselben Kalkulationszins gearbeitet wird. Die nachstehende Abbildung zeigt ein Beispiel für ein entsprechendes Scoring-Modell zur Vereinheitlichung der Methodik der Ermittlung des Kalkulationszinses. Es handelt sich um ein Mischzinsmodell (WACC), bei dem der risikogerechte Eigenkapitalzins gemäß der Kapitalstruktur des gesamten Unternehmens mit dem durchschnittlichen Satz für die Aufnahme von Fremdmitteln gemittelt wird.

1. Schritt: Eingabe der risikofreien Rendite = Rendite öffentlicher Anleihen	1%				
2. Schritt: Ermittlung der Risikoprämie					
Kriterien	**Einfluss auf die Schwankung des Ertrags**				
	Gering				**Hoch**
	1	**2**	**3**	**4**	**5**
Kostenstrukturrisiko: Fixkostenanteil		1			
Finanzstrukturrisiko: Fremdkapitalhebel			1		
Fremdfinanzierungsrisiko: Zinsänderungsrisiko				1	
Leistungsrisiko: Genehmigungs-, Fertigstellungs-, Baukosten-/Bauzeitrisiko		1			
Anlagenwagnisse, zum Beispiel Beschädigung durch Wasser, verborgene Altlasten, Baumängel				1	

Ertragsrisiko: rückläufige Mieten			1		
Leerstandsrisiko: Angebot ↑, Nachfrage ↓ (soziodemografische Änderungen bei Präferenzen oder Umfeld)				1	
Bewertungsrisiko: rückläufige Immobilienwerte			1		
Veräußerungsrisiko: Absatzrisiko und Absatzpreisrisiko			1		
Portfoliorisiko: Beitrag zum Portfoliorisiko		1			
Bewirtschaftungskostenrisiko: steigende Kosten (Zinsen, Verwaltung, Instandhaltung)	1				
Betriebskostenrisiko				1	
Reparaturrisiko		1			
Schlüsselpersonenrisiko		1			
Rechtsrisiko			1		
Rechtsänderungsrisiko, zum Beispiel Mietrechtsänderungen wie Kappungsgrenze, Mietpreisbremse		1			
SUMME = 44	1	12	15	16	0

3. Schritt: ERGEBNIS Risikoprämie*

in %	0	1	2	3	4	**5**	6	7	8	9	10	11	12
Gesamtpunkte	0–16	17–22	23–28	29–34	35–40	**41–46**	47–54	55–62	63–68	64–69	65–70	71–75	76–80

4. Schritt: ERGEBNIS Eigenkapitalkosten

EK-Zins	risikofrei		Risikoprämie		Gesamte EK-Kosten
in %	1,0	+	5,0	=	6,0

5. Schritt: Eingabe des Fremdkapitalzinses in %		1,5
6. Schritt: Kapitalstruktur	Durchschnittlicher FK-Anteil	70
	Durchschnittlicher EK-Anteil	30

7. Schritt: ERGEBNIS	Gewichteter Kalkulationszins 0,3 × 6,0 + 0,7 × 1,5 =	2,85
**Haftungsausschluss:* Die Zuordnungen im dritten Schritt dieses Schemas sind keine festen Größen, sondern sie sind abhängig vom Kapitalmarktumfeld und den individuellen Risikopräferenzen. Es wird keinerlei Haftung für Schäden gleich welcher Art übernommen, die sich aus der Ermittlung von Risikoprämien gemäß dieser Zuordnungsvorschrift ergeben.		

Abb. 5.13: Ermittlung des gewichteten Kalkulationszinses Quelle: in Anlehnung an Bühner 1994

Ein derartiges Scoring-Modell für die Zinssatzermittlung trägt zur Versachlichung der Diskussion bei. In dem durch das Modell gesetzten Rahmen kann nun rational über den Einfluss der einzelnen Kriterien auf die Schwankung des Ertrags diskutiert werden. Einen Beitrag zur Rationalisierung können in diesem Zusammenhang auch Sensitivitätsanalysen (Abschnitt 13) leisten.

Der Abstand zwischen dem Eigenkapital- und dem Fremdkapitalzins ($i_{EK} > i_{FK}$) kann mit der Voraushaftungsfunktion des Eigenkapitals begründet werden. Bei einer Abweichung des Cashflows von seinem Erwartungswert haben zuerst die Anteilseigner Verzicht in Form von verschlechterten Ausschüttungsperspektiven zu leisten.

Die Auswahl des angemessenen Kalkulationszinses ist abhängig von der Kapitalperspektive und der Kapitalstruktur (Unternehmen/Projekt). Die nachstehende Tabelle gibt die entsprechenden Zuordnungen wieder.

Finanzierung	Kapitalperspektive	Kalkulationszins	Bemerkungen
Nur EK	EK	EK-Zins	Ausnahme?
EK/FK	GK	Mischzins	Gewichtung mit der bilanziellen Kapitalstruktur
EK/FK	EK	EK-Zins	Problem: Vergleichbarkeit bei unterschiedlichen Verschuldungsgraden

Tab. 5.1: Zusammenhang Finanzierung, Kapitalperspektive und Kalkulationszins

5.4.7.3 Reflexion: Risikofreier Zins, Eigenkapitalzins oder Mischzins?

Für den aus praktischer Sicht besonders bedeutsamen Fall der Mischfinanzierung aus Eigen- und Fremdkapital empfiehlt Erich Schneider als Kalkulationszins das mit den Eigen- bzw. Fremdkapitalanteilen gewogene arithmetische Mittel aus dem Eigenkapitalkostensatz und dem Fremdkapitalzins. Das Investitionsrisiko will er in Form eines Zuschlags auf den Basiszins berücksichtigt wissen. Der erhöhte Kalkulationszins soll als »Sicherheitsventil gegen Fehler beim Ansatz der Einnahmen und Ausgaben«[39] dienen.

Wir fassen zusammen: Wird eine Finanzierung ausschließlich mit Eigenkapital unterstellt, so sollen allein die Eigenkapitalkosten den Kalkulationszins bestimmen. Sofern dagegen eine Mischfinanzierung aus Eigen- und Fremdkapital angenommen wird, soll der Kalkulationszins einen Mischzins darstellen, in dem auch die Finanzierungskosten für das Fremdkapital zu berücksichtigen sind. Wie ist die unterschiedliche Ermittlung des Kalkulationszinses in Abhängigkeit von den Finanzierungsbedingungen und der Kapitalperspektive zu begründen? Den Ausgangspunkt der Überlegungen bildet die Art und Weise der Verwendung bzw. Finanzierung von Cashflow-Salden aus dem infrage stehenden Investitionsprojekt: Was tun wir mit positiven Rückflüssen und wie finanzieren wir negative?

Bei unseren Überlegungen dürfen wir die immanente Zuordnungsproblematik nicht verkennen: »Money is not earmarked.« Weil Geld nicht gekennzeichnet ist, kann man schon die anfängliche Finanzierungsstruktur eines Projekts nicht ohne Weiteres isolieren. Bei zukünftigen Einnahmeüberschüssen ist es ohne zusätzliche Annahmen sogar ex post nicht möglich, sie bestimmten Verwendungen (zum Beispiel Kontenanlage, Kredittilgung, Alternativinvestition, Gewinnausschüttung) eindeutig zuzuordnen.

Genauso wenig kann es bei negativen Cashflows als sicher angesehen werden, dass diese in jedem Fall fremdfinanziert werden. Man hat vielmehr auch mit der Möglichkeit zu rechnen, dass negative Zahlungssalden ganz oder teilweise aus eigenen Mitteln ausgeglichen werden, die dann für höherverzinsliche Investitionen, Gewinnausschüttungen oder Sondertilgungen von Krediten nicht zur Verfügung stehen. Selbst eine ex post-Prognose über die Finanzierung negativer Cashflows ist nicht möglich.

Wegen der Zuordnungsproblematik auf der Projektebene kann die Struktur der Finanzierung/Verwendung zukünftiger negativer oder positiver Rückflüsse also nicht prognostiziert werden. Diese Überlegung spricht grundsätzlich gegen die Verwendung von »echten« zukünftigen Soll- oder Habenzinsen je nach dem Vorzeichen des Rückflusses aus dem Investitionsvorhaben.

Bei einer gesamtkapitalbezogenen Perspektive auf das Vorhaben (Mischfinanzierung aus Eigen- und Fremdkapital gemäß der Kapitalstruktur der Unternehmung, siehe auch Abschnitt 5.4.2) ist die Ab- bzw. Aufzinsung der Cashflows mit dem gewichteten Kalkulationszins angemessen. Bei Einnahme der Gesamtkapitalperspektive reflektieren die jährlichen Cashflows auch die Vergütung des im Unternehmen eingesetzten Fremdkapitals. Je nach dem Verschuldungsgrad des Unternehmens kann angenom-

39 Schneider 1968, S. 69.

men werden, dass ein mehr oder weniger großer Teil der freien Cashflows dem (unternehmensweiten) Schuldendienst (Kredittilgung und -verzinsung) dient. Es erscheint daher angemessen, für die Abzinsung der entsprechenden Rückflüsse einen Mischzins (WACC) zu verwenden, der den Verzinsungsanspruch an das gesamte in dem Vorhaben gebundene Kapital reflektiert und nicht bloß den an das Eigenkapital.

Wenn beispielsweise die Mieteinnahmen pro m^2 oder der Liquidationserlös unter ihre Erwartungswerte fallen, so bleiben die Zins- und Tilgungszahlungen auf das aufgenommene Fremdkapital davon unberührt. Die Cashflows nach (angenommenem) Kapitaldienst sinken aber und dies geht allein zulasten des Eigenkapitals und dessen Verzinsung. In der Risikoprämie sind also die negativen Auswirkungen von möglichen Annahmeverfehlungen auf die Eigenkapitalverzinsung abzubilden. Dabei muss beachtet werden, dass die Eigenkapitalverzinsung sensibler auf derartige Abweichungen reagiert als der gesamte Cashflow. Mit dem Ansatz für die Eigenkapitalverzinsung wird der Aufbau eines ausreichenden Risikopuffers im Sinne von Erich Schneider angestrebt. Je höher die Vorgabe hier ausfällt, desto geringer ist die Wahrscheinlichkeit zu veranschlagen, dass die Projektverzinsung unter die Basisverzinsung (risikofreie Rendite öffentlicher Anleihen) fällt.

Bei Einnahme der Eigenkapitalperspektive[40] (Anfangsauszahlung gleich Eigenkapitaleinsatz, explizite Berücksichtigung des projektbezogenen Kapitaldienstes beim Cashflow) reflektieren die jährlichen Cashflows dagegen in erster Linie den Vergütungsanspruch des im Unternehmen gebundenen Eigenkapitals. Unter der Annahme, dass mit den freien Cashflows nach Kapitaldienst keine weiteren Kredittilgungen mehr vorgenommen werden und die thesaurierten Mittel stattdessen als Eigenkapital in Projekte mit vergleichbarem Risiko fließen, können wir hier verwendungsseitig sogar eine ausschließliche Zuordnung der Rückflüsse nach Kapitaldienst zum bilanziellen Eigenkapital unterstellen.

Die Annahme, dass keine weiteren Kredittilgungen mehr erfolgen, erscheint insbesondere dann gerechtfertigt, wenn projektbezogene und unternehmensbezogene Leverage-Ratio nahe beieinander liegen (beispielsweise jeweils 80 % Fremdkapitalquote an den Gesamtkosten bzw. an der Bilanzsumme). Wir dürfen in diesem Fall nicht etwa annehmen, dass der nach Kapitaldienst verbleibende Cashflow nochmals überwiegend für den Kapitaldienst auf andere Kredite verwendet wird. Genau das würden wir aber tun, wenn wir trotz der grundsätzlichen Eigenkapitalperspektive unserer Rechnung einen Mischzinssatz als Kalkulationszins vorgeben würden.

Bei Einnahme der Eigenkapitalperspektive müssen wir also auf das Projekt eine höhere Verzinsung als den Mischzins fordern. Wenn das Projekt und das Unternehmen

40 Falls man auf der Projektebene die Fremdmittel zuordnen kann, so können die Kapitalkosten laut Rückzahlungsplan bei der Ermittlung des laufenden Cashflows berücksichtigt werden.

eine gleich hohe Leverage-Ratio aufweisen, ist der Ansatz des kalkulatorischen Eigenkapitalzinses ohne Weiteres angemessen. Andernfalls muss der Verschuldungsgrad normiert werden, denn Projekte mit unterschiedlichen Verschuldungsgraden sind nur eingeschränkt miteinander vergleichbar.

5.4.7.4 Kritik am Konzept des Mischzinses

Obwohl in der Praxis weit verbreitet, wird das Konzept des Mischzinses in der theoretischen Literatur überwiegend abgelehnt. Die Kritik am Mischzins richtet sich im Einzelnen auf folgende Gesichtspunkte[41]:

- keine Einzelbewertung wegen Abhängigkeit des Mischzinses von gesamtheitlichen Entscheidungen über die Kapital- und Risikostruktur des Unternehmens,
- Tendenz zum Totrechnen durch Kumulation von Risikozuschlägen,
- fehlender Grenzkostencharakter: »bestandsorientierter Durchschnittszins«,
- mangelnde Objektivierbarkeit aufgrund von zu weit gezogenen Ermessensspielräumen für die Entscheidungsträger und vagen Maßstäben für die Bestimmung der Risikozuschläge.

Dass der Mischzins keine isolierte Bewertung einzelner Investitionsvorhaben erlaubt, erschwert zwar den Vorteilhaftigkeitsvergleich über Unternehmensgrenzen hinweg. Auf der anderen Seite hat ja nicht irgendein objektiver Dritter, sondern das betreffende Unternehmen mit seiner spezifischen Risiko- und Kapitalstruktur die Entscheidung zu treffen. Die angebliche Tendenz zum Totrechnen rechtfertigt jedenfalls nicht das völlige Ignorieren von Risiken, indem man auf alle Investitionsalternativen stets den risikofreien Basiszins anwendet. Die Verzerrungen und Fehlentscheidungen, die auf diese Weise zustande kämen, wären wirtschaftlich viel schwerwiegender als die mit den Risikozuschlägen verbundenen Schätzunsicherheiten und Ermessensspielräume.

Der fehlende Grenzkostencharakter der Methode ist angesichts der unlösbaren Schwierigkeiten bei der Ermittlung finanzierungs- oder opportunitätsorientierter Grenzzinssätze kein gewichtiges Argument. Bleibt der Kritikpunkt der mangelnden Objektivierbarkeit. Dieser Einwand kann nicht auf die leichte Schulter genommen werden. Wir dürfen aber eins nicht übersehen: »Dass es sich bei den zu bewertenden Investitionen im Prinzip stets um neue, vorher noch nie dagewesene Entscheidungssituationen handelt, muss zwangsläufig zu der Schlussfolgerung führen, dass es sich bei der Berücksichtigung von Risiken immer nur um ›Näherungslösungen‹ handeln kann.«[42].

41 Rolfes 2003, S. 103–105 und 112 f.
42 Rolfes 2003, S. 118.

Das Konzept des Mischzinses mag pragmatisch und subjektiv sein, aber es ist unter den zu Gebote stehenden Verfahren zur Ermittlung des Kalkulationszinses das mit den geringsten Schwächen. Sowohl die engpassbezogenen Ansätze als auch die Totalmodelle, bei denen der »richtige« Kalkulationszinsfuß implizit in der Optimallösung enthalten ist (interner Zins der gerade nicht mehr zum Zuge gekommenen Alternative), leiden unter einem logischen Widerspruch: Wenn das optimale Investitionsprogramm bekannt ist, dann braucht man gar keine partiellen Investitionsrechnungen mehr durchzuführen. Totalmodelle (zum Beispiel der neuere Kapitalmarktansatz) sind aber in der Praxis wegen der »Komplexität und Unsicherheit der realen Umweltbedingungen«[43] grundsätzlich nicht zur Bestimmung des optimalen Investitionsprogramms geeignet.[44]

Auch die Komplexität und Schwerfälligkeit einer zentralen Simultanplanung verhindert den Einsatz von Totalmodellen der Investitionsrechnung. In der Realität werden wegen unvollkommener Information Entscheidungen nicht nur zu einem Zeitpunkt und von einem Entscheidungsträger, sondern laufend und von vielen teilweise unabhängigen Entscheidungsträgern getroffen (Rolfes 2003, S. 103). Eine praktikable Investitionsrechnung in einem größeren Unternehmen kann sich daher nur auf Partialmodelle gründen.

Bis auf weiteres gilt also: Das Investitionsprogramm eines Unternehmens ergibt sich unter den Bedingungen der Unternehmenspraxis als Ergebnis vieler partieller Investitionsentscheidungen, wobei eine Vorstrukturierung der Investitionsalternativen durch das qualitative Portfoliomanagement erfolgen kann.

5.4.7.5 Marktzinsstruktur und Kalkulationszins

Bei dynamischen Verfahren der Investitionsrechnung, die den Cashflow-Verlauf explizit modellieren, bietet sich grundsätzlich die Möglichkeit, mit verschiedenen Kalkulationszinssätzen für die einzelnen Jahre der Haltedauer zu arbeiten. Die Zinssätze dafür können aus der aktuellen Zinsstrukturkurve gewonnen werden (sogenannte »Marktzinsmethode«).[45]

43 So setzt eine Diversifikationsmöglichkeit im Sinne des Kapitalmarktmodells voraus, dass das gesamte Investitionsportefeuille eines Marktes bzw. einer Volkswirtschaft bekannt und für den einzelnen Investor erwerbbar sei. Diese Voraussetzung kann in Bezug auf die Immobilienmärkte als vollkommen wirklichkeitsfremd angesehen werden. Erst in einer fernen Zukunft, bei entsprechender Markterschließung durch Immobilienderivate, könnte sie einen realitätsnäheren Charakter annehmen.

44 Rolfes 2003, S. 105 f.

45 Rolfes hat die »Vernachlässigung laufzeitabhängiger Renditeunterschiede am Geld- und Kapitalmarkt« als »den wohl schwersten Mangel der klassischen Investitionstheorie« bezeichnet (Rolfes 2003, S. 108).

Die zeitliche Zinsstrukturkurve beschreibt die zu einem bestimmten Zeitpunkt geltenden effektiven Zinssätze von Anleihen oder Krediten mit ansonsten gleichen Ausstattungsmerkmalen, und zwar geordnet nach der Restlaufzeit. Die Zinsstrukturkurve weist üblicherweise einen ansteigenden Verlauf auf (normale Zinsstruktur), das heißt die Zinsen für kurzfristige Ausleihungen liegen unter denen für langfristige. Ein inverser Verlauf mit höheren Zinsen für kurzfristige Anlagen ist an den Kapitalmärkten eher die Ausnahme.

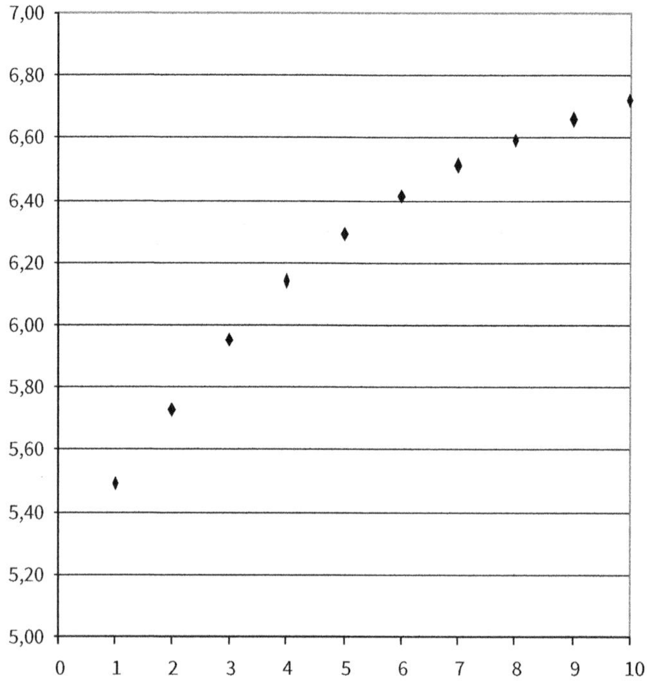

Abb. 5.14: Durchschnittliche Rendite von Bundeswertpapieren nach Laufzeiten 1973 bis 2009

Der Grund für die überwiegend ansteigende Zinsstruktur liegt in der Liquiditätspräferenz der Finanzmittelanleger. Diese haben wegen der schlechter einschätzbaren Bonitätsrisiken langfristiger Ausleihungen und dem Risiko eines eigenen unvorhergesehenen Liquiditätsbedarfs eine allgemeine Vorliebe für kurzfristige Anlagen. Zu längerfristigen Anlagen sind sie daher nur bereit, wenn ihnen dafür ein höherer Zinssatz geboten wird. Auf der Seite der Schuldner kann man wegen der mit kurzfristigen Kapitalaufnahmen verbundenen Prolongationsrisiken eine entsprechende Bereitschaft erwarten, für langfristige Aufnahmen auch höhere Zinsen zu zahlen.

Neben der Liquiditätspräferenz spielen Richtung und Stärke der Zinsänderungserwartungen der Marktteilnehmer eine Rolle für den Verlauf der Zinsstrukturkurve. Grundsätzlich müssen aus der Sicht von heute zehn hintereinandergeschaltete Investments in Bundesanleihen mit einjähriger Restlaufzeit dasselbe Endvermögen erwarten lassen wie der einmalige Kauf einer Anleihe mit zehnjähriger Restlaufzeit. Erwarten die Märkte für die Zukunft eine Zunahme der Zinsen für einjährige Anleihen, so werden in der Gegenwart die langfristigen Zinsen oberhalb der kurzfristigen liegen. In diesem Sinne ist die gegenwärtige Zinsstruktur ein Schätzer für die zukünftige Entwicklung der kurzfristigen Zinsen. Im Fall einer inversen Zinsstruktur liegen die kurzfristigen Zinsen dagegen oberhalb der langfristigen und die Zinsänderungserwartung ist auf eine Abnahme der kurzfristigen Zinsen gerichtet.

Wenn wir die Vorteilhaftigkeit eines Investitionsprojekts, dessen Rückflüsse nicht alle zu einem bestimmten Zeitpunkt in der Zukunft anfallen, mithilfe der Kapitalwertmethode beurteilen wollen, dann erscheint es angemessener, die Rückflüsse der einzelnen Jahre mit den jeweils zeitlich zugehörigen Basis-Zinssätzen abzuzinsen, also den Rückfluss in t_3 mit dem gegenwärtigen Zins (Umlaufrendite) für dreijährige Anleihen und den in t_{10} anfallenden Rückfluss mit dem Zins für zehnjährige Anleihen. Zusätzlich zu den Zinssätzen aus der Zinsstrukturkurve muss bei der Ermittlung einer angemessenen Eigenkapitalverzinsung noch ein angemessener Risikoaufschlag berücksichtigt werden. Wenn wir dagegen eine gewogene Umlaufrendite oder eine Umlaufrendite für ein bestimmtes Restlaufzeitintervall zur Diskontierung hernehmen, so verschenken wir gewissermaßen Informationen und verzerren die Ergebnisse. Falsche Rangfolgen von Investitionsprojekten und Fehlentscheidungen können die Folge sein.

Der große Vorteil der Marktzinsmethode liegt in der Objektivierbarkeit der Annahmen über den risikofreien Basiszins. Das Ergebnis der Rechnung hängt nun freilich ganz wesentlich von der zeitlichen Zinsstruktur am Kapitalmarkt ab. Das ist aber nur ein scheinbarer Nachteil, denn die Zinsstruktur nimmt nun einmal Einfluss auf das Ergebnis der Rechnung. Es ist eben nicht gleichgültig, in welchem Kapitalmarktumfeld ein Projekt in Angriff genommen wird. Die Marktzinsmethode korrespondiert alles in allem sehr gut mit den dynamischen Verfahren der Investitionsrechnung. Sie erlaubt eine nachvollziehbare, empirisch fundierte und periodengerechte Zuordnung von Rückflüssen und Diskontierungszinsen. Bei sehr langen Haltedauern kann die Anwendbarkeit der Methode freilich eingeschränkt sein, wenn keine entsprechend langfristigen Referenzzinssätze zur Verfügung stehen.

5.4.8 Liquidationserlös

Der Liquidationserlös aus einem Immobilieninvestment ist der Verkaufserlös zum voraussichtlichen Liquidationszeitpunkt abzüglich aller mit der Liquidation verbundenen Kosten, soweit sie noch von dem alten Eigentümer zu tragen sind (zum Beispiel Steuer auf Veräußerungsgewinn, Maklerprovision, Abrisskosten, Altlastenbeseitigung).

Die Höhe des Liquidationserlöses hängt von verschiedenen Faktoren ab. Ein wesentlicher Bestimmungsgrund ist der Zeitpunkt der Veräußerung im Verhältnis zur Gesamtnutzungsdauer. Wird eine neu errichtete Wohnimmobilie nach 5 Jahren veräußert, so ist der größte Teil des Nutzungspotenzials noch vorhanden und der aufgelaufene Instandsetzungs- und Modernisierungsbedarf dürfte sich unter normalen Umständen in Grenzen halten. Auch die Intensität der Nutzung spielt eine nicht zu unterschätzende Rolle. Ob eine Wohnung als Arztpraxis oder aber für die Wohnbedürfnisse eines Rentnerhaushaltes genutzt wird, hat spürbare Auswirkungen auf den Gebrauchsverschleiß etwa von Treppenhäusern und Türrahmen.

Ein weiterer Bestimmungsgrund des Liquidationserlöses ist das Instandhaltungsmanagement. Wenn regelmäßig werterhaltende vorbeugende Instandhaltungsmaßnahmen durchgeführt werden, hat dies einen günstigen Einfluss auf die Gesamtlebensdauer der Immobilie. Auf der anderen Seite kann der zu erwartende Liquidationserlös aufgrund technischer oder wirtschaftlicher Überalterung des Gebäudes dahin schmelzen. Dies gilt etwa für Bürogebäude mit veralteten Kommunikationsleitungen und starren Zuschnitten der Räume. Auch die Art des Objekts kann den Ansatz des Liquidationserlöses beeinflussen. Bei risikoreichen Objekten mit eingeschränkter Drittverwendungsfähigkeit, zum Beispiel Freizeitbädern oder Multiplexkinos, ist man gut beraten, nicht nur die Nutzungsdauer, sondern auch den erwarteten Liquidationserlös vorsichtig zu veranschlagen.

Auch bei der Schätzung des Liquidationserlöses stehen sich die angelsächsische und die kontinentaleuropäische Denkweise gegenüber (Abschnitt 5.4.5). Wegen der kleinen Abzinsungsfaktoren wird der Liquidationserlös bei sehr langen Nutzungsdauern oft vernachlässigt. Bei kürzeren Zeithorizonten (Orientierung an der voraussichtlichen oder normierten Haltedauer) spielt die Schätzung des Liquidationserlöses dagegen eine durchaus kritische Rolle für die Einschätzung der Vorteilhaftigkeit eines Investitionsvorhabens.

Bei der konkreten Bemessung des Liquidationserlöses kommt es darauf an, dass der geschätzte Cashflow im letzten Jahr der Haltedauer in einem angemessenen Verhältnis zum geschätzten Liquidationserlös steht (sogenannte »Exit Cap Rate«; Abschnitt 8.1.3).

5.5 Probleme bei Investitionsrechnungen

Ein Problem bei Investitionsrechnungen ist die Kapitalknappheit. Fast immer übersteigt das Volumen der für sich genommen vorteilhaften Investitionsprojekte die Kapitalressourcen des Unternehmens. Die verschiedenen Investitionsalternativen konkurrieren um das knappe Kapital. Diese Konkurrenz macht eine Rangfolgenbildung unter den Investitionsvorhaben erforderlich. Die Kriterien der Rangfolgenbildung sind grundsätzlich Rendite und Risiko. Nach dem ökonomischen Prinzip soll eine Investitionsalternative dann einer anderen vorgezogen werden, wenn sie bei gleichem Risiko eine höhere Rendite verspricht oder wenn sie bei gleich hohen Renditeerwartungen ein geringeres Risiko aufweist.

Während das Problem der Kapitalknappheit mit geeigneten Verfahren der Investitionsrechnung durchaus beherrscht werden kann, gestaltet sich der Umgang mit dem Problem der mangelnden Quantifizierbarkeit bestimmter Eingangsdaten weitaus schwieriger. Damit ist weniger der Schätzcharakter der meisten Eingangsgrößen angesprochen (zum Beispiel Liquidationserlös) als vielmehr der qualitative Charakter bestimmter Entscheidungskriterien, wie zum Beispiel die Umweltverträglichkeit oder die städtebauliche Beurteilung eines Vorhabens. Hier spielen subjektive Einschätzungen eine Rolle und die Ergebnisse der Bewertung lassen sich allenfalls mithilfe von Scoring-Modellen quantifizieren, die aber ihrerseits einen gewissen Ermessensspielraum offen lassen. Aus der Sicht der Investitionsrechnung besteht die Gefahr nun darin, dass die qualitativen Entscheidungskriterien bei der Rechnung schlicht »unter den Tisch fallen«, eben weil sie nicht ohne Weiteres quantifiziert werden können. Das Ergebnis einer Investitionsrechnung, die naturgemäß nur bestimmte Entscheidungskriterien überhaupt berücksichtigen kann, ist aber nicht mit der Gesamtbeurteilung eines Vorhabens gleichzusetzen.

Die sensibelste Teilaufgabe einer Investitionsrechnung ist das Setzen der Annahmen. Keine Investitionsrechnung ist besser als die ihr zugrundeliegenden Annahmen.

Damit sind insbesondere die Cashflow-Prognose und der Kalkulationszinssatz angesprochen. Es gibt hier breiten Raum für Fehlprognosen. Der Investor kann das wirtschaftliche Umfeld ebenso falsch einschätzen wie die Entwicklung der Mieten und Leerstände. Er kann den Liquidationserlös und/oder die Nutzungszeit überschätzen oder den Anschlusszins nach Ablauf der anfänglichen Zinsbindung zu niedrig ansetzen. Auch die Instandhaltungskosten sind als Quelle von Schätzunsicherheiten nicht zu unterschätzen.

Die Binsenweisheit, stets alle Annahmen auf der übervorsichtigen Seite zu setzen, ist aber keine angemessene Antwort auf die Unsicherheit der Zukunft. Vorsicht allein reicht nicht, denn mit einer durchweg zu konservativen Annahmesetzung, werden zwangsläufig viele Investitionschancen verdeckt. Annahmen über die Zukunft haben immer auch ein subjektives Element. Es ist daher von großer Bedeutung, wer innerhalb einer Organisation an der Aufstellung der Annahmen beteiligt ist.

Grundsätzlich gilt: Die Annahmen setzt der, der sie erfüllen muss! Werden die Annahmen für die Investitionsrechnung von einer Stabsabteilung am grünen Tisch ausgearbeitet und lediglich vom Vorstand bestätigt, so fehlt es dem Rechenwerk an der organisatorischen Verankerung. Es wird damit zu einem unverbindlichen Planungsinstrument. Dann kann man es auch lassen.

Wenn mit Investitionsrechnungen die Wirtschaftlichkeit tatsächlich gesteigert werden soll, ist von den Mitarbeitern Intrapreneurship gefordert. Die Annahmen werden also nicht am grünen Tisch gesetzt, sondern die Abteilungen müssen ihre Rollen zum Beispiel als »Makler« oder »Eigentümer« internalisieren. Den operativ zuständigen Abteilungen ist also ein wesentlicher Einfluss auf die Annahmen zuzubilligen und sie müssen auch die Verantwortung für die Erfüllung der Annahmen tragen. Verantwortung bedeutet, dass jemand in der Organisation für Annahmeverletzungen haftbar gemacht werden kann (Commitment). Die Annahmen sollen realistisch sein, aber auch eine gewisse Herausforderung für die Organisation beinhalten.

Konkret sind die Annahmen über die Entwicklung von Mieteinnahmen und Leerständen gemeinsam mit der Vermietung zu erarbeiten, die zu den Herstellungskosten bei Neubau oder Modernisierung mit der Technik und dem Einkauf, die Verkaufspreise beim Vertrieb als Eigentumswohnung mit dem Vertrieb, die laufenden Instandhaltungskosten mit der Bewirtschaftung usf.

Die geforderte Genauigkeit der einzelnen Annahmen hängt von ihrer jeweiligen Sensitivität ab, also ihrem jeweiligen Einflusspotenzial auf die Outputgröße der Rechnung (zum Beispiel Kapitalwert). Anstelle von Scheingenauigkeiten sollten besser die wesentlichen Prämissen der Rechnung deutlich gemacht werden.

Von großer Bedeutung für die Güte einer Investitionsrechnung ist außerdem die Abstimmung der verschiedenen Annahmen aufeinander. Die Inflationserwartung sollte explizit vorgegeben werden, denn sie ist an verschiedenen Stellen von großer Bedeutung für die Annahmesetzung (zum Beispiel Prolongationszins, Kalkulationszins, Wachstumsrate Sollmieten). Die Annahme über die Entwicklung der Sollmieten etwa ist im Hinblick auf die unterliegende Inflationserwartung mit dem Anspruch an die (nominale) kalkulatorische Verzinsung abzustimmen (kein «Schön-Rechnen«). Eine hohe Inflationserwartung muss sich ebenso in einer hohen Wachstumsrate der Mieteinnahmen wie in einem hohen kalkulatorischen Verzinsungsanspruch widerspiegeln. Das gilt mit umgekehrten Vorzeichen für eine niedrige erwartete Inflationsrate. Außerdem sind Renditen, die unter verschiedenen Annahmen über die zukünftige Preisentwicklung berechnet worden sind, nicht miteinander vergleichbar.

Bleibt die Frage, welche Parameter in einer Wirtschaftlichkeitsberechnung unternehmensweit vorgegeben werden und welche objektspezifisch bestimmt werden sollten (zentrale oder dezentrale Annahmensetzung).

Grundsätzlich sollten Annahmen so wenig wie möglich pauschaliert werden, da Pauschalierungen falsche Rangfolgen und damit Fehlentscheidungen nach sich ziehen. Die Annahmen über die Mieteinnahmen, Fluktuation und Leerstand sollten daher so objektscharf wie möglich getroffen werden. Hier kann man nicht Objekte unabhängig von Standort, Bauzustand und Ausstattung über einen Kamm scheren. Die Objektperspektive erlaubt eine saubere Zuordnung von Objekteigenschaften und Ausprägungen der Annahmen. Daraus ergibt sich eine transparente Grundlage für Kritik und Diskussionsbeiträge. Davon abgesehen wird die Orientierung an Benchmarks (zum Beispiel Miete, Leerstandsquote) erleichtert.

Vergleichbare Einzelobjekte können allerdings zu Segmenten bzw. Clustern zusammengefasst werden, für die dieselben Annahmen gelten. Diese Cluster sind gekennzeichnet durch identische Handlungsalternativen für vergleichbare Objekte (einheitlicher Gebäudetyp, vergleichbarer Modernisierungsstand, ähnliche Mietsituation, vergleichbare Lage).

Auf der anderen Seite sind Annahmen zu treffen, die keinen Bezug zu den Objekteigenschaften haben. Eine solche allgemeinverbindlich vorzugebende Annahme ist der Prolongationszins, denn es kann nicht sein, dass innerhalb ein- und desselben Unternehmens je nach Projekt unterschiedliche Szenarien der zukünftigen Kapitalmarktentwicklung verwendet werden.

Annahmekategorie	**Zentral**	**Zentrale Regel**	**Dezentral**
Mietsteigerung			X
Fluktuation			X
Leerstand			X
Zunahme Instandhaltung		X	
Ausstiegsrendite/Liquidationserlös		X	
Zunahme Nebenkosten	?		
Zunahme Verwaltungskosten	X		
Prolongationszins	X		
Kalkulationszins		X	

Tab. 5.2: Annahmekategorien und Entscheidungsebenen

Schließlich gibt es Annahmen wie den Kalkulationszins oder den Liquidationserlös, die man zwar nicht wert- oder betragsmäßig vorgeben sollte, bei denen aber ein verbindliches objektiviertes Verfahren oder eine Rechenregel zur Bestimmung angemessen erscheint, um das Verfahren soweit wie möglich zu objektivieren.

Zusammenfassung

Der Problemlösungsprozess der Investition umfasst vier Phasen:

- Planung (Investitionsanregung, Grobselektion, Datenerfassung, Grobkalkulation),
- Entscheidung (vorläufige Beurteilung, Einordnung nach Dringlichkeit, vollständige Datensammlung, Wirtschaftlichkeitsberechnung, Abstimmung mit Finanzplan),
- Vollzug und
- Evaluation.

Dem Investitionscontrolling kommt die Aufgabe des Soll-Ist-Vergleichs zu (zum Beispiel Termin- und Kostenüberschreitungen in der Bauphase, Abweichungen von den geplanten Größen in der Nutzungsphase).

Immobilieninvestitionen teilt man ein in: bestandserweiternde Investitionen (Neubau, Kauf), die aus bilanzieller Sicht zu einem Aktivtausch führen, Investitionen zur Bestandsentwicklung, die nur bei Aktivierungsfähigkeit der Ausgaben zu einem Aktivtausch führen und Desinvestitionen (zum Beispiel Abriss, Verkauf), deren bilanzielle Auswirkungen vom Verhältnis des erzielten Erlöses zum Buchwert des Grundstücks abhängen. Auch die planmäßigen Gebäudeabschreibungen kann man unter dem Begriff der Desinvestition einordnen.

Innerhalb der Investitionen zur Bestandsentwicklung wird zwischen Instandhaltung (vorbeugende Maßnahmen zur Erhaltung), Instandsetzung (Beseitigung von Mängeln und Schäden zum Zwecke der Wiederherstellung des Originalzustandes) und Modernisierung (Maßnahmen zur Verbesserung wie Wärmedämmung, Einbau eines Aufzugs) unterschieden. Duldungspflichtige Modernisierungsmaßnahmen berechtigen bei der Vermietung von Wohnräumen zur Erhebung der Modernisierungsumlage (Umlage von 8 % der Kosten auf die Jahresmiete, zusätzliche Kappungen).

Der Dateninput einer Investitionsrechnung besteht aus folgenden Eingangsgrößen:

- Kapitaleinsatz: Anschaffungs- oder Herstellungskosten.
- Cashflow: der Investition zurechenbarer Zahlungsmittelzufluss pro Periode unabhängig von seiner Erfolgswirksamkeit: Miete – Bewirtschaftungskosten – Modernisierungskosten (ggf.) – Steuerzahlungen – Kapitalkosten (bei Eigenkapital-Perspektive).
- Nutzungsdauer: beabsichtigte Haltedauer des Investitionsobjekts.
- Zinsfuß: Der Kalkulationszinssatz für das eingesetzte Eigenkapital setzt sich aus folgenden Komponenten zusammen: risikofreier Basiszins plus angemessene Risikozuschläge. Der Basiszins kann mithilfe der Marktzinsmethode aus

der aktuellen Zinsstrukturkurve abgleitet und für die einzelnen Perioden der Haltedauer differenziert vorgegeben werden.

- Liquidationserlös: Der Liquidationserlös aus einem Immobilieninvestment ist der Verkaufserlös zum voraussichtlichen Liquidationszeitpunkt abzüglich aller mit der Liquidation verbundenen Kosten, soweit sie noch von dem alten Eigentümer zu tragen sind. Er muss in einem angemessenen Verhältnis zum geschätzten Cashflow im letzten Jahr der Haltedauer stehen.

Die einzelnen Cashflow-Komponenten sind möglichst objektindividuell mit ihren jeweiligen Erwartungswerten anzusetzen. Der wichtigste Bestandteil des Cashflows sind die erwarteten Mieteinnahmen. Handelt es sich um Wohnraum, so spielt das Mietpreisrecht eine nicht unwesentliche Rolle für die Entwicklung der Vertragsmieten.

An einem ausgeglichenen Wohnungsmarkt kann man annehmen, dass die Miete im Einklang mit der Inflationsrate steigt. Darüber hinaus sollte man nur bei besonders günstigen Bedingungen am regionalen Wohnungsmarkt gehen. Bei Leerständen und rückläufiger Nachfrage können sich dagegen real wie nominal rückläufige Wohnungsmieten ergeben. Davon abgesehen spielen die Eigenschaften der Wohnung, des Wohnumfeldes und die Erreichbarkeit von zentralen Einrichtungen eine wesentliche Rolle für die erzielbaren Mieteinnahmen.

In einer dynamischen Investitionsrechnung muss zwischen der Bestands-, der Neuvermietungs- und der Vergleichsmiete unterschieden werden. Auch die jährliche Fluktuationsrate beeinflusst die Höhe der Mieteinnahmen.

Der Kalkulationszins spiegelt das Risiko negativer Abweichungen der jährlichen Cashflows bzw. ihrer Bestandteile von ihren erwarteten Werten wider. Dieses Risiko zeigt sich in der Streuung der entsprechenden Wahrscheinlichkeitsverteilungen. Wenn die Wirtschaftlichkeit des Einsatzes des gesamten in einem Investitionsprojekt gebundenen Kapitals beurteilt werden soll, dann sollten die jährlichen Rückflüsse mit einem gewichteten Mischzins (WACC) abgezinst werden, der sowohl die projektbezogenen Risiken für die Eigenkapitalverzinsung als auch die Finanzierungsstruktur und die Fremdfinanzierungskonditionen des Unternehmens widerspiegelt. Geht es nur um die Wirtschaftlichkeit des Eigenkapitals, so sind die Cashflows dagegen mit einem risikogerechten Eigenkapitalzins abzuzinsen.

Das gravierendste Problem bei einer Investitionsrechnung ist die Treffsicherheit der getroffenen Annahmen. Die Annahmesetzung und die Verantwortung für ihre Erfüllung gehören zusammen. Die Annahmen sollten so weit möglich und sinnvoll dezentral vorgegeben werden.

Wichtige Begriffe und Konzepte

Alternativinvestition	Instandhaltung	Mietvertrag
Anschaffungskosten	Instandsetzung	Mietwucher
Basiszinssatz	Investitionsanregung	Modernisierung
Berechtigtes Interesse	Investitionscontrolling	Modernisierungsumlage
Bestandserweiterung	Kalkulationszinssatz	Nutzungsdauer
Bestandsinvestition	Kapitaleinsatz	Risikozuschlag
Cashflow	Kapitalwert	Sekundärinvestition
Desinvestition	Kappungsgrenze	Staffelmiete
Due Diligence	Kündigungsrecht	Variable Kosten
Fixe Kosten	Landesüblicher Zins	Vergleichsmiete
Gebäudeabschreibungen	Leistungsphasen	Vermögensendwert
Grobselektion	Liquidationserlös	Versunkene Kosten
Herstellungskosten	Marktmiete	Vertragsmiete
Indexmiete	Marktzinsmethode	Wohnwertmerkmale
Inflation	Mietpreisrecht	Zinseszins
Inflationserwartung	Mietpreisüberhöhung	Zinsfuß
Inflationsprämie	Mietspiegel	Zwangsinvestition

Verständnisfragen

K 5.1
Geben Sie je ein Beispiel für eine externe und eine interne Investitionsanregung!

K 5.2
Worin liegt die betriebswirtschaftliche Bedeutung der Rückkopplung zwischen Investitionscontrolling und Investitionsplanung?

K 5.3
Welche Bedeutung hat die Frage der Aktivierungsfähigkeit von Ausgaben für die Bestandsentwicklung für die Handels- und die Steuerbilanz?

K 5.4
Unter welchen Voraussetzungen haben die planmäßigen Gebäudeabschreibungen einen Finanzierungseffekt?

K 5.5
Erläutern Sie die Unterschiede zwischen Wohnraum- und Geschäftsraummietrecht in der Frage der Duldungspflicht und der Kostenbeteiligung bei Modernisierungsaufwendungen!

K 5.6
Zeigen Sie den grundlegenden Unterschied zwischen Handelsbilanz und Investitionsrechnung bei der Behandlung von Zahlungsströmen am Beispiel der Gebäudeabschreibungen auf!

K 5.7
Warum ist die Aufteilung der Bewirtschaftungskosten in fixe und variable Kosten von Bedeutung für die Entscheidung eines Vermieters über den Marktaustritt bzw. die Weiterbewirtschaftung des Objekts?

K 5.8
Sind Zins- und Tilgungszahlungen auf das eingesetzte Fremdkapital in eine Investitionsrechnung einzubeziehen?

K 5.9
Wie haben sich die Wohnungsmieten im Deutschland seit 1995 in realer Rechnung entwickelt?

K 5.10
Welche Wohnwertmerkmale sind in § 558 Abs. 2 S. 1 BGB explizit genannt?

K 5.11
Warum folgt die Vergleichsmiete der Entwicklung der Neuvertragsmieten nur mit Verzögerung?

K 5.12
Welche Anforderungen stellt der Gesetzgeber an einen sogenannten »qualifizierten Mietspiegel«?

K 5.13
Was geht vor – der Anspruch der Vermieters auf eine Mieterhöhung auf die Vergleichsmiete oder die Kappungsgrenze des § 558 Abs. 3 BGB?

K 5.14
Würden Sie die Kappungsgrenze als ein großes Problem für die Wohnungswirtschaft bezeichnen?

K 5.15
Unter welchen Voraussetzungen ist die Vorschrift des § 5 Wirtschaftsstrafgesetz anwendbar?

K 5.16
Worin unterscheiden sich die finanzierungs- und die opportunitätsorientierte Ermittlung des Kalkulationszinses?

K 5.17
Definieren Sie das Risiko einer Investition! Wie kann das Risiko in einer Investitionsrechnung berücksichtigt werden?

K 5.18
Erläutern Sie das sogenannte »allgemeine Unternehmerrisiko« anhand eines Beispiels!

K 5.19
Warum weist die zeitliche Zinsstrukturkurve meistens einen ansteigenden Verlauf auf (sogenannte »normale Zinsstruktur«)?

K 5.20
Wie kann man sich die in der Zinsstrukturkurve enthaltenen Zinserwartungen für die Zwecke einer Investitionsrechnung zunutze machen?

Weiterführende Fragen und Themen

W 5.1
Stellen Sie eine Liste mit Daten zusammen, die für die Prüfung und Beurteilung eines Investitionsvorschlages benötigt werden!

W 5.2
Warum hat die Bedeutung der Neubauinvestitionen in der Immobilienwirtschaft in den letzten Jahren wieder zugenommen?

W 5.3
Wie haben sich die Wohnungsmieten in Ihrer Heimatregion seit den 1970er Jahren entwickelt? Charakterisieren Sie die derzeitige Situation des Wohnungsmarktes Ihrer Region/Stadt mit geeigneten Indikatoren. Welche Schlussfolgerungen ergeben sich daraus für die Mietenprognose?

W 5.4
Informieren Sie sich über die laufende Wohnungsmarktbeobachtung im Land Nordrhein-Westfalen. Welche Indikatoren werden dort verwendet?

W 5.5

Kann man die Begriffe Nutzungs- und Haltedauer synonym benutzen?

W 5.6

Machen Sie einen begründeten Vorschlag für die Aufteilung der Instandhaltungs-, Verwaltungs- und Betriebskosten eines Objekts in fixe und variable Kosten!

W 5.7

Recherchieren Sie die nötigen Daten für eine Zinsstrukturkurve, die die aktuellen Verhältnisse am deutschen Kapitalmarkt für Laufzeiten bis unter 10 Jahren beschreibt. Zeichnen Sie die Kurve und beschreiben Sie ihren Verlauf verbal. Welche Begründungen werden von Fachleuten für diesen Verlauf genannt?

Literaturhinweise

Zum Problemlösungsprozess der Investition

Väth/Hoberg (2005): Immobilienanalyse – die Beurteilung von Standort, Markt, Gebäude und Vermietung.

Zur Modernisierung und Modernisierungsmieterhöhung

Blank (2008): Mietrecht und Energieeffizienz.

Blömeke/Blümmel/Kinne (2000): Die Modernisierung und Instandsetzung von Wohnraum.

Halama (2014): Ansprüche des Mieters auf Durchführung und Unterlassen einer energetischen Modernisierung.

Mersson (2009): Mieterhöhung bei Modernisierung – ein Überblick über die Voraussetzungen des § 559 BGB.

Thomsen (1998): Modernisierung von preisfreiem Wohnraum durch den Vermieter.

Zur betriebswirtschaftlichen Effizienz von energetischen Sanierungsmaßnahmen im Bestand

Schönefeldt et al. (2008): Green Building Leverage.

Zu den theoretischen Grundlagen

Baker (2001): Residential Real Estate: An Investment in Need of a Theory.

Zu den finanzmathematischen Grundlagen

Kruschwitz (2010): Finanzmathematik.

Sindt (1998): Real Estate Investment, Chapter 3.

Zu den preisrechtlichen Grundlagen

Börstinghaus/Clar (2013): Mietspiegel.

Gramlich (2018): Mietrecht.

Kofner (2012): Grundzüge der Wohnungsbaupolitik, Abschnitt 2.

Vielberth (1997): Möglichkeiten und Auswirkungen von Wertsteigerungen bei Mietverträgen von Gewerbeimmobilien zu den Besonderheiten bei Staffel- und Indexmietverträgen.

Zur Nutzungs- bzw. Haltedauer

Collett/Lizieri/Ward (2003): Timing and the Holding Periods of Institutional Real Estate für eine empirische Analyse der Haltedauern unterschiedlicher Arten von Immobilien bei institutionellen Investoren.

Zur Ermittlung des Kalkulationszinses

Rolfes (2003): Moderne Investitionsrechnung, Erster Teil, Abschnitte A.III und C.

Zur Marktzinsmethode

Rolfes (2003): Moderne Investitionsrechnung, Zweiter Teil, Abschnitt A.

6 Das Konzept »Rendite« (»Returns«)

»Gewinn ist so notwendig wie die Luft zum Atmen, aber es wäre schlimm, wenn wir nur wirtschafteten, um Gewinne zu machen, wie es schlimm wäre, wenn wir nur lebten, um zu atmen.«

Hermann Josef Abs

In diesem Kapitel sollen Sie erkennen,

- wie das Konzept der Wirtschaftlichkeit in unterschiedlichen Rentabilitätskennziffern konkretisiert wird.

6.1 Was heißt Wirtschaftlichkeit?

Investitionsrechnungen sind ökonomische Kalküle. Sie dienen der Vorbereitung wirtschaftlicher Entscheidungen. Sie sollen solche Entscheidungen rationalisieren helfen. Mithilfe von Investitionsrechnungen sollen aus der Vielzahl der Investitionsalternativen die »wirtschaftlichsten« ausgewählt werden. Damit stellt sich aber die Frage nach dem Begriff der Wirtschaftlichkeit. Aus volkswirtschaftlicher Sicht ist damit die Effizienz des Ressourceneinsatzes gemeint, die im sogenannten ökonomischen Prinzip (Abschnitte 4.1 und 5.5) zum Ausdruck kommt. Entweder wird versucht, eine maximale Rendite bei gegebenem Risiko (Streuung der Gewinnverteilung) oder ein minimales Risiko bei gegebener Rendite (Erwartungswert der Verteilung) zu erreichen.

In Investitionsrechnungen steht meistens der projektindividuelle und risikogerechte Verzinsungsanspruch fest und man versucht, die Outputgröße der Rechnung zu maximieren. Bezogen auf die Kapitalwertmethode können wir den Begriff der Wirtschaftlichkeit wie folgt fassen: Wirtschaftlichkeit bedeutet, den Kapitalwert zu maximieren, also den geforderten und risikogerechten Verzinsungsanspruch so weit wie möglich zu übertreffen. Zuerst sollte also das Projekt mit dem höchsten erwarteten Kapitalwert in Angriff genommen werden, dann das mit dem zweithöchsten etc. Insgesamt erreicht man auf diese Weise eine Maximierung des Vermögenszuwachses.

Auf der einzelwirtschaftlichen Ebene ist gewinnmaximierendes Verhalten die Voraussetzung für die volkswirtschaftliche Effizienz des Ressourceneinsatzes. Auch und gerade Geldkapital ist eine knappe Ressource. Das einzelne Unternehmen wie auch die Gesellschaft haben ein Interesse daran, dass das Kapital dort zum Einsatz kommt, wo es bei gleichem Risiko eine möglichst hohe Rendite abwirft.

Damit ist die Frage nach dem Begriff des Gewinns gestellt. Gewinn ist immer eine Residualgröße, also eine Differenz aus Erlösen und Kosten bzw. Erträgen und Aufwendungen bzw. Ausgaben und Einnahmen bzw. Einzahlungen und Auszahlungen (siehe Tab. 6.1). Gewinn wird erzielt, wenn die Erlöse größer sind als die Kosten. Diese Definition ist jedoch etwas vordergründig. Aus wirtschaftlicher Sicht erscheint es zweckmäßig, erst dann von Gewinn zu sprechen, wenn die Erlöse nicht nur die direkten Kosten, sondern auch die Opportunitätskosten für die entgangene Kapitalverzinsung aus einer risikolosen Anlage des im Unternehmen gebundenen Kapitals zum »landesüblichen Zinssatz« sowie eine angemessenen Risikoprämie und bei Eigentümerunternehmen den kalkulatorischen Unternehmerlohn (sogenannter »Normalgewinn«) übersteigen. Die Differenz zwischen dem tatsächlich erzielten Gewinn und dem Normalgewinn bezeichnet man als »Marktlagengewinn«. Marktlagengewinne haben grundsätzlich einen vorübergehenden Charakter, weil sie zusätzliche Anbieter in den Markt locken und damit eine Tendenz zu sinkenden Absatzpreisen bewirken.

Wertebene	**Strömungsgrößen**		**Gewinngrößen**
Liquiditätsebene	**Einzahlung** Zufluss von liquiden Mitteln (Bargeld und Buchgeld) in einer Periode	**Auszahlung** Abfluss von liquiden Mitteln (Bargeld und Buchgeld) in einer Periode	**Cashflow**
Finanzielle Wertebene	**Einnahme** Zufluss von liquiden Mitteln plus Schuldenabnahme plus Forderungszunahme in einer Periode	**Ausgabe** Abfluss von liquiden Mitteln plus Schuldenzunahme plus Forderungsabnahme in einer Periode	**Einnahmeüberschuss**
Bilanzieller Unternehmenserfolg	**Ertrag** Bewertete Gütererstellung in einer Periode	**Aufwand** Bewerteter Güterverzehr in einer Periode	**Jahresüberschuss**
Betriebserfolg	**Leistung** Sachzielbezogene bewertete Gütererstellung in einer Periode	**Kosten** Sachzielbezogener bewerteter Güterverzehr in einer Periode	**Kalkulatorischer Erfolg**

Tab. 6.1: Zuordnung von Strömungs- und Gewinngrößen

Die volkswirtschaftliche Effizienzbedingung in Bezug auf die Kapitalverwendung kann wie folgt formuliert werden: Die »Grenzproduktivität des Kapitals« muss dem realen Kapitalmarktzins entsprechen. Die Grenzproduktivität des Kapitals ist definiert als der zusätzliche physische Ertrag aus der letzten eingesetzten Einheit an Kapital pro Periode (siehe Abb. 6.1). Bei ständig abnehmender Grenzproduktivität des Kapitals (respektive monoton degressiv steigender Produktionsfunktion) ist die letzte eingesetzte Einheit an Sachkapital zugleich die mit der geringsten physischen Produktivität. Ihre Grenzproduktivität muss genau den zusätzlichen Kosten des Einsatzes dieser Einheit an Kapital entsprechen, also dem Realzins.

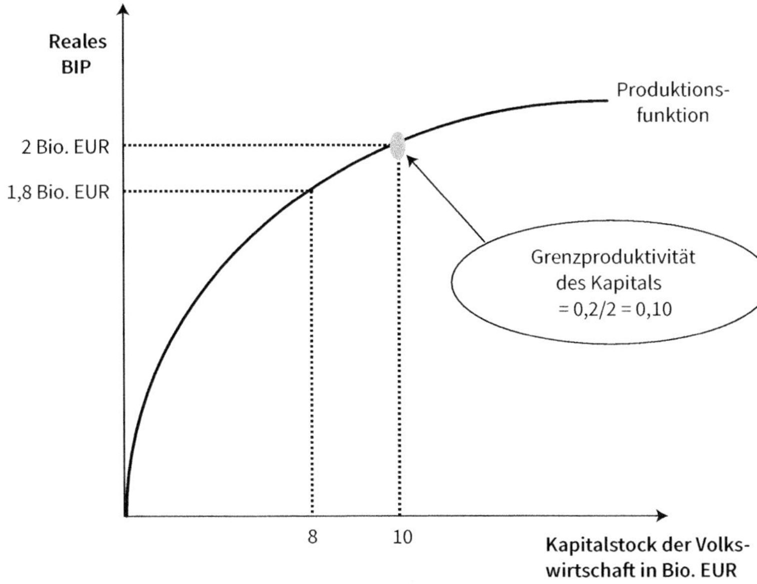

Abb. 6.1: Bestimmung der Grenzproduktivität des Kapitals

Für die Unternehmen wie auch für die gesamte Volkswirtschaft ist ein optimaler Kapitaleinsatz gegeben, wenn Investitionsvorhaben in abnehmender Reihenfolge ihrer Grenzproduktivitäten realisiert werden, bis die Grenzproduktivität der letzten Kapitaleinheit dem realen Kapitalmarktzins entspricht (siehe Abb. 6.2).

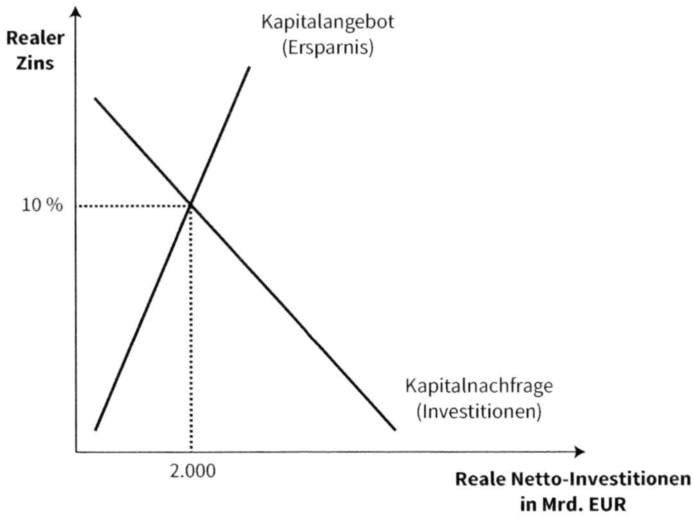

Abb. 6.2: Gesamtwirtschaftlicher Kapitalmarkt

6.2 Rentabilitätsberechnung

Investoren bedienen sich des Konzepts der »Rendite«, das heißt sie beziehen eine Gewinngröße (siehe Tab. 6.1) auf eine Kapitalgröße, um die Gewinnträchtigkeit oder »Performance« ihres Investments zu messen. Sie tun dies, weil die absolute Höhe des Gewinns ohne Bezug zum Kapitaleinsatz wenig aussagekräftig ist. Die Rendite wird in Form von verschiedenen betriebswirtschaftlichen Kennziffern operationalisiert. Stets wird dabei eine Gewinngröße in Bezug zu einem investierten Kapitalbetrag gesetzt. Wir brauchen solche Renditekennziffern, um die Performance (eines Unternehmens, eines Investments) in der Vergangenheit zu messen (Investitionscontrolling, ex post) und um unsere Erwartungen über die zukünftige Performance auszudrücken (Investitionsplanung, ex ante). Alle Rentabilitätskennziffern haben dieselbe Grundform:

$$R = \frac{\text{Gewinngröße} \times 100}{\text{Investiertes Kapital}}$$

Bei einer Investition ist die Gewinngröße im Zähler der jährliche Cashflow. Bei den Rentabilitätskennziffern handelt es sich um statische Kennzahlen mit entsprechend beschränktem Anwendungsbereich. Die Berechnung der Rentabilität R als Verhältnis von Cashflow zu investiertem Kapital setzt einen konstanten Gewinn über die gesamte Nutzungszeit hinweg voraus. In diesem Fall kann der Jahresgewinn oder Cashflow als »ewige Rente« interpretiert werden.

Diese Voraussetzungen sind aber meistens nicht erfüllt: Wenn beispielsweise eine Wohnung modernisiert wird und gemäß § 559 BGB 8 % der Kosten auf die Jahresmiete umgelegt werden können, ergibt sich eine statische Rendite von 8 %. Diese Rendite stimmt mit der dynamischen Rendite aber nur überein, wenn die Bauteile oder Einbauten ewig halten und die 8 %ige Umlage stets am Markt erzielt werden kann.

Für Immobilieninvestments sind besonders zwei Kennziffern von Bedeutung: die Eigenkapital- und die Gesamtkapitalrentabilität der Investition:

$$\text{Eigenkapitalrentabilität} = \frac{(\text{Cashflow} - \text{Kapitaldienst}) \times 100}{\text{Investiertes Eigenkapital}}$$

$$\text{Gesamtkapitalrentabilität} = \frac{\text{Cashflow} \times 100}{\text{Investiertes Gesamtkapital}}$$

Welcher Kennziffer man sich jeweils bedienen sollte, hängt von der Kapitalperspektive und vom Erkenntnisinteresse ab. Mit der Eigenkapitalrendite wird die Shareholder-Perspektive eingenommen. Diese Kennziffer informiert die Anteilseigner über die

Verzinsung ihres in dem Objekt bzw. dem Unternehmen investierten Eigenkapitals. Die Eigenkapitalrendite ist tendenziell eine unternehmensbezogene Kennziffer, die die Vergleichbarkeit von Ergebnissen zwischen verschiedenen Objekten erschwert. Der Renditenvergleich wird durch die Einflüsse von der Finanzierungsseite verzerrt. Hier sind neben unterschiedlichen Finanzierungskonditionen auch die Finanzierungsstruktur (Anteile Eigen- und Fremdkapital, Fristigkeit) zu nennen.

In der Wohnungs- und Immobilienwirtschaft sind verschiedene Renditebegriffe gebräuchlich, die ihrerseits die Kehrwerte der entsprechenden Vervielfältiger bzw. Multiplikatoren darstellen.

NAR = Nettoanfangsrendite MW = Marktwert $NAR = \frac{\text{Aktueller CF}}{MW}$ $\frac{1}{NAR}$ = Netto-Vervielfältiger	BAR = Bruttoanfangsrendite NCR = Net Cold Rent $BAR = \frac{NCR}{MW}$ $\frac{1}{BAR} = \frac{MW}{NCR}$ = Mietvervielfältiger

Rendite in %	3,3	5,0	6,7
Vervielfältiger	30	20	15

Abb. 6.3: Renditebegriffe und korrespondierende Vervielfältiger

Während die Nettoanfangsrendite NAR den aktuellen Cashflow aus dem Objekt auf den aktuellen Marktwert des Objekts (MW) bezieht, steht bei der Bruttoanfangsrendite BAR die Jahresnettokaltmiete NCR im Zähler. Die entsprechenden Kehrwerte können wir als »Netto-Vervielfältiger« bzw. »Mietvervielfältiger« bezeichnen.

6.3 Periodenbezug der Rendite

Der Periodenbezug der Renditekalkulation ist von großer Bedeutung für die Aussagekraft von Renditekennziffern. Man unterscheidet zwischen Einperioden- oder statischen Modellen [Simple Holding Period Return (HPR)] und Mehrperioden- oder dynamischen Modellen [Multiple Holding Period Return (MPR)].

Der Anwendungsbereich der Einperiodenbetrachtung ist vergleichsweise eng begrenzt. Der periodische Rückfluss (HPR) misst die Entwicklung des Investments anhand einer einzigen Periode, die gleichsam die Rolle einer repräsentativen Stellvertreterperiode einnimmt. Die Anwendung der statischen Verfahren ist daher auf relativ kurzfristige Nutzungszeiträume und regelmäßig verlaufende Cashflows beschränkt. Strenggenommen setzen diese Modelle sogar einen konstanten Rückfluss während der Nutzungszeit voraus (Abschnitt 6.2).

Damit muss man die Einsatzmöglichkeiten im Bereich der Bewertung immobilienwirtschaftlicher Investitionen skeptisch sehen, denn gerade Immobilieninvestments zeichnen sich durch die Instabilität der von ihnen generierten Zahlungsströme im Zeitablauf aus (Abschnitt 5.4.2). Andererseits kann man den statischen Modellen eine Rolle als vorgeschaltete Verfahren im Rahmen der Grobselektion der Investitionsprojekte zubilligen. Sie können aber die aufwendigeren dynamischen Verfahren auf der Stufe der Detailanalyse nicht ersetzen.

Nicht zuletzt die den zu bewertenden Cashflows immanenten Schätzunsicherheiten sprechen gegen eine solche Substitution im Sinne einer Vereinfachung. In dieser Hinsicht sind die dynamischen Modelle kombiniert mit den Techniken zur Eingrenzung von Risiko und Unsicherheit den statischen überlegen. Bei einem Einperiodenansatz besteht die Gefahr, dass der Investor sich die Risiken seines Vorhabens überhaupt nicht bewusst macht. Damit ist die entscheidende Schwäche der statischen Modelle benannt: Sie verstellen aufgrund ihrer restriktiven Annahmen den Blick auf die Investitionsrisiken.

Gebräuchlich ist die Zerlegung der Immobilienrendite in die beiden Komponenten »laufende Einnahmen« und »Wertsteigerungen«. Die laufenden Einnahmen werden in den angelsächsischen Ländern wahlweise als »income return«, »current yield« oder einfach als »yield« bezeichnet. Gemeint ist damit ganz einfach das Verhältnis des jährlichen Cashflows CF_t zum Marktwert der Immobilie zu Beginn des betrachteten Jahres (V_{t-1}):

$$y_t = \frac{CF_t}{V_{t-1}}$$

Die zweite Komponente des periodischen Rückflusses sind die jährlichen Wertsteigerungen (wahlweise »appreciation return«, »capital gain«, »capital return« oder einfach »growth«). Die »Wertsteigerungsrendite« g_t entspricht dem Verhältnis der absoluten Wertsteigerung innerhalb eines Jahres ($V_t - V_{t-1}$) zum Marktwert der Immobilie zu Beginn des Jahres (V_{t-1}):

$$g_t = \frac{V_t - V_{t-1}}{V_{t-1}} = \frac{V_t}{V_{t-1}} - 1$$

Die gesamte jährliche Rendite (»total return«) aus dem Investment setzt sich aus der laufenden Rendite und der Wertsteigerungsrendite zusammen:

$g_t = y_t + g_t$

Wir können die Gesamtrendite pro Periode folgendermaßen definieren:

$$r_t = \frac{CF_t + V_t - V_{t-1}}{V_{t-1}} = \frac{CF_t + V_t}{V_{t-1}} - 1$$

Oder einfacher:

$$\text{Total Return} = \frac{\text{Cashflow + Wertänderung}}{\text{Gebundenes Kapital}}$$

Beispiel 6.1: Bestimmung des Total Return

Angenommen, eine Immobilie wird am Jahresende 2019 mit 100.000 EUR bewertet. Wenn die Immobilie im Jahr 2020 einen Cashflow in Höhe von 10.000 EUR generiert und am Jahresende 105.000 EUR wert ist, wie fallen die laufende Rendite y, die Wertsteigerungsrendite g und der Total Return r für 2016 aus?

Der Total Return kann wie folgt bestimmt werden:

$$y = \frac{10.000 \text{ EUR}}{100.000 \text{ EUR}} \times 100 = 10\,\%$$

$$g = \frac{105.000 \text{ EUR} - 100.000 \text{ EUR}}{100.000 \text{ EUR}} \times 100 = 5\,\%$$

$$r = 10\,\% + 5\,\% = 15\,\%$$

Man beachte einen wichtigen Unterschied zwischen der laufenden Rendite y und der Wertsteigerungsrendite g: Die laufende Rendite ist bereits durch entsprechende Ein- und Auszahlungen realisiert. Sie kann uns nicht mehr genommen werden. Anders verhält sich das bei der Wertsteigerungsrendite. Die Wertsteigerungen sind nicht realisiert, so lange die Immobilie nicht verkauft wird. Schon in der nächsten Periode können sich die eben verbuchten Wertsteigerungen durch entsprechende Abwertungen in Luft auflösen.

6.4 Preisbildung bei Immobilien: Cap Rate

Die Preise von gewerblichen Immobilien werden üblicherweise in Form der sogenannten Cap Rates (Abkürzung für »capitalization rates«, Deutsch: »Nettoanfangsrenditen«) angegeben. Gebräuchlich ist auch die Bezeichnung »overall rate« (OAR). Die Cap Rate ist definiert als:

$$\text{Cap Rate} = \frac{\text{Derzeitiger jährlicher Cashflow}}{\text{Marktpreis des Objekts}}$$

Unter dem Marktpreis wird üblicherweise der Kaufpreis ohne Nebenkosten verstanden. Diese Nebenkosten sind aus der Sicht des Käufers aber zu berücksichtigen, soweit er sie zu tragen hat.

Die Cap Rate kann man sich also als das Verhältnis der laufenden Netto-Einnahmen aus dem Investment zu den Anschaffungskosten vorstellen. Es handelt sich um den Kehrwert der sogenannten »Price/earnings ratio« (Vervielfältiger). Der Vervielfältiger gibt dem Investor an, das Wievielfache des aktuellen Cashflows er aufwenden muss, um den Kaufpreis zahlen zu können.

Die Cap Rate ist alles andere als eine statische Größe. Die Immobilienmärkte sind ständig in Bewegung, weil sich immer wieder unerwartet die Rahmenbedingungen ändern (zum Beispiel Zinsen, Steuern, Wirtschaftswachstum). Das heißt aber, dass die Mieten und Preise sich ständig anpassen müssen. Sie sind sozusagen immer auf dem Weg zum Gleichgewicht, aber selten im Gleichgewicht. Auf dem Weg zu einem neuen Marktgleichgewicht haben sich aber in der Regel die Gleichgewichtsbedingungen schon wieder geändert. Die drei wesentlichen Bestimmungsgründe der Cap Rate sind:

- die Opportunitätskosten des Kapitals,
- die Wachstumserwartungen und
- das Risiko.

Die Opportunitätskosten des Kapitals sind die mit der Entscheidung für ein Vorhaben entgangenen Erträge aus alternativen Anlagen. Je höher diese sind, desto höher liegt ceteris paribus auch die Cap Rate. Steigen etwa die Zinsen am Rentenmarkt, so wird dies mit einer gewissen zeitlichen Verzögerung auch die Immobilienrenditen nach oben ziehen. Die Anpassung vollzieht sich über Portfolioumschichtungen der Investoren, die aufgrund der Renditedifferenz Immobilien verkaufen und mit den Erlösen Staatsanleihen, Pfandbriefe und andere Rentenpapiere kaufen. Die Folge sind steigende Immobilien- und sinkende Anleiherenditen. Da in den letzten Jahren die Anleiherenditen ständig gefallen sind, nimmt es nicht Wunder, dass auch die Immobilienrenditen in Deutschland gefallen bzw. die gezahlten Vervielfältiger gestiegen sind.

Ein wesentlicher Einfluss auf die Höhe der Cap Rate geht außerdem von den Wachstumserwartungen der Investoren in Bezug auf den Zuwachs der Mieteinnahmen, Cashflows und Immobilienpreise in der Zukunft aus. Optimistische Wachstumserwartungen implizieren hier niedrige Cap Rates in der Gegenwart. Die Investoren geben sich mit niedrigen Einstiegsrenditen zufrieden, weil sie erwarten, dass sich die Rendite in der Zukunft verbessert. Umgekehrt ist ein von pessimistischen Zukunftserwartungen geprägter Teilmarkt von hohen Nettoanfangsrenditen geprägt.

Nicht zuletzt muss auch das Risiko in Bezug auf die Mieteinnahmen und die Kapitalmarktentwicklung berücksichtigt werden –, und zwar relativ zu anderen Investments bzw. Klassen von Anlageprodukten. Ein höheres Risiko impliziert auch eine höhere Cap Rate. Die Cap Rate kann sich also ändern, wenn sich allgemein die Risikoeinstellung an den Kapitalmärkten oder aber die relative Risikoeinschätzung zwischen den Anlageklassen ändert.

Beispiel 6.2: Vergleich zweier Ankaufsalternativen anhand der Cap Rate

Zwei Mietwohngebäude stehen zum Verkauf, das eine in Stuttgart, das andere in Görlitz. Beide Gebäude haben je zehn Wohneinheiten. Mikrostandort, Ausstattungsstandard, Wohnfläche und bauliche Beschaffenheit sind in jeder Hinsicht vergleichbar. In beiden Gebäuden sind derzeit alle zehn Wohneinheiten voll vermietet.
Für die Stuttgarter Immobilie wird ein Kaufpreis von 1 Mio. EUR gefordert – bei einem aktuellen Cashflow in Höhe von 50.000 EUR. Die Görlitzer Immobilie soll bei einem Cashflow von 12.000 EUR lediglich 200.000 EUR kosten.
Die Berechnung der Cap Rates ergibt folgendes Bild:

$$\text{Cap Rate}_{St} = \frac{50.000\ \text{EUR}}{1.000.000\ \text{EUR}} \times 100 = 5\ \%$$

$$\text{Cap Rate}_{Gr} = \frac{12.000\ \text{EUR}}{200.000\ \text{EUR}} \times 100 = 6\ \%$$

Während man den Kauf der Stuttgarter Immobilie angesichts der auch mittel- und langfristig stabilen Wachstumsprognosen an diesem Vermietungsmarkt in Erwägung ziehen könnte, handelt es sich bei der Görlitzer Immobilie wegen der bereits heute hohen Wohnungsleerstände an diesem Standort möglicherweise um eine faule Offerte. Es erscheint keineswegs sicher, dass die Vollvermietung des Objekts nachhaltig gewährleistet ist. Angesichts dessen ist die Risikoprämie in der Cap Rate aber zu gering bemessen.

Zusammenfassung

Investitionsrechnungen erheben den Anspruch, Kriterien vorzugeben, nach denen die wirtschaftlichste Investitionsalternative ausgewählt werden kann. Aus einzelwirtschaftlicher Sicht wird damit auf ein gewinnmaximierendes Investitionsverhalten abgestellt. Die volkswirtschaftliche Effizienzbedingung lautet: Grenzproduktivität des Kapitals = realer Kapitalmarktzins. Es gibt verschiedene Renditekennziffern, denen gemeinsam ist, dass sie eine Gewinngröße in Bezug zu einer Kapitalgröße setzen. Für die Beurteilung von Immobilieninvestments sind besonders die Eigenkapital- und die Gesamtkapitalrentabilität von Bedeutung. Für Vergleiche ist die Gesamtkapitalrentabilität besser geeignet.

Statische Einperiodenmodelle der Investitionsrechnung sind für die endgültige Beurteilung von Immobilieninvestitionen wegen der für diese Art von Investitionen typischen langen Nutzungszeiten und unregelmäßigen Cashflows in der Regel nicht geeignet.

Zur Preisfindung bei gewerblichen Immobilien bedienen sich Käufer und Verkäufer der sogenannten »Cap Rates« (Nettoanfangsrenditen). Die Cap Rate entspricht dem prozentualen Verhältnis des aktuellen jährlichen Cashflows aus einem Objekt zu dessen aktuellem Marktpreis. Die Cap Rate schwankt im Zeitablauf. Ihre drei wesentlichen Bestimmungsgründe sind:

- die Opportunitätskosten des Kapitals (Verzinsung alternativer Anlagen),
- die Wachstumserwartungen in Bezug auf die Mieteinnahmen und Immobilienpreise und
- das Risiko des Investments.

Wichtige Begriffe und Konzepte

Cap Rate	Gewinn	Vervielfältiger
Eigenkapitalrentabilität	Laufende Einnahmen	Wertsteigerungen
Einperiodenmodell	Mehrperiodenmodell	Wirtschaftlichkeit
Gesamtkapitalrentabilität	Rendite	

Verständnisfragen

K 6.1

Wozu benötigt man Renditekennziffern?

K 6.2

Warum ist die Eigenkapitalrentabilität nicht zum Vergleich der Performance verschiedener Objekte geeignet?

K 6.3

Welchen Anwendungsbereich würden Sie den statischen Einperiodenmodellen der Investitionsrechnung zubilligen?

K 6.4

Angenommen, eine Immobilie wird am Jahresende 2019 mit 100.000 EUR bewertet. Welche Werte nehmen die Gesamtrendite r, die Wertsteigerungsrendite g und die laufende Rendite y an, wenn die Immobilie im Jahr 2020 einen Cashflow in Höhe von 7.500 EUR generiert und am Jahresende 2020 102.500 EUR wert ist?

K 6.5

Was sagt ein Mietvervielfältiger von 12 aus?

K 6.6
Wie entwickeln sich die Cap Rates bei sinkenden Zinsen am Rentenmarkt und bei gleichzeitig pessimistischeren Erwartungen in Bezug auf das zukünftige Mietsteigerungspotenzial?

K 6.7
Wie schätzen Sie das Risiko von Immobilieninvestments relativ zu anderen Investments ein?

K 6.8
Ceteris paribus, bei welcher Immobilie wird die Cap Rate niedriger liegen, bei Immobilie »A« oder bei Immobilie »B«?

- Fall 1
  - A: Ein Mehrfamilienhaus in einer sich verschlechternden Nachbarschaft.
  - B: Ein Mehrfamilienhaus in einem wachsenden Stadtteil.
- Fall 2
  - A: Ein Bürogebäude voller Mieter mit Mietverträgen mit langen Restlaufzeiten.
  - B: Ein Bürogebäude voller Mieter mit Mietverträgen mit kurzen Restlaufzeiten.
- Fall 3
  - A: Immobilien, wenn langfristige Anleihen mit 3 % rentieren (bei 2 % Inflation).
  - B: Immobilien, wenn langfristige Anleihen mit 6 % rentieren (bei 2 % Inflation).

Weiterführende Fragen und Themen

W 6.1
Recherchieren Sie, wie das Investitionsverhalten in makroökonomischen Modellen abgebildet wird!

W 6.2
Wie lautet die Kernaussage des sogenannten Shareholder-Value-Konzeptes der Unternehmensführung?

W 6.3
Würden Sie in Görlitz oder Gelsenkirchen in Immobilien investieren? Begründen Sie Ihre Antwort!

Literaturhinweise

Allgemeine Empfehlung

Ropeter (1999): Investitionsanalyse für Gewerbeimmobilien, Abschnitt 3.2 zur Rentabilitätsrechnung als statischer Methode der Investitionsrechnung.

Speziell zu den Bestimmungsgründen der Cap Rate

Ambrose/Nourse (1993): Factors Influencing Capitalization Rates.

Evans (1990): A Transfer Function Analysis of Real Estate Capitalization Rates.

Froland (1987): What Determines Cap Rates on Real Estate.

Jud/Winkler (1995): The Capitalization Rate of Commercial Properties and Market Returns.

7 Dynamische Vermögenswertmethoden

»Der oberste Zweck des Kapitals ist nicht, mehr Geld zu schaffen, sondern zu bewirken, dass das Geld sich in den Dienst der Verbesserung des Lebens stellt.«
Henry Ford (1863–1947)

In diesem Kapitel sollen Sie erkennen,

- wie sich die dynamischen Vermögenswertmethoden der Investitionsrechnung voneinander unterscheiden,
- wie die jeweiligen Vorteilhaftigkeitskriterien zur Beurteilung einer Investition lauten,
- wann der Gebrauch welcher Methode angemessen ist,
- wie und innerhalb welcher Grenzen alternative Investitionsvorhaben mit den verschiedenen Methoden miteinander verglichen werden können.

Aufgrund ihrer eingeschränkten Anwendbarkeit (Abschnitt 6.3) werden von den statischen Verfahren der Investitionsrechnung (Einperiodenmodelle) nur noch die Wirtschaftlichkeitsberechnung (Abschnitt 9.2) und die Annuitäten-Methode (Abschnitt 9.1) behandelt. Bei den dynamischen Verfahren (Mehrperiodenmodelle) wird im Einzelnen auf folgende Methoden eingegangen:

- Kapitalwertmethode (Abschnitt 7.1),
- Vermögensendwert- bzw. Horizontwertmethode (Abschnitt 7.2),
- Interne-Zinsfuß-Methode (Abschnitt 8.1),
- Vollständige Finanzplanung (Abschnitt 8.2).

7.1 Kapitalwertmethode

Wir kommen auf die Beziehung zwischen Rückflüssen und Immobilienwerten zurück. Die Frage ist, wie Investoren entscheiden, wie viel sie für einen mit einem bestimmten Zahlungsstrom verbundenen Vermögensgegenstand zu zahlen bereit sind. Maßgeblich dafür ist der Gegenwartswert der von ihnen erwarteten Rückflüsse, der sogenannte »Discounted Cashflow« (DCF). Dieser muss höher ausfallen als die Anfangsauszahlung für die Vermögensanlage (zum Beispiel der Kaufpreis einer Immobilie), damit die Investition wirtschaftlich vorteilhaft ist. Die Differenz zwischen dem DCF einer Investition und der für das Vorhaben zu leistenden Anfangsauszahlung bezeichnet man als den Kapitalwert der Investition.

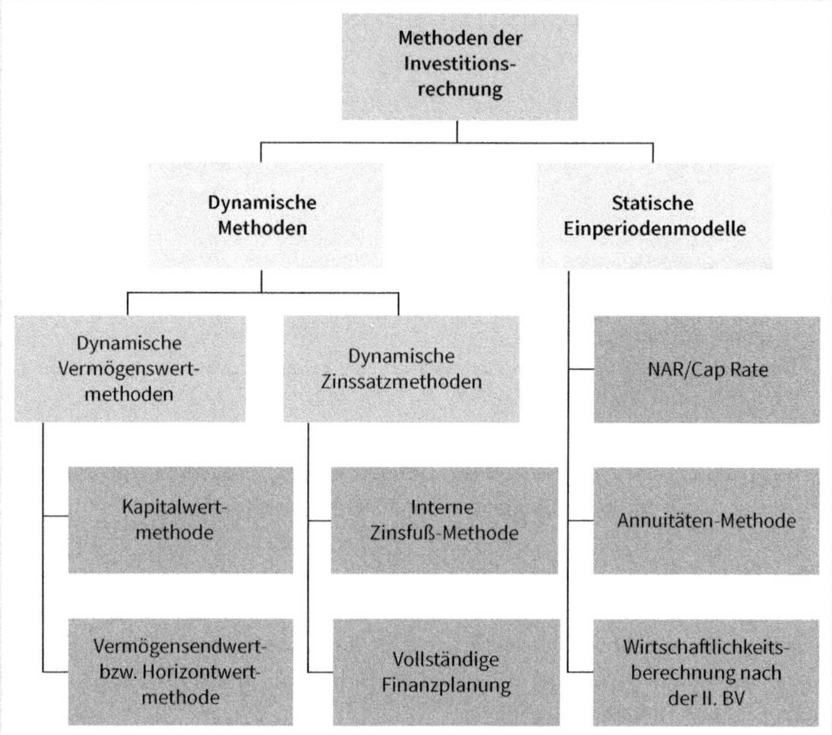

Abb. 7.1: Verfahren der Investitionsrechnung

7.1.1 Bestimmung des Kapitalwertes

Wie alle Methoden der Investitionsrechnung dient auch die Kapitalwertmethode der Prüfung von Investitionsvorhaben auf ihre absolute und relative (verglichen mit alternativen Projekten) Vorteilhaftigkeit hin. Die Ermittlung des Kapitalwertes vollzieht sich in fünf Schritten:

1. Schätzung der zukünftigen Cashflows für jede Periode des voraussichtlichen Nutzungszeitraums (Differenz aus den Einzahlungen e_n und den Auszahlungen a_n),
2. Bestimmung der geforderten Mindestverzinsung (Diskontierungs- oder Kalkulationszinssatz),
3. Abzinsen der einzelnen Cashflows einschließlich des Liquidationserlöses R auf die Gegenwart mit dem gewählten Kalkulationszinssatz unter Anwendung des jeweils zugehörigen Abzinsungsfaktors [zum Beispiel $(1{,}05)^{-3}$ für i=5 und n=3],
4. Addition der diskontierten Zahlungssalden zu einem Barwert – dem DCF,
5. Subtraktion der Anfangsauszahlung A_0 vom DCF.

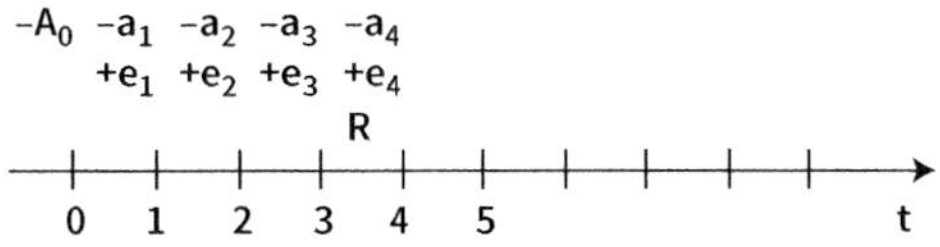

Abb. 7.2: Zahlungsreihe eines Investitionsprojekts

Der Kapitalwert entspricht also der Summe der abgezinsten Cashflows einschließlich des Liquidationserlöses vermindert um die Anfangsauszahlung:

$$K_0 = -A_0 + \sum_{n=1}^{N} \frac{e_n - a_n}{(1+i)^n} + \frac{R}{(1+i)^n}$$

Die Anfangsauszahlung A_0 besteht bei einer Immobilieninvestition aus den Anschaffungskosten (AK) oder den Herstellungskosten (HK). Unter Umständen müssen noch Opportunitätskosten (OC) oder -erträge (OB) bei der Anfangsauszahlung berücksichtigt werden (zum Beispiel die Opportunitätskosten aus dem entgangenen Marktwert der Immobilie, wenn zwischen den Alternativen Modernisierung oder Verkauf einer bestehenden Immobilie zu entscheiden ist).

$$K_0 = \sum_{n=1}^{N} \frac{CF_n}{(1+i)^n} + \frac{R}{(1+i)^n} - AK - HK - OC + OB$$

Beispiel 7.1: Kapitalwertermittlung für den Ankauf einer Büroimmobilie

Ein für 6 Jahre an eine Wirtschaftsprüfungsgesellschaft vermietetes Bürogebäude steht für 9 Mio. EUR zum Verkauf. Die Mieteinnahmen betragen anfänglich 1 Mio. EUR im Jahr. Laut Mietvertrag steigt die Miete im vierten Jahr um 20%. Die Bewirtschaftungskosten betragen 250.000 EUR pro Jahr. Es wird erwartet, die Immobilie nach 6 Jahren für das Zehnfache einer Jahresmiete verkaufen zu können. Angesichts der Investitionsrisiken und -alternativen wird ein Diskontierungszinssatz von 10% für angemessen gehalten. Der DCF der Büroimmobilie errechnet sich dann folgendermaßen:

Mieteinnahmen in den Jahren 1, 2 und 3	1.000.000 EUR
Mieteinnahmen in den Jahren 4, 5 und 6	1.200.000 EUR
Bewirtschaftungskosten jährlich	250.000 EUR
Liquidationserlös	12.000.000 EUR

$CF_1 = CF_2 = CF_3 = 750.000$ EUR

$CF_4 = CF_5 = 950.000$ EUR

$CF_6 = 12.950.000$ EUR

Die zu unterschiedlichen Zeitpunkten anfallenden Cashflows müssen nun noch mit dem Diskontierungszins von 10 % auf die Gegenwart abgezinst werden. Die Summe der abgezinsten Cashflows entspricht dem DCF. Nach Abzug der Anfangsauszahlung (Kaufpreis) in Höhe von 9 Mio. EUR verbleibt ein positiver Kapitalwert von gut 1,4 Mio. EUR.

Jahr	Cashflow in EUR	Abzinsungsfaktor	Barwerte[46] in EUR
0	-9.000.000	1,000	-9.000.000
1	750.000	0,9091	681.818
2	750.000	0,8264	619.835
3	750.000	0,7513	563.486
4	950.000	0,6830	648.863
5	950.000	0,6209	589.875
6	12.950.000	0,5645	7.309.937
			1.413.814

Bei der Ermittlung des DCF bzw. des Kapitalwertes zinsen wir also einen nach bestem Wissen und Gewissen geschätzten Strom zukünftiger Rückflüsse aus einem Investment auf die Gegenwart ab. Schätzparameter sind dabei: die zukünftige Mietentwicklung, die zukünftigen Bewirtschaftungskosten und im Fall der Einnahme der Eigenkapitalperspektive (Anfangsauszahlung = Eigenkapital) auch die zukünftigen Kapitalkosten. Die Annahmen setzen wir auf der Basis unserer Einschätzung der vergangenen, gegenwärtigen und zukünftigen Marktbedingungen.

Der (positive) Kapitalwert entspricht der Summe der auf die Gegenwart abgezinsten Cashflows der Einzelperioden, soweit sie für die Erwirtschaftung des Diskontierungszinses nicht benötigt wurden. Außerdem bedeutet ein positiver Kapitalwert, dass die mit dem angewendeten Diskontierungszins geforderte Mindestverzinsung übertroffen wurde. Damit ist die Investition empfehlenswert (»absolut vorteilhaft«). Die interne Verzinsung des Projekts liegt über der geforderten Mindestverzinsung. Somit ist auch der Ankauf der Büroimmobilie in dem obigen Beispiel vorteilhaft. Die geforderte Mindestverzinsung von 10 % wird ausweislich des Kapitalwertes von über 1,4 Mio. EUR deutlich übertroffen.

Im Fall eines negativen Kapitalwertes wurde die geforderte Verzinsung dagegen nicht erreicht und die Investition sollte dementsprechend unterbleiben.

46 An dieser Stelle treten Rundungsdifferenzen auf, weil die Abzinsungsfaktoren nur mit vierstelliger Genauigkeit angegeben sind.

7.1.2 Wahl des Diskontierungszinssatzes

Der kritische Punkt beim Kapitalwertverfahren ist natürlich die Wahl des »richtigen« Diskontierungszinssatzes (Abschnitt 5.4.7). Je größer dieser gewählt wird, desto kleiner fällt ceteris paribus der Gegenwartswert (»present value«) des Zahlungsstroms aus. Der gewählte Kalkulationszinssatz ist einerseits Ausdruck der Wertschätzung zukünftiger Zahlungen gegenüber heutigen. Andererseits reflektiert er die projektspezifischen Risiken. Schon ein kleiner Irrtum bei der Bestimmung des Kalkulationszinssatzes kann dramatische Folgen für die Bewertung der Investition haben.

Beispiel 7.2: Kapitalwertfunktion der Büroimmobilie

Die Kapitalwertfunktion für das Bürogebäude aus Beispiel 7.1 lautet:

$K_0 = -9.000.000 + 750.000 \times (1+i)^{-1} + 750.000 \times (1+i)^{-2} + 750.000 \times (1+i)^{-3} + 950.000 \times (1+i)^{-4} + 950.000 \times (1+i)^{-5} + 12.950.000 \times (1+i)^{-6}$

Die Kapitalwertfunktion zeigt den Zusammenhang zwischen Kalkulationszins und Kapitalwert. Bei einem Zinssatz von 13,22 % nimmt der Kapitalwert den Wert null an (interner Zins, Abschnitt 8.1). Der Investor ist dann indifferent gegenüber der Investition. Liegt der Kalkulationszins unter dem internen Zinsfuß der Investition, ergibt sich ein positiver Kapitalwert und umgekehrt.

Wertetabelle der Kapitalwertfunktion

i	K_0
40 %	–5.664.485
38 %	–5.450.585
36 %	–5.216.381
34 %	–4.959.497
32 %	–4.677.229
30 %	–4.366.499
28 %	–4.023.793
26 %	–3.645.087
24 %	–3.225.770
22 %	–2.760.539
20 %	–2.243.286
18 %	–1.666.954
16 %	–1.023.372
14 %	–303.054
12 %	505.044

i	K_0
10 %	1.413.814
8 %	2.438.352
6 %	3.596.382
4 %	4.908.786
2 %	6.400.239
0 %	8.100.000

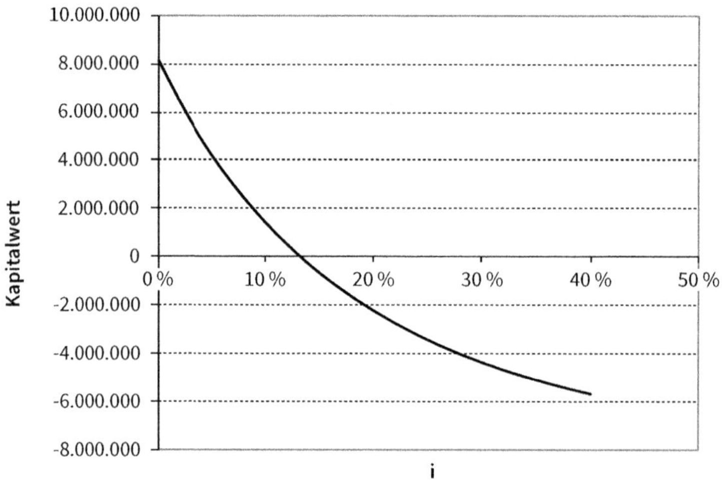

Abb. 7.3: Diagramm der Kapitalwertfunktion

Das Einflusspotenzial des Zinssatzes auf den Kapitalwert ist erheblich. So führt eine Halbierung des Kalkulationszinssatzes von 8 auf 4 % zu einer Verdoppelung des Kapitalwertes. Der konvexe Verlauf der Kapitalwertfunktion deutet an, dass der Einfluss im Bereich hoher Kalkulationszinsen geringer ist als im Bereich niedriger Zinssätze.

Bei der Bestimmung des Diskontierungszinssatzes sollte besonderer Wert auf die zutreffende Ermittlung der Risikoprämie gelegt werden (Abschnitt 5.4.7). Der Investor kann die Tatsache nicht ignorieren, dass die Rückflüsse/Cashflows unterschiedlicher Projekte mit unterschiedlich hohen Risiken verbunden sind. Dies muss sich bei der Vorgabe des Diskontierungszinses zeigen.

Die Eingrenzung des Risikos erfordert eine penible Auseinandersetzung mit den Marktbedingungen und -prognosen für das Vorhaben. Von großer Bedeutung sind in diesem Zusammenhang auch die Regelungen im Mietvertrag bzw. das Vorhandensein von Mietverträgen. Für das Risiko eines Investments macht es einen großen Unterschied, ob es sich um ein Objekt mit langfristigen Mietverträgen oder um ein Neubauvorhaben noch ohne abgeschlossene Mietverträge handelt. Im Fall des Vorhandenseins langfristiger Mietverträge (»bondable leases«) ist die Risikoprämie im Kalkulationszins gering zu veranschlagen. Wenn man sich dagegen in einem zyklischen Markt bewegt und die Mietverträge jederzeit kündbar sind, so ist eine ganz andere Risikosituation gegeben (vergleichsweise hoher Kalkulationszins). Auch wenn noch gar keine Mietverträge vorliegen, muss dies bei der Bemessung der Risikoprämie im Kalkulationszins entsprechend berücksichtigt werden.

Die Marktzinsmethode erlaubt uns die differenzierte Berücksichtigung der Zinserwartungen an den Finanzmärkten bei der Abzinsung der einzelnen Cashflows.

Beispiel 7.3: Kapitalwertermittlung mithilfe der Marktzinsmethode

Die Cashflows aus dem Bürogebäude aus Beispiel 7.2 werden auf der Basis folgender Zinsstruktur abgezinst:

Laufzeitbereich	Zinssatz in %
t_1	4,2
t_2	4,4
t_3	4,5
t_4	4,9
t_5	5,1
t_6	5,4

Die Prämie für Risiko- und Gewinnzuschläge beträgt 5 % und die Eigenkapitalquote liegt bei 50 %. Das Unternehmen finanziert sich mit variabel verzinslichen Mitteln, wobei die Verzinsung annahmegemäß in jedem Jahr um 1,5 Prozentpunkte über dem risikofreien Zins liegen soll. Die Neuberechnung der Barwerte mit den differenzierten Zinssätzen ergibt folgendes Bild:

t	Cashflow	EK-Zins	FK-Zins	Kalkulationszins	Abzinsungsfaktoren	Barwerte
	in EUR	in %	in %	in %		in EUR
0	-9.000.000				1,0000	-9.000.000
1	750.000	9,2	5,7	7,5	0,9307	697.999
2	750.000	9,4	5,9	7,7	0,8629	647.192
3	750.000	9,5	6,0	7,8	0,7994	599.528
4	950.000	9,9	6,4	8,2	0,7310	694.412

t	Cashflow	EK-Zins	FK-Zins	Kalkulationszins	Abzinsungsfaktoren	Barwerte
	in EUR	in %	in %	in %		in EUR
5	950.000	10,1	6,6	8,4	0,6697	636.179
6	12.950.000	10,4	6,9	8,7	0,6079	7.872.114
						2.147.424

Die Abzinsung der Rückflüsse mit den aus der Zinsstrukturkurve und den Risikozuschlägen gewonnenen Abzinsungsfaktoren ergibt einen positiven Kapitalwert in Höhe von 2,15 Mio. EUR.

7.1.3 Vorteilhaftigkeitskriterien

Der Einsatz der Kapitalwertmethode bei Investitionsentscheidungen beinhaltet die Anwendung ihrer Vorteilhaftigkeitskriterien. Das absolute Vorteilhaftigkeitskriterium dieser Methode lautet:

Eine Investition ist dann als absolut vorteilhaft anzusehen, wenn der Kapitalwert größer als null ist.

Anders ausgedrückt muss der Gegenwartswert der Einzahlungen einschließlich des Liquidationserlöses (»cash inflows«) den Gegenwartswert der Auszahlungen einschließlich der Anfangsauszahlung (»cash outflows«) übersteigen. Ist diese Bedingung erfüllt, so ist sichergestellt, dass die Verzinsung des Vorhabens den Kalkulationszinssatz übersteigt. Der Kalkulationszins entspricht dabei dem kalkulatorischen Kostenmaßstab der Investition. Das relative Vorteilhaftigkeitskriterium lautet:

Eine Investition ist dann als relativ vorteilhaft anzusehen, wenn ihr Kapitalwert größer ist als der Kapitalwert einer Alternativinvestition.

Zuerst soll immer die Investition mit dem größeren (positiven) Kapitalwert durchgeführt werden.

Die in den Vorteilhaftigkeitskriterien verkörperten Entscheidungsregeln der Kapitalwertmethode entsprechen der Annahme gewinnmaximierenden Verhaltens. Die Unternehmen führen alle Investitionen durch, die ihnen mehr als den im Kalkulationszins verkörperten Verzinsungsanspruch einbringen. An einem vollkommenen Immobilienmarkt müssten die Wettbewerbskräfte auf lange Sicht eigentlich dafür sorgen, dass der Kapitalwert aller Investitionen gegen null tendiert (sogenannter »Normalgewinn« im langfristigen Konkurrenzgleichgewicht). Das ist aber nur graue Theorie. Die

Ineffizienzen des Immobilienmarktes (Mispricing) eröffnen immer wieder Gelegenheiten zu Investitionen mit einem positiven Kapitalwert. Bekanntlich sind viele große Vermögen durch Immobilientransaktionen begründet worden.

7.1.4 Annahmen über den Kapitalmarkt und Vergleichbarkeit von Kapitalwerten

Jedes Verfahren der Investitionsrechnung hat bestimmte Grenzen, die größtenteils auf die impliziten Annahmen zurückzuführen sind. Ein sehr sensibler Punkt ist die Vergleichbarkeit der Ergebnisse.

Bei der Berechnung des Kapitalwertes wird von einem vollkommenen Kapitalmarkt ausgegangen, auf dem nur ein einheitlicher Zinssatz für Aufnahme (»Sollzins«) und Anlage (»Habenzins«) von Kapital existiert (und zwar der Diskontierungszinssatz). Es wird implizit unterstellt, dass positive Cashflows mit dem Diskontierungszins als Reinvestmentzins bis zum Ende der Haltedauer angelegt werden können und dass negative Cashflows mit dem Diskontierungszins als Finanzierungszins bis zum Ende der Haltedauer finanziert werden können (sogenannte »Wiederanlageprämisse«, siehe auch Abschnitt 8.1.4).

Die Annahme der Übereinstimmung dieser drei Zinssätze ist selbstverständlich heroisch. Die Wiederanlageprämisse ist insbesondere bei einer großen Differenz der kalkulatorischen Zinssätze der zu vergleichenden Vorhaben problematisch.

Nicht unproblematisch ist außerdem die implizite bei der Berechnung des Kapitalwertes getroffene Annahme, dass Finanzierungsmittel »unbeschränkt« zur Verfügung stünden. Das heißt konkret, dass in beliebiger Höhe Mittel aufgenommen und angelegt werden können – und zwar immer zum »Einheitszins«. Auch hier muss geprüft werden, wie kritisch diese Annahme für das betrachtete Investitionsvorhaben ist.

Der Vergleich von Kapitalwerten für Vorhaben mit unterschiedlichen Risikoniveaus, Nutzungszeiträumen, Anfangsauszahlungen oder Zahlungsstromprofilen ist aber grundsätzlich zulässig, wenn man sich der impliziten Annahmen bewusst ist (Abschnitt 7.2).

Die Forderung nach individuell risikogerechten Zinssätzen ist allerdings unverzichtbar. Man kann nicht die geschätzte Zahlungsreihe eines Core-Mietwohngebäudes in Stuttgart mit demselben Satz abzinsen wie die eines schlecht gelegenen Hotels in Wilhelmshaven, da es sich um Objekte aus völlig verschiedenen Risikoklassen handelt.

7.2 Vermögensendwertmethode und Wiederanlageprämisse

Wir vertiefen die Betrachtung der Problematik des Kapitalwertvergleichs. Die Gefahren des Vergleichs von »Äpfeln und Birnen« bei naiver Anwendung des relativen Vorteilhaftigkeitskriteriums der Kapitalwertmethode sollen anhand eines Beispiels (Alternativenvergleich) veranschaulicht werden.

Die bereits angesprochene Büroimmobilie wurde dem Investor für 9.000.000 EUR zum Kauf angeboten (Investitionsalternative I_1). Der Kapitalwert der Investition bei einem Kalkulationszins von 10 % lag bei rund 1,4 Mio. EUR.

Alternativ besteht die Möglichkeit, ein anderes Gebäude derselben Risikoklasse für 4,5 Mio. EUR zu erwerben (Investitionsalternative I_2). Die derzeitige Jahresmiete dieser Immobilie beträgt 500.000 EUR. Die Bewirtschaftungskosten liegen aktuell bei 80.000 EUR. Für die Mieteinnahmen wird eine jährliche Steigerungsrate von 3,75 %, für die Bewirtschaftungskosten eine von 2,5 % angenommen. Als Veräußerungserlös wird das Zehnfache einer Jahresmiete erwartet.

Berechnung des Kapitalwertes für I_2

Jahr	e_t	a_t	Cashflow	Abzinsungs-faktor	Barwerte[47]
	in EUR	in EUR	in EUR		in EUR
0		-4.500.000	-4.500.000	1,0000	-4.500.000
1	500.000	-80.000	420.000	0,9091	381.818
2	518.750	-82.000	436.750	0,8264	360.950
3	538.203	-84.050	454.153	0,7513	341.212
4	558.386	-86.151	472.234	0,6830	322.543
5	579.325	-88.305	491.020	0,6209	304.885
6	601.050	-90.513	510.537	0,5645	288.185
7	623.589	-92.775	530.814	0,5132	272.391
8	646.974	-95.095	551.879	0,4665	257.456
9	671.235	-97.472	573.763	0,4241	243.332
10	696.407	-99.909	596.498	0,3855	229.976
11	722.522	-102.407	620.115	0,3505	217.347

47 Da die Abzinsungsfaktoren nur mit 4 Stellen hinter dem Komma angegeben sind, kommt es bei der Multiplikation der jeweiligen Tabellenwerte für den Cashflow mit den Abzinsungsfaktoren zu Abweichungen.

Jahr	e_t	a_t	Cashflow	Abzinsungs-faktor	Barwerte[47]
	in EUR	in EUR	in EUR		in EUR
12	749.617	-104.967	644.650	0,3186	205.405
13	777.727	-107.591	670.136	0,2897	194.115
14	806.892	-110.281	696.611	0,2633	183.439
15	8.906.070	-113.038	8.793.032	0,2394	2.104.982
1.408.035					

Der Kapitalwert von I_2 ist geringfügig kleiner. Daraus kann man aber nun nicht ohne Weiteres ableiten, dass I_1 gegenüber I_2 vorteilhaft wäre. Diese Schlussfolgerung wäre nur zulässig, wenn wir die Wiederanlageprämisse auch auf die Zahlungsströme geeigneter »Ergänzungsinvestitionen« erstrecken können.

Ergänzungsinvestitionen erscheinen in diesem Fall erforderlich, weil beide Alternativen unterschiedlich lange Nutzungszeiträume und unterschiedlich hohe Anfangsauszahlungen haben. Wir wollen nun versuchen, mithilfe der Vermögensendwertmethode (auch: Horizontwertmethode) die Vergleichbarkeit der beiden Investitionsalternativen differenzierter zu betrachten.

Bei der Vermögensendwertmethode werden sämtliche Cashflows aus der Investition auf das Ende des Nutzungszeitraums hin aufgezinst. Man wechselt also im Vergleich zur Kapitalwertmethode die Perspektive. Die Entwicklung des Vermögens wird nicht vom Anfang, sondern vom Ende des Planungszeitraums her betrachtet. Die Vermögensendwertmethode bietet außerdem eine Basis für den Vergleich von Investitionsalternativen bei unvollkommenen Kapitalmärkten.

Im Fall einheitlicher Zinssätze (also bei Geltung der Wiederanlageprämisse) kann man den Vermögensendwert einer Investition ganz einfach berechnen, indem man den Kapitalwert mit dem Kalkulationszins bis zum Ende der jeweiligen Haltedauer aufzinst:

- Für I_1: $K_6 = 1.413.814\ \text{EUR} \times (1{,}1)^6 = 1.413.814\ \text{EUR} \times 1{,}7716 = 2.504.657{,}44\ \text{EUR}$.
- Für I_2: $K_{15} = 1.408.035\ \text{EUR} \times (1{,}1)^{15} = 1.408.035\ \text{EUR} \times 4{,}1772 = 5.881.711{,}63\ \text{EUR}$.

Ein direkter Vergleich dieser beiden Vermögensendwerte ist aber nicht möglich, da sie sich auf unterschiedliche Zeitpunkte beziehen.

Die Vergleichbarkeit der beiden Alternativen kann hergestellt werden, wenn wir zulassen, dass der Vermögensendwert der kürzer laufenden Alternative bis zum

Ende der Nutzungszeit der länger laufenden Alternative zum Kalkulationszinssatz oder zu einem geeigneten Habenzins (der die für die Zukunft erwarteten Renditen vergleichbar risikoreicher Anlagen widerspiegelt) weiterverzinst werden kann. Es bleibt dann allerdings noch das Problem der unterschiedlich hohen Anfangsauszahlungen.

Um die Vergleichbarkeit der beiden Investitionsalternativen herzustellen, werden zunächst sämtliche Zahlungssalden der Alternative I_1 mit dem Kalkulationszins von 10% auf das Ende von t_{15} hin aufgezinst.

Berechnung des Vermögensendwertes für I_1 mit dem Kalkulationszins (ohne Kontenausgleich)

Jahr	Cashflow	Anlagedauer	Aufzinsungsfaktor	Endwerte
	in EUR	in Jahren		in EUR
0	-9.000.000	15	4,1772	-37.595.234
1	750.000	14	3,7975	2.848.124
2	750.000	13	3,4523	2.589.203
3	750.000	12	3,1384	2.353.821
4	950.000	11	2,8531	2.710.461
5	950.000	10	2,5937	2.464.055
6	12.950.000	9	2,3579	30.535.423
7		8	2,1436	-
...		...	...	-
14		1	1,1000	-
15		0	1,0000	-
				5.905.854

Im nächsten Schritt wird zu der Alternative I_2 eine Ergänzungsinvestition hinzugefügt, sodass sich gleich hohe Anfangsauszahlungen ergeben. Der Betrag von 4,5 Mio. EUR und alle Zahlungssalden werden mit dem Kalkulationszins von 10% auf t_{15} hin aufgezinst.

Berechnung des Vermögensendwertes für I_2 mit dem Kalkulationszins (ohne Kontenausgleich)

Jahr	Cashflow	Ergänzungsinvestition	Neuer CF	Anlagedauer	Aufzinsungsfaktor	Endwerte
	in EUR	in EUR	in EUR	in Jahren		in EUR
0	-4.500.000	-4.500.000	-9.000.000	15	4,1772	-37.595.234
1	420.000		420.000	14	3,7975	1.594.949
2	436.750		436.750	13	3,4523	1.507.779
3	454.153		454.153	12	3,1384	1.425.327
4	472.234		472.234	11	2,8531	1.347.340
5	491.020		491.020	10	2,5937	1.273.580
6	510.537		510.537	9	2,3579	1.203.820
7	530.814		530.814	8	2,1436	1.137.847
8	551.879		551.879	7	1,9487	1.075.456
9	573.763		573.763	6	1,7716	1.016.456
10	596.498		596.498	5	1,6105	960.665
11	620.115		620.115	4	1,4641	907.911
12	644.650		644.650	3	1,3310	858.029
13	670.136		670.136	2	1,2100	810.865
14	696.611		696.611	1	1,1000	766.272
15	8.793.032	18.797.617	27.590.649	0	1,0000	27.590.649
						5.881.712

Die so ermittelten Vermögensendwerte sind vergleichbar, soweit die Wiederanlageprämisse im vorliegenden Fall gerechtfertigt erscheint. Die Alternative I_1 ist unter diesen Voraussetzungen vorteilhaft gegenüber I_2. Die zugehörigen Kapitalwerte können durch einfaches Abzinsen mit dem Kalkulationszins gewonnen werden. Die Rangfolge der Alternativen ändert sich gegenüber der Kapitalwertmethode nicht. Das bedeutet aber, dass die Kapitalwertmethode sich robust bei unterschiedlichen Anfangsauszahlungen und Haltedauern verhält.

Die Ergänzungsinvestition zu I_2 wurde nur aus Gründen der Veranschaulichung hinzugefügt. Sie hat tatsächlich keinen Einfluss auf den Vermögensendwert, da sie zweimal mit dem gleichen Ausgangsbetrag und demselben Zinssatz, aber mit unterschiedlichen Vorzeichen in die Rechnung eingeht. Unverzichtbar ist dagegen die explizite Aufzinsung der Zahlungssalden der Alternative I_1 bis zum Jahr 15, denn die Vermögensendwerte müssen sich wie die Kapitalwerte stets auf den gleichen Zeitpunkt beziehen.

Das Beispiel hat gezeigt, dass der Einsatz der Vermögensendwertmethode nicht in jedem Fall nötig erscheint. Wenn man im konkreten Fall mit der impliziten Wiederanlageprämisse leben kann, kann man sowohl die Kapitalwerte als auch die Vermögensendwerte ohne Weiteres miteinander vergleichen. Sind die Voraussetzungen aber nicht gegeben, bietet die Vermögensendwertmethode die Möglichkeit, durch explizite Vorgabe von Soll- und Habenzinssätzen korrigierend einzugreifen.

Gemessen am Vermögensendwert richtet sich die absolute Vorteilhaftigkeit einer Investition danach, ob der Vermögensendwert größer als null ist. Ist dies der Fall, so wird auf das zu jedem Zahlungszeitpunkt gebundene Kapital eine Verzinsung erzielt, die über dem Kalkulationszins liegt. Die relative Vorteilhaftigkeit richtet sich nach der jeweiligen Höhe des Vermögensendwertes.

Im nächsten Schritt werden wir die Wiederanlageprämisse fallenlassen und die Vermögensendwerte der beiden Alternativen auf der Basis der einzelnen Zahlungssalden berechnen. Dabei werden wir unterschiedliche Zinssätze explizit zulassen.

Zunächst werden die Vermögensendwerte für die beiden Investitionsalternativen berechnet. Dabei werden Unterschiede in den Zinssätzen berücksichtigt: Sollzins i_S = 5 %, Habenzins i_H = 3 %. Die Anfangsauszahlung wird in beiden Fällen ausschließlich mit Fremdmitteln finanziert. Zahlungsmitteldefizite werden zum Sollzinssatz bis zum Ende des jeweiligen Anlagezeitraums aufgezinst und Zahlungsmittelüberschüsse zum Habenzinssatz. Es gilt ein Kontenausgleichsverbot.

Berechnung des Vermögensendwertes für I_1 (ohne Kontenausgleich)

Jahr	Cashflow	Anlagedauer	Zinssatz	Aufzinsungsfaktor	Endwerte
	in EUR	in Jahren	in %		in EUR
0	-9.000.000	15	5	2,0789	-18.710.354
1	750.000	14	3	1,5126	1.134.442
2	750.000	13	3	1,4685	1.101.400
3	750.000	12	3	1,4258	1.069.321

Jahr	Cashflow	Anlagedauer	Zinssatz	Aufzinsungs-faktor	Endwerte
	in EUR	in Jahren	in %		in EUR
4	950.000	11	3	1,3842	1.315.022
5	950.000	10	3	1,3439	1.276.721
6	12.950.000	9	3	1,3048	16.896.813
7	–	8	3	1,2668	–
8	–	7	3	1,2299	–
9	–	6	3	1,1941	–
10	–	5	3	1,1593	–
11	–	4	3	1,1255	–
12	–	3	3	1,0927	–
13	–	2	3	1,0609	–
14	–	1	3	1,0300	–
15	–	0	–	1,0000	–
					4.083.365

Berechnung des Vermögensendwertes für I_2 (ohne Kontenausgleich)

Jahr	Cashflow	Ergän-zungsin-vestition	Neuer CF	Anlage-dauer	Zinssatz	Aufzin-sungsfak-tor	Endwerte
	in EUR	in EUR	in EUR	in Jahren	in %		in EUR
0	–4.500.000	–4.500.000	-9.000.000	15	5	2,0789	-18.710.354
1	420.000		420.000	14	3	1,5126	635.288
2	436.750		436.750	13	3	1,4685	641.382
3	454.153		454.153	12	3	1,4258	647.514
4	472.234		472.234	11	3	1,3842	653.683
5	491.020		491.020	10	3	1,3439	659.890
6	510.537		510.537	9	3	1,3048	666.135
7	530.814		530.814	8	3	1,2668	672.419
8	551.879		551.879	7	3	1,2299	678.742
9	573.763		573.763	6	3	1,1941	685.103

Jahr	Cashflow	Ergänzungsinvestition	Neuer CF	Anlagedauer	Zinssatz	Aufzinsungsfaktor	Endwerte
	in EUR	in EUR	in EUR	in Jahren	in %		in EUR
10	596.498		596.498	5	3	1,1593	691.504
11	620.115		620.115	4	3	1,1255	697.945
12	644.650		644.650	3	3	1,0927	704.426
13	670.136		670.136	2	3	1,0609	710.947
14	696.611		696.611	1	3	1,0300	717.509
15	8.793.032	7.010.853	15.803.885	0	–	1,0000	15.803.885
							6.556.019

Die Investitionsalternative I_2 wurde aus Gründen der Vergleichbarkeit der Ergebnisse um eine (fiktive) Investition mit einer Anfangsauszahlung von 4,5 Mio. EUR ergänzt, die zum Habenzinssatz von 3 % bis zum Ende des Planungszeitraums angelegt auf den Betrag von 7.010.853 EUR anwächst. Außerdem ist die Ergänzungsinvestition bis zum Ende des Anlagezeitraums mit dem Sollzins von 5 % zu verzinsen (entsprechende Fremdkapitalaufnahme zur Finanzierung der Ergänzungsinvestition).

Die Bewertung der Alternativen hat sich nun wesentlich verändert. I_2 hat einen deutlich höheren Vermögensendwert als I_1. Das ist insbesondere darauf zurückzuführen, dass der Vermögensendwert von I_1 am Ende von t_6 nicht mehr mit 10, sondern nur noch mit 3 % weiter aufgezinst wird. Der Effekt, dass sich die Ergänzungsinvestition bei I_2 nun renditemindernd auswirkt, ist dagegen nicht so stark.

Das Beispiel veranschaulicht die mit der Wiederanlageprämisse verbundenen Fallstricke. Die Vorteilhaftigkeit der Alternative I_1 beruht ganz wesentlich auf der in der Wiederanlageprämisse implizit enthaltene Möglichkeit, den Endwert der Investition ab dem Jahr 6 weiter mit 10 % aufzuzinsen. Wenn diese Annahme nicht realistisch ist, kann sich die Rangfolge der Alternativen bei expliziter Vorgabe von Soll- und Habenzinssätzen umdrehen.

Auch die Annahme eines Kontenausgleichsverbots kann zu einer Verzerrung der Ergebnisse führen. Solange der Sollzinssatz über dem Habenzinssatz liegt, kann es nicht effizient sein, gleichzeitig einen positiven Guthabenstand und einen positiven Kreditbestand zu haben. Nimmt man dagegen ein Kontenausgleichsgebot an, so werden die Kredite stets soweit wie möglich aus den Cashflows oder aus den Guthabenbeständen getilgt. Dies setzt aber eine entsprechende Flexibilität in der Finanzierung voraus (variable Verzinsung bzw. entsprechende Sondertilgungsmöglichkeiten). Für die Berechnungsmethodik wird auf den Abschnitt 8.2 verwiesen (Vollständige Finanzpläne).

Die Vermögensendwertmethode setzt an den Schwächen der Kapitalwertmethode beim Alternativenvergleich an. Sie erlaubt auch die Berücksichtigung unterschiedlicher Zinssätze. Allerdings muss die Nutzungsdauer bei der Vermögensendwertmethode normiert werden. Die unterschiedlichen Zinssätze sind aber zugleich der Schwachpunkt der Methode. Es gibt kein Patentrezept für die Ermittlung dieser Zinssätze (siehe dazu Abschnitt 8.2).

Zusammenfassung

Der Kapitalwert einer Investition ist gleich der Summe der abgezinsten Cashflows einschließlich des Liquidationserlöses vermindert um die Anfangsauszahlung. Der kritische Punkt beim Kapitalwertverfahren ist die Wahl des »richtigen« Diskontierungszinssatzes. Darin muss sich das individuelle Risiko der Investition widerspiegeln. Den Zusammenhang zwischen Kalkulationszins und Kapitalwert zeigt die Kapitalwertfunktion. Beim internen Zins nimmt der Kapitalwert den Wert null an.

Das absolute Vorteilhaftigkeitskriterium der Kapitalwertmethode lautet: Eine Investition ist dann vorteilhaft, wenn der Kapitalwert größer als null ist. Das relative Vorteilhaftigkeitskriterium lautet: Eine Investition ist dann vorteilhaft, wenn ihr Kapitalwert größer ist als der Kapitalwert einer Alternativinvestition. Die Kapitalwertmethode unterstellt einen vollkommenen Kapitalmarkt mit dem jeweiligen Kalkulationszins als einheitlichem Zins für Anlagen und Finanzierungen.

Die Vermögensendwertmethode unterscheidet sich von der Kapitalwertmethode durch die zeitliche Perspektive. Bei ihr werden alle Zahlungssalden auf das Ende des Planungszeitraums hin aufgezinst. Vorteilhaft ist die Investition mit dem größeren Endwert. Die Horizontwertmethode erlaubt, wenn nötig, die Berücksichtigung abweichender Soll- und Habenzinssätze.

Wichtige Begriffe und Konzepte

Alternativenvergleich	Habenzins	Kapitalwertmethode
Bondable Lease	Horizontwert	Kontenausgleich
Discounted Cashflow	Horizontwertmethode	Sollzins
Diskontierungszins	Kapitalwert	Vermögensendwert
Ergänzungsinvestition	Kapitalwertfunktion	Vermögensendwertmethode

Verständnisfragen

K 7.1

Worin besteht der Unterschied zwischen Kapitalwert und Discounted Cashflow?

K 7.2

Wie interpretieren Sie einen negativen Kapitalwert?

K 7.3

Folgende Zahlungsreihe ist gegeben: A_0: 180.000 EUR, CF_1: 80.000 EUR, CF_2: 55.000 EUR, CF_3: 50.000 EUR, CF_4: 35.000 EUR, CF_5: 10.000 EUR. Bitte berechnen Sie die Kapitalwerte für i=0,10 und i=0,12!

K 7.4

Wie hängen Kapitalwert und interner Zinsfuß miteinander zusammen?

K 7.5

Wie ist der konvexe Verlauf der Kapitalwertfunktion ökonomisch zu interpretieren?

K 7.6

Unter welchen Bedingungen auf der Zinsseite sollte das Kapitalwertverfahren mit Vorsicht eingesetzt werden?

K 7.7

Wie lautet die implizite Annahme der Kapitalwertmethode im Bezug auf die Verzinsung auftretender Zahlungssalden bzw. Ergänzungsinvestitionen?

K 7.8

Wann bietet der Einsatz der Vermögensendwertmethode keine Vorteile gegenüber der Kapitalwertmethode?

Weiterführende Fragen und Themen

W 7.1

Stellen Sie die Kapitalwertfunktion für die Investitionsalternative I_2 auf (Wertetabelle und Diagramm)!

W 7.2

In vielen ökonomischen Modellen wird gewinnmaximierendes Verhalten der Unternehmen angenommen. Entspricht diese Annahme der Praxis? An welchen anderen Verhaltensmaximen richten Unternehmen ihre Entscheidungen aus?

W 7.3

Nennen Sie einige Beispiele für Immobilieninvestments mit unterschiedlichen Risiken! Welchen Kalkulationszins würden Sie jeweils für angemessen halten?

W 7.4

In welchem Fall hat die Annahmensetzung über die Frage des Kontenausgleichs einen besonders großen Einfluss auf den Endwert einer Investition?

W 7.5

Berechnen Sie den Vermögensendwert mit und ohne Kontenausgleich für folgende Zahlungsreihe einer Immobilieninvestition (i_S = 5 %, i_H = 3 %):

Jahr	Cashflow in EUR
0	–9.000.000
1	850.000
2	870.000
3	900.000
4	950.000
5	1.000.000
6	1.020.000
7	1.060.000
8	1.100.000
9	1.150.000
10	1.200.000
11	1.250.000
12	1.300.000
13	1.350.000
14	1.400.000
15	17.600.000

W 7.6

Berechnen Sie die Vermögensendwerte mit Kontenausgleich für die beiden folgenden Investitionen mit unterschiedlichen Planungszeiträumen unter Hinzufügung einer Ergänzungsinvestition (Sollzins = 6,5 %, Habenzins = 4,5 %):

Jahr	Cashflow 1 in EUR	Cashflow 2 in EUR
0	-4.500.000	-9.000.000
1	400.000	850.000
2	400.000	870.000
3	400.000	900.000
4	500.000	950.000
5	500.000	1.000.000
6	500.000	1.020.000
7	450.000	1.060.000
8	450.000	1.100.000
9	450.000	1.150.000
10	6.750.000	1.200.000
11		1.250.000
12		1.300.000
13		1.350.000
14		1.400.000
15		17.600.000

Literaturhinweise

Blohm/Lüder/Schaefer (2012): Investition, 3. Kapitel, Abschnitt 2.1.2 zu den Vermögenswertmethoden.

Drosse (1999): Investition, Abschnitt 3.3 zur Kapitalwert- und Abschnitt 3.8 zur Vermögensendwertmethode.

Götze (2014): Investitionsrechnung, Abschnitt 3.3.2 zur Kapitalwert- und Abschnitt 3.3.6 zur Vermögensendwertmethode.

Ropeter (1999): Investitionsanalyse für Gewerbeimmobilien, Abschnitt 3.3.2 zur Kapitalwertmethode.

Sindt (1998): Real Estate Investment, Chapter 12 zu den dynamischen Methoden.

8 Dynamische Zinssatzmethoden

»Private Investitionen können sie nicht befehlen; die Leute investieren nur, wenn sie Aussicht auf Ertrag haben, denn investieren heißt, sein eigenes Geld zu riskieren.«

Otto Graf Lambsdorff

»To maximize the usefulness of a model it must mirror reality as closely as possible and simultaneously provide for the unique requirements of each individual investor who is using it to analyze any given investment.«

Roger P. Sindt

In diesem Kapitel sollen Sie erkennen,

- wie sich die dynamischen Zinssatzmethoden (Interne-Zinsfuß- und Sollzinssatzmethode bzw. Methode der vollständigen Finanzpläne) der Investitionsrechnung voneinander und von den Vermögenswertmethoden unterscheiden,
- wie die jeweiligen Vorteilhaftigkeitskriterien der Zinssatzmethoden zur Beurteilung einer Investition lauten,
- wann der Gebrauch welcher Methode angemessen ist,
- wie und innerhalb welcher Grenzen alternative Investitionsvorhaben mit den verschiedenen Methoden miteinander verglichen werden können,
- wie die Methoden in der Praxis anzuwenden sind (Fallstudien),
- wie die Auswirkungen einer Investition auf die Gewinn- und Verlustrechnung und das bilanzielle Eigenkapital ermittelt und dargestellt werden können.

8.1 Interner Zinsfuß

Die Interne-Zinsfuß-Methode wird unter den dynamischen Verfahren der Investitionsrechnung häufig angewendet. Ein Grund dafür liegt in der im Vergleich zu Kapitalwerten oder Vermögensendwerten größeren Anschaulichkeit der mit diesem Verfahren ermittelten dynamischen Renditen. Die impliziten Annahmen der Interne-Zinsfuß-Methode limitieren allerdings auch ihren Anwendungsbereich bei Vorteilhaftigkeitsvergleichen.

8.1.1 Definition und Vorteilhaftigkeitskriterien

Zwischen der Kapitalwertmethode und der Interne-Zinsfuß-Methode gibt es einen rechnerischen Zusammenhang. Für die Ermittlung des Kapitalwertes haben wir alle anfallenden Cashflows unserer Zahlungsreihe (einschließlich des Liquidationserlöses R) mit dem jeweils passenden Abzinsungsfaktor $1/(1+i)^n$ auf die Gegenwart abgezinst, um den DCF zu berechnen. Vom DCF haben wir anschließend die Anfangsauszahlung A_0 abgezogen. Den kalkulatorischen Zinssatz i mussten wir bei der Kapitalwertmethode selbst unabhängig vorgeben. Der Kalkulationszins hatte insbesondere auch die Projektrisiken angemessen widerzuspiegeln.

Der Übergang zur Interne-Zinsfuß-Methode wird vollzogen, indem wir den Kapitalwert gleich null setzen und anschließend denjenigen Zinssatz ermitteln, für den die Gleichung erfüllt ist. Dann muss aber auch die Anfangsauszahlung genau der Summe der abgezinsten Cashflows entsprechen. Der interne Zinsfuß einer Investition (IRR: »Internal Rate of Return«) hat mithin einen völlig anderen Charakter als der Diskontierungszins bei der Kapitalwertmethode. Es handelt sich nun um eine abhängige Variable, während der Diskontierungszins bei der Kapitalwertmethode unabhängig vorgegeben wird. Dem internen Zinsfuß fehlt es an einem kalkulatorischen Element und er hat auch keinen Bezug zum Risiko des Projekts.

WICHTIG

Der interne Zinsfuß einer Investition ist definiert als derjenige Zinssatz *r*, der dafür sorgt, dass der Barwert aller Rückflüsse bis zum Ende der Nutzungszeit *N* (einschließlich des Liquidationserlöses *R*) gerade der Anfangsauszahlung A_0 entspricht:

$$A_0 = \sum_{n=1}^{N} \frac{e_n - a_n}{(1+i)^n} + \frac{R}{(1+i)^n}$$

Der interne Zinsfuß gibt die durchschnittliche Verzinsung des investierten Kapitals über den gesamten Haltezeitraum an.

Der interne Zinsfuß ist als eine abhängige Variable in der Rechnung für sich genommen nicht entscheidungsrelevant. Wir müssen den errechneten Wert noch an unserem kalkulatorischen Anspruch an die Verzinsung des betreffenden Projekts messen.

Das absolute Vorteilhaftigkeitskriterium der Methode des internen Zinsfußes lautet also: Eine Investition ist dann als absolut vorteilhaft anzusehen, wenn ihr interner Zinsfuß größer ist als die vom Investor geforderte Mindestverzinsung (Kalkulationszins bzw. »required rate of return«, RRR). Dieser Kalkulationszins ist genauso zu ermitteln wie bei der Kapitalwertmethode (siehe auch Abschnitt 5.4.7).

Der interne Zinsfuß einer Investition kann grundsätzlich mit den internen Renditen anderer Investitionen verglichen werden (relative Vorteilhaftigkeit): Eine Investition ist dann als relativ vorteilhaft anzusehen, wenn ihr interner Zinsfuß größer als der interne Zinsfuß der Alternativinvestition *mit vergleichbarem Risiko* ist.

Die Betonung liegt hier auf der »Vergleichbarkeit« des Risikos. Projekte mit unterschiedlichem Risiko, die mithin auch eine unterschiedliche RRR erfordern, können auf diese Weise nur unter Vorbehalten miteinander verglichen werden (siehe Abschnitt 8.1.4).

8.1.2 Berechnung und Interpretation

Der interne Zinsfuß kann graphisch (Schnittpunkt der Kapitalwertfunktion mit der x-Achse, Abschnitt 7.1.2) oder rechnerisch bestimmt werden. Rechnerisch kann er entweder durch lineare Interpolation oder mithilfe des sogenannten »Newton'schen Verfahrens« (Tangential-Annäherung) bestimmt werden. Dieses Verfahren umfasst die folgenden Schritte:

1. Man setzt für q (mit $q = 1+i$) einen beliebigen Schätzwert q_0 an und berechnet für diesen Wert den Kapitalwert $K_0(q_0)$ sowie dessen erste Ableitung $K'_0(q_0)$.
2. Dann setzt man die drei Werte in die folgende Formel ein: $q_1 = q_0 - K_0(q_0) / K'_0(q_0)$
3. Diesen Vorgang wiederholt man so lange, bis sich die vierte Stelle hinter dem Komma nicht mehr ändert.

Beispiel 8.1: Ermittlung des internen Zinsfußes mit dem Newton'schen Verfahren

Der interne Zinsfuß für unsere Büroimmobilie wird mit dem Newton'schen Verfahren für die Investitionsalternative I_1 berechnet:

	t_0	t_1	t_2	t_3	t_4	t_5	t_6		
Zahlungsreihe	-9.000.000	750.000	750.000	750.000	950.000	950.000	12.950.000		
K'		-750.000	-1.500.000	-2.250.000	-3.800.000	-4.750.000	-77.700.000		
q_0								K	K'
1,2	-9.000.000,000	625.000,000	520.833,333	434.027,778	458.140,432	381.783,693	4.336.928,798	-2.243.285,96536	
1,2		-520.833,333	-868.055,556	-1.085.069,444	-1.527.134,774	-1.590.765,389	-21.684.643,990		-27.276.502,48628
$q_1=q_0-K(q_0)/K'(q_0)$				$q_1=$	1,117758				
q_2								K	K'
1,117758	-9.000.000,000	670.986,288	600.296,798	537.054,561	608.601,660	544.484,492	6.640.244,331	601.668,13119	
1,117758		-600.296,798	-1.074.109,122	-1.441.424,985	-2.177.937,968	-2.435.610,855	-35.644.103,170		-43.373.482,89810
$q_2=q_1-K(q_1)/K'(q_1)$				$q_2=$	1,131629				
q_3								K	K'
1,131629	-9.000.000,000	662.761,170	585.669,824	517.545,624	579.304,331	511.920,555	6.166.582,178	23.783,68178	
1,131629		-585.669,824	-1.035.091,248	-1.372.036,573	-2.047.682,219	-2.261.873,772	-32.695.769,748		-39.998.123,38423
$q_3=q_2-K(q_2)/K'(q_2)$				$q_3=$	1,132224				

Beispiel 8.2: Berechnung des internen Zinsfußes mit MS Excel

Beim Tabellenkalkulationsprogramm MS Excel kann der interne Zinsfuß mit der finanzmathematischen Funktion IKV berechnet werden.

	A	B	C
1	Jahr	Cashflow in EUR	IKV
2	0	-9.000.000	
3	1	750.000	
4	2	750.000	
5	3	750.000	
6	4	950.000	
7	5	950.000	
8	6	12.950.000	13,22 %

Tab. 8.1: Bestimmung des internen Zinsfußes mit MS Excel

Die in Werte angegebenen Zahlen entsprechen der zu der Investition gehörenden Zahlungsreihe (Zelleninhalte B2 bis B8). Die Rückflüsse müssen in regelmäßigen Intervallen, zum Beispiel monatlich oder jährlich, anfallen (im Beispiel jährlich).

Syntax

Werte ist eine Matrix von Zellen oder ein Bezug auf Zellen, in denen die Zahlen stehen, für die der interne Zinsfuß berechnet werden soll. IKV geht davon aus, dass die Zahlungen in der Reihenfolge erfolgen, in der sie in »Werte« angegeben sind.

Schätzwert ist eine Prozentzahl, von der angenommen wird, dass sie dem Ergebnis der Funktion nahekommt (Microsoft Excel verwendet zur Berechnung der Funktion IKV ein Iterationsverfahren. Beginnend mit Schätzwert wird die Funktion IKV solange ausgeführt, bis das Ergebnis auf 0,00001 % genau ist. Kann IKV innerhalb von 20 Durchgängen kein geeignetes Ergebnis erzielen, wird der Fehlerwert #ZAHL! ausgegeben.). Fehlt das Argument Schätzwert, wird ein Wert von 0,1 (10 %) zugrunde gelegt.

Beispiel 8.3: Vergleich zweier Staatsanleihen

Das nachfolgende Beispiel dient dem besseren Verständnis der Interpretation des internen Zinsfußes. Gegeben seien zwei Staatsanleihen A_1 und A_2 desselben Emittenten im Nominalwert von jeweils 1.000 EUR. Die Laufzeit beträgt in beiden Fällen 10 Jahre und die Tilgung erfolgt endfällig. Die Anleihe A_1 hat einen festen Coupon in Höhe von 50 EUR jährlich. Bei der Anleihe A_2 handelt es sich dagegen um eine Stufenzinsanleihe mit anwachsendem Zinsertrag (siehe Tab. 8.2).

t	CF1	CF2	CF3
0	-1.000	-1.000	-1.000
1	50	20	54,10
2	50	30	54,10
3	50	40	54,10

t	CF1	CF2	CF3
4	50	50	54,10
5	50	60	54,10
6	50	70	54,10
7	50	75	54,10
8	50	75	54,10
9	50	75	54,10
10	1.050	1.075	1.054,10

Tab. 8.2: Vergleich zweier Staatsanleihen mit unterschiedlichen Coupons

Man sieht dem Verlauf der Rückflüsse dieser Anleihe (CF_2) nicht ohne Weiteres an, ob es sich gegenüber der Anleihe 1 um eine vorteilhafte Alternative handelt. Diese Frage kann mit der IKV-Funktion geklärt werden, die einen internen Zinsfuß in Höhe von 5,41 % für die Anleihe A_2 liefert (zum Vergleich: 5,0 % für die Anleihe A_1). Wie ist dieser Wert nun zu interpretieren? Wenn wir uns eine Referenzanleihe A_3 mit einer laufenden Verzinsung in Höhe des internen Zinsfußes der Stufenzinsanleihe (5,41 %) bezogen auf den ursprünglichen Nominalwert vorstellen, so hätte diese Anleihe genau die gleiche interne Verzinsung und den gleichen Vermögensendwert wie die Anleihe A_2. Wenn wir irgendein Investment mit einem bestimmten internen Zinsfuß haben, können wir uns also stets ein Referenz-Investment dazu denken, bei dem das eingesetzte Kapital in jeder Periode zum internen Zinssatz des originären Investments aufgezinst wird. Insoweit kann der interne Zinsfuß als durchschnittlicher Zins über die Haltedauer aufgefasst werden.

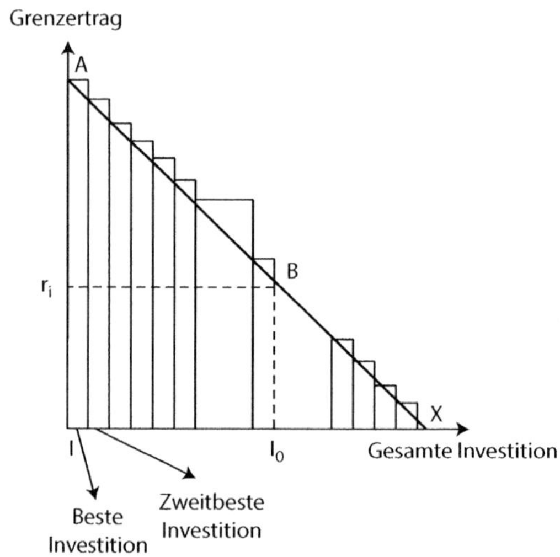

Abb. 8.1: Rangfolge der Investitionsalternativen

Unter der Voraussetzung, dass alle infrage stehenden Investitionsalternativen ein vergleichbares Risiko aufweisen, kann man die verschiedenen Investitionsalternativen nach der jeweiligen Höhe ihrer internen Rendite anordnen (siehe Abb. 8.1). Wenn keine Finanzierungsrestriktionen bestehen, so sollten alle Investitionsvorhaben, deren Rendite über dem Kalkulationszins RRR liegt, durchgeführt werden.

8.1.3 Fallstudie 1: Neubau einer Wohnanlage

Projekt: Bau einer Wohnanlage zur Vermietung in München

Anzahl Wohnungen	40
Ø Wohnfläche je Wohnung in m^2	80,00
Gesamte Wohnfläche in m^2	3.200
Ø Erstbezugsmiete nettokalt München 2017[48], EUR je m^2	19,65
Ø Angebotsmiete nettokalt München Q4 2018 laut empirica Preisdatenbank, EUR je m^2	15,95
Ø Neuvertragsmiete nettokalt München 2017, gute Lage und gute Ausstattung, EUR je m^2	20,20
Vergleichsmiete nettokalt laut Münchner Mietspiegel Baujahrgruppe 2014–2015, EUR je m^2	13,38
Leerstandsquote München laut empirica CBRE 2017 in %	0,2
Kaufpreiszahlung für das Grundstück	1.6.2019
Vorgesehener Baubeginn	1.6.2020
Voraussichtliche Bauzeit	18 Monate

Das Projekt ist standortabhängig durch einen sehr hohen Kaufpreis des Grundstücks gekennzeichnet. Den hohen Bodenpreisen stehen zwar sehr hohe und im Verlauf kräftig ansteigende Quadratmetermieten gegenüber. Es bleibt aber die Frage, ob das angesichts der Baukosten und der laufenden Kosten des Projekts nach der Fertigstellung ausreicht, um eine angesichts der Projektrisiken ausreichende Rentabilität des Kapitaleinsatzes sicherzustellen.

Die Einwohnerzahl Münchens ist in den letzten 10 Jahren (2007 bis 2017) um 11 % gestiegen, wobei zuletzt eine Abschwächung des Wachstums zu verzeichnen war. In München haben die Wanderungen (und darunter besonders der Wanderungssaldo mit dem Ausland) ein vielfach höheres Volumen als die natürlichen Bevölkerungsbe-

48 Referat für Stadtplanung und Bauordnung München. Entwicklung der Erstbezugsmieten (nettokalt) für Wohnungen in München von 1995 bis 2017 (in Euro pro Quadratmeter). Statista. Zugriff am 19.5.2019. Verfügbar unter https://de.statista.com/statistik/daten/studie/260426/umfrage/entwicklung-der-wohnungsmieten-in-muenchen-bei-erstbezug/.

wegungen und sie nehmen einen direkten Einfluss auf die Bevölkerungsstruktur und -zahl. München hat außerdem einen Geburtenüberschuss und die Ergebnisse der Planungsprognose der Stadtverwaltung lassen auch für die Zukunft ein weiterhin kräftiges Bevölkerungs- und Haushaltswachstum erwarten.

Die Neubaunachfrage wird für die Periode 2015 bis 2019 auf 14.702 Wohnungen im Jahr geschätzt (Quelle: empirica Regionaldatenbank, 2020 bis 2024: 6.858 Wohnungen jährlich, 2025 bis 2030: 5.692 Wohnungen jährlich). Die Neubaufertigstellungen halten mit diesem Bedarf bislang kaum Schritt (6.725 Wohnungen im Durchschnitt der Jahre 2015 bis 2017). Der marktaktive Wohnungsleerstand liegt mit derzeit 0,2% schon seit Jahren auf einem äußerst niedrigen Niveau, das weit von dem normalen Leerstandsniveau von etwa 3% entfernt ist. Allein die Schließung dieser Lücke würde den Bau von 22.260 Wohnungen erfordern (bei einem Wohnungsbestand von 795.000 Wohnungen zum Jahresende 2017).

Der geringe Leerstand verbunden mit einer kräftig wachsenden Nachfrage nach Wohnraum bei unzureichenden Neubaufertigstellungen setzt sowohl die Mieten als auch die Immobilienpreise unter Druck. Die Angebotsmieten sind in München im Zeitraum 2008 bis 2018 um gut 60% gestiegen, wobei sich das Anstiegstempo seit 2017 zwar verlangsamt hat, sich aber immer noch auf einem hohen Niveau von 5% jährlich bewegt (Quelle: empirica Preisdatenbank). Die Kaufpreise für neu errichtete Eigentumswohnungen in München haben sich seit 2011 auf 8.100 EUR pro m^2 (2019) verdoppelt und steigen weiter (Quelle: LBS). Die Preise für bestehende Eigentumswohnungen sind in ähnlichem Tempo gestiegen.

Alles in allem ist der Münchner Wohnungsmarkt trotz des bereits erreichten hohen Niveaus im Hinblick auf die weitere Entwicklung von Mieten und Immobilienpreisen fundamental sehr gut aufgestellt. In der Gegenwart ist der Markt extrem angespannt und für die Zukunft wird auch weiterhin ein kräftiges Wachstum der Privathaushalte prognostiziert. Das rechtfertigt zumindest anfänglich die Erwartung von fluktuationsbedingten Mietsteigerungen oberhalb der erwarteten Inflationsrate. Die Entwicklung der Immobilienpreise sollte dagegen mit größerer Vorsicht betrachtet werden. Sollten in Zukunft die Zinsen wieder spürbar steigen, so ist hier trotz des demografischen Drucks mit einer wesentlich verhalteneren Entwicklung zu rechnen.

Die gesamten Herstellungskosten des Objekts setzen sich wie folgt zusammen:

Aufstellung der Herstellungskosten

Kostenart	Betrag in EUR	EUR pro m^2 Wohnfläche	In % der Gesamtkosten
0100 Grundstück 4.200 m^2	13.555.000	4.236	66,60
0200 Herrichten und Erschließen des Grundstücks	227.500	71	1,12
0300 Baukonstruktion	3.200.000	1.000	15,72
0400 Bauwerk – Technische Anlagen	825.000	258	4,05
0500 Außenanlagen	200.000	63	0,98
0700 Baunebenkosten	1.200.000	375	5,90
Werbung	60.000	19	0,29
Grundstückszinsen	203.325	64	1,00
Bauzeitzinsen	382.388	119	1,88
Gemeinkostenzuschlag	500.000	156	2,46
Herstellungskosten ohne Stellplätze	**20.353.213**	6.360	100,00
Herstellungskosten mit Stellplätzen	20.803.213	6.501	102,21

Die Grundstückskosten umfassen neben dem Kaufpreis des Grundstücks die Gerichts- und Notariatsgebühren, die Grunderwerbsteuer sowie gegebenenfalls die Maklerprovision, das Honorar für ein Wertgutachten zur Ermittlung des Kaufpreises einschließlich der Kosten für eine Bodenuntersuchung sowie Abfindungen, Entschädigungen und Ablösungen für bestehende Vertragsverhältnisse bzw. Rechte am Grundstück:

0100 Baugrundstück

	EUR
Kaufpreis des Grundstücks	13.000.000
Vermessung	0
Gerichts- und Notariatsgebühren	100.000
Maklerprovision	0
Grunderwerbsteuer (3,5 % vom Kaufpreis)	455.000
Wertgutachten/Bodenuntersuchung	0
Abfindungen und Entschädigungen für Miet- und Pachtverhältnisse	0
Ablösung dinglicher Rechte und sonstiger Belastungen	0
Gesamte Grundstückskosten	**13.555.000**

Die Kosten für das Herrichten und Erschließen setzen sich aus den Kosten für die Bauvorbereitung des Grundstücks sowie ggf. den Gebühren für den Anschluss an die öffentlichen Versorgungsnetze zusammen:

0200 Herrichten und Erschließen

	EUR
Herrichten, vorbereitende Maßnahmen	
Abbrucharbeiten	100.000
Altlastenentsorgung	12.500
...	0
Öffentliche Erschließung (soweit nicht im Kaufpreis enthalten)	
Abwasseranlagen/Kanalisation	7.500
Wasserversorgung	7.500
Gasversorgung	0
Fernwärmeversorgung	50.000
Stromversorgung	50.000
Fernmeldeanlagen	0
Verkehrs- und Grünanlagen	0
...	0
Gesamte Kosten	**227.500**

Unter dem Begriff der Baunebenkosten wird eine Vielzahl von Kostenarten subsummiert, darunter Kosten für Untersuchungen, Wertermittlungen, Gutachten und Baugenehmigungen im Rahmen der Vorbereitung der Objektplanung, Architekten- und Ingenieurleistungen und allgemeine Baunebenkosten wie Vermessungskosten sowie Kosten für Prüfungen, Abnahmen und Genehmigungen.

Bei der Berechnung der Bauzeitzinsen in Höhe von 382.388 EUR wurde angenommen, dass die Grundstücks-, die Erschließungs- und die Baunebenkosten die gesamte Bauzeit über vorgehalten werden müssen. Bei den Bau- und Gerätekosten wurde unterstellt, dass deren Anfall sich gleichmäßig über die Bauzeit von 18 Monaten verteilt.

Berechnung der Bauzeitzinsen

			EUR	EUR
1.	a)	Grundstück	13.555.000	
	b)	Erschließung	227.500	
	c)	Baunebenkosten	1.200.000	
	Bemessungsgrundlage		14.982.500 EUR	
	1,5 % Zinsen für 18 Monate			**337.106,25**
2.	a)	50 % Bauwerk	1.600.000	
	b)	50 % Bautechnik	412.500	
	Bemessungsgrundlage		2.012.500 EUR	
	1,5 % Zinsen für 18 Monate			**45.281,25**
Bauzeitzinsen gesamt				**382.387,50**

Schließlich sind noch Grundstückszinsen in Höhe von 203.325 EUR zu berücksichtigen, weil das Grundstück bis zum Baubeginn 1 Jahr vorgehalten wurde (bei einer Verzinsung des gebundenen Kapitals in Höhe von 1,5 %). Die Stellplatzkosten sind in den nachfolgenden Berechnungen nicht mehr berücksichtigt. Es wurde angenommen, dass für die Stellplätze gesonderte Mietverträge abgeschlossen werden.

In der nachfolgenden Tabelle sind die Grunddaten der Finanzierung und die Finanzierungsstruktur sowie die Zusammensetzung des Cashflows im ersten Jahr der Nutzung wiedergegeben:

I.	**Grunddaten**	
	Wohnfläche in m^2	3.200
	Anzahl Wohneinheiten	40
	Zins für Fremdkapital in %	1,7
	Erwartete Inflationsrate in %	2,0
	Verwaltungskosten je Wohneinheit Jahr 1 in EUR	284,63
	Instandhaltungskosten je m^2 Jahr 1 in EUR	8,78
	Mietausfall in % der Miete im Jahr 1	1,5
	Gesamtkosten in EUR	**20.353.213**

II.	**Finanzierungsstruktur**		
	Eigenkapital in EUR		5.088.303
	Fremdkapital in EUR		15.264.909
	Gesamtkosten in EUR		20.353.213
III.	**Laufende Auszahlungen (»Aufwendungen«) im ersten Jahr**		
A.	**Kapitalkosten**		
	Annuität auf das Hypothekendarlehen in EUR (2 % Anfangstilgung)		564.802
B.	**Bewirtschaftungskosten**		51.865
	Verwaltung in EUR	11.385	
	Instandhaltung in EUR	28.096	
	Instandsetzung in EUR	0	
	Modernisierung in EUR	0	
	Mietausfall in EUR	12.384	
IV.	**Mieteinnahmen pro Jahr gesamte Wohnanlage in EUR**		825.600
	Pro Monat und m^2 in EUR		**21,50**

Der Münchner Mietspiegel liefert für die Wohnungen in der Wohnanlage folgendes Ergebnis: Die durchschnittliche ortsübliche Miete (Nettomiete) für die Wohnungen errechnet sich aus dem Grundpreis pro m^2 im Monat und den Zu- bzw. Abschlägen zum Grundpreis in der Baujahreskategorie 2014 bis 2015 wie folgt:

		EUR/m^2
	Grundpreis	11,50
+	Summe Zu-/Abschläge	1,88
=	Durchschnittliche ortsübliche Miete	13,38

Benutzerangaben zu den Zusatzmerkmalen

Ausstattungsmerkmal	**EUR/m^2**
Wohnlage: gute Lage	0,62
Warmwasserversorgung: ja	0,00
Heizungstyp: Zentralheizung	0,00

Ausstattungsmerkmal	**EUR/m²**
Sanitärbereich: ein Badezimmer	0,00
Sanitärbereich: Bad mit Zusatzausstattung	0,72
Küche: kein besonderer Typ	0,00
Fußboden: besonderer Boden	0,54
Video-/Gegensprechanlage: nein	0,00
= **Summe der verwendeten Zu-/Abschläge**	**1,88**

Der Ansatz für die anfänglichen Mieteinnahmen je Monat und m^2 in Höhe von 21,50 EUR ist preisrechtlich zulässig (keine Geltung der Mietpreisbremse für Neubauwohnungen) und entspricht den Marktgegebenheiten in guten Wohnlagen Münchens.

Die Zinsbindung des Hypothekendarlehens beträgt 20 Jahre, der Zinssatz liegt bei 1,7 % und die anfängliche Tilgung bei 2,0 %. Daraus ergibt sich eine Belastung in Höhe von:

15.264.909 EUR × (0,017 + 0,02) = **564.801,63 EUR**

Der Rückfluss im ersten Jahr ergibt sich aus den um die Bewirtschaftungs- und Kapitalkosten verminderten Mieteinnahmen:

Rückfluss im Jahr 1

		EUR
	Miete	825.600
-	Kapitalkosten	564.802
-	Bewirtschaftungskosten	51.865
=	Rückfluss	208.933

Im nächsten Schritt ist der dynamische Zahlungsstrom für das Vorhaben unter geeigneten Annahmen zu schätzen.

- Nutzungszeit und Werterhaltung: Das Objekt soll nach Bezugsfertigkeit für einen Zeitraum von 20 Jahren vermietet und dann verkauft werden. Dabei soll der Originalzustand durch geeignete Instandhaltungs- und Instandsetzungsmaßnahmen aufrechterhalten werden (keine Modernisierungen).

- Mieteinnahmen: Die anfänglichen Sollmieteinnahmen sind durch folgendes Produkt gegeben:
  21,50 EUR × 3.200 m^2 × 12 Monate = 825.600 EUR
- Für die weitere Entwicklung wurde angenommen, dass die Miete zunächst 5 Jahre lang um 3 % jährlich steigt. Für die folgenden drei Fünfjahresintervalle wurde ein schrittweiser Rückgang dieser Steigerungsrate auf 2,5 %, 2,0 % und schließlich auf 1,5 % unterstellt. Damit wird der zunehmenden technischen und wirtschaftlichen Alterung des Objekts Rechnung getragen. Außerdem reflektiert diese Entwicklung eine leichte Entspannungstendenz des Münchner Wohnungsmarktes im Prognosezeitraum.
- Mietausfallwagnis: Das Mietausfallwagnis wurde mit 1,5 % der Sollmiete angesetzt (Leerstandsquote in München derzeit bei 0,2 %).
- Kapitalkosten: Das Objekt wird zu 75 % mit Fremdmitteln finanziert. Der entsprechende Darlehensbetrag in Höhe von 15.264.909 EUR wird mit 20-jähriger Zinsbindung zum Zinssatz von 1,7 % aufgenommen. Die Anfangstilgung wurde mit 2,0 % angesetzt. Unter diesen Annahmen kann die Annuität während der gesamten Darlehenslaufzeit von 20 Jahren unverändert bleiben. Die Restschuld nach Ablauf der 20-jährigen Zinsbindung beträgt 8.064.569 EUR. Die Restschuld wird aus dem erwarteten Veräußerungserlös in 20 Jahren in einer Summe getilgt.
- Verwaltungskosten: Für die Verwaltungskosten wurde ein branchenüblicher Wert von 284,63 EUR je Wohneinheit angenommen. Im weiteren Verlauf wurde eine jährliche Zunahme der Verwaltungskosten um 2,0 % unterstellt – also im Einklang mit der erwarteten Inflationsrate.
- Instandhaltungskosten: Diese wurden mit 8,78 EUR je Wohneinheit und Jahr angesetzt. Im weiteren Verlauf wurde ein linearer Zuwachs dieser Kosten um 2,0 % pro Jahr unterstellt.
- Modernisierungskosten: wurden nicht berücksichtigt.
- Cap Rate, Exit Cap Rate, Wertsteigerung, Wertentwicklung: Die anfängliche Cap Rate liegt bei 3,8 %. Die Exit Cap Rate zum Liquidationszeitpunkt in Höhe von 4,28 % (entspricht einem Netto-Vervielfältiger von 23,37) trägt dem dann zu erwartenden technischen und wirtschaftlichen Vergleichszustand der Immobilie (keine Modernisierungsinvestitionen im Planungszeitraum) und dem Risiko einer ungünstigen Immobilienkonjunktur zum Liquidationszeitpunkt Rechnung. Legt man diese Rate zugrunde, so ergibt sich ein erwarteter Netto-Liquidationserlös von 27.412.826 EUR (Cashflow im Jahr 20 vor Kapitalkosten multipliziert mit dem Netto-Vervielfältiger):
  1.174.184 EUR × 23,37 = 27.412.826 EUR
- Dies entspricht einer jährlichen Wertsteigerung des Objekts um 1,5 %.

	%
Zuwachsrate Mieteinnahmen Jahr 1 bis 5	3,0
Zuwachsrate Mieteinnahmen Jahr 6 bis 10	2,5
Zuwachsrate Mieteinnahmen Jahr 11 bis 15	2,0
Zuwachsrate Mieteinnahmen Jahr 16 bis 20	1,5
Zuwachsrate Verwaltungskosten	2,0
Zuwachsrate Instandhaltungskosten	2,0
Mietausfallwagnis/Sollmieten	1,5
Cap Rate	3,80
Exit Cap Rate	4,28
Jährliche Wertsteigerung/Wertminderung	+1,5

Die nachfolgende Tabelle zeigt zunächst den Restschuldverlauf des zur Finanzierung eingesetzten Annuitätendarlehens:

Annuitätendarlehen: Restschuldverlauf

t	Restschuld	Zinsen	Tilgung	Annuität
	in EUR	in EUR	in EUR	in EUR
1	15.264.909	259.503	305.298	564.802
2	14.959.611	254.313	310.488	564.802
3	14.649.123	249.035	315.767	564.802
4	14.333.356	243.667	321.135	564.802
5	14.012.222	238.208	326.594	564.802
6	13.685.628	232.656	332.146	564.802
7	13.353.482	227.009	337.792	564.802
8	13.015.689	221.267	343.535	564.802
9	12.672.155	215.427	349.375	564.802
10	12.322.780	209.487	355.314	564.802
11	11.967.465	203.447	361.355	564.802
12	11.606.110	197.304	367.498	564.802

t	Restschuld	Zinsen	Tilgung	Annuität
	in EUR	in EUR	in EUR	in EUR
13	11.238.613	191.056	373.745	564.802
14	10.864.867	184.703	380.099	564.802
15	10.484.768	178.241	386.561	564.802
16	10.098.208	171.670	393.132	564.802
17	9.705.076	164.986	399.815	564.802
18	9.305.260	158.189	406.612	564.802
19	8.898.648	151.277	413.525	564.802
20	8.485.124	144.247	420.555	564.802
RS	8.064.569			

Darlehen: Grunddaten

Fremdkapital in EUR	15.264.909
i t_0 bis t_{20} in %	1,7
Anfangstilgung in %	2,0
Ann t_0-t_{20} in EUR	564.802

Die Entwicklung der Cashflow-Komponenten, die Wertentwicklung der Immobilie sowie die Berechnung von internem Zinsfuß und Kapitalwert bei einem kalkulatorischen Zins von 3 % aus der Gesamtkapitalperspektive zeigt die Tabelle auf der folgenden Seite.

Der interne Zinsfuß dieser Investition liegt bei 4,55 % (letzte Spalte). Der Kapitalwert bei einem Kalkulationszins von 3 % liegt bei 4,75 Mio. EUR. Der Cashflow-Verlauf ist über den gesamten Haltezeitraum leicht ansteigend, da die Mieteinnahmen absolut stets etwas stärker zunehmen als die Bewirtschaftungskosten.

Wir wollen dasselbe Projekt noch aus der Eigenkapitalperspektive rechnen. Die Anfangsauszahlung besteht also jetzt nicht mehr aus den Gesamtgestehungskosten in Höhe von 20,35 Mio. EUR, sondern nur noch aus den eingesetzten Eigenmitteln in Höhe von 5,01 Mio. EUR. In diesem Fall sind neben den Bewirtschaftungskosten die Kapitalkosten (Annuität) von den jährlichen Mieteinnahmen abzuziehen. Weiterhin muss am Ende des Haltezeitraums die Restschuld des Darlehens vom Verkaufspreis abgezogen werden. Und schließlich muss der (höhere) Eigenkapitalzins (und nicht wie aus der Gesamtkapitalperspektive der Mischzins) als Kalkulationszins verwendet werden (EK-Zins 6,0 % statt Mischzins 3,0 %).

t	A_0/R_{15}	Miete	Wertst.	Wertentw.	Kapital	Verw.	Inst.halt	Ausfall	CF	Abz.	Barwerte	NBW	IKV
0	-5.088.303			20.353.213					0	1,0000	-20.353.213	-20.353.213	
1		825.600	305.298	20.658.511	564.802	11.385	28.096	12.384	773.735	0,9709	751.199	773.735	
2		850.368	309.878	20.968.388	564.802	11.613	28.658	12.756	797.342	0,9426	751.571	797.342	
3		875.879	314.526	21.282.914	564.802	11.845	29.231	13.138	821.665	0,9151	751.940	821.665	
4		902.155	319.244	21.602.158	564.802	12.082	29.816	13.532	846.725	0,8885	752.304	846.725	
5		929.220	324.032	21.926.190	564.802	12.324	30.412	13.938	872.546	0,8626	752.666	872.546	
6		952.451	328.893	22.255.083	564.802	12.570	31.020	14.287	894.573	0,8375	749.191	894.573	
7		976.262	333.826	22.588.909	564.802	12.822	31.641	14.644	917.156	0,8131	745.731	917.156	
8		1.000.668	338.834	22.927.743	564.802	13.078	32.273	15.010	940.307	0,7894	742.287	940.307	
9		1.025.685	343.916	23.271.659	564.802	13.340	32.919	15.385	964.041	0,7664	738.857	964.041	
10		1.051.327	349.075	23.620.734	564.802	13.606	33.577	15.770	988.374	0,7441	735.443	988.374	
11		1.072.354	354.311	23.975.045	564.802	13.878	34.249	16.085	1.008.141	0,7224	728.303	1.008.141	
12		1.093.801	359.626	24.334.671	564.802	14.156	34.934	16.407	1.028.304	0,7014	721.232	1.028.304	
13		1.115.677	365.020	24.699.691	564.802	14.439	35.633	16.735	1.048.870	0,6810	714.229	1.048.870	
14		1.137.990	370.495	25.070.186	564.802	14.728	36.345	17.070	1.069.847	0,6611	707.295	1.069.847	
15		1.160.750	376.053	25.446.239	564.802	15.023	37.072	17.411	1.091.244	0,6419	700.428	1.091.244	
16		1.178.161	381.694	25.827.933	564.802	15.323	37.814	17.672	1.107.353	0,6232	690.065	1.107.353	
17		1.195.834	387.419	26.215.351	564.802	15.629	38.570	17.938	1.123.697	0,6050	679.855	1.123.697	
18		1.213.771	393.230	26.608.582	564.802	15.942	39.341	18.207	1.140.282	0,5874	669.795	1.140.282	
19		1.231.978	399.129	27.007.710	564.802	16.261	40.128	18.480	1.157.109	0,5703	659.883	1.157.109	
20	27.412.826	1.250.458	405.116	27.412.826	564.802	16.586	40.931	18.757	1.174.184	0,5537	11.362.778	20.522.441	
NBW/IKV											**4.751.841**	**4.751.841**	**4,55 %**

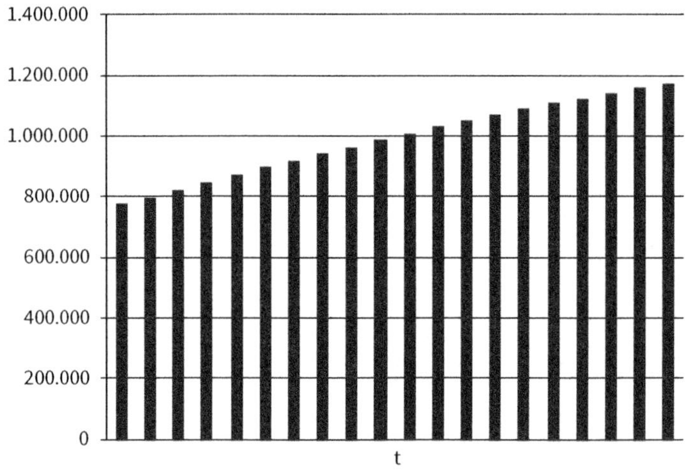

Abb. 8.2: Cashflow-Verlauf der Investition (GK-Perspektive)

Der Kapitalwert und der interne Zinsfuß liegen aus der Eigenkapitalperspektive höher (siehe die Tabelle auf der nächsten Seite). Der Grund dafür ist das Wirken des Leverage-Effekts im Hintergrund. Da die interne Verzinsung des Gesamtkapitals mit 4,55 % deutlich über dem Fremdkapitalzins von 1,7 % liegt, verzinst sich das Eigenkapital höher als das Fremdkapital. Außerdem steigert jede Erhöhung des Verschuldungsgrades die Eigenkapitalrentabilität weiter.

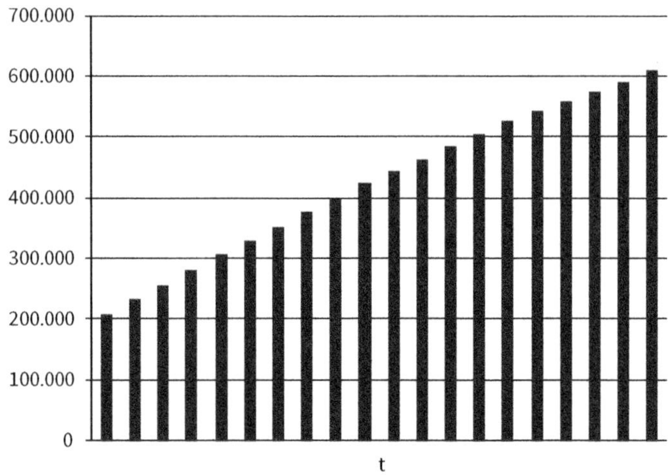

Abb. 8.3: Cashflow-Verlauf der Investition (EK-Perspektive)

Der Cashflow-Verlauf ist nun steiler, weil den steigenden Mieteinnahmen ein großer Block an konstant verlaufenden Kapitalkosten gegenübersteht.

t	A_0/R_{15}	Miete	Wertst.	Wertentw.	Kapital	Verw.	Inst.halt	Ausfall	CF	Abz.	Barwerte	NBW	IKV
0	–5.088.303			20.353.213					0	1,0000	–5.088.303	–5.088.303	
1		825.600	305.298	20.658.511	564.802	11.385	28.096	12.384	208.933	0,9434	197.107	208.933	
2		850.368	309.878	20.968.388	564.802	11.613	28.658	12.756	232.540	0,8900	206.960	232.540	
3		875.879	314.526	21.282.914	564.802	11.845	29.231	13.138	256.863	0,8396	215.667	256.863	
4		902.155	319.244	21.602.158	564.802	12.082	29.816	13.532	281.924	0,7921	223.310	281.924	
5		929.220	324.032	21.926.190	564.802	12.324	30.412	13.938	307.744	0,7473	229.965	307.744	
6		952.451	328.893	22.255.083	564.802	12.570	31.020	14.287	329.772	0,7050	232.476	329.772	
7		976.262	333.826	22.588.909	564.802	12.822	31.641	14.644	352.354	0,6651	234.336	352.354	
8		1.000.668	338.834	22.927.743	564.802	13.078	32.273	15.010	375.505	0,6274	235.597	375.505	
9		1.025.685	343.916	23.271.659	564.802	13.340	32.919	15.385	399.240	0,5919	236.309	399.240	
10		1.051.327	349.075	23.620.734	564.802	13.606	33.577	15.770	423.572	0,5584	236.520	423.572	
11		1.072.354	354.311	23.975.045	564.802	13.878	34.249	16.085	443.339	0,5268	233.546	443.339	
12		1.093.801	359.626	24.334.671	564.802	14.156	34.934	16.407	463.502	0,4970	230.346	463.502	
13		1.115.677	365.020	24.699.691	564.802	14.439	35.633	16.735	484.068	0,4688	226.950	484.068	
14		1.137.990	370.495	25.070.186	564.802	14.728	36.345	17.070	505.046	0,4423	223.382	505.046	
15		1.160.750	376.053	25.446.239	564.802	15.023	37.072	17.411	526.443	0,4173	219.666	526.443	
16		1.178.161	381.694	25.827.933	564.802	15.323	37.814	17.672	542.551	0,3936	213.573	542.551	
17		1.195.834	387.419	26.215.351	564.802	15.629	38.570	17.938	558.895	0,3714	207.554	558.895	
18		1.213.771	393.230	26.608.582	564.802	15.942	39.341	18.207	575.480	0,3503	201.616	575.480	
19		1.231.978	399.129	27.007.710	564.802	16.261	40.128	18.480	592.308	0,3305	195.765	592.308	
20	27.412.826	1.250.458	405.116	27.412.826	564.802	16.586	40.931	18.757	609.382	0,3118	6.222.886	19.957.639	
NBW/IKV											**5.335.228**	**5.335.228**	**11,19 %**

Alles in allem ist das Projekt trotz der sehr hohen Grundstückskosten unter den getroffenen Annahmen wirtschaftlich vorteilhaft. Sowohl die Verzinsung des Eigenkapitals als auch die des Gesamtkapitals liegen deutlich über der geforderten Mindestverzinsung (RRR). Auch die Kapitalwerte liegen in beiden Fällen deutlich im positiven Bereich. Die Neubaumieten in München reflektieren die hohen Bodenpreise und diese wiederum die extreme Marktanspannung.

8.1.4 Grenzen

Die Interne-Zinsfuß-Methode hat beim Vergleich von Investitionsalternativen drei wesentliche Schwachpunkte:

- Die Wiederanlageprämisse gilt unausgesprochen (ein Problem, das freilich auch bei Anwendung der Kapitalwertmethode auftritt).
- Die implizite Annahme einer unbegrenzten Ergiebigkeit und Aufnahmefähigkeit des Kapitalmarktes kann unrealistisch sein (wie auch bei der Kapitalwertmethode).
- Bei irregulären Investitionen gibt es zwei interne Zinssätze.
- Vergleiche von Projekten aus unterschiedlichen Risikoklassen sind problematischer als bei der Kapitalwertmethode.

Beginnen wir mit den impliziten Annahmen über den Kapitalmarkt. Bei Vergleichen von internen Zinssätzen wird implizit von einem vollkommenen Kapitalmarkt ausgegangen, auf dem ein einheitlicher Zinssatz für die Aufnahme und die Anlage von Kapital herrscht, der außerdem noch dem internen Zinsfuß entspricht (IRR = Sollzins = Habenzins). Man nimmt also implizit an, dass bei den zu vergleichenden Alternativen die Anlage von positiven und die Aufnahme von negativen Rückflüssen zum jeweiligen internen Zinssatz erfolgen kann (bei der Kapitalwertmethode zum Diskontierungszins). Diese sogenannte »Wiederanlageprämisse« ist für jedes einzelne Investitionsvorhaben auf ihre empirische Rechtfertigung hin zu prüfen.

Die Wiederanlageprämisse ist insbesondere bei einer großen Differenz der internen Zinssätze der zu vergleichenden Vorhaben problematisch, weil in solchen Fällen implizit auch erheblich voneinander abweichende Soll- und Habenzinsen angenommen werden, ohne dass man dies sachlich begründen könnte. Davon abgesehen wirkt eine große Differenz zwischen der IRR und den aktuellen Konditionen für Kapitalanlagen und Kreditaufnahmen verzerrend. Liegt die IRR des untersuchten Projekts bei 22 %, dürften andere Anlagen zu diesem Zinssatz schwerlich zu finden sein.

Im Hinblick auf die impliziten Ergänzungsinvestitionen (zum Beispiel bei Differenzen in den Anfangsauszahlungen oder Haltedauern) ist zu beachten, dass auch deren Zahlungssalden zum internen Zinsfuß zu verzinsen sind. Das kann unrealistisch sein (siehe auch Abschnitt 7.2).

Bei Vergleichen mit der Interne-Zinsfuß-Methode wird weiterhin angenommen, dass Finanzierungsmittel unbeschränkt zur Verfügung stünden. Diese Annahme läuft auf eine unbegrenzte Ergiebigkeit und Aufnahmefähigkeit des Kapitalmarktes hinaus. Sie ist besonders bei großen Differenzen zwischen den Anfangsauszahlungen zu vergleichender Investitionsvorhaben problematisch. Man kann nicht ohne Weiteres unterstellen, dass ein großer Kredit zu denselben Konditionen beschafft werden kann wie ein kleiner oder dass er überhaupt beschafft werden kann.

Davon abgesehen lässt sich der interne Zinsfuß nur auf sogenannte »reguläre Investitionen« anwenden. Bei irregulären Investitionen erhält man kein eindeutiges Ergebnis. Die Kapitalwertfunktion schneidet die Zinsachse in solchen Fällen mehrmals.

Das Problem der eingeschränkten Vergleichbarkeit von Projekten mit unterschiedlichen Risikoprofilen soll anhand des Vergleichs von vier Investitionsprojekten veranschaulicht werden. Beschränken wir uns zunächst auf den Vergleich der Investitionsvorhaben A und B. Projekt A ist einer höheren Risikoklasse zugeordnet als Projekt B. Bei naiver Anwendung des relativen Vorteilhaftigkeitskriteriums der Interne-Zinsfuß-Methode erscheint das risikoreichere Projekt A vorteilhaft. Es erfüllt aber gar nicht den risikogerechten Verzinsungsanspruch an dieses Projekt (RRR= 8 %)! Bei Anwendung der Kapitalwertmethode würde man die Zahlungsreihe des Projekts A mit 8 % und die des Projekts B mit 4 % abzinsen. Der Kapitalwert bei Projekt A wäre negativ und das Projekt damit nicht wirtschaftlich.

Projekt	IRR	RRR
Projekt A	7 %	8 %
Projekt B	6 %	4 %
Projekt C	23 %	20 %
Projekt D	5 %	2 %

Wenn also nur zwischen A und B zu wählen ist, dann ist das Projekt B durchzuführen. Projekt A darf wie alle Projekte, die das absolute Vorteilhaftigkeitskriterium verletzen, keinesfalls durchgeführt werden.

Wenn wir also die IRRs nicht direkt miteinander vergleichen dürfen, stellt sich die Frage, ob möglicherweise der Abstand (»spread«) zwischen RRR und IRR als Vergleichsmaßstab taugen könnte. Wenn wir die Projekte B und C miteinander vergleichen, so ist aber wahrscheinlich B dem Projekt C gegenüber vorzuziehen, obwohl es den kleineren Spread aufweist! Die Begründung lautet, dass der etwas höhere Spread von C wahrscheinlich zu einem nicht kleinen Teil der impliziten Schubwirkung der Wiederanlageprämisse zu verdanken ist (impliziter Reinvestmentzins von 23 % gegenüber 6 % bei B). In solchen Fällen sollten zusätzlich die Vermögensendwerte der beiden Investitionsalternativen unter

Anwendung von »realistischen« Soll- bzw. Habenzinssätzen berechnet werden, um insoweit den willkürlichen Wiederanlagevorteil der risikoreicheren Alternative zu beseitigen (Abschnitt 7.2). Alternativ kann die Methode der vollständigen Finanzpläne oder eine Variante derselben eingesetzt werden (Abschnitt 8.2).

Es gibt aber auch Fälle, wo der Vergleich anhand des Spreads möglich ist. Wenn B und D für alle Jahre des Haltezeitraums positive Cashflows aufweisen, ist Projekt D dem Projekt B gegenüber vorzuziehen (Begründung: Die Wiederanlageprämisse wirkt in diesem Fall zugunsten von B).

Außerdem können natürlich alle Projekte aus derselben Risikoklasse (RRR identisch) direkt miteinander verglichen werden.

Schließlich gilt die Wiederanlageprämisse auch bei der Kapitalwertmethode. Ein Vergleich anhand der Spreads ist daher in den Fällen, wo man die Wiederanlageprämisse für unkritisch hält, genauso gut möglich wie ein Vergleich der Kapitalwerte. Umgekehrt stoßen beide Methoden an Grenzen, wenn die Wiederanlageprämisse im konkreten Vergleichsfall als problematisch eingeschätzt wird.

Bewegen sich die Unterschiede zwischen den relevanten Zinssätzen außerhalb des akzeptablen Rahmens, so benötigt man eine Methode, die eine Korrekturmöglichkeit im Hinblick auf den Reinvestmentzins bietet. Die Idee ist, dass man in den kritischen Fällen den implizit angenommenen Wiederanlage- bzw. Finanzierungszins durch einen explizit vorgegebenen Zins ersetzt.

8.2 Vollständige Finanzpläne

Die Methode der vollständigen Finanzpläne (»VoFi-Methode«) läuft auf die Ermittlung des Vermögensendwertes einer Investition unter Beachtung des Kontenausgleichsgebots hinaus. Dabei werden unterschiedliche Soll- und Habenzinssätze angewendet, die »tatsächlichen« Konditionen möglichst nahe kommen sollen. Alle der Investition zurechenbaren Zahlungen werden in tabellarischer Form in einem »vollständigen Finanzplan« dargestellt. Am Ende wird die Rentabilität des eingesetzten Eigenkapitals ermittelt. Die vollständigen Finanzpläne sind ein guter Ausgangspunkt für die Berücksichtigung weiterer Folgen der Investition wie zum Beispiel steuerlichen Folgen oder Auswirkungen auf die Handelsbilanz.

Die bilanziellen Erfolgswirkungen einer Investition dürfen nicht vernachlässigt werden. Es kann sein, dass der Investor hinsichtlich des Periodenerfolgs Nebenbedingungen beachten muss, die ihrerseits Einfluss auf die Rangfolge der Investitionsprojekte haben können. Das gilt besonders für kapitalmarktorientierte Unternehmen. Die Auswirkungen eines Investitionsprojekts auf die Erfolgsrechnung und die Bilanz können im Rahmen der VoFi-Methode mithilfe entsprechender Teilerfolgsrechnungen und Teilbilanzen erfasst werden.

8.2.1 Anwendung bei variabel verzinslichen Krediten

Beispiel 8.4: Anwendung der VoFi-Methode bei variabel verzinslichen Krediten

Der Vermögensendwert mit Kontenausgleich wird für die aus der Fallstudie 1 bekannte Münchner Wohnanlage berechnet. Die Anfangsauszahlung entspricht dem Eigenkapitalanteil an der Finanzierung in Höhe von 25 % der Gesamtkosten.

Die Annahme des jährlichen und vollständigen Kontenausgleichs erfordert die Aufnahme kurzfristiger bzw. variabel verzinslicher Mittel. Für die zukünftigen Zinssätze für die Aufnahme variabel verzinslicher Kredite wurde ein zyklischer Verlauf angenommen:

Jahr	i_s	i_H	Cashflow in EUR	Kapitalaufnahme in EUR	Tilgung in EUR	Sollzinsen in EUR	Kreditbestand in EUR	Kapitalanlage in EUR	Auflösung in EUR	Habenzinsen in EUR	Guthabenstand in EUR
0	3,0	2,5	-5.088.303	15.264.909			15.264.909				
1	3,4	2,9	773.735		254.728	519.007	15.010.181				
2	3,8	3,3	797.342		226.955	570.387	14.783.227				
3	4,2	3,7	821.665		200.769	620.896	14.582.458				
4	4,6	4,1	846.725		175.932	670.793	14.406.525				
5	5,0	4,5	872.546		152.220	720.326	14.254.306				
6	4,6	4,1	894.573		238.875	655.698	14.015.430				
7	4,2	3,7	917.156		328.508	588.648	13.686.923				
8	3,8	3,3	940.307		420.204	520.103	13.266.719				
9	3,4	2,9	964.041		512.973	451.068	12.753.746				
10	3,0	2,5	988.374		605.761	382.612	12.147.985				
11	3,4	2,9	1.008.141		595.110	413.031	11.552.875				
12	3,8	3,3	1.028.304		589.295	439.009	10.963.580				
13	4,2	3,7	1.048.870		588.400	460.470	10.375.181				
14	4,6	4,1	1.069.847		592.589	477.258	9.782.592				
15	5,0	4,5	1.091.244		602.115	489.130	9.180.477				
16	4,6	4,1	1.107.353		685.051	422.302	8.495.426				
17	4,2	3,7	1.123.697		766.889	356.808	7.728.537				
18	3,8	3,3	1.140.282		846.597	293.684	6.881.940				
19	3,4	2,9	1.157.109		923.123	233.986	5.958.817				
20	3,0	2,5	28.587.010		5.958.817	178.764	0	22.449.429		0	22.449.429

Unter den genannten Annahmen ergibt sich ein Vermögensendwert in Höhe von 22.449.429 EUR und eine Eigenkapitalrentabilität von 7,70 %:

$$i = \sqrt[20]{\frac{22.449.429\ \text{EUR}}{5.088.303\ \text{EUR}}} - 1 = 0{,}077039464$$

8.2.2 Anwendung bei Festsatzkrediten

Bei Aufnahme von Festsatzkrediten kann die Periodizität des Kontenausgleichs auf die Länge der tatsächlichen Zinsbindungsintervalle abgestimmt werden. Bei zehnjähriger Zinsbindung wird dann der Ausgleich des Kreditkontos erstmalig nach 10 Jahren vorgenommen.

Beispiel 8.5: Anwendung der VoFi-Methode bei Festsatzkrediten

Für die Berechnung des Vermögensendwertes werden folgende Annahmen getroffen:

Herstellungskosten in EUR	20.353.213
Eigenkapital in EUR	5.088.303
Fremdkapital in EUR	15.264.909
Hypothekenzins 1 in %	1,5
Hypothekenzins 2 in %	5,0
Anfangstilgung in %	3,0
Habenzins 1 %	1,0
Habenzins 2 %	4,5
Annuität in EUR	686.921

Der Hypothekenzins im ersten Jahrzehnt der Nutzungszeit beträgt annahmegemäß 1,5 % und der im zweiten Jahrzehnt 5,0 %. Der Habenzins für die Anlage von zwischenzeitlich auftretenden Zahlungsmittelüberschüssen liegt anfänglich bei 1 % und im zweiten Jahrzehnt bei 4,5 %. Unter diesen Annahmen ergibt sich folgender Vermögensendwert:

Es ergibt sich ein Vermögensendwert in Höhe von 27.418.195 EUR und eine Eigenkapitalrentabilität von 8,79 %:

$$i = \sqrt[20]{\frac{€27.418.195}{€5.088.303}} - 1$$

$$= 0{,}087860718$$

Jahr	Cashflow	Hypodarlehen Restschuld	Hypodarlehen Zinsen	Hypodarlehen Tilgung	Hypodarlehen Annuität	Cashflow nach Kapitaldienst	Kapitalanlage	Auflösung	Habenzinsen	Guthabenstand
	in EUR	in EUR	in EUR	in EUR	in EUR	in EUR	in EUR	in EUR	in EUR	in EUR
0	-5.088.303									
1	773.735	15.264.909	228.974	457.947	686.921	86.814	86.814		0	86.814
2	797.342	14.806.962	222.104	464.816	686.921	110.421	110.421		868	198.103
3	821.665	14.342.146	215.132	471.789	686.921	134.744	134.744		1.981	334.827
4	846.725	13.870.357	208.055	478.866	686.921	159.804	159.804		3.348	497.980
5	872.546	13.391.491	200.872	486.049	686.921	185.625	185.625		4.980	688.585
6	894.573	12.905.443	193.582	493.339	686.921	207.652	207.652		6.886	903.123
7	917.156	12.412.103	186.182	500.739	686.921	230.235	230.235		9.031	1.142.389
8	940.307	11.911.364	178.670	508.250	686.921	253.386	253.386		11.424	1.407.199
9	964.041	11.403.114	171.047	515.874	686.921	277.120	277.120		14.072	1.698.392
10	988.374	10.887.239	163.309	523.612	686.921	301.453	301.453		16.984	**2.016.828**
11	1.008.141	8.346.799	417.340	269.581	686.921	321.220	321.220	-2.016.828	20.168	341.388
12	1.028.304	8.077.218	403.861	283.060	686.921	341.383	341.383		15.362	698.134
13	1.048.870	7.794.158	389.708	297.213	686.921	361.949	361.949		31.416	1.091.499
14	1.069.847	7.496.945	374.847	312.074	686.921	382.926	382.926		49.117	1.523.543
15	1.091.244	7.184.871	359.244	327.677	686.921	404.323	404.323		68.559	1.996.426
16	1.107.353	6.857.194	342.860	344.061	686.921	420.432	420.432		89.839	2.506.697
17	1.123.697	6.513.133	325.657	361.264	686.921	436.776	436.776		112.801	3.056.274
18	1.140.282	6.151.868	307.593	379.328	686.921	453.361	453.361		137.532	3.647.167
19	1.157.109	5.772.541	288.627	398.294	686.921	470.188	470.188		164.123	4.281.478
20	28.587.010	5.374.247	268.712	418.209	686.921	27.900.089	27.900.089		192.667	**27.418.195**
RS		**4.956.038**								

8.2.3 Auswirkungen auf Eigenkapital und Liquidität

Zur Untersuchung der Auswirkungen dieser Investition auf die Gewinn- und Verlustrechnung sowie auf das bilanzielle Eigenkapital werden folgende Annahmen getroffen:

Ermittlung des Wertansatzes für die erstmalige Aktivierung des Gebäudes[49]

	EUR
Baukosten	3.200.000
Gerätekosten	825.000
Außenanlagen	200.000
Baunebenkosten	1.200.000
Gemeinkostenzuschlag	500.000
Aktivierungsfähig beim Gebäude	**5.925.500**

Weiterhin wird angenommen, dass das Gebäude linear abgeschrieben wird. Die sich unter diesen Annahmen ergebenden Auswirkungen auf die Gewinn- und Verlustrechnung sowie das Eigenkapital sind in der Tabelle auf der folgenden Seite dargestellt.

Im gesamten Planungszeitraum wird von dem Vorhaben also stets ein positiver Gewinnbeitrag erwartet. Nach 20 Jahren hat die Investition zu einer Erhöhung des Eigenkapitalbestandes um 11,949 Mio. EUR geführt. Annahmegemäß wird ein Liquidationserlös in Höhe von 27.412.826 EUR erwartet. Damit ergibt sich ein erwarteter steuerpflichtiger Buchgewinn aus der Veräußerung in Höhe von 9.956.826 EUR (27.412.826 EUR – 17.456.000 EUR[50]). Wenn dessen sofortige Besteuerung vermieden werden soll, muss er auf ein Ersatzwirtschaftsgut (zum Beispiel eine neu anzuschaffende Immobilie) übertragen werden. Daraus ergeben sich zwar zukünftige Abschreibungsminderungen, diese wirken sich jedoch bei der Berechnung von Outputgrößen (zum Beispiel Kapitalwert nach Steuern) aus der Nachsteuerperspektive im Allgemeinen nicht wesentlich auf das Ergebnis aus.

49 Die Kosten für Werbung und die Grundstückszinsen sind nicht aktivierungsfähig. Erschließungskosten sind beim Grundstück zu aktivieren.

50 Buchwert des Gebäudes nach 20 Jahren plus unveränderter Buchwert des Grundstücks einschließlich der aktivierten Kosten für das Herrichten und Erschließen des Grundstücks.

t	Miete	Zinsaufwand	Verw.	Inst.halt	Ausfall	Gebäude	Abschr.sätze	Abschr.	Gewinn	EK
1	825.600	228.974	11.385	28.096	12.384	5.925.000	2,00	118.500	426.261	426.261
2	850.368	222.104	11.613	28.658	12.756	5.806.500	2,00	118.500	456.737	882.998
3	875.879	215.132	11.845	29.231	13.138	5.688.000	2,00	118.500	488.032	1.371.031
4	902.155	208.055	12.082	29.816	13.532	5.569.500	2,00	118.500	520.170	1.891.201
5	929.220	200.872	12.324	30.412	13.938	5.451.000	2,00	118.500	553.174	2.444.374
6	952.451	193.582	12.570	31.020	14.287	5.332.500	2,00	118.500	582.492	3.026.866
7	976.262	186.182	12.822	31.641	14.644	5.214.000	2,00	118.500	612.474	3.639.340
8	1.000.668	178.670	13.078	32.273	15.010	5.095.500	2,00	118.500	643.136	4.282.477
9	1.025.685	171.047	13.340	32.919	15.385	4.977.000	2,00	118.500	674.495	4.956.971
10	1.051.327	163.309	13.606	33.577	15.770	4.858.500	2,00	118.500	706.565	5.663.536
11	1.072.354	417.340	13.878	34.249	16.085	4.740.000	2,00	118.500	472.301	6.135.838
12	1.093.801	403.861	14.156	34.934	16.407	4.621.500	2,00	118.500	505.943	6.641.781
13	1.115.677	389.708	14.439	35.633	16.735	4.503.000	2,00	118.500	540.662	7.182.443
14	1.137.990	374.847	14.728	36.345	17.070	4.384.500	2,00	118.500	576.500	7.758.943
15	1.160.750	359.244	15.023	37.072	17.411	4.266.000	2,00	118.500	613.501	8.372.444
16	1.178.161	342.860	15.323	37.814	17.672	4.147.500	2,00	118.500	645.993	9.018.436
17	1.195.834	325.657	15.629	38.570	17.938	4.029.000	2,00	118.500	679.541	9.697.977
18	1.213.771	307.593	15.942	39.341	18.207	3.910.500	2,00	118.500	714.188	10.412.165
19	1.231.978	288.627	16.261	40.128	18.480	3.792.000	2,00	118.500	749.982	11.162.148
20	1.250.458	268.712	16.586	40.931	18.757	3.673.500	2,00	118.500	786.972	11.949.119

Wir nehmen nun noch zusätzlich die Auswirkungen der Investition auf Cashflow und Liquidität ins Bild.

t		Miete	Zinsaufwand	Tilgung	BeKo	Abschr.	Gewinn	EK	CF	Liquidität
0	–5.088.303								–5.088.303	–5.088.303
1		825.600	228.974	457.947	51.865	118.500	426.261	426.261	86.814	–5.001.489
2		850.368	222.104	464.816	53.026	118.500	456.737	882.998	110.421	–4.891.069
3		875.879	215.132	471.789	54.214	118.500	488.032	1.371.031	134.744	–4.756.325
4		902.155	208.055	478.866	55.430	118.500	520.170	1.891.201	159.804	–4.596.520
5		929.220	200.872	486.049	56.674	118.500	553.174	2.444.374	185.625	–4.410.895
6		952.451	193.582	493.339	57.877	118.500	582.492	3.026.866	207.652	–4.203.243
7		976.262	186.182	500.739	59.106	118.500	612.474	3.639.340	230.235	–3.973.008
8		1.000.668	178.670	508.250	60.362	118.500	643.136	4.282.477	253.386	–3.719.622
9		1.025.685	171.047	515.874	61.644	118.500	674.495	4.956.971	277.120	–3.442.502
10		1.051.327	163.309	523.612	62.954	118.500	706.565	5.663.536	301.453	–3.141.049
11		1.072.354	417.340	269.581	64.213	118.500	472.301	6.135.838	321.220	–2.819.829
12		1.093.801	403.861	283.060	65.497	118.500	505.943	6.641.781	341.383	–2.478.446
13		1.115.677	389.708	297.213	66.807	118.500	540.662	7.182.443	361.949	–2.116.497
14		1.137.990	374.847	312.074	68.143	118.500	576.500	7.758.943	382.926	–1.733.570
15		1.160.750	359.244	327.677	69.506	118.500	613.501	8.372.444	404.323	–1.329.247
16		1.178.161	342.860	344.061	70.809	118.500	645.993	9.018.436	420.432	–908.815
17		1.195.834	325.657	361.264	72.137	118.500	679.541	9.697.977	436.776	–472.039
18		1.213.771	307.593	379.328	73.490	118.500	714.188	10.412.165	453.361	–18.678
19		1.231.978	288.627	398.294	74.869	118.500	749.982	11.162.148	470.188	451.510
20	6.194.599	1.250.458	268.712	418.209	76.274	118.500	786.972	11.949.119	6.681.862	7.133.372

Der Cashflow unterscheidet sich vom handelsrechtlichen Gewinn durch die Berücksichtigung der Anfangsauszahlung und der Tilgungszahlungen sowie durch die Nichtberücksichtigung der Abschreibungen. Die kumulierten Cashflows entsprechen den Auswirkungen der Investition auf die Liquidität des Investors (ohne Berücksichtigung von Wiederanlagen bzw. Kreditaufnahmen). Das investierte Eigenkapital ist im Beispiel erst nach 19 Jahren zurückgeflossen. Alternativ hätte man die Auswirkungen auf die Liquidität anhand des »Guthabenstandes« bei der Berechnung des Vermögensendwertes bestimmen können (siehe Abschnitt 8.2.2).

8.2.4 Vorteilhaftigkeitskriterien

Das absolute Vorteilhaftigkeitskriterium der Methode der vollständigen Finanzpläne ist eine Rentabilität oberhalb der geforderten Mindestverzinsung RRR. Die Einschätzung der relativen Vorteilhaftigkeit und die Rangfolgenbildung können bei abweichenden Anfangsauszahlungen und Nutzungszeiträumen nur mit entsprechenden Ergänzungsinvestitionen vorgenommen werden. Außerdem können nur Objekte mit gleichem Risiko direkt miteinander verglichen werden.

8.2.5 Grenzen

Das Urteil über die VoFi-Methode fällt zweischneidig aus. Als Vorteil dieser Methode wird oft bezeichnet, dass sie nur mit »echten« und nicht mit »fiktiven« Zinssätzen arbeite. Dadurch wird die Anwendung der Methode auf den ersten Blick vereinfacht und objektiviert. Ob die angenommenen Soll- und Habenzinssätze aber den kalkulatorisch angemessenen Zinssätzen entsprechen, ist nicht sicher. Die Frage, ob marktmäßige oder kalkulatorische Zinssätze verwendet werden sollen, wirft methodische Probleme auf.

Die von der VoFi-Methode geforderte Trennung zwischen Soll- und Habenzinssätzen erscheint künstlich. Es ist aus methodischer Sicht unmöglich, einen zukünftigen positiven Rückfluss aus einem bestimmten Investitionsvorhaben eindeutig einer bestimmten Verwendung zuzuordnen. Man kann nicht sagen, ob ein eingenommener Geldbetrag zur Tilgung eines Kredites oder aber investiv verwendet wird. Genauso wenig kann man wissen, wie und zu welchen Kosten ein negativer zukünftiger Cashflow finanziert werden wird. Genau diese Möglichkeit wird aber von der VoFi-Methode suggeriert. Tatsächlich sind die Zuordnungen der VoFi-Methode auf der Verwendungsseite aber willkürlich. Damit wird die Trennung zwischen zukünftigen Soll- und Habenzinsen hinfällig.

Als Vorteil der VoFi-Methode kann die vollständige Offenlegung aller Zahlungswirkungen der Investition bis zum Endwert angesehen werden. Die vollständige Finanzplanung bietet damit ein hohes Maß an Transparenz. Auf der anderen Seite wird durch die

Einbeziehung von Wiederanlagen eine gesonderte Bewertung der eigentlichen Zahlungsreihe der Investition verhindert. Die aus den vollständigen Finanzplänen abgeleitete Rendite »verschleiert« gewissermaßen die »eigentliche« Rendite der Investition, die eher dem internen Zinsfuß entspricht.

Ein weiteres Problem der VoFi-Methode liegt in ihrer Tendenz zum »Totrechnen« von Investitionsvorhaben. Wenn der Habenzins niedriger angesetzt wird als der Sollzins (wie meistens in den Lehrbüchern und der Praxis), schneiden Investitionen nach der VoFi-Methode systematisch schlechter ab als nach anderen Methoden der Investitionsrechnung. Besonders betroffen sind hier Investitionen mit einer raschen Amortisation des eingesetzten Kapitals. Es wird daher empfohlen, den gleichen Zinssatz auf positive wie negative Zahlungssalden anzuwenden.

Der direkte Vergleich zweier mit der VoFi-Methode ermittelter Renditen ist abgesehen von der Forderung nach einem vergleichbaren Investitionsrisiko nur dann sinnvoll, wenn die Nutzungszeiträume und die Anfangsauszahlungen übereinstimmen. In vielen Fällen kann das nur durch das explizite Hinzufügen von Ergänzungsinvestitionen gewährleistet werden.

Als letzter Kritikpunkt kann der Widerspruch zwischen dem Anspruch, die bilanziellen Erfolgswirkungen der Investition abzubilden und der Nichtberücksichtigung eben dieser Wirkungen im Vorteilhaftigkeitskriterium genannt werden. Man könnte sich hier die Definition von unternehmensindividuellen Nebenbedingungen wie etwa der Vermeidung von Aufwandsballungen vorstellen.

Trotz dieser Bedenken erscheint der Einsatz der VoFi-Methode zur Einschätzung der Vorteilhaftigkeit einer Investition dann angezeigt, wenn ein besonderes Transparenzerfordernis besteht oder wenn die anderen Verfahren aufgrund ihrer impliziten Annahmen (Wiederanlageprämisse) zu inakzeptablen Verzerrungen des Ergebnisses führen würden.

Um unserer Kritik Rechnung zu tragen, sollte die VoFi-Methode aber unter Anwendung von zwei kalkulatorischen Zinssätzen verwendet werden:

- Kalk1: Sollzins = Habenzins. Hier handelt es sich konzeptionell um einen Mischzins, der das Gesamtrisiko und die Finanzierungsstruktur des Unternehmens reflektiert.
- Kalk2: Die im Rahmen der VoFi-Methode ermittelte Eigenkapitalrendite ist wie gehabt an einem Kalkulationszins zu messen, der das individuelle Projektrisiko reflektiert.

Im Unterschied zu den Soll- und Habenzinssätzen der VoFi-Methode ist der Zinssatz Kalk1 kalkulatorisch geprägt und unterliegt nicht der Illusion, dass die Verwendung bzw. Finanzierung zukünftiger Cashflows sich prognostizieren ließe. Der Zins Kalk1 repräsentiert den Verzinsungsanspruch auf das gesamte im Unternehmen gebundene Kapital. Er sollte daher zentral als einheitlicher Zinssatz für alle Investitionsvorhaben vorgegeben werden.

8.2.6 Fallstudie 2: Altbaumodernisierung

Ein dringend sanierungsbedürftiges, aber noch voll vermietetes Wohngebäude mit zehn Wohnungen gleicher Größe (je 80 m^2 Wohnfläche) und gleichen Zuschnitts steht zum Verkauf. Die Anschaffungskosten einschließlich aller Anschaffungsnebenkosten liegen bei 240.000 EUR. Ein Investor spielt mit dem Gedanken, das Objekt zu kaufen und anschließend zu sanieren.

Die Berechnung wird für den Fall durchgeführt, dass das Objekt unmittelbar nach dem Kauf umfassend modernisiert und instandgesetzt wird. Nach Abschluss der Modernisierung wird der Modernisierungsanteil der Kosten mit 8 % auf die Jahresmiete umgelegt. In diesem Zusammenhang sind auch die neu eingeführten Kappungen auf die Modernisierungsumlage zu beachten (Abschnitt 5.3.2).

Die Gesamtkosten des Vorhabens setzen sich wie folgt zusammen:

Kostenart	Betrag	EUR pro m^2	In %
	in EUR	Wohnfläche	der Gesamtkosten
Bodenwert	40.000	50	4,5
Wert der Bausubstanz	200.000	250	22,7
Instandsetzungskosten	240.000	300	27,3
Modernisierungskosten	400.000	500	45,5
Gesamtkosten	880.000	1.100	100,0

Aus der Sicht des Investors ist der Kaufpreis der Investition selbstverständlich zuzurechnen. Er betrachtet den Kauf und die anschließende Sanierung als eine einheitliche Investition und vergleicht sie mit alternativen Investitionsmöglichkeiten.

Würde sich die Situation für einen Investor, der bereits Eigentümer der zu sanierenden Immobilie ist, anders darstellen? Es kommt hier auf seine Handlungsalternativen an. Eine offensichtliche Alternative zu der Entscheidungsmöglichkeit »Sanierung und Weitervermietung der Mietwohnimmobilie« stellt ihr Verkauf in unsaniertem Zustand dar. Das gilt jedenfalls für einen prinzipiell verkaufswilligen Eigentümer.

Man kann den entgangenen Veräußerungserlös mithin als Teil der Anfangsauszahlung der Alternative Weiterhalten und Sanieren der Immobilie ansehen. Der am Markt erzielbare Preis der unsanierten Immobilie hat dann aber Einfluss auf die Rentabilität der Sanierungsinvestition: Ein hoher Verkaufspreis wirkt renditesenkend und ein niedriger renditetreibend. Wenn etwa ein anderer Investor das Grundstück einer rentableren Nutzung zuführen will, wird er einen entsprechend hohen Preis zu zahlen bereit sein. Ist sein Angebot so hoch, dass die Rendite der Sanierungsinvestition unter die geforderte Mindestrendite des derzeitigen Eigentümers fällt, so wird die Transaktion zustande kommen.

Die Aufteilung der gesamten Sanierungskosten in Modernisierungs- und Instandsetzungskosten ist für die Bemessung der planmäßigen Gebäudeabschreibungen, für die Höhe der Modernisierungsumlage und für die Besteuerung von Bedeutung. Der Einfachheit halber wird auf die Ermittlung von Bauzeitzinsen und die Berücksichtigung von Mietminderungen während der Sanierung verzichtet.

In der nachfolgenden Tabelle sind die Grunddaten der Finanzierung und die Finanzierungsstruktur sowie die Zusammensetzung des Cashflows im ersten Jahr der Nutzung wiedergegeben:

I.	**Grunddaten**	
	Wohnfläche in m^2	800
	Anzahl Wohneinheiten	10
	Zins für Fremdkapital Jahr 1 bis 10 in %	2,0
	Verwaltungskosten je Wohneinheit Jahr 1 in EUR	370
	Instandhaltungskosten je m^2 Jahr 1 in EUR	8,75
	Mietausfall in % der Miete im Jahr 1	3,0
II.	**Gesamtkosten**	
	Bodenwert je m^2 Wohnfläche in EUR	50
	Wert der Altbausubstanz je m^2 Wohnfläche in EUR	250
	Instandsetzungskosten je m^2 Wohnfläche in EUR	300
	Modernisierungskosten je m^2 Wohnfläche in EUR	500
	Gesamtkosten je m2 Wohnfläche in EUR	**1.100**
III.	**Finanzierungsstruktur**	
	Eigenkapital in EUR	240.000
	Fremdkapital in EUR	640.000
	Gesamtkosten in EUR	**880.000**

IV.	**Laufende Auszahlungen im ersten Jahr**		
A.	**Kapitalkosten**		
	Annuität auf das Hypothekendarlehen (3,4 % Anfangstilgung) in EUR		39.140
B.	**Bewirtschaftungskosten**		**12.428**
	Verwaltung in EUR	3.700	
	Instandhaltung in EUR	7.000	
	Mietausfall in EUR	1.728	
V.	**Mieteinnahmen pro Jahr und Wohneinheit nach Modernisierung im ersten Jahr in EUR**		**57.600**
	Bisherige Miete pro Monat und m^2 in EUR		4,00
	Modernisierungsumlage pro Monat und m^2 in EUR (für 6 Jahre auf 2 EUR gekappt)		2,00
	Vergleichsmiete nach Modernisierung pro Monat und m^2 in EUR		5,50
	Miete nach Modernisierung pro Monat und m^2 in EUR		**6,00**

Die Modernisierungsumlage in Höhe von 3,33 EUR pro Monat und m^2 entspricht 8 % der Modernisierungskosten pro m^2 geteilt durch 12. Sie ist gemäß § 559 Abs. 3a BGB auf 2,00 EUR zu kappen. Implizit wird hier unterstellt, dass die Umlage auch tatsächlich am Markt erzielbar ist. Preisrechtlich kann die Umlage bis zur nächsten Mieterhöhung auf die Vergleichsmiete oder bis zu einem Mieterwechsel erhoben werden (siehe Abschnitt 5.2.3).

Es wird angenommen, dass die nach der Modernisierung erzielbare Vergleichsmiete erheblich hinter der Summe aus der vor der Modernisierung erzielten Miete und der Umlage zurückbleibt (5,50 EUR gegenüber 6,00 EUR pro Monat und m^2). Für die Entwicklung der Vergleichsmiete wird eine Zunahme um 1,8 % in den ersten 5 Jahren angenommen. In den folgenden Fünfjahresintervallen fällt die Zuwachsrate der Vergleichsmiete dann sukzessive auf 1,5 %, 1,2 % und 0,9 %.

Wir nehmen an, dass es sich um einen angespannten Wohnungsmarkt handelt, wo die Mietpreisbremse gilt. Im Fall eines Mieterwechsels nach der Modernisierung ist wegen des umfassenden Charakters der Modernisierung die Mietpreisbremse nicht anwendbar, sodass die Miete frei vereinbart werden kann. Kommt es jedoch zu einem weiteren Mieterwechsel, so gelten für die zweite und jede weitere Vermietung nach der umfassenden Modernisierung die Mietpreisbremse als Preisobergrenze, aber auch die Vormiete als Preisuntergrenze.

Die nachfolgende Tabelle zeigt die Entwicklung der erwarteten Mieteinnahmen aus dem Objekt:

	Vergleichsmiete	**Sollmiete**
	in EUR	**in EUR**
0		
1	52.800	57.600
2	53.750	57.600
3	54.718	57.600
4	55.703	57.600
5	56.705	57.600
6	57.556	57.600
7	58.419	58.419
8	59.296	59.296
9	60.185	60.185
10	61.088	61.088
11	61.821	61.821
12	62.563	62.563
13	63.314	63.314
14	64.073	64.073
15	64.842	64.842
16	65.426	65.426
17	66.015	66.015
18	66.609	66.609
19	67.208	67.208
20	67.813	67.813

Wegen des anfänglichen Abstandes zwischen Vergleichsmiete und Sollmiete wurde zunächst davon abgesehen, die Möglichkeit weiterer Mietsteigerungen nach Mieterwechseln, die preisrechtlich gegeben wäre, zu berücksichtigen. Im Jahr 7 liegt die fortgeschriebene Vergleichsmiete erstmals über der modernisierungsbedingt gesteigerten Miete (57.600 EUR ab Jahr 1). Es wird angenommen, dass alle Mieten stets ohne Verzögerung auf die fortgeschriebene Vergleichsmiete erhöht werden.

Die Laufzeit des Hypothekendarlehens beträgt 20 Jahre, der Zinssatz bei 20-jähriger Zinsbindung liegt bei 2,0 % und die anfängliche Tilgung bei 4,12 %. Daraus ergibt sich eine Belastung in Höhe von:

640.000 EUR × (0,02 + 0,0411567) = **39.140,29 EUR**

Der Rückfluss im ersten Jahr ergibt sich bei Einnahme der EK-Perspektive aus den um die Bewirtschaftungs- und Kapitalkosten verminderten Mieteinnahmen:

	Miete	57.600 EUR
–	Kapitalkosten	39.140 EUR
–	Bewirtschaftungskosten	12.428 EUR
=	**Rückfluss**	**6.032 EUR**

Im nächsten Schritt ist der dynamische Zahlungsstrom für das Vorhaben unter geeigneten Annahmen zu schätzen:

- **Nutzungszeit und Werterhaltung:** Das Objekt soll nach Bezugsfertigkeit für einen Zeitraum von 20 Jahren vermietet und dann verkauft werden. Dabei soll der Originalzustand nach Abschluss der Sanierungsmaßnahme durch geeignete Instandhaltungs- und Instandsetzungsmaßnahmen aufrechterhalten werden (keine Modernisierungen).
- **Mieteinnahmen:** Die anfänglichen Sollmieteinnahmen sind durch folgendes Produkt gegeben:
  6,00 EUR × 800 m^2 × 12 Monate = **57.600 EUR**
  Für die Annahmen über die weitere Entwicklung siehe oben.
- **Mietausfallwagnis:** Das Mietausfallwagnis wurde mit 3 % der Sollmiete angesetzt.
- **Kapitalkosten:** Die Sanierung wird zu 100 % mit Fremdmitteln, der Kaufpreis dagegen vollständig aus eigenen Mitteln finanziert. Der Kredit in Höhe von 640.000 EUR wird mit 20-jähriger Zinsbindung zu einem Zinssatz von 2,0 % aufgenommen. Die Anfangstilgung wurde mit 4,12 % angesetzt. Das Darlehen ist bei diesen Konditionen nach 20 Jahren vollständig getilgt.
- **Verwaltungskosten:** Für die Verwaltungskosten wurde ein branchenüblicher Wert von 370 EUR je Wohneinheit angenommen. Im weiteren Verlauf wurde eine jährliche Zunahme der Verwaltungskosten um 1,5 % unterstellt.
- **Instandhaltungskosten:** Die laufenden Instandhaltungskosten wurden mit 8,75 EUR je m^2 und Jahr angesetzt. Im weiteren Verlauf wurde ein linearer Zuwachs dieser Kosten von 1,5 % im Jahr unterstellt.
- **Cap Rate, Exit Cap Rate, Wertsteigerung, Wertentwicklung:** Die anfängliche Cap Rate liegt bei 5,13 %. Die Exit Cap Rate zum Liquidationszeitpunkt in gleicher Höhe

trägt dem Alter der Immobilie und dem Risiko einer seitwärts laufenden Immobilienkonjunktur bis zum Liquidationszeitpunkt Rechnung. Legt man diese Rate zugrunde, so ergibt sich ein erwarteter Netto-Liquidationserlös von 1.005.465 EUR (Cashflow im Jahr 20 dividiert durch die Exit Cap Rate): 51.580 EUR / 0,0513 = 1.005.465 EUR.

- Dies entspricht einer jährlichen Wertsteigerung des Objekts um 0,67 %.

Dynamisierung: Annahmen

	in %
Zuwachsrate Vergleichsmiete Jahr 1 bis 5	1,8
Zuwachsrate Vergleichsmiete Jahr 6 bis 10	1,5
Zuwachsrate Vergleichsmiete Jahr 11 bis 15	1,2
Zuwachsrate Vergleichsmiete Jahr 16 bis 20	0,9
Zuwachsrate Verwaltungskosten	1,5
Zuwachsrate Instandhaltungskosten	1,5
Mietausfallwagnis/Sollmieten	3,0
Cap Rate	5,13
Exit Cap Rate	5,13
Jährliche Wertsteigerung	**+0,67**

Die nachfolgende Tabelle zeigt zunächst den Restschuldverlauf des zur Finanzierung eingesetzten Annuitätendarlehens:

Annuitätendarlehen: Restschuldverlauf

t	Restschuld	Zinsen	Tilgung	Annuität
	in EUR	in EUR	in EUR	in EUR
1	640.000	12.800	26.340	39.140
2	613.660	12.273	26.867	39.140
3	586.793	11.736	27.404	39.140
4	559.388	11.188	27.953	39.140
5	531.436	10.629	28.512	39.140
6	502.924	10.058	29.082	39.140

t	Restschuld in EUR	Zinsen in EUR	Tilgung in EUR	Annuität in EUR
7	473.842	9.477	29.663	39.140
8	444.179	8.884	30.257	39.140
9	413.922	8.278	30.862	39.140
10	383.060	7.661	31.479	39.140
11	351.581	7.032	32.109	39.140
12	319.473	6.389	32.751	39.140
13	286.722	5.734	33.406	39.140
14	253.316	5.066	34.074	39.140
15	219.242	4.385	34.755	39.140
16	184.486	3.690	35.451	39.140
17	149.036	2.981	36.160	39.140
18	112.876	2.258	36.883	39.140
19	75.994	1.520	37.620	39.140
20	38.373	767	38.373	39.140

Darlehen: Grunddaten

Fremdkapital in EUR	640.000
i t_0 bis t_{20} in %	2,0
Anfangstilgung in %	4,12
Ann t_0 bis t_{20} in EUR	39.140

Die Entwicklung der Cashflow-Komponenten, die Wertentwicklung der Immobilie sowie die Berechnung von internem Zinsfuß und Kapitalwert aus der Eigenkapitalperspektive zeigt die Tabelle auf der nächsten Seite.

Der interne Zinsfuß dieser Investition liegt bei 9,15 % (letzte Spalte). Der Kapitalwert beträgt bei einem Kalkulationszins von 7 % (kalkulatorische Eigenkapitalverzinsung) 99.032 EUR.

t	A_0/R_{20}	Vgl.miete	Miete	Wertst.	Wertentw.	Kapital	Verw.	Inst.halt	Ausfall	Bew.	CF1	CF2	Abz.	Barwerte	NBW	IKV
0	-240.000				880.000					0		0	1,0000	-240.000	-240.000	
1		52.800	57.600	5.884	885.884	39.140	3.700	7.000	1.728	12.428	45.172	6.032	0,9346	5.637	6.032	
2		53.750	57.600	5.923	891.807	39.140	3.756	7.105	1.728	12.589	45.012	5.871	0,8734	5.128	5.871	
3		54.718	57.600	5.963	897.771	39.140	3.812	7.212	1.728	12.751	44.849	5.708	0,8163	4.660	5.708	
4		55.703	57.600	6.003	903.773	39.140	3.869	7.320	1.728	12.917	44.683	5.543	0,7629	4.229	5.543	
5		56.705	57.600	6.043	909.816	39.140	3.927	7.430	1.728	13.085	44.515	5.375	0,7130	3.832	5.375	
6		57.556	57.600	6.083	915.900	39.140	3.986	7.541	1.728	13.255	44.345	5.205	0,6663	3.468	5.205	
7		58.419	58.419	6.124	922.024	39.140	4.046	7.654	1.753	13.452	44.967	5.827	0,6227	3.629	5.827	
8		59.296	59.296	6.165	928.189	39.140	4.106	7.769	1.779	13.654	45.641	6.501	0,5820	3.784	6.501	
9		60.185	60.185	6.206	934.395	39.140	4.168	7.885	1.806	13.859	46.326	7.186	0,5439	3.909	7.186	
10		61.088	61.088	6.248	940.643	39.140	4.231	8.004	1.833	14.067	47.021	7.881	0,5083	4.006	7.881	
11		61.821	61.821	6.290	946.933	39.140	4.294	8.124	1.855	14.272	47.549	8.408	0,4751	3.995	8.408	
12		62.563	62.563	6.332	953.264	39.140	4.358	8.246	1.877	14.481	48.082	8.942	0,4440	3.970	8.942	
13		63.314	63.314	6.374	959.638	39.140	4.424	8.369	1.899	14.693	48.621	9.481	0,4150	3.934	9.481	
14		64.073	64.073	6.417	966.055	39.140	4.490	8.495	1.922	14.907	49.166	10.026	0,3878	3.888	10.026	
15		64.842	64.842	6.459	972.514	39.140	4.557	8.622	1.945	15.125	49.717	10.577	0,3624	3.834	10.577	
16		65.426	65.426	6.503	979.017	39.140	4.626	8.752	1.963	15.340	50.086	10.945	0,3387	3.708	10.945	
17		66.015	66.015	6.546	985.563	39.140	4.695	8.883	1.980	15.559	50.456	11.316	0,3166	3.582	11.316	
18		66.609	66.609	6.590	992.153	39.140	4.766	9.016	1.998	15.780	50.829	11.688	0,2959	3.458	11.688	
19		67.208	67.208	6.634	998.787	39.140	4.837	9.151	2.016	16.005	51.203	12.063	0,2765	3.336	12.063	
20	1.005.465	67.813	67.813	6.678	1.005.465	39.140	4.910	9.289	2.034	16.233	51.580	12.440	0,2584	263.046	1.017.905	
NBW/IKV														99.032	99.032	9,151%

Der Cashflow verläuft zunächst wegen der im Zeitablauf steigenden Bewirtschaftungskosten bei konstanten Mieteinnahmen und Kapitalkosten leicht, aber stetig fallend. Sobald der Sollmietenverlauf an die fortgeschriebene Vergleichsmiete anknüpft, steigt der Cashflow dann stetig an, weil die Mieten steigen und sich der große Kostenblock der Kapitalkosten konstant entwickelt.

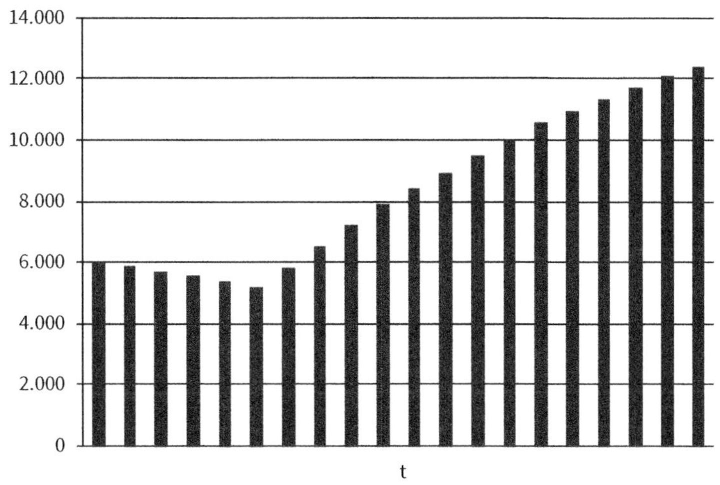

Abb. 8.4: Cashflow-Verlauf

Bei der Berechnung des Vermögensendwertes und der VoFi-Eigenkapitalrendite der Investition wird die Periodizität des Kontenausgleichs auf die Länge der 20-jährigen Zinsbindung abgestimmt. Unter diesen Annahmen ergibt sich folgender Vermögensendwert:

Berechnung des Vermögensendwertes mit Kontenausgleich und fixer Verzinsung (Habenzins = 6 %)

t	CF1	Rest-schuld	Zinsen	Tilgung	CF2	Kapital-anlage	Haben-zinsen	Guthaben
0	–240.000							
1	45.172	640.000	12.800	26.340	6.032	6.032	0	6.032
2	45.012	613.660	12.273	26.867	5.871	5.871	362	12.265
3	44.849	586.793	11.736	27.404	5.708	5.708	736	18.709
4	44.683	559.388	11.188	27.953	5.543	5.543	1.123	25.375
5	44.515	531.436	10.629	28.512	5.375	5.375	1.522	32.272
6	44.345	502.924	10.058	29.082	5.205	5.205	1.936	39.413
7	44.967	473.842	9.477	29.663	5.827	5.827	2.365	47.605

t	CF1	Rest-schuld	Zinsen	Tilgung	CF2	Kapital-anlage	Haben-zinsen	Guthaben
8	45.641	444.179	8.884	30.257	6.501	6.501	2.856	56.962
9	46.326	413.922	8.278	30.862	7.186	7.186	3.418	67.566
10	47.021	383.060	7.661	31.479	7.881	7.881	4.054	79.500
11	47.549	351.581	7.032	32.109	8.408	8.408	4.770	92.679
12	48.082	319.473	6.389	32.751	8.942	8.942	5.561	107.181
13	48.621	286.722	5.734	33.406	9.481	9.481	6.431	123.093
14	49.166	253.316	5.066	34.074	10.026	10.026	7.386	140.504
15	49.717	219.242	4.385	34.755	10.577	10.577	8.430	159.511
16	50.086	184.486	3.690	35.451	10.945	10.945	9.571	180.027
17	50.456	149.036	2.981	36.160	11.316	11.316	10.802	202.144
18	50.829	112.876	2.258	36.883	11.688	11.688	12.129	225.961
19	51.203	75.994	1.520	37.620	12.063	12.063	13.558	251.582
20	1.057.045	38.373	767	38.373	1.017.905	1.017.905	15.095	**1.284.582**

Es ergibt sich ein Vermögensendwert in Höhe von 1.284.582 EUR und eine Eigenkapitalrentabilität von 8,75 %:

$$i = \sqrt[20]{\frac{€27.418.195}{€5.088.303}} - 1$$

$$= 0{,}087860718$$

Zusammenfassung

Der interne Zinsfuß einer Investition sorgt dafür, dass der Barwert aller Rückflüsse aus der Investition gerade der Anfangsauszahlung entspricht. Zur Beurteilung der absoluten Vorteilhaftigkeit der Investition muss der interne Zinsfuß mit der geforderten Mindestverzinsung RRR (»required rate of return«) verglichen werden. Die relative Vorteilhaftigkeit kann bei vergleichbarem Investitionsrisiko mit einem Vergleich der internen Zinsfüße eingeschätzt werden.

Für die Bestimmung des Liquidationserlöses ist das Verhältnis von Cap Rate und Exit Cap Rate maßgeblich. Die Exit Cap Rate muss der erwarteten Immobilienmarktentwicklung und dem zu erwartenden technischen und wirtschaftlichen Vergleichszustand der Immobilie zum Liquidationszeitpunkt Rechnung tragen.

Die Vergleichbarkeit von Investitionen mit der Interne-Zinsfuß-Methode wird durch die implizite Annahme der Möglichkeit von Kapitalbeschaffungen und -anlagen zum jeweiligen internen Zinssatz beschränkt (sogenannte »Wiederanlageprämisse«).

Die Methode der vollständigen Finanzpläne (»VoFi-Methode«) ist eine modifizierte Vermögensendwertmethode unter Beachtung des Kontenausgleichsgebots. Der Berechnung liegen »realistische« Soll- und Habenzinssätze zugrunde. Am Ende wird die VoFi-Eigenkapitalrentabilität berechnet. Auch die Auswirkungen auf Bilanz und Gewinn- und Verlustrechnung werden dargestellt.

Absolut vorteilhaft im Sinne der VoFi-Methode ist eine Investition, wenn ihre Verzinsung oberhalb der geforderten Mindestverzinsung RRR liegt. Die relative Vorteilhaftigkeit alternativer Vorhaben kann in der Regel nur mithilfe von Ergänzungsinvestitionen beurteilt werden.

Bei Modernisierungsinvestitionen ist zu beachten: Der Bodenwert und der Wert der eingebrachten Bausubstanz sind den Gesamtkosten der Investition zuzurechnen – wenn es sich um einen prinzipiell verkaufswilligen Eigentümer der Immobilie handelt. Die Sanierungskosten sind in Modernisierungs- und Instandsetzungskosten aufzuteilen. Der Einbau der Modernisierungsumlage in die prognostizierte Mietenentwicklung erfordert Kenntnisse des Mietpreisrechts sowie Annahmen über die Mieterfluktuation und die Entwicklung der Vergleichsmiete.

Wichtige Begriffe und Konzepte

Baunebenkosten	IKV	Modernisierungsumlage
Bauzeitzinsen	Instandsetzungskosten	Newton'sches Verfahren
Erschließungskosten	Internal Rate of Return	Required Rate of Return
Exit Cap Rate	Interner Zinsfuß	Vergleichsmiete
Grundstückszinsen	Mietspiegel	Vermögensrentabilität
Herstellungskosten	Modernisierungskosten	Vollständige Finanzpläne

Verständnisfragen

K 8.1
Berechnen Sie die Bauzeitzinsen für folgende Datenkonstellation: Grundstückskosten: 1.600.000 EUR, Erschließungskosten: 125.000 EUR, Baunebenkosten: 650.000 EUR, Bauwerkkosten: 3.000.000 EUR, Gerätekosten: 400.000 EUR, Bauzeit: 16 Monate, Zinssatz 4,5 %.

K 8.2
Diskutieren Sie die in Fallstudie 1 (Neubau einer Wohnanlage) gesetzten Annahmen für die Dynamisierung der Eingangsgrößen! Was hätten Sie anders gemacht?

K 8.3
Wo liegen die Grenzen der Vergleichbarkeit von internen Zinsfüßen?

K 8.4
Welche Eigenschaften hat ein »vollkommener Kapitalmarkt«?

K 8.5
Unter welchen Finanzierungsbedingungen ist die Annahme eines kurzfristigen Kontenausgleichs bei der Berechnung des Vermögensendwertes angemessen?

K 8.6
Welche bei der Herstellung und der anschließenden Vermietung eines Gebäudes anfallenden Kosten sind aktivierungsfähig und welche nicht?

K 8.7
Wann ist der Einsatz der aufwendigen VoFi-Methode angemessen? Wo liegen die methodischen Probleme dieses Verfahrens?

Weiterführende Fragen und Themen

W 8.1
Erstellen Sie analog zu der Fallstudie 1 eine Fallstudie für den Neubau einer Wohnanlage in ihrer Heimatregion. Führen Sie für die Annahmen etwa über den Grundstückspreis und die Vergleichsmieten im Vorfeld entsprechende Recherchen durch und dokumentieren sie diese!

W 8.2
Ermitteln Sie mithilfe des Münchner online-Mietspiegels die Vergleichsmiete für Ihre eigene Wohnung – auch wenn sie nicht in München liegt. Die Adresse lautet:

http://www.mietspiegel-muenchen.de/2015/berechnungsprogramm/mietrechner.php

Worin unterscheidet sich der Münchner Wohnungsmarkt vom Wohnungsmarkt Ihrer Region?

W 8.3
Erläutern Sie den Zusammenhang zwischen Cap Rate, Exit Cap Rate und der Wertentwicklung einer Immobilie anhand eines Zahlenbeispiels!

W 8.4
Stellen Sie den Restschuldverlauf für ein Darlehen mit folgenden Konditionen tabellarisch dar: Darlehensbetrag: 5.000.000 EUR, Darlehenszins Jahr 1 bis 10: 5 %, Darlehenszins ab Jahr 11: 7 %, Anfangstilgung: 2,5 %, Annuität ab Jahr 11: Tilgungsbeitrag wie im Jahr 10 (433.859 EUR).

W 8.5
Stellen Sie die dynamischen Auswirkungen auf die Gewinn- und Verlustrechnung sowie auf das bilanzielle Eigenkapital tabellarisch für das Modernisierungsvorhaben aus Fallstudie 2 dar!

Literaturhinweise

Allgemeine Empfehlungen

Sindt (1998): Real Estate Investment, Chapter 12 zu den dynamischen Methoden.

Blohm/Lüder/Schaefer (2012): Investition, 3. Kapitel, Abschnitt 2.1.3 zu den Zinssatzmethoden.

Zur Interne-Zinsfuß-Methode

Drosse (1999): Investition, Abschnitt 3.5.

Götze (2014): Investitionsrechnung, Abschnitt 3.3.4.

Zur Methode der vollständigen Finanzpläne

Götze (2014): Investitionsrechnung, Abschnitt 3.3.8.

Ropeter (1999): Investitionsanalyse für Gewerbeimmobilien, Abschnitt 3.3.8.

Schulte/Allendorf/Crommen (1999): Investitionsrechnung im sozialen Wohnungsbau, Abschnitt 3.3.2.

Schulte/Sotelo/Allendorf/Ropeter-Ahlers/Lang (2015): Immobilieninvestition.

Zu den Grundlagen des wohnungswirtschaftlichen Jahresabschlusses

Reiß (1996): Der wohnungswirtschaftliche Jahresabschluss nach Handels- und Steuerrecht.

9 Statische Einperiodenmodelle

»Maßgebend für die Berechnung der Kostenmiete ist bis heute die Zweite Berechnungsverordnung von 1957, die schlechthin zur Kalkulationsgrundlage für die gesamte Wohnungswirtschaft geworden ist, allerdings wegen ihrer beschränkten Elastizität auch gewisse Schwächen hat.«
Hans-Günther Pergande 1973

In diesem Kapitel sollen Sie erkennen,

- wie man für den Fall konstanter Cashflows die Annuität einer Investition bestimmt,
- wie die Kostenmiete mithilfe einer Wirtschaftlichkeitsberechnung ermittelt wird,
- wie man eine Wirtschaftlichkeitsberechnung für frei finanzierten Wohnraum erstellt,
- wo die Grenzen der Aussagefähigkeit der Ergebnisse beider Verfahren liegen.

Im Nachgang zu den vergleichsweise aufwendigen dynamischen Verfahren der Investitionsrechnung soll nun noch ein Überblick über zwei verbreitete statische Rechenverfahren gegeben werde, die Annuitäten-Methode (Abschnitt 9.1) und die Wirtschaftlichkeitsberechnung (Abschnitt 9.2). Während dieses Verfahren für Sozial-Wohnimmobilien »maßgeschneidert« wurde, handelt es sich bei der Annuitäten-Methode um eine Variante der Kapitalwertmethode, die die Mindesthöhe des jährlichen Cashflows in den Blick nimmt. Der Anwendungsbereich beider Verfahren ist aufgrund ihrer restriktiven Annahmen begrenzt.

9.1 Annuitäten-Methode

Die Annuitäten-Methode stellt auf die Höhe des jährlichen Cashflows ab. Die Leitfrage dieser Methode lautet: Wie hoch muss der jährliche Rückfluss aus der Investition sein, damit gerade der Kalkulationszins i verdient wird. Als Dateninput werden die Höhe der Anfangsauszahlung und die Nutzungsdauer benötigt. Von einem Liquidationserlös wird abgesehen. Wir wollen nun den sogenannten »Kapitalwiedergewinnungsfaktor« bestimmen.

EXKURS: GRUNDZÜGE DER RENTENRECHNUNG

Ist der Zeitabstand jeweils 1 Jahr und die Rente jeweils zum Jahresende nachschüssig fällig, so beträgt der Wert der Rente R_n am Ende der Laufzeit n:

$$R_n = r \times (1+i)^{n-1} + r \times (1+i)^{n-2} + \ldots + r \times (1+i) + r$$
$$\Leftrightarrow r \times [1 + (1+i) + \ldots + (1+i)^{n-2} + (1+i)^{n-1}]$$

Bei dem Ausdruck in der Klammer handelt es sich um eine geometrische Reihe mit dem Anfangsglied 1 und dem Quotienten $(1+i)$. Den Wert dieses Ausdrucks kann man schreiben als:

$$S_n = \frac{(1+i)^n - 1}{i}$$

Der Endwert der Rente beträgt dann:

$$R_n = r \times \frac{(1+i)^n - 1}{i}$$

Der Barwert der Rente zu Beginn ihrer Laufzeit ergibt sich durch Abzinsen des Endwertes:

$$R_0 = R_n \times (1+i)^{-n} = r \times \frac{(1+i)^n - 1}{(1+i)^n \times i}$$

Mit dieser Formel kann man den Kapitalwert für den Fall eines konstanten Cashflows c (der Annuität) bestimmen:

$$K_0 = -A_0 + c \times \frac{(1+i)^n - 1}{(1+i)^n \times i}$$

Diese Formel muss man nach c auflösen, um die Annuität zu erhalten.

Die Formel für die Annuität lautet:

$$\bar{c} = A_0 \times \frac{(1+i)^n \times i}{(1+i)^n - 1}$$

Man erhält die Annuität oder den »kritischen Rückfluss« aus der Investition, indem man die Anfangsauszahlung A_0 mit dem sogenannten »Kapitalwiedergewinnungsfaktor« multipliziert. Das Vorteilhaftigkeitskriterium der Annuitäten-Methode lautet wie folgt:

Die Investition lohnt sich, wenn der jährliche Cashflow aus der Immobilie größer ist als die berechnete Annuität.

In diesem Fall verzinst sich das in der Investition gebundene Kapital mit einem Zinssatz oberhalb des Kalkulationszinsfußes.

Beispiel 9.1: Ermittlung der Annuität für den Ankauf eines Wohnhauses

Wie hoch muss der jährliche Cashflow aus einem Mietwohngebäude mit einer voraussichtlichen Nutzungszeit von 40 Jahren sein, das zum Preis von 2 Mio. EUR angeboten wird, damit eine Kapitalverzinsung von 8 % erzielt wird?

$$\bar{c} = 2.000.000 \text{ EUR} \times \frac{0{,}08\,(1{,}08)^{40}}{(1{,}08)^{40} - 1} = 167.720{,}32 \text{ EUR}$$

Die Einsatzmöglichkeiten der Annuitäten-Methode sind aufgrund ihrer restriktiven Annahmen eng begrenzt. Es handelt sich um ein Einperiodenmodell mit einem konstanten Cashflow. Die Annuitäten-Methode kann wie die Cap Rate eingesetzt werden, um eine erste Einschätzung darüber vorzunehmen, ob Kaufpreis und Cashflow eines Objekts in einem angemessenen Verhältnis zueinander stehen. Sie kann auch als Ausgangspunkt einer Mietenkalkulation dienen. Dagegen ist diese Methode nicht als Ersatz für die Rechenverfahren geeignet, die den Zahlungsstrom einer Investition explizit modellieren.

9.2 Wirtschaftlichkeitsberechnung nach der Zweiten Berechnungsverordnung

Bei der sogenannten »Wirtschaftlichkeitsberechnung« handelt es sich um eine in der Zweiten Berechnungsverordnung (II. BV) geregelte Staffelrechnung, die zur Ermittlung der »Kostenmiete« im öffentlich geförderten Wohnungsbau dient. Die Kostenmiete soll alle Kosten des Investors decken und ihm außerdem einen »angemessenen« Gewinn sichern.

Obwohl die Wirtschaftlichkeitsberechnung bei neuen Bewilligungen im Rahmen der sozialen Wohnraumförderung nicht mehr zwingend vorgeschrieben ist, spielt sie in der öffentlichen Verwaltung und in der Wohnungswirtschaft immer noch eine gewisse Rolle – nicht zuletzt auch, weil für die früher bewilligten Förderungen bis zur Rückzahlung der subventionierten Kredite oft noch die Kostenmiete gilt (auch im Fall von Kostenänderungen). In Teilen der wohnungswirtschaftlichen Praxis wird die Wirtschaftlichkeitsberechnung auch heute noch als ein geeignetes Instrument zur Beurteilung der Wirtschaftlichkeit von Investitionen angesehen.

Die Rolle der Kostenmiete und ihrer Berechnungsvorschriften kann nur im Gesamtzusammenhang der sozialen Wohnraumförderung verstanden und bewertet werden. Die Wirtschaftlichkeitsberechnung kann man als eine in der Wolle gefärbte (statische) Investitionsrechnung ansehen.

9.2.1 Idee der Kostenmiete

Im klassischen sozialen Wohnungsbau werden die Förderziele auf indirektem Wege verfolgt. Die Objektförderung kommt unmittelbar den Investoren und nur mittelbar den Mietern als wohnungspolitischer Zielgruppe zugute. Die Förderung reduziert die Kapitalkosten der Investoren. Sie erhalten Darlehen zu verbilligten Konditionen (Zins- oder/und Aufwandssubventionen, gegebenenfalls tilgungs- oder zinsfreie Jahre). Im Gegenzug müssen die Investoren sich auf Belegungs- und Preisbindungen einlassen (integrierte Subvention).[51] Die Preisbindungen finden ihren Ausdruck in den Vorschriften zur Berechnung der Kostenmiete.

Die Kostenmiete im Sinne des Zweiten Wohnungsbaugesetzes (II. WoBauG) orientiert sich an den historischen Gestehungskosten (siehe Abb. 9.1). Wegen der unterschiedlichen kalkulatorischen Verzinsung des eingesetzten Eigen- und Fremdkapitals hat auch die Finanzierungsstruktur Einfluss auf die Höhe der Kostenmiete.

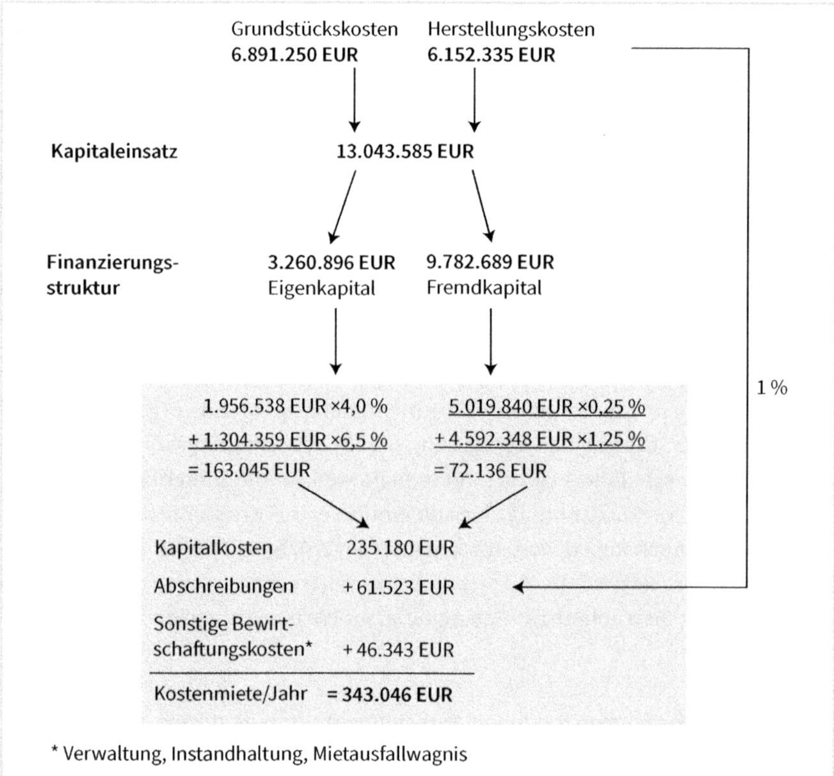

Abb. 9.1: Zusammensetzung der Kostenmiete

9.2.2 Berechnung der Kostenmiete

Die Vorschriften zur Berechnung der Herstellungs-, Bewirtschaftungs- und Kapitalkosten sind umfangreich und diffizil. An dieser Stelle kann nicht mehr als ein Überblick über die wichtigsten Ansatzvorschriften gegeben werden.

51 Siehe auch die Fallstudie 5 zur sozialen Wohnraumförderung in Abschnitt 11.4.

9.2.2.1 Ansatz der Herstellungskosten

§ 5 II. BV gibt folgende Gliederung der Gesamtkosten vor:

(1) Gesamtkosten sind die Kosten des Baugrundstücks und die Baukosten.

(2) Kosten des Baugrundstücks sind der Wert des Baugrundstücks, die Erwerbskosten und die Erschließungskosten. …

(3) Baukosten sind die Kosten der Gebäude, die Kosten der Außenanlagen, die Baunebenkosten, die Kosten besonderer Betriebseinrichtungen sowie die Kosten des Gerätes und sonstiger Wirtschaftsausstattungen. Wird der Wert verwendeter Gebäudeteile angesetzt, so ist er unter den Baukosten gesondert auszuweisen.

(4) Baunebenkosten sind

1. die Kosten der Architekten- und Ingenieurleistungen,
2. die Kosten der dem Bauherrn obliegenden Verwaltungsleistungen bei Vorbereitung und Durchführung des Bauvorhabens,
3. die Kosten der Behördenleistungen bei Vorbereitung und Durchführung des Bauvorhabens, soweit sie nicht Erwerbskosten sind,
4. die Kosten der Beschaffung der Finanzierungsmittel, die Kosten der Zwischenfinanzierung und, soweit sie auf die Bauzeit fallen, die Kapitalkosten und die Steuerbelastungen des Baugrundstücks (Hervorhebung vom Verfasser),
5. die Kosten der Beschaffung von Darlehen und Zuschüssen zur Deckung von laufenden Aufwendungen, Fremdkapitalkosten, Annuitäten und Bewirtschaftungskosten,
6. sonstige Nebenkosten bei Vorbereitung und Durchführung des Bauvorhabens.

(5) Der Ermittlung der Gesamtkosten ist die dieser Verordnung beigefügte Anlage 1 »Aufstellung der Gesamtkosten« zugrunde zu legen.

Damit sind von den in Fallstudie 1 ermittelten Gesamtkosten die Werbungskosten und die Grundstückszinsen vor Baubeginn nicht ansatzfähig, wohl aber die Bauzeitzinsen.

9.2.2.2 Ansatz der Bewirtschaftungskosten

Die II. BV unterscheidet vier Arten von Bewirtschaftungskosten:

- Gebäudeabschreibung (1 % der Herstellungskosten, § 25 II. BV),
- Verwaltungskosten (284,63 EUR je Wohneinheit, indexiert, § 26 II. BV),
- Instandhaltungskosten (8,78 EUR pro m^2, indexiert, § 28 II. BV) und
- Mietausfallwagnis (2 % der Nettokaltmiete, § 29 II. BV).[52]

52 Das Mietausfallwagnis ist das Wagnis einer Ertragsminderung, die durch uneinbringliche Rückstände von Mieten, Pachten, Vergütungen und Zuschlägen oder durch Leerstehen von Raum, der zur Vermietung

Aus Gründen der Verwaltungsvereinfachung wird beim Ansatz der Bewirtschaftungskosten nicht auf den tatsächlichen Wertverzehr abgestellt, sondern es werden bei allen Kostenarten pauschalierte Beträge vorgegeben. Damit sollen nicht zuletzt Anreize zu einer sparsamen Bewirtschaftung gesetzt werden.

9.2.2.3 Ansatz der Kapitalkosten

Die Eigenkapitalkosten ergeben sich aus der kalkulatorischen Verzinsung der vom Bauherrn eingebrachten Eigenleistungen[53], die im Finanzierungsplan ausgewiesen sind. Dem Investor wird eine Eigenkapitalverzinsung in Höhe von 4 bzw. 6,5% zugestanden, die aber nicht mit einer Rendite im dynamischen Sinne gleichgesetzt werden darf.

Bei der Ermittlung der Ansätze für die Fremdkapitalkosten in der Wirtschaftlichkeitsberechnung sind sowohl die jeweiligen Darlehenskonditionen als auch die Vorschriften der II. BV zu beachten.

Tilgungsleistungen werden bei der Kapitalkostenermittlung gar nicht berücksichtigt. Auf der anderen Seite darf als Bemessungsgrundlage der Zinsberechnung stets der ursprüngliche Nennbetrag der eingesetzten Darlehen angesetzt werden. Dies gilt auch bei fallender Restschuld und sogar dann, wenn das Darlehen bereits getilgt ist.

9.2.3 Berechnungsbeispiel sozialer Wohnungsbau

Die Kostenmiete wird für eine ähnliche Wohnanlage wie die aus Fallstudie 1 aus Gründen der Vereinfachung für eine fiktive Förderung mit öffentlichen Darlehen zu einem Festzinssatz von 0,25% ohne zins- und tilgungsfreie Jahre, ohne Aufwandssubventionen und ohne Verwaltungskosten der öffentlichen Darlehen berechnet. Außerdem wurde angenommen, dass die Stadt das Grundstück dem Investor für die Hälfte seines Verkehrswertes zur Verfügung stellt. Dabei werden die Vorschriften der II. BV angewendet.

I.	**Grunddaten**	
	Anzahl Wohnungen Wirtschaftseinheit	40
	Wohnfläche je Wohnung in m^2	80,00
	Wohnfläche gesamte Wirtschaftseinheit in m^2	3.200
	Zins für öffentliche Darlehen in %	0,25

bestimmt ist, entsteht. Es umfasst auch die uneinbringlichen Kosten einer Rechtsverfolgung auf Zahlung oder Räumung.

53 Barmittel, ggf. Sach- und Arbeitsleistungen, ggf. Kosten des Baugrundstücks.

	Zins für privates Darlehen in %		1,25
	Anteilige Grundstückskosten in EUR		6.891.250
	Herstellungskosten in EUR		6.152.335
	Gesamtkosten in EUR		**13.043.585**
II.	**Finanzierungsstruktur**		
	Eigenkapital in EUR (25 % der Gesamtkosten)		**3.260.896**
	Öffentliches Darlehen in EUR (50.000 EUR Grundbetrag je Wohnung, zusätzlich 750 EUR/m²)	4.400.000	
	Öffentliches Zusatzdarlehen in EUR (zusätzlich 200 EUR/m²)	640.000	
	Öffentliche Darlehen gesamt in EUR (Auszahlung 99,6 %)		**5.019.840**
	Privates Darlehen in EUR		**4.762.849**
	Gesamtkosten in EUR		**13.043.585**
III.	**Laufende Aufwendungen nach § 18 II. BV**		
A.	**Kapitalkosten in EUR**		**235.180**
	Eigenkapitalverzinsung		163.045
	15 % des Gesamtkapitals zu 4 % in EUR	78.262	
	10 % des Gesamtkapitals zu 6,5 % in EUR	84.783	
	Verzinsung öffentliche Darlehen in EUR		12.600
	Verzinsung privates Darlehen in EUR		59.536
B.	**Bewirtschaftungskosten in EUR**		**107.866**
	Abschreibung in EUR 1 % der Herstellungskosten, § 25 II. BV		61.523
	Verwaltung in EUR 284,63 EUR je Wohneinheit, § 26 II. BV		11.385
	Instandhaltung in EUR 8,78 EUR je m², § 28 II. BV		28.096
	Mietausfall in EUR 2 % der Miete, § 29 II. BV		6.861
IV.	**Kalkulierte Kostenmiete in EUR**		**343.046**
	EUR pro Monat und m²		**8,93**

Tab. 9.1: Wirtschaftlichkeitsberechnung sozialer Wohnungsbau

9.2.4 Funktionale Betrachtung der Preisvorschriften

Die Kostenmiete kann als eine Form der Mietbegrenzung angesehen werden, die aus der Sicht der öffentlichen Hand angesichts der Spaltung der Wohnungsmärkte in zwei unterschiedlich stark geförderte Segmente (frei finanzierter und öffentlich geförderter Wohnungsbau) in dem intensiver geförderten Segment die Gewinne der Investoren begrenzen soll. Doch muss dem Investor eine ausreichende Eigenkapitalverzinsung garantiert werden, die nicht zu weit hinter die im frei finanzierten Wohnungsbau erzielbaren Renditen zurückfällt.

Die Kostenmiete hat für den Investor den Charakter einer Garantiemiete. Sie liegt mehr oder weniger deutlich unterhalb der ortsüblichen Vergleichsmiete. Aus diesem Grund wird das Leerstandsrisiko bei einer Sozialwohnung in der Regel deutlich niedriger zu veranschlagen sein als bei einer frei finanzierten Wohnung. Daneben trägt zum Garantiecharakter der Kostenmiete noch bei, dass sie wegen der Geltung des sogenannten »Einfrierungsprinzips« von marktlagebedingten Schwankungen der Neuvertragsmieten völlig unberührt bleibt. Eine Enttäuschung durch geringere als die kalkulierten Mietsteigerungen (»windfall losses«) hat der Investor also normalerweise nicht zu befürchten, mit Marktlagegewinnen (»windfall gains«) kann er freilich auch nicht rechnen.

Schließlich ist der Investor im sozialen Wohnungsbau nicht dem Zinsänderungsrisiko ausgesetzt, da Kapitalkostenerhöhungen auf die Miete umgelegt werden können. Die Zinsänderungen können dabei auf die ursprünglichen Nennbeträge der Darlehen bezogen werden. Allerdings müssen auch niedrigere Zinsen an die Mieter weitergereicht werden.

Die erwarteten Renditen im öffentlich geförderten Wohnungsbau haben demnach, von Ausnahmen abgesehen, mehr oder weniger den Charakter von Garantierenditen. Sie können daher im Regelfall durchaus ein Stück weit unter den erwarteten Renditen im frei finanzierten Wohnungsbau liegen. *Entsprechend niedriger ist die kalkulatorische Verzinsung im sozialen Wohnungsbau anzusetzen.*

Auch in Bezug auf die Sicherung der Liquidität erweisen sich die Regelungen im sozialen Wohnungsbau für den Investor als vorteilhaft. Ein Nachschießen von liquiden Mitteln während der Laufzeit des Projekts kann mithilfe der Berechnungsvorschriften vermieden werden. Bei der in der Wohnungswirtschaft verbreiteten Finanzierung mittels Annuitätendarlehen mit 1 % Anfangstilgung können die wohnungswirtschaftlichen Abschreibungen und der Bezug der ansetzbaren Zinskosten auf den ursprünglichen Nennbetrag des Darlehens während der gesamten Laufzeit als liquiditätsmäßige Äquivalente der Annuität angesehen werden.[54]

54 Die Abschreibungen beziehen sich nur auf die Herstellungs- und nicht auf die Grundstückskosten. Die Liquidität ist also gesichert, wenn das Eigenkapital genau den Grundstückskosten entspricht.

9.2.5 Berechnungsbeispiel frei finanzierter Wohnungsbau

Die Kostenmiete für unsere Wohnanlage soll nun ohne öffentliche Förderung ermittelt werden:

I.	**Grunddaten**		
	Anzahl Wohnungen Wirtschaftseinheit		40
	Wohnfläche je Wohnung in m^2		80,00
	Wohnfläche gesamte Wirtschaftseinheit in m^2		3.200
	Zins für privates Darlehen in %		1,25
	Anteilige Grundstückskosten in EUR		6.891.250
	Herstellungskosten in EUR		6.152.335
	Gesamtkosten in EUR		**13.043.585**
II.	**Finanzierungsstruktur**		
	Eigenkapital in EUR		3.260.896
	Privates Darlehen in EUR		9.782.689
	Gesamtkosten in EUR		**13.043.585**
III.	**Laufende Aufwendungen**		
A.	**Kapitalkosten in EUR**		**285.328**
	Eigenkapitalverzinsung		
	15 % des Gesamtkapitals zu 4 % in EUR	78.262	
	10 % des Gesamtkapitals zu 6,5 % in EUR	84.783	
	Verzinsung privates Darlehen in EUR	122.284	
B.	**Bewirtschaftungskosten in EUR**		**108.895**
	Abschreibung in EUR 1 % der Herstellungskosten		61.523
	Verwaltung in EUR 284,63 EUR je Wohneinheit		11.385
	Instandhaltung in EUR 8,78 EUR je m^2		28.096
	Mietausfall in EUR 2 % der Miete		7.890
IV.	**Kalkulierte Kostenmiete in EUR**		**394.223**
	EUR pro Monat und m^2		**10,27**

Es ergibt sich eine »kalkulierte Kostenmiete« in Höhe von 10,27 EUR pro Monat und m^2. Ist die Investition nun vorteilhaft, wenn diese oder eine höhere Miete am Markt erzielt werden kann?

Die anfängliche Verzinsung des Gesamtkapitals (Cap Rate) liegt bei 2,659 %[55], die anfängliche Eigenkapitalverzinsung bei 3,887 %[56] – beides unabhängig von der Höhe der Bewirtschaftungskosten, da Änderungen bei diesen stets entsprechende Rückgänge bzw. Zunahmen der Kostenmiete mit sich bringen. Damit kann festgehalten werden, dass sich das Eigenkapital im ersten Jahr der Nutzung unter den gegebenen Annahmen über die Kapital- und Bewirtschaftungskosten mit genau 3,887 % verzinst, wenn eine Miete von genau 10,27 EUR am Markt erzielt wird. Wird eine höhere Miete am Markt erzielt, dann steigt die Rendite und umgekehrt.

Die Kostenmiete liefert also lediglich eine Information darüber, bei welcher Miete die kalkulierte Eigenkapitalverzinsung erreicht wird. Man kann die Wirtschaftlichkeitsberechnung als Einperiodenmodell der Investitionsrechnung qualifizieren, wenn man die 1 %ige »Abschreibung« als Tilgungsäquivalent betrachtet. Die kalkulierte Eigenkapitalverzinsung darf aber nicht mit einer dynamischen Rendite verwechselt werden. Diese beiden Renditen würden nur übereinstimmen, wenn sich an dem Zahlungsstrom nie etwas ändern würde (»ewige Rente«).

Eine Abweichung ergibt sich aber allein schon aus der Tatsache, dass auch ein Darlehen mit 1 % Anfangstilgung irgendwann einmal gänzlich getilgt ist. Wenn man nur diesen Faktor berücksichtigt, den Zahlungsstrom aber ansonsten unverändert lässt, so steigt die Eigenkapitalrendite bereits deutlich an. Die statische kalkulatorische Eigenkapitalverzinsung und die dynamische interne Verzinsung des Eigenkapitals stimmen also nicht überein. Abgesehen davon gibt es grundsätzliche Vorbehalte gegenüber der Anwendung von Einperiodenmodellen der Investitionsrechnung auf Immobilien (siehe Abschnitt 6.3).

Auch zur Mietenkalkulation ist die Wirtschaftlichkeitsberechnung nicht gut geeignet, da sie die Finanzierungsseite mit restriktiven Annahmen in die Kalkulation einbezieht. Es ist einfacher und führt zu genaueren Aussagen, wenn man mithilfe der Annuitäten-Methode den kritischen Rückfluss ermittelt und davon die erwarteten laufenden Bewirtschaftungskosten abzieht. In einem dynamischen Rechenmodell kann der Kapitalwert gleich null gesetzt und dann die kritische Zuwachsrate der Sollmieteinnahmen ermittelt werden.

55 (Kalkulierte Kostenmiete – Verwaltungskosten – Instandhaltungskosten – Mietausfall) / Gesamtkosten.

56 (Kalkulierte Kostenmiete – privates Darlehen × 1 % – Verzinsung privates Darlehen – Verwaltungskosten – Instandhaltungskosten – Mietausfall) / Eigenkapital.

Zusammenfassung

Die Leitfrage der Annuitäten-Methode lautet: Wie hoch muss der jährliche Cashflow (Annuität) sein, damit gerade der Kalkulationszins *i* verdient wird? Die Annuität entspricht dem Produkt aus Anfangsauszahlung und Kapitalwiedergewinnungsfaktor. Die Investition ist vorteilhaft, wenn der tatsächliche Cashflow aus dem Objekt über der berechneten Annuität liegt.

Die Wirtschaftlichkeitsberechnung nach der Zweiten Berechnungsverordnung (II. BV) dient zur Ermittlung der Kostenmiete im öffentlich geförderten Wohnungsbau. Die Kostenmiete soll alle Kosten des Investors decken und ihm außerdem einen angemessenen Gewinn sichern. Sie ist bei neuen Bewilligungen aber nicht mehr zwingend vorgeschrieben.

Die Kostenmiete dient der Begrenzung der Gewinne der Investoren im sozialen Wohnungsbau, die sich als Ausgleich für die Subventionen auf Preis- und Belegungsbindungen einlassen müssen (integrierte Subvention). Die Kostenmiete orientiert sich an den historischen Gestehungskosten. Sie ist aber flexibel in Bezug auf Änderungen bestimmter Kosten im Zeitablauf, besonders der Kapitalkosten.

Bei den Fremdkapitalkosten werden gleichbleibende Zinsaufwendungen unabhängig vom Restschuldverlauf, aber keine Tilgungen angesetzt. Für das eingesetzte Eigenkapital wird eine kalkulatorische Verzinsung vorgegeben. Die Bewirtschaftungskosten sind pauschaliert, also unabhängig von den tatsächlichen individuellen Kosten. Unter den Bewirtschaftungskosten werden auch Abschreibungen in Höhe von 1 % der Herstellungskosten angesetzt. Diese können als Tilgungsäquivalente angesehen werden.

Die Kostenmiete als Ergebnis der Rechnung ist einfach diejenige Miete, die die angesetzten Kostenkomponenten gerade abdeckt. Sie kann unter realistischeren Annahmen auch für frei finanzierte Wohnungen berechnet werden. Wird die Kostenmiete am Markt erzielt, so entspricht die anfängliche Eigenkapitalverzinsung in etwa der kalkulatorischen. Weitergehende Schlussfolgerungen, insbesondere die Interpretation der kalkulatorischen Eigenkapitalverzinsung als dynamische Rendite sind problematisch.

Wichtige Begriffe und Konzepte

Annuität	Kapitalwiedergewinnungs-faktor	Wirtschaftlichkeitsberechnung
Annuitäten-Methode	Kostenmiete	Zweite Berechnungsverordnung (II. BV)
Einfrierungsprinzip	Laufende Aufwendungen	Zweites Wohnungsbaugesetz (II. WoBauG)
Integrierte Subvention	Objektförderung	

Verständnisfragen

K 9.1
Wie lautet das Vorteilhaftigkeitskriterium der Annuitäten-Methode? Unter welchen restriktiven Annahmen kann es Gültigkeit beanspruchen?

K 9.2
Wo wird die Kostenmiete heute noch angewendet?

K 9.3
Welche wohnungspolitische Funktion hat die Kostenmiete?

K 9.4
Was versteht man unter den sogenannten »laufenden Aufwendungen«?

K 9.5
Wie kann man den Ansatz der 1 %igen Abschreibung unter den Bewirtschaftungskosten interpretieren?

K 9.6
Wie werden Tilgungsleistungen in der Wirtschaftlichkeitsberechnung behandelt?

K 9.7
Erläutern Sie den Garantiecharakter der Kostenmiete! Wie sehen Sie den Zusammenhang mit der kalkulatorischen Verzinsung?

Weiterführende Fragen und Themen

W 9.1

Berechnen Sie die Annuität für folgende Büroimmobilie: Kaufpreis: 9 Mio. EUR, Restnutzungszeit: 30 Jahre, Kalkulationszins: 10 %.

W 9.2

Informieren Sie sich darüber, wie in Ihrem Bundesland die Mieten für Sozialwohnungen berechnet werden!

W 9.3

In welcher Form werden in Ihrem Bundesland Investitionen in den sozialen Wohnungsbau subventioniert?

W 9.4

Stehen die Pauschalen für die verschiedenen Kategorien der Bewirtschaftungskosten im Einklang mit den empirischen Verhältnissen?

Literaturhinweise

Blohm/Lüder/Schaefer (2012): Investition, 3. Kapitel, Abschnitt 2.2 zu den statischen Verfahren.

Götze (2014): Investitionsrechnung, Abschnitt 3.3.3 zur Annuitäten-Methode.

Kofner (2012): Grundzüge der Wohnungsbaupolitik, Abschnitt 3 zur sozialen Wohnraumförderung.

Pistorius (1996): Die Kostenmiete, Anleitung zu ihrer Berechnung zur Berechnung der Kostenmiete.

Schulte/Allendorf/Crommen (1999): Investitionsrechnung im sozialen Wohnungsbau, Abschnitt 5.2.1 zur Wirtschaftlichkeitsberechnung als speziellem statischen Verfahren.

10 Berücksichtigung von Steuern

»Eine Regierung muss sparsam sein, weil das Geld, das sie erhält, aus dem Blut und Schweiß ihres Volkes stammt. Es ist gerecht, dass jeder einzelne dazu beiträgt, die Ausgaben des Staates tragen zu helfen. Aber es ist nicht gerecht, dass er die Hälfte seines jährlichen Einkommens mit dem Staate teilen muss.«

Friedrich der Große

In diesem Kapitel sollen Sie erkennen,

- warum es notwendig ist, die steuerlichen Effekte bei Investitionsrechnungen für Immobilien zu berücksichtigen,
- wo die methodischen Probleme bei der Einbeziehung der steuerlichen Folgen liegen,
- wie man entsprechend modifizierte Investitionsrechnungen praktisch durchführt.

10.1 Notwendigkeit der Berücksichtigung steuerlicher Effekte

Die Berücksichtigung steuerlicher Effekte in einer Investitionsrechnung bereitet große methodische Probleme. Auf der anderen Seite ist der Einfluss der Besteuerung auf die Ergebnisse der Rechnungen nicht zu unterschätzen. Bei einer durchschnittlichen effektiven Steuerbelastung der Kapitalgesellschaften von 30 % können sich erhebliche Renditedifferenzen vor und nach Steuern ergeben – mit spürbaren Auswirkungen auf die Beurteilung der absoluten Vorteilhaftigkeit von Investitionsprojekten.

Also müssen wir den Kalkulationszins als eine geforderte Nachsteuerrendite interpretieren und Kapitalwerte oder interne Zinsfüße aus Nachsteuer-Zahlungsströmen ermitteln. Auf dieses Vorgehen könnte man nur im Fall einer synthetischen Besteuerung der Erträge aller Klassen von Anlageprodukten und aller einzelnen Vermögensgegenstände im Sinne eines einheitlichen Durchschnittssteuersatzes verzichten (etwa 30 % von jedem Euro unabhängig von der Einkommensquelle, vom Gesamtgewinn und vom Vermögen des Steuersubjektes).

Diese Voraussetzung ist in unserem Steuersystem selbstverständlich nicht erfüllt. Schon die unterschiedlichen steuerlichen Einkunftsarten begründen große Unterschiede in der Besteuerung. So sind Veräußerungsgewinne von Wertpapieren im Privatvermögen im Rahmen der Abgeltungssteuer unabhängig von der Haltedauer stets steuerpflichtig. Die steuerliche Behandlung der Gewinne aus der Veräußerung von Immobilien im Privatvermögen unterscheidet sich davon. Außerhalb der zehnjährigen Spekulationsfrist sind sie steuerfrei, wenn kein gewerblicher Grundstückshandel vorliegt. Für Immobilien kennt das Steuerrecht außerdem Sonderregelungen wie erhöhte Abschreibungen und die Übertragung von Veräußerungsgewinnen (Abschnitt 3.7). Beide Regelungen beeinflussen selbstverständlich die Ergebnisse von Investitionsrechnungen. Ihr eigentlicher wirtschaftspolitischer Sinn liegt ja darin, den Unternehmen durch höhere Nachsteuerrenditen Investitionsanreize zu geben.

Im Ergebnis sind die Vorsteuerrenditen von Immobilien und anderen Klassen von Vermögensgegenständen grundsätzlich nicht vergleichbar. Auch die Vorsteuerrenditen zweier verschiedener Immobilieninvestments sind unter Umständen nur sehr eingeschränkt miteinander vergleichbar. Wenn eine Immobilie anfangs mit 9 % abgeschrieben werden kann (weil sie in einem förmlich ausgewiesenen Sanierungsgebiet liegt), eine andere dagegen bloß linear mit 2 % jährlich, ist ein Vergleich nicht möglich. Gleiches gilt, wenn die eine Immobilie als Teil eines Privatvermögens steuerfrei, die andere dagegen als Teil eines Betriebsvermögens steuerpflichtig veräußert wird.

10.2 Probleme bei der Berücksichtigung steuerlicher Effekte

Die methodischen Schwierigkeiten aus der Berücksichtigung der Steuerwirkungen sind allerdings nicht zu unterschätzen. Es fängt damit an, dass man in einer Investitionsrechnung allenfalls versuchen kann, die steuerlichen Wirkungen eines Investments zu »isolieren«, also sie der einzelnen Immobilie künstlich zuzuordnen. Man ermittelt die steuerbaren Einkünfte aus der Vermietung der betrachteten Immobilie für jedes Jahr des Planungszeitraums, multipliziert sie mit dem angenommenen Steuersatz und kürzt die Vorsteuer-Zahlungssalden entsprechend. Wenn später aber Verlustjahre in der Steuerbilanz des Unternehmens auftreten, sind diese Berechnungen Makulatur.

Vereinfacht wird die Aufgabe der Einbeziehung der steuerlichen Wirkungen dadurch, dass Substanzsteuern nicht einbezogen werden müssen:

- Die Vermögensteuer wird nicht mehr erhoben.
- Die Gewerbekapitalsteuer ist seit 1.1.1998 abgeschafft.
- Die Grundsteuer kann bei entsprechender mietvertraglicher Gestaltung in ihrer tatsächlichen Höhe im Rahmen der Betriebskostenvorauszahlung bzw. -nachzahlung den Mietern angelastet werden.

Wir können die Betrachtung also auf die Steuern vom Ertrag beschränken (Einkommen- bzw. Körperschaftsteuer, Gewerbesteuer und Solidaritätszuschlag). Strenggenommen müssten allerdings alle zukünftigen Jahresergebnisse des Unternehmens im Planungszeitraum bekannt sein, um die ertragsteuerlichen Effekte eines Investments einschätzen zu können. Die zukünftigen Jahresergebnisse hängen aber unter anderem auch von der Investitionspolitik des Unternehmens ab. Die Zurechnung von Ertragsteuerzahlungen auf das einzelne Objekt ist daher nur unter vereinfachenden Annahmen möglich:

- Bemessungsgrundlage der Einkommen- und der Gewerbesteuer ist das der Investition jeweils zurechenbare steuerliche Jahresergebnis.[57]
- Zum Liquidationszeitpunkt wird der Unterschiedsbetrag zwischen dem Netto-Verkaufspreis und dem jeweiligen Restwert des Gebäudes besteuert (Anschaffungs- oder Herstellungskosten vermindert um planmäßige Abschreibungen). Alternativ kann der Veräußerungsgewinn auf eine Ersatzimmobilie übertragen werden (Abschreibungsminderungen).
- Die Steuertarife sind proportional und enthalten keine Freibeträge.

Grundsätzlich können die steuerlichen Effekte mittels der Netto- oder der Bruttomethode in die Rechnung einfließen. Bei der Bruttomethode wird versucht, die steuerlichen Wirkungen mittels eines pauschalen Korrekturfaktors bei der Festlegung des Kalkulationszinssatzes zu erfassen. Dieses Verfahren ist strenggenommen nur für nicht abschreibbare Investitionsvorhaben zulässig. Es kommt hinzu, dass der Einfluss einer Mischfinanzierung nur unter restriktiven Annahmen mit weiteren Korrekturfaktoren berücksichtigt werden kann.

Alles in allem wird die Bruttomethode der differenzierten steuerlichen Behandlung von Immobilieninvestments nicht gerecht. Verglichen mit der Nettomethode ist sie auch nicht einfacher in der Anwendung. Die Nettomethode erfasst explizit die steuerlich relevanten Erträge und Aufwendungen für die einzelnen Jahre des Planungszeitraums.

10.3 Fallstudie 3: Steuerliche Folgen der Sanierung eines Denkmals

Für die Betrachtung der steuerlichen Folgen der Sanierung eines Denkmals wird das aus Fallstudie 2 bekannte Mehrfamilienhaus als Ausgangspunkt genommen. Wir nehmen an, es handle sich um ein Denkmal, sodass die erhöhten Abschreibungssätze anwendbar sind (Abschnitt 3.7.1.5). Der gleichbleibende jährliche Steuersatz beträgt annahmegemäß 30 %.

57 Die Bemessungsgrundlagen von Einkommen- und Gewerbesteuer unterscheiden sich. Bei der Gewerbesteuer sind Hinzurechnungen (zum Beispiel Dauerschuldzinsen) und Kürzungen zu berücksichtigen. Dies wird aber der Einfachheit halber nicht berücksichtigt.

t	A_0/R_{20}	Miete	Annuität	Zinsen	Bewirtschaftungs-kosten	CF vor Steuern	Substanz	AfA	AfA	Denkmal	Denkmal-AFA	Denkmal-AFA	Einkünfte aus VuV	Einkommen steuer	CF nach Steuern
		in EUR	in EUR	in EUR	in EUR	in EUR	in EUR	in %	in EUR	in EUR	in %	in EUR	in EUR	in EUR	in EUR
0	-240.000				0	-240.000									-240.000
1		57.600	39.140	12.800	12.428	6.032	200.000	2,5	5.000	640.000	9,0	57.600	-30.228	9.068	15.100
2		57.600	39.140	12.273	12.589	5.871	195.000	2,5	5.000	582.400	9,0	57.600	-29.862	8.959	14.830
3		57.600	39.140	11.736	12.751	5.708	190.000	2,5	5.000	524.800	9,0	57.600	-29.487	8.846	14.554
4		57.600	39.140	11.188	12.917	5.543	185.000	2,5	5.000	467.200	9,0	57.600	-29.105	8.731	14.274
5		57.600	39.140	10.629	13.085	5.375	180.000	2,5	5.000	409.600	9,0	57.600	-28.713	8.614	13.989
6		57.600	39.140	10.058	13.255	5.205	175.000	2,5	5.000	352.000	9,0	57.600	-28.313	8.494	13.699
7		58.419	39.140	9.477	13.452	5.827	170.000	2,5	5.000	294.400	9,0	57.600	-27.110	8.133	13.960
8		59.296	39.140	8.884	13.654	6.501	165.000	2,5	5.000	236.800	9,0	57.600	-25.842	7.753	14.254
9		60.185	39.140	8.278	13.859	7.186	160.000	2,5	5.000	179.200	7,0	44.800	-11.752	3.526	10.712
10		61.088	39.140	7.661	14.067	7.881	155.000	2,5	5.000	134.400	7,0	44.800	-10.440	3.132	11.013
11		61.821	39.140	7.032	14.272	8.408	150.000	2,5	5.000	89.600	7,0	44.800	-9.283	2.785	11.193
12		62.563	39.140	6.389	14.481	8.942	145.000	2,5	5.000	44.800	7,0	44.800	-8.108	2.432	11.374
13		63.314	39.140	5.734	14.693	9.481	140.000	2,5	5.000	0	0,0	0	37.887	-11.366	-1.885
14		64.073	39.140	5.066	14.907	10.026	135.000	2,5	5.000	0	0,0	0	39.100	-11.730	-1.704
15		64.842	39.140	4.385	15.125	10.577	130.000	2,5	5.000	0	0,0	0	40.332	-12.100	-1.523
16		65.426	39.140	3.690	15.340	10.945	125.000	2,5	5.000	0	0,0	0	41.396	-12.419	-1.473
17		66.015	39.140	2.981	15.559	11.316	120.000	2,5	5.000	0	0,0	0	42.475	-12.743	-1.427
18		66.609	39.140	2.258	15.780	11.688	115.000	2,5	5.000	0	0,0	0	43.571	-13.071	-1.383
19		67.208	39.140	1.520	16.005	12.063	110.000	2,5	5.000	0	0,0	0	44.684	-13.405	-1.342
20	1.005.465	67.813	39.140	767	16.233	1.017.905	105.000	2,5	5.000	0	0,0	0	45.813	-13.744	1.004.161

In Bezug auf die zu zahlende Einkommensteuer wurde angenommen, dass eine sofortige Verlustverrechnung möglich ist (kein Verlustvortrag).

Die aufgrund des Denkmalstatus anfänglich höheren Abschreibungssätze haben spürbare Auswirkungen auf den Cashflow. Diese führen zu einer zeitlichen Umverteilung der Zahlungssalden mit der Tendenz, dass mehr Zahlungsmittelzuflüsse gegenwartsnah anfallen als in der Vorsteuerbetrachtung.

Der Kapitalwert der Investition bei einem Kalkulationszins nach Steuern von 5 % (statt 7 % vor Steuern) steigt gegenüber der Vorsteuerrechnung deutlich von 99.032 auf 215.731 EUR. Die interne Verzinsung ist sogar etwas höher (9,73 statt 9,15 %).

Der zum Liquidationszeitpunkt anfallende Buchgewinn wurde in der Rechnung berücksichtigt, jedoch aus Platzgründen in der Tabelle nicht ausgewiesen. Er errechnet sich folgendermaßen:

	Verkaufserlös	1.005.465 EUR
–	Buchwert	105.000 EUR
=	**Buchgewinn**	**900.465 EUR**

Der Buchgewinn wird auf eine Ersatzimmobilie übertragen, die dann über 50 Jahre linear mit 2 % abgeschrieben wird. Daraus ergeben sich jährliche Abschreibungsminderungen aus der Ersatzimmobilie in Höhe von rund 18.009 EUR. Die entsprechende Zahlungsreihe ist mit dem Steuersatz von 30 % zu multiplizieren und mit dem Kalkulationszins von 5 % auf die Gegenwart abzuzinsen bzw. der interne Zinsfuß zu errechnen.

Die Auswirkungen dieser Rechenoperation auf das Ergebnis der Investitionsrechnung sind nicht gravierend. Die sofortige Versteuerung des Veräußerungsgewinns zum Liquidationszeitpunkt hätte sich jedoch deutlich negativ ausgewirkt.

Zusammenfassung

Die Berücksichtigung steuerlicher Effekte in einer Investitionsrechnung ist trotz der großen methodischen Probleme wegen der Ungleichmäßigkeiten der Besteuerung unumgänglich. Die zur Bestimmung von Nachsteuerrenditen nötigen Annahmen sind allerdings zum Teil heroisch: Zuordnung der steuerlichen Wirkungen zum Objekt, Schätzung des Veräußerungsgewinns, proportionaler Steuertarif.

Die Bruttomethode, die die steuerlichen Wirkungen eines Immobilieninvestments mittels eines pauschalen Korrekturfaktors bei der Festlegung des Kalkulationszinssatzes zu erfassen versucht, wird der differenzierten steuerlichen Behandlung von Investitionen in Immobilien nicht gerecht.

Die aus methodischer Sicht vorzuziehende Nettomethode ist allerdings aufwendig. Die steuerlichen Wirkungen müssen hier unter geeigneten Annahmen für jedes einzelne Jahr des Planungszeitraums geschätzt werden. Dabei sind von den Mieteinnahmen die Zinsaufwendungen (nicht die Tilgungen), die Bewirtschaftungskosten und die Abschreibungen abzuziehen. Auf diesen Saldo wird dann ein proportionaler Steuersatz angewendet, der der durchschnittlichen Belastung thesaurierter Gewinne von Kapitalgesellschaften nahe kommt. Negative Salden sind entweder vorzutragen oder sofort zu verrechnen.

Nicht außer Acht gelassen werden dürfen dabei Veräußerungsgewinne (Besteuerung zum Liquidationszeitpunkt oder Erfassung im Wege zukünftiger Abschreibungsminderungen). Sofort abziehbare Instandsetzungsaufwendungen führen genau wie erhöhte Abschreibungen zu einem Vorziehen von steuerlichem Aufwand, woraus sich günstige Auswirkungen auf Rendite und Liquidität ergeben.

Wichtige Begriffe und Konzepte

Abschreibungsminderung	Ersatzimmobilie	Steueroptimierung
Bruttomethode	Ertragsteuern	Veräußerungsgewinn
Denkmal	Nachsteuerrendite	Verlustverrechnung
Einkünfte aus VuV	Nettomethode	Vorsteuerrendite

Verständnisfragen

K 10.1
Wie ist es um die Gleichmäßigkeit der Besteuerung bei der Immobilienanlage und zwischen den verschiedenen Klassen von Anlageprodukten bestellt?

K 10.2
Wo liegen die methodischen Probleme der isolierten Zuordnung von steuerlichen Wirkungen zur Investition?

K 10.3
Warum brauchen Substanzsteuern in Investitionsrechnungen nicht (mehr) berücksichtigt zu werden?

K 10.4
Welche Ertragsteuern sind für eine Investitionsrechnung relevant?

K 10.5
Welche Alternativen zur Berücksichtigung der steuerlichen Folgen von Veräußerungsgewinnen zum Liquidationszeitpunkt gibt es? Welche ist günstiger für die Rendite des Investments?

K 10.6
Warum erscheint die Bruttomethode zur Beurteilung der Vorteilhaftigkeit von Immobilieninvestments nach Steuern weniger geeignet als die Nettomethode?

K 10.7
Wie setzen sich die »Einkünfte aus Vermietung und Verpachtung« (VuV) zusammen?

K 10.8
Wie ist vorzugehen, wenn sich für 1 Jahr negative Einkünfte aus VuV ergeben? Welche methodischen Alternativen gibt es? Wie wirken Sie sich auf die Rendite des Investments aus?

K 10.9
Wie wirken sich erhöhte Abschreibungen und sofort abzugsfähiger Instandsetzungsaufwand auf Cashflow und Rendite aus?

Weiterführende Fragen und Themen

W 10.1
Wie hoch ist der Hebesatz der Gewerbesteuer in Ihrer Gemeinde? Wie hoch ist der Solidaritätszuschlag und wie wird er berechnet?

W 10.2
Stellen Sie anhand der angegebenen Literatur eine Übersicht über die verschiedenen Varianten der Bruttomethode zusammen!

W 10.3
Berechnen Sie die interne Verzinsung und den Kapitalwert nach Steuern für den Neubau der Wohnanlage aus Fallstudie 1.

Literaturhinweise

Blohm/Lüder/Schaefer (2012): Investition, 3. Kapitel, Abschnitt 2.1.4.

Götze (2014): Investitionsrechnung, Abschnitt 3.4.1.

11 Berücksichtigung von Förderprogrammen

»Es geht darum, das Geld, das wir nicht haben, wachstumsrelevant einzusetzen.«
Franz Müntefering

In diesem Kapitel sollen Sie erkennen,

- welche Programme zur Förderung der energetischen Sanierung von Wohngebäuden angeboten werden,
- wie die spezifischen Programmbedingungen in einer Investitionsrechnung zu berücksichtigen sind.

Wohnungsbauinvestitionen werden nicht nur mit steuerlichen Subventionen gefördert. Neben der sozialen Wohnraumförderung und den BAFA-Subventionen für Investitionen in erneuerbare Energien sind hier auch die subventionierten Kredite der Kreditanstalt für Wiederaufbau (KfW) zu nennen.[58]

11.1 Energieeffizienz und Klimaschutz

Im Rahmen der EU-Lastenverteilung hatte die deutsche Regierung sich das ambitionierte Ziel gesetzt, die Emissionen der sechs im Kyoto-Protokoll genannten Treibhausgase zwischen 2008 und 2012 um 21 % gegenüber 1990 zu reduzieren.[59] Dieses Ziel wurde erfüllt. Bis zum Jahr 2020 sollen die Emissionen um mindestens 40 % gegenüber 1990 gemindert werden, bis 2050 soll eine Reduktion der Emissionen um 80 bis 95 % (im Vergleich zu 1990) erreicht werden.

Die Maßnahmen auf der Bundesebene sind im nationalen Klimaschutzprogramm beschrieben und umfassen unter anderem:

- Erneuerbare-Energien-Gesetz (Förderung der Stromerzeugung aus erneuerbaren Energien durch ein System von Mindestpreisen für die Netzeinspeisung),
- Marktanreizprogramm für die Nutzung erneuerbarer Energien (Subventionen für die Nutzung von Solarkollektoren, Biomasse und die Steigerung der Energieeffizienz),
- ökologische Steuerreform 1999 bis 2003 (stufenweise Anhebung der Steuern auf Mineralölprodukte und den Stromverbrauch),
- Energieeinsparverordnung für neue und bestehende Gebäude (seit 2002),

58 Abschnitt 9.2, Fallstudie 5 sowie Kofner 2012, S. 59–68.

59 Die Reduzierung bezieht sich auf die Emissionswerte von CO_2, CH_4 und N_2O im Jahr 1990, und auf die Emissionswerte von H-CFC, CFC und SF_6 im Jahr 1995.

- finanzielle Unterstützung für die energetische Gebäudesanierung (seit 2000),
- vermehrter Einsatz der Kraft-Wärme-Kopplung,
- Forschung und Entwicklung.

Die Steigerung der Energieeffizienz des Gebäudebestandes ist einer der wichtigsten Hebel für die Verringerung der Treibhausgasemissionen. Alle 21 Millionen Gebäude zusammengenommen sind für 35 % des deutschen Primärenergieverbrauchs verantwortlich. Der größte Anteil des Energieverbrauchs in Gebäuden entfällt auf Wohngebäude: In Ein- und Zweifamilienhäusern werden 39 % der gesamten Gebäudeenergie verbraucht, in Mehrfamilienhäusern 24 % und die restlichen 37 % gehen auf das Konto der Nichtwohngebäude (dena).

Im Klimaschutzplan der Bundesregierung ist vorgesehen, das Ziel eines nahezu klimaneutralen Gebäudebestandes bis 2050 durch eine Kombination aus Energieeffizienzsteigerung und des vermehrten Einsatzes erneuerbarer Energien zu erreichen. Der Primärenergiebedarf von Gebäuden soll damit bis 2050 um 80 % reduziert werden.

Nicht zuletzt wegen der hohen Zugewinne bei der Wohnfläche (knapp 18 % seit 2000) ist der Heizenergieverbrauch der privaten Haushalte im Zeitraum 2000 bis 2017 aber nur wenig zurückgegangen (um 7,7 % laut Exxon Mobil). Dass der Verbrauch überhaupt gesenkt werden konnte, ist in erster Linie den Fortschritten bei der energetischen Modernisierung des Gebäudebestandes zu verdanken, die zu einer Verbesserung der Energieeffizienz geführt haben. Zwischen 1990 und 2016 haben die CO_2-Emissionen von Feuerungsanlagen privater Haushalte um 30 % oder 39 Mio. Tonnen abgenommen (Umweltbundesamt, Nationale Trendtabellen für die deutsche Berichterstattung atmosphärischer Emissionen seit 1990, Stand 12/2017 – unveröffentlicht).

Das Energieeinsparpotenzial in den vor 1979 fertiggestellten Gebäuden ist jedoch immer noch enorm. Der gesamte Fortschritt der Modernisierung beim Wärmeschutz im Altbau wird derzeit auf knapp 30 % geschätzt (dena-Gebäudereport Kompakt 2018). Alles in allem sind die Fortschritte bei der Senkung von Energieverbrauch und CO_2-Emissionen aus dem Gebäudebestand unbefriedigend und in den letzten Jahren hat es nur noch marginale Verbesserungen gegeben.

Nicht jede Maßnahme zur Energieeinsparung ist jedoch im ökonomischen Sinne als effizient anzusehen. Das wirtschaftliche Effizienzprinzip gilt für jede Art von Investitionen.[60] Auch Kapital, das zur Senkung von CO_2-Emissionen eingesetzt wurde, kann verschwendet sein. Wie jede wirtschaftliche Aktivität in einer Welt der Knappheit sollten auch solche Investitionen nicht über den Punkt hinaus ausgedehnt werden, wo

60 Schönefeldt et al. 2008, S. 16.

die Grenzkosten der Summe aus privatem und sozialem Grenznutzen der Investition gerade entsprechen. Öffentliche Subventionen in diesem Bereich sollten lediglich den sozialen Grenznutzen der energieeinsparenden Investitionen reflektieren. Im Allgemeinen dürfte es volkswirtschaftlich zweckmäßiger sein, ein Elf-Liter-Haus durch Modernisierung in ein Sechs-Liter-Haus zu verwandeln als aus einem Drei-Liter-Haus ein Zwei-Liter-Haus zu machen.

Investitionen zur Steigerung der Energieeffizienz vorhandener Wohngebäude haben aus einzelwirtschaftlicher Sicht eine ganze Reihe von Vorteilen:

- Sie erhöhen den Wert der Immobilie im Fall eines zukünftigen Verkaufs (niedrigere Exit Cap Rates/höhere Ausstiegsmultiplikatoren),
- sie berechtigen zu Mieterhöhungen im Rahmen der Modernisierungsumlage, dies aber in Abhängigkeit von der Marktlage (höchstens 8 % der gesamten Modernisierungskosten pro Jahr, zusätzliche Kappungen),
- sie ermöglichen in der Zukunft mit neuen Mietern höhere Mieteinnahmen,[61]
- sie begrenzen das Leerstandsrisiko und
- sie eröffnen den Zugang zu Subventionen und subventionierten Krediten.

11.2 KfW-Programm Energieeffizient Sanieren

Mit dem KfW-Programm »Energieeffizient Sanieren« wird die energetische Sanierung von Wohngebäuden gefördert. Die Fördermittel werden wahlweise als Kredit oder Investitionszuschuss (alternativ für Privateigentümer) ausgereicht. Die Förderintensität richtet sich dabei nach der Energieeffizienz des Gebäudes nach der Sanierung. Gefördert werden:

- Ersterwerbe sanierter Gebäude (auch Eigentumswohnungen)
- alle Maßnahmen, die zur Erreichung des energetischen Niveaus eines KfW-Effizienzhauses beitragen (Dämmung, Heizungserneuerung, Fensteraustausch, Lüftungseinbau)
- Maßnahmenpakete (Heizungspaket: Austausch ineffizienter Heizungsanlagen oder Lüftungspaket: Kombination des Einbaus von Lüftungsanlagen mit mindestens einer weiteren förderfähigen Maßnahme an der Gebäudehülle)
- Einzelmaßnahmen bzw. freie Einzelmaßnahmenkombinationen, die den technischen Mindestanforderungen entsprechen (Dämmung, Heizungserneuerung, Fensteraustausch, Lüftungseinbau)

Förderfähig sind nur Ersterwerbe/Maßnahmen, die Wohngebäude betreffen, für die vor dem 1.2.2002 der Bauantrag gestellt oder die Bauanzeige erstattet wurde.

61 Die energetische Modernisierung reduziert die Heizkosten in Abhängigkeit von den zukünftigen Energiepreisen und schafft somit Spielraum für eine höhere Grundmiete.

Gefördert werden bis zu 100 % der förderfähigen Kosten. Der Zinssatz wird in den ersten 10 Jahren der Kreditlaufzeit aus Bundesmitteln verbilligt. Danach gelten marktübliche Konditionen. Die Höhe des Zinses richtet sich nach der Laufzeit des Darlehens, nach der Art der Förderung (Einzelmaßnahmen, Maßnahmenpakete oder KfW-Effizienzhaus) und gegebenenfalls nach dem erreichten Effizienzhausstandard.

Bei Einzelmaßnahmen oder Maßnahmenpaketen gilt für die förderfähigen Kosten eine Obergrenze von 50.000 EUR pro Wohneinheit. Bei einer Sanierung zum KfW-Effizienzhaus beträgt die Kostenobergrenze 100.000 EUR pro Wohneinheit. Bei Erreichung des Standards KfW-Effizienzhaus 70[62] gemäß EnEV wird ein Tilgungszuschuss (Gutschrift auf dem Darlehenskonto) in Höhe von 22,5 % der Darlehenssumme gewährt. Für höhere oder niedrigere Standards fällt der Tilgungszuschuss entsprechend geringer bzw. höher aus.[63]

Die Kreditlaufzeit beträgt bis zu 30 Jahre. Die Zahl der tilgungsfreien Anlaufjahre (mindestens 1 Jahr, höchstens 5 Jahre) richtet sich nach der Laufzeit des Darlehens (10, 20 oder 30 Jahre). Nach Ablauf der tilgungsfreien Anlaufjahre ist in vierteljährlichen Annuitäten zu tilgen.

11.3 Fallstudie 4: Energetische Modernisierung einer Wohnsiedlung

Diese Fallstudie wurde vom Autor gemeinsam mit Herrn Dipl.-Ing. Michael Flachmann entwickelt.

In der Fallstudie soll die Wirtschaftlichkeit der energetischen Modernisierung einer Wohnsiedlung mit einem aufgelaufenen Instandhaltungsstau beurteilt werden. Die seit 20 Jahren im Bestand gehaltene Siedlung besteht aus 100 Wohneinheiten mit je 60 m^2 Wohnfläche. Alles in allem handelt es sich also um eine Wohnfläche von 6.000 m^2. Die Maßnahmen des Modernisierungsprogramms betreffen neben den einzelnen Wohnungen auch die Gebäudehülle und das Heizungssystem (sogenannte »Mod-Alternative«). Mithilfe der energetischen Maßnahmen soll die Siedlung auf den Standard eines KfW-Effizienzhauses 115 gemäß EnEV gebracht werden.

62 Die Zahl nach dem Begriff KfW-Effizienzhaus (KfW-EH) zeigt an, welchen maximalen Energiebedarf das Gebäude gegenüber einem Standard-Neubau haben darf. Der zulässige Jahresprimärenergiebedarf (Qp) eines KfW-Effizienzhauses 70 beträgt somit 70 % des für dieses Gebäude maximal zulässigen Energiebedarfs nach EnEV (Referenzgebäude).

63 Mit Nachweis der Einhaltung der Anforderungen KfW-Effizienzhaus 55 wird ein Tilgungszuschuss in Höhe von 27,5 % des Zusagebetrags gewährt. KfW-Effizienzhaus 70: 22,5 % des Zusagebetrags, KfW-Effizienzhaus 85: 17,5 % des Zusagebetrags. KfW-Effizienzhaus 100: 15,0 %, KfW-Effizienzhaus 115: 12,5 % des Zusagebetrags. Stand: 25.5.2019.

Die aufwendigere Mod-Alternative soll mit der Handlungsalternative »Instandsetzung und Weiterbewirtschaftung« (»Inst-Alternative«) verglichen und die wirtschaftlich vorteilhaftere Alternative bestimmt werden. Die mögliche Handlungsalternative der Aufteilung in Eigentumswohnungen wird nicht mit einbezogen. Die anfallenden Kosten werden in Modernisierungs- und Instandsetzungskosten (wegen der unterschiedlichen mietpreisrechtlichen und steuerlichen Folgen) sowie nach Gewerken aufgeteilt. Daneben werden nach jedem Auszug einer Mietpartei auch Investitionen zur Vorbereitung der Neuvermietung berücksichtigt (zum Beispiel Austausch der Toilettenschüssel und Erneuerung des Fliesenspiegels im Bad). Im Hinblick auf die Finanzierung wird angenommen, dass der Investor das Grundstück und den Wert der Bausubstanz vor Durchführung der Maßnahmen als Eigenkapital einbringt. Die Baumaßnahmen werden gänzlich mit einem Hypothekendarlehen aus dem KfW-Programm »Energieeffizient Sanieren« (Kreditvariante) finanziert.

Aus methodischer Sicht wird eine Schätzung von Miethöhen, Leerstandsquoten und Fluktuationsraten angestrebt, die auch Interdependenzen zwischen diesen Parametern in der Rechnung berücksichtigt. Die Beurteilung der Vorteilhaftigkeit der beiden Handlungsalternativen soll mithilfe des internen Zinsfußes vor und nach Steuern vorgenommen werden.

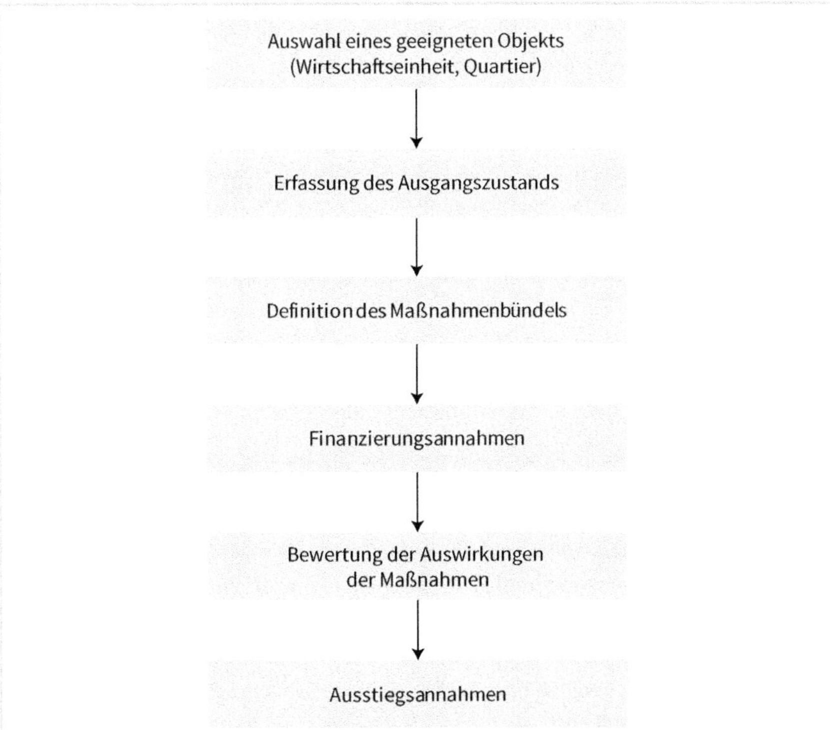

Abb. 11.1: Verfahrensschritte der Investitionsrechnung

Zur Lösung unserer Aufgabe sind sechs Arbeitsschritte nötig (Abb. 11.1). Nachdem ein geeignetes Objekt (Entscheidungsbereich, Wirtschaftseinheit, Quartier) zur Betrachtung ausgewählt worden ist, muss zunächst der Ausgangszustand erfasst werden (unter anderem Wohnflächen, Marktwerte der ausgewählten Grundstücke und Gebäudewerte, Cashflow-Komponenten wie die Mieteinnahmen und die Bewirtschaftungskosten im Ausgangszustand, die Heiz- und die sonstigen Nebenkosten, gegebenenfalls auch der Umfang des Instandhaltungsstaus).

Der nächste Schritt ist die Definition des Maßnahmenbündels bzw. bei mehreren Handlungsalternativen der alternativen Maßnahmenbündel (Was wollen wir mit den ausgewählten Objekten tun?). Wenn die Kosten der verschiedenen Handlungsalternativen geschätzt worden sind, sind als nächstes die Finanzierungsannahmen zu treffen (Wie wollen wir die Maßnahmen finanzieren?). Dabei geht es nicht nur um die Kapitalstruktur (Eigen-/Fremdkapitalanteil, eventuell auch Zwischenformen wie Mezzanine-Kapital), sondern auch um die Quellen des Kapitals (zum Beispiel öffentliche oder private Darlehen, Selbst- oder Beteiligungsfinanzierungsmittel) und nicht zuletzt die Konditionen der Kapitalaufnahme. Ein wesentlicher Schritt ist die Bewertung der Auswirkungen der Maßnahmen auf den Cashflow (zum Beispiel Mieteinnahmen, Instandhaltungskosten). Nicht zuletzt müssen Annahmen über den Ausstieg aus dem Vorhaben getroffen werden (Haltedauer, Nettoverkaufspreis).

Der Ausgangszustand der Siedlung ist, wie gesagt, von einem Instandhaltungsstau geprägt, dessen Beseitigung Kosten in Höhe von 559.350 EUR verursachen würde. Die entsprechenden Maßnahmen werden durchgeführt, wenn sich das Unternehmen gegen die Mod-Alternative entscheidet. Wir können hier also von einer Zwangsinvestition sprechen, die gegebenenfalls durch ein aufwendigeres Programm ersetzt werden wird, das natürlich ebenfalls die Minimalanforderung der Stabilisierung der Bausubstanz erfüllt. Die Alternative der Weiterbewirtschaftung ohne Investition steht dagegen ausdrücklich nicht zur Debatte, weil sie die Restnutzungsdauer wesentlich verkürzen sowie auf mittlere Sicht Mietminderungen und rasch anwachsende Leerstände nach sich ziehen würde.

Zugelassen ist dagegen die Alternative des Verkaufs der Siedlung im unsanierten Zustand für 3.940.650 EUR (entspricht dem Bodenwert plus dem Wert der eingebrachten Bausubstanz, siehe unten). Die Anfangsauszahlung der beiden zu prüfenden Investitionsalternativen (Inst- und Mod-Alternative) entspricht genau diesem aktuell am Immobilienmarkt erzielbaren Verkaufspreis (Einnahme der Eigenkapitalperspektive zwecks Erfassung der Auswirkungen des Förderdarlehens). Insoweit bedeutet ein negativer Kapitalwert der Inst- bzw. der Mod-Alternative, dass die Verkaufsalternative überlegen ist und umgekehrt.

Die wesentlichen Daten der Inst-Alternative können der nachstehenden Tabelle entnommen werden. In der Ausgangssituation liegt die Sollmiete um 4 % hinter der Vergleichsmiete zurück. Im Fall eines Mieterwechsels kann von dem neuen Mieter ein etwas höherer Mietpreis verlangt werden (knapp 6 % oberhalb der entsprechenden Einzelvergleichsmiete), womit die rechtlichen Mietbegrenzungen angesichts des unmodernisierten Zustandes der Wohnung nicht ausgeschöpft werden.

Inst-Alternative: Grunddaten

Verwaltungskosten je Wohneinheit in EUR	370
Instandhaltungskosten je m^2 in EUR	11,00
Leerstandsquote Jahr 1 in %	2,00
Nebenkosten vor Maßnahmenbeginn je m^2 in EUR	2,00
Herrichtung Leerwohnungen in EUR	3.000
Bisherige Miete pro Monat und m^2 in EUR	4,90
Vergleichsmiete ohne Modernisierung pro Monat und m^2 in EUR	5,10
Neuvermietungsmiete ohne Modernisierung pro Monat und m^2 in EUR	5,40

Die Modernisierungsalternative würde Kosten für Instandsetzung und Modernisierung in Höhe von 2.559.450 EUR verursachen (davon 1.779.750 EUR Modernisierungs- und 779.700 EUR Instandsetzungskosten), die sich wie folgt zusammensetzen:

Zusammensetzung der Herstellungskosten

Maßnahmen	Mod-Alternative				Kosten für Beseitigung Instandhaltungsstau
	Gesamtkosten	Modernisierungskosten energetisch	Instandsetzungskosten	Anteil Modernisierungskosten	
	in EUR	in EUR	in EUR	in %	in EUR
Fassadendämmung	1.250.000	1.150.000	100.000	92,00	100.000
Kellerdeckendämmung	20.000	20.000	0	100,00	0
Heizung	110.000	95.000	15.000	86,36	15.000
Oberste Geschossdecke	40.000	40.000	0	100,00	0
Fenster	300.000	210.000	90.000	70,00	30.000
Balkone	350.000	30.000	320.000	8,57	320.000

Maßnahmen	Mod-Alternative				Kosten für Beseitigung Instandhaltungsstau
	Gesamtkosten	Modernisierungskosten energetisch	Instandsetzungskosten	Anteil Modernisierungskosten	
	in EUR	in EUR	in EUR	in %	in EUR
Haus-/Hoftüren	70.000	20.000	50.000	28,57	30.000
Treppenhausanstrich	50.000	0	50.000	0,00	0
Elektroarbeiten im Treppenhaus	15.000	0	15.000	0,00	0
Außenanlagen	60.000	10.000	50.000	16,67	0
Summe 1	**2.265.000**	**1.575.000**	**690.000**	**69,54**	**495.000**
Regiekosten	**294.450**	**204.750**	**89.700**	**69,54**	**64.350**
Gesamtsumme	**2.559.450**	**1.779.750**	**779.700**	**69,54**	**559.350**

Zu den ausschließlich mit Fremdmitteln zu finanzierenden Kosten für die Modernisierung/Instandsetzung kommen bei beiden Alternativen noch der Bodenwert (1.120.000 EUR) sowie der Wert der eingebrachten Bausubstanz (2.820.650 EUR) hinzu, die zusammen das anzusetzende Eigenkapital und damit die Anfangsauszahlung beider Investitionsalternativen bilden.

Mod-Alternative: Zusammensetzung der Gesamtkosten

Kostenart	Betrag	Betrag	Anteil an den Gesamtkosten
	in EUR	in EUR pro m^2	in %
Bodenwert	1.120.000	186,67	17,23
Wert Bausubstanz	2.820.650	470,11	43,39
Instandsetzung	779.700	129,95	12,00
Modernisierung	1.779.750	293,63	27,38
Gesamtkosten	**6.500.100**	**1.083,36**	**100,00**

Die Finanzierungsstruktur der Mod-Alternative sieht demnach wie folgt aus: Der Bodenwert und der Wert der Bausubstanz (zusammen 3.940.650 EUR) können als Sacheinlage des Investors in das Projekt (Eigenkapital) angesehen werden. Die Kosten für Instandsetzung und Modernisierung (2.559.450 EUR) werden dagegen mit Fremdmitteln aus dem KfW-Programm Energieeffizient Sanieren finanziert. Dabei sind neben der Zinssubvention, der Tilgungszuschuss (Erlass von 12,5 % des anfänglichen Darlehensbetrags bei Erreichen des angestrebten energetischen Standards) und die Zinsermäßigung (also der Abzug des Fördervorteils von der modernisierungsbedingten Mieterhöhung) zu berücksichtigen.

In der nachfolgenden Tabelle sind die Grunddaten der Finanzierung und die Finanzierungsstruktur sowie die Zusammensetzung des Cashflows im ersten Jahr der Haltedauer für die Mod-Alternative wiedergegeben:

I.	**Grunddaten**		
	Wohnfläche in m^2		6.000
	Anzahl Wohneinheiten		100
	Zins für KfW-Hypothek Jahr 1 bis 10 in %		0,75
	Referenzzinssatz in %		1,25
	Verwaltungskosten je Wohneinheit Jahr 1 in EUR		370
	Instandhaltungskosten je m^2 Jahr 1 in EUR		4,00
	Leerstandsquote im Jahr 1 %		1,0
	Gesamtkosten in EUR		6.500.100
II.	**Gesamtkosten**		
	Bodenwert in EUR		1.120.000
	Wert der eingebrachten Bausubstanz in EUR		2.820.650
	Instandsetzungskosten in EUR		779.700
	Modernisierungskosten in EUR		1.779.750
	Gesamtkosten in EUR		**6.500.100**
III.	**Finanzierungsstruktur**		
	Eigenkapital in EUR		3.940.650
	Fremdkapital in EUR		2.559.450
	Gesamtkosten in EUR		**6.500.100**
IV.	**Cash-Outflows in Jahr 1**		
A.	**Kapitalkosten**		
	Annuität für die KfW-Hypothek in EUR		19.196

B.	**Bewirtschaftungskosten**		**141.923**
	Verwaltung in EUR	37.000	
	Instandhaltung in EUR	24.000	
	Herrichten Leerwohnungen in EUR	75.000	
	Erlösschmälerung in EUR	5.923	
V.	**Mieteinnahmen in EUR**		**475.067**
	Mieteinnahmen vor Modernisierung je Monat und m^2 in EUR		4,90
	Modernisierungsumlage je Monat und m^2 in EUR[64]		1,64
	Mieteinnahmen nach Modernisierung je Monat und m^2 in EUR		6,54
	Vergleichsmiete nach Modernisierung je Monat und m^2 in EUR		6,00

Der Referenzzinssatz ist der marktübliche Zinssatz für erstrangige Hypotheken zum Zeitpunkt der Beendigung der Modernisierungsmaßnahmen. Er wird zur Berechnung der Zinsermäßigung benötigt, um die die Modernisierungsumlage wegen der Inanspruchnahme des zinsverbilligten KfW-Darlehens zu kürzen ist.

Die laufenden Instandhaltungskosten wurden mit nur 4,00 EUR pro m^2 und Jahr wesentlich niedriger angenommen als bei der Inst-Alternative (11,00 EUR). Die Kapitalkosten entsprechen der Annuität gemäß dem Rückzahlungsplan für die KfW-Hypothek. Die Kosten für das Herrichten der Leerwohnungen (KHL) ergeben sich aus der Multiplikation der Anzahl der Wohneinheiten in der Siedlung mit den Kosten für das Herrichten einer Leerwohnung (5.000 EUR bei der Mod-Alternative) und der Fluktuationsrate (15 % im Jahr 1):

KHL_1 = 100 WE × 5.000 EUR × 0,15 = **75.000 EUR**

Das Mietausfallwagnis (MAW) wird gemäß folgender Formel berechnet:

MAW = (Ø Nettomiete pro m^2 + Ø Nebenkosten pro m^2) × Anzahl leerstehende WE × 12 Monate × Ø Wohnfläche

Für den konkreten Fall ergibt sich:

MAW_1 = (6,60 EUR + 1,63 EUR) × 1 WE × 12 Monate × 60 m^2 = **5.923 EUR**

64 Angabe netto, das heißt unter Berücksichtigung der Zinsermäßigung.

Der Ausdruck in der Klammer (8,23 EUR) gibt die gesamten Quadratmeterkosten des Vermieters für eine leer stehende Wohnung an (entgangene Miete plus Nebenkosten für die leer stehende Wohnung).[65] In dem niedrigeren Nebenkostenansatz in Höhe von 1,63 EUR pro m^2 ist der Effekt der Modernisierung auf die Heizkosten berücksichtigt.

Die Modernisierungsumlage pro Monat und m^2 in Höhe von 1,64 EUR ist als Nettogröße, das heißt nach Abzug der Zinsermäßigung (0,34 EUR) angegeben. Die Brutto-Modernisierungsumlage pro Wohnung ergibt sich aus der Multiplikation der auf die Wohnung entfallenden Kosten (Gesamtkosten / Anzahl der betroffenen Wohneinheiten) mit dem Umlagesatz von 8 %:

17.798 EUR × 0,08 = 1.423,84 EUR.

Den Zinsermäßigungsbetrag erhält man, indem man die Modernisierungskosten pro Wohnung mit der Differenz zwischen Referenz- und KfW-Effektivzins multipliziert:

(1,25 - (-0,12)) × 17.798 EUR / 100 = 243,83 EUR.

Daraus resultiert eine Netto-Modernisierungsumlage pro Wohnung und Jahr in Höhe von 1.180 EUR (1.424 EUR – 244 EUR) oder 1,64 EUR pro Monat und m^2. Die Mieteinnahmen nach Modernisierung entsprechen der Summe aus Ausgangsmieteinnahme und Netto-Modernisierungsumlage (4,90 EUR + 1,64 EUR).

Mietenberechnung bei Modernisierung

Mietbegriff	Pro Jahr und Wohnung in EUR	Pro m^2 und Monat in EUR
Bisherige Miete	3.528	4,90
Modernisierungsumlage, brutto: 17.798 EUR × 0,08	+ 1.424	+ 1,98
Zinsermäßigung: (1,25 - (-0,12)) × 17.798 EUR / 100	+ 244	- 0,34
Zu zahlende Miete	= 4.751	= 6,54
Vergleichsmiete nach Modernisierung	4.320	6,00

65 Allerdings trägt der Vermieter nicht die Nebenkostenarten, die nach Personen abgerechnet werden. Weiterhin können sich bei den verbrauchsabhängig abgerechneten Nebenkostenarten im Fall von Leerstand Kostenminderungen ergeben. Beides wird hier aus Vereinfachungsgründen nicht berücksichtigt.

Während das Grundstück und die Bausubstanz ausschließlich mit Eigenkapital finanziert werden, wird zur Finanzierung der Baumaßnahmen eine KfW-Hypothek aus dem Programm Energieeffizient Sanieren mit 30 Jahren Laufzeit in Höhe von 2.559.450 EUR aufgenommen. Während der 10-jährigen anfänglichen Zinsbindung gilt ein Zinssatz von 0,75 %. Danach unterbreitet die KfW ein Prolongationsangebot, das die zukünftigen Refinanzierungsbedingungen am Kapitalmarkt widerspiegelt. In unserer Rechnung wird angenommen, dass das Hypothekendarlehen ab dem Jahr 11 mit 4,0 % zu verzinsen ist.

Das Gebäude erfüllt nach der Modernisierung die Voraussetzungen für den Tilgungszuschuss (»KfW-Effizienzhaus 115« gemäß EnEV). Daraus ergibt sich eine Reduktion der Restschuld um 12,5 % oder 319.931 EUR. Die Anfangstilgung des KfW-Darlehens beträgt wegen der fünf tilgungsfreien Anlaufjahre 0 %. Die offene Restschuld (1.435.592 EUR) wird in einer Summe zurückgezahlt, wenn die die Immobilien nach 15 Jahren verkauft werden (annahmegemäß ohne Vorfälligkeitsentschädigung).

Die nachfolgende Tabelle zeigt den Restschuldverlauf des zur Finanzierung eingesetzten zinsverbilligten Annuitätendarlehens:

Annuitätendarlehen: Restschuldverlauf

t	Restschuld	Zinsen	Tilgung	Annuität
	in EUR	in EUR	in EUR	in EUR
1	2.559.450	19.195,88	0	19.195,88
2	2.239.519	16.796,39	0	16.796,39
3	2.239.519	16.796,39	0	16.796,39
4	2.239.519	16.796,39	0	16.796,39
5	2.239.519	16.796,39	0	16.796,39
6	2.239.519	16.796,39	95.511	112.307,64
7	2.144.008	16.080,06	96.228	112.307,64
8	2.047.780	15.358,35	96.949	112.307,64
9	1.950.831	14.631,23	97.676	112.307,64
10	1.853.154	13.898,66	98.409	112.307,64
11	1.754.745	70.189,81	58.924	129.114,15
12	1.695.821	67.832,84	61.281	129.114,15

t	Restschuld	Zinsen	Tilgung	Annuität
	in EUR	in EUR	in EUR	in EUR
13	1.634.540	65.381,58	63.733	129.114,15
14	1.570.807	62.832,28	66.282	129.114,15
15	1.504.525	60.181,00	68.933	129.114,15

Darlehen: Grunddaten

Fremdkapital in EUR	2.559.450
TZZ in EUR	319.931
i_{eff} in %	–0,12
i t_1 in %	0,75
i t_{11} in %	4,00
Anfangstilgung in %	0,00
Tilgung t_6 in %	4,26
Tilgung t_{11} in %	3,36
Ann t_1 in EUR	19.195,92
Ann $t_{2\,bis}\,t_5$ in EUR	16.796,40
Ann t_6 bis t_{10} in EUR	112.307,64
Ann t_{11} bis t_{15} in EUR	129.114,15
i_{Ref} in %	1,25
Zinsermäßigung p. a. in EUR	24.382,58

Der Effektivzins des KfW-Darlehens (–0,12 %) ergibt sich, indem man die effektiv zu zahlenden Zinsbeträge unter Berücksichtigung des Tilgungszuschusses TZZ auf die jeweilige Restschuld des Darlehens bezieht. Der Effektivzins wird für die Berechnung der Zinsermäßigung benötigt.[66] Die Annuität entwickelt sich wegen der tilgungsfreien Anlaufjahre, des Tilgungszuschusses und des Ablaufs der Zinsbindung nach 10 Jahren in vier Phasen ansteigend.

Die Auswirkungen des energetischen Modernisierungspaketes auf den Cashflow aus der Wohnsiedlung sind vielschichtig. Die Miete steigt wegen der Modernisierungsum-

66 Berechnung der Zinsermäßigung: 1.779.750 EUR × (1,25 – (–0,12)) / 100 = 24.382,58 EUR. Die Zinsermäßigung darf nur auf die umlegbaren Kosten bezogen werden, also auf 1.779.750 EUR, und nicht etwa auf die Gesamtkosten der Baumaßnahmen in Höhe von 2.559.450 EUR.

lage, und zwar auch unter Berücksichtigung der Zinsermäßigung. Der weitere Verlauf der Mieteinnahmen hängt von den getroffenen Annahmen über die Dynamisierung des Mieteinnahmenstroms, über die Fluktuation, die Erlösschmälerungen und über die Entwicklung der Vergleichsmiete nach Modernisierung ab. All diese Faktoren sind natürlich von den vorausgegangenen Maßnahmen geprägt: Die Modernisierung beeinflusst die zukünftigen Mieterhöhungsmöglichkeiten ebenso wie die Entwicklung von Fluktuation und Leerständen in der Siedlung.

Auch die sonstigen Komponenten des Cashflows unterliegen den Folgen der Modernisierungsmaßnahmen. Konkret erwarten wir eine wesentliche Verringerung der laufenden Instandhaltungskosten (4,00 EUR pro m^2 und Jahr statt 11,00 EUR bei der Inst-Alternative), einen günstigen Einfluss auf die Wertentwicklung und eine spürbare Absenkung der Heiz- und sonstigen Nebenkosten (1,63 EUR pro m^2 und Monat statt 2,00 EUR).

Betrachten wir nun die Entwicklung von Mieteinnahmen und Cashflow bei der Inst-Alternative. Die neue Istmiete eines jeden Jahres erhält man, indem man die Differenz zwischen der Neuvermietungsmiete (die wie die Vergleichsmiete annahmegemäß um 1,1 % jährlich gesteigert wird) und der Istmiete nach Anpassung gemäß § 558 BGB (Mieterhöhung auf die ortsübliche Vergleichsmiete) mit der Fluktuationsrate und mit 0,5 multipliziert (das ist dann die zusätzliche Einnahme pro Monat und m^2 von den neu hinzugekommenen Mietern, wobei die Multiplikation mit 0,5 der Annahme Rechnung trägt, dass die Fluktuation sich gleichmäßig übers Jahr verteilt) und diese Zusatzeinnahme dann zur Istmiete nach Anpassung addiert (siehe die Tabelle auf der folgenden Seite).

Die Anpassung der Miete gemäß § 558 BGB wurde wie folgt ermittelt: Wenn die Vergleichsmiete über der Istmiete vor Anpassung liegt, dann wird die Differenz zur Vergleichsmiete durch drei geteilt. Es wird also nicht die gesamte Differenz sofort auf die Miete aufgeschlagen, sondern die Anpassung wird annahmegemäß lediglich für ein Drittel der Wohnungen vorgenommen bzw. über 3 Jahre verteilt.

Die neue Istmiete pro Monat und m^2 wird für die Berechnung der jährlichen Cashflows übernommen. Die Verwaltungskosten (anfänglich 370 EUR je Wohneinheit) werden ebenso wie die Instandhaltungskosten (anfänglich 11 EUR pro m^2) und die Kosten für das Herrichten von Wohnungen nach Auszügen mit 1,5 % im Jahr gesteigert.

Die Kosten für das Herrichten einer Leerwohnung (KHL) liegen bei der Inst-Alternative mit 3.000 EUR um 40 % niedriger als bei der Mod-Alternative. Bei einer Fluktuationsrate von 12 % im Jahr 2 ergibt sich beispielhaft für t_2:

$KHL_2 = 100\ WE \times 3.000\ EUR \times 0{,}12 \times 1{,}015 = \mathbf{36.540\ EUR}$

Neue Ist-Miete: 4,99 EUR + [(5,46 EUR – 4,99 EUR) × 0,10 × 0,50] = 5,01 EUR

t	Vergleichsmiete ohne Mod.	Ist-Miete vor Anpassung		Anpassung § 558		Ist-Miete nach Anpassung	Neuvermietungs-miete	Fluktuation in %	Neue Ist-Miete	Nebenkosten	Leerstand abs.
0	5,10	4,90				4,90	5,40	10,0	4,90	2,00	2
1	5,16	4,90	+	0,09	=	4,99	5,46	10,0	5,01	2,04	3
2	5,21	5,01	+	0,07	=	5,08	5,52	12,0	5,10	2,07	3
3	5,27	5,10	+	0,06	=	5,16	5,58	15,0	5,18	2,11	4
4	5,33	5,18	+	0,05	=	5,23	5,64	15,0	5,26	2,15	4
5	5,39	5,26	+	0,04	=	5,30	5,70	10,0	5,33	2,19	5
6	5,45	5,33	+	0,04	=	5,37	5,77	10,0	5,39	2,23	5
7	5,51	5,39	+	0,04	=	5,43	5,83	10,0	5,45	2,27	5
8	5,57	5,45	+	0,04	=	5,49	5,89	10,0	5,51	2,31	5
9	5,63	5,51	+	0,04	=	5,55	5,96	10,0	5,57	2,35	5
10	5,69	5,57	+	0,04	=	5,61	6,02	10,0	5,63	2,39	5
Zeitindex	+1,1 % jährlich	Neue Ist-Miete des jeweiligen Vorjahres		(Vergleichsmiete– Ist-Miete vor Anp.) / 3			+1,1 % jährlich	Unabhängig vorgegeben		+1,8 jährlich	Unabhängig vorgegeben

Das Mietausfallwagnis MAW entspricht dem Produkt aus durchschnittlicher Bruttomiete und der Anzahl der leer stehenden Wohnungen. Für t_1 ergibt sich:

MAW_1 = (5,01 EUR + 2,04 EUR) × 3 WE × 12 Monate × 60 m^2 = **15.140 EUR**[67]

t	Miete	Ann.	Verw.		Inst.halt		Herrichten LeerWE		Ausfall		Bew.	CF
1	360.653*	19.018	37.000	+	66.000	+	30.000	+	15.217	=	148.217	193.418
2	367.136	19.018	37.555	+	66.990	+	36.540	+	15.491	=	156.576	191.542
3	373.073	19.018	38.118	+	67.995	+	46.360	+	21.000	=	173.473	180.582
...				+		+		+		=		
13	418.849	19.018	44.238	+	78.911	+	35.869	+	30.022	=	189.089	210.792
14	423.454	19.018	44.901	+	80.094	+	36.407	+	30.415	=	191.818	212.618
15	428.111	19.018	45.575	+	81.296	+	36.953	+	30.815	=	194.638	214.455

Miete: 5,01 EUR × 12 Monate × 6.000 m^2
Verwaltungskosten: 370 EUR × 100 WE (+ 1,5 %)
Instandhaltungskosten: 11 EUR × 6.000 m^2 (+ 1,5 %)

t	A_0/R_{15}	Wertsteigerung	Wertentwicklung	CF	Abzinsungsfaktor	Barwerte	IKV1
	EUR	EUR	EUR	EUR		EUR	
0	−3.940.650		4.500.000	0	1,0000	−3.940.650	−3.940.650
1		−22.500	4.477.500	193.418	0,9535	184.421	193.418
2		−22.388	4.455.113	191.542	0,9091	174.137	191.542
3		−22.276	4.432.837	180.582	0,8668	156.537	180.582
...				...			...
13		−21.187	4.216.116	210.792	0,5384	113.484	210.792
14		−21.081	4.195.036	212.618	0,5133	109.142	212.618
15	4.174.060	−20.975	4.174.060	214.455	0,4894	1.964.862	4.014.455
						0	0,0487846

Die Anfangsauszahlung der Investition in Höhe von 3,94 Mio. EUR ergibt sich aus dem Wert des Bodens plus dem Wert der Bausubstanz. Sie entspricht dem einge-

67 Es treten Rundungsdifferenzen auf. Miete und Nebenkosten pro m^2 und Monat betragen genau 7,045068 EUR, sodass das genaue Ergebnis 15.217 EUR beträgt.

setzten Eigenkapital. Die Kosten für die Beseitigung des aufgelaufenen Instandhaltungsstaus werden mit einem privaten Hypothekendarlehen finanziert. Die nachfolgende Tabelle zeigt den Restschuldverlauf des entsprechenden Annuitätendarlehens:

Annuitätendarlehen: Restschuldverlauf

t	Restschuld	Zinsen	Tilgung	Annuität
	EUR	EUR	EUR	EUR
1	559.350	7.831	11.187	19.018
2	548.163	7.674	11.344	19.018
3	536.819	7.515	11.502	19.018
4	525.317	7.354	11.663	19.018
5	513.653	7.191	11.827	19.018
6	501.827	7.026	11.992	19.018
7	489.834	6.858	12.160	19.018
8	477.674	6.687	12.330	19.018
9	465.344	6.515	12.503	19.018
10	452.841	6.340	12.678	19.018
11	440.163	6.162	12.856	19.018
12	427.307	5.982	13.036	19.018
13	414.271	5.800	13.218	19.018
14	401.053	5.615	13.403	19.018
15	387.650	5.427	13.591	19.018
16	374.059			

Darlehen: Grunddaten

Fremdkapital in EUR	559.350
i t_0 in %	1,4
Anfangstilgung in %	2,0
Annuität in EUR	19.018
Restschuld in EUR	374.059

Die Exit Cap Rate (Ausstiegsrendite) wurde mit 5,59% leicht niedriger veranschlagt als bei der Mod-Alternative mit 5,75%.[68] Allerdings ist der Abstand zur Nettoanfangsrendite bei der Inst-Alternative deutlich geringer. Es ergibt sich eine durchschnittliche jährliche Wertminderung während der Haltedauer von 0,5% und ein Veräußerungserlös von 4.174.060 EUR ([CF_{15} + Kapitalkosten im Jahr 15] / Ausstiegsrendite). Unter Berücksichtigung des Veräußerungserlöses ergibt sich für die Inst-Alternative eine interne Verzinsung vor Steuern von 4,88%. Bei einem Kalkulationszins von 8,0% (Mod-Alternative 7,0%) beträgt der Kapitalwert –1.049.990 EUR. Damit ist die Inst-Alternative schlechter zu bewerten als der sofortige Verkauf der Siedlung im unsanierten Zustand. Bleibt noch die Prüfung der wirtschaftlichen Vorteilhaftigkeit der Mod-Alternative.

Beginnen wir auch bei der Mod-Alternative mit der Betrachtung des Verlaufs der Mieteinnahmen und des Cashflows. Die neue Istmiete eines jeden Jahres erhält man, indem man die Differenz zwischen der Neuvermietungsmiete und der Istmiete nach Anpassung gemäß § 558 BGB (die Vergleichsmiete wird nun mit 1,4 statt mit 1,1% jährlich gesteigert) mit der Fluktuationsrate und mit 0,5 multipliziert und diese Zusatzeinnahme dann zur Istmiete nach Anpassung addiert (siehe die Tabelle auf der folgenden Seite).

Die Anpassung der Miete gemäß § 558 BGB wird wie gehabt lediglich für ein Drittel der Wohnungen vorgenommen bzw. über 3 Jahre verteilt.

Die neue Istmiete pro Monat und m^2 wird für die Zwecke der Berechnung der jährlichen Cashflows übernommen. Die Verwaltungskosten (anfänglich 370 EUR je Wohneinheit) werden mit 1,5% im Jahr gesteigert, ebenso die Instandhaltungskosten (anfänglich 4,00 EUR pro m^2 und Jahr) und die Kosten für das Herrichten von Wohnungen nach Auszügen. Bei Kosten für das Herrichten einer Leerwohnung von 5.000 EUR betragen die Kosten für die gesamte Siedlung im Jahr 1 75.000 EUR (siehe oben). Das Mietausfallwagnis entspricht wie bereits dargelegt dem Produkt aus durchschnittlicher Bruttomiete und der Anzahl der leerstehenden Wohnungen.

68 Die Einstiegsrendite der Inst-Alternative liegt bei 4,72% ([CF1 + Kapitalkosten im Jahr 1] / [Anfangsauszahlung + Instandsetzungskosten] × 100). Die entsprechenden Vervielfältiger betragen 17,39 für die Mod- bzw. 14,29 für die Inst-Alternative.

							Neue Ist-Miete: 6,54 EUR + [(7,33 EUR – 6,54 EUR) × 0,15 × 0,50] = 6,60 EUR				
t	Vergleichsmiete mit Mod.	Ist-Miete vor Anpassung		Anpassung § 558		Ist-Miete nach Anpassung	Neuvermietungsmiete	Fluktuation in %	Neue Ist-Miete	Nebenkosten	Leerstand abs.
0	6,00	6,54				6,54	7,20	10,0	6,54	2,00	1
1	6,08	6,54	+	0,00	=	6,54	7,33	15,0	6,60	1,63	1
2	6,17	6,60	+	0,00	=	6,60	7,46	8,0	6,63	1,66	1
3	6,26	6,63	+	0,00	=	6,63	7,60	6,0	6,66	1,69	0,5
4	6,34	6,66	+	0,00	=	6,66	7,73	6,0	6,69	1,72	0,5
5	6,43	6,69	+	0,00	=	6,69	7,87	8,0	6,74	1,75	0,5
6	6,52	6,74	+	0,00	=	6,74	8,01	8,0	6,79	1,78	0,5
7	6,61	6,79	+	0,00	=	6,79	8,16	10,0	6,86	1,81	0,5
8	6,71	6,86	+	0,00	=	6,86	8,30	10,0	6,93	1,85	0,5
9	6,80	6,93	+	0,00	=	6,93	8,45	10,0	7,01	1,88	0,5
10	6,89	7,01	+	0,00	=	7,01	8,61	10,0	7,09	1,91	0,5
Zeitindex	+1,4 % jährlich	Neue Ist-Miete des jeweiligen Vorjahres		(Vergleichsmiete – Ist-Miete vor Anp.) / 3			+1,8 % jährlich	Unabhängig vorgegeben		+1,8 jährlich	Unabhängig vorgegeben

* 6,60 EUR × 12 Monate × 6.000 m²												
t	Miete	Ann.	Verw.		Inst.halt		Herrichten LeerWE		Ausfall		Bew.	CF
1	475.067*	19.196	37.000	+	24.000	+	75.000	+	5.923	=	141.923	313.948
2	477.554	16.796	37.555	+	24.360	+	40.600	+	5.969	=	108.484	352.273
3	479.634	16.796	38.118	+	24.725	+	30.907	+	3.006	=	96.756	366.082
…				+		+		+		=		
13	529.217	129.114	44.238	+	28.695	+	59.781	+	3.372	=	136.086	264.017
14	536.030	129.114	44.901	+	29.125	+	60.678	+	3.420	=	138.124	268.792
15	543.101	129.114	45.575	+	29.562	+	61.588	+	3.468	=	140.193	273.794

Der Cashflow-Verlauf wird wesentlich von der Entwicklung der Kapitalkosten bestimmt. Der Rückgang in t_6 ist ebenso wie der zu Beginn des elften Jahres der Haltedauer auf die spezifische Konditionengestaltung des KfW-Darlehens zurückzuführen (Einsetzen der Tilgung bzw. Erhöhung des Darlehenszinses auf ein marktübliches Niveau).

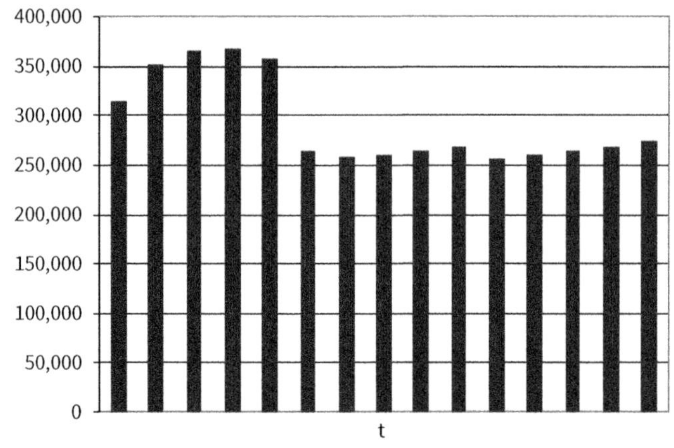

Abb. 11.2: Cashflow-Verlauf der Mod-Alternative

t	A_0/R_{15}	Wertsteigerung	Wertentwicklung	CF	Abzinsungsfaktor	Barwerte	IKV1
	in EUR	in EUR	in EUR	in EUR		in EUR	
0	–3.940.650		6.500.100		1,0000	–3.940.650	–3.940.650
1		32.500	6.532.601	313.948	0,9163	287.677	313.948

t	A_0/R_{15}	Wertsteigerung	Wertentwicklung	CF	Abzinsungsfaktor	Barwerte	IKV1
	in EUR	in EUR	in EUR	in EUR		in EUR	
2		32.663	6.565.264	352.273	0,8396	295.783	352.273
3		32.826	6.598.090	366.082	0,7694	281.656	366.082
...				...			...
13		34.505	6.935.517	264.017	0,3211	84.770	264.017
14		34.678	6.970.195	268.792	0,2942	79.082	268.792
15	7.005.046	34.851	7.005.046	273.794	0,2696	1.575.294	5.843.248
						0	0,0913218

Die Anfangsauszahlung der Investition in Höhe von 3,94 Mio. EUR ergibt sich aus dem Wert des Bodens plus dem Wert der Bausubstanz. Sie entspricht betragsmäßig dem Eigenkapitaleinsatz des Investors. Die Kosten für die Modernisierung und Instandsetzung gehen nicht in die Anfangsauszahlung ein, während die laufenden Zins- und Tilgungszahlungen bei der Ermittlung der jährlichen Rückflüsse aus dem Projekt in Abzug gebracht werden (Eigenkapitalperspektive).

Die Exit Cap Rate (Ausstiegsrendite) in Höhe von 5,75% wurde ermittelt, indem 12% auf die Entry Cap Rate (Einstiegsrendite) in Höhe von 5,13% ([CF_1 + Kapitalkosten im Jahr 1] / [Anfangsauszahlung + Modernisierungskosten] × 100) aufgeschlagen wurden. Daraus ergibt sich eine durchschnittliche jährliche Wertsteigerung während der Haltedauer von 0,5% und ein Veräußerungserlös von 7.005.046 EUR ([CF_{15} + Kapitalkosten im Jahr 15] / Ausstiegsrendite). Unter Berücksichtigung des Veräußerungserlöses und der Restschuld des KfW-Darlehens[69] erhalten wir für die Mod-Alternative eine interne Verzinsung vor Steuern von 9,13% – deutlich mehr als der für die Inst-Alternative ermittelte Wert von 4,88%. Der Kapitalwert bei einem Kalkulationszins von 7% beträgt 830.761 EUR. Damit ist die Mod-Alternative auch einem sofortigen Verkauf im unsanierten Zustand gegenüber vorteilhaft.

Die Entscheidung für die Mod-Alternative führt zu einer grundsätzlichen Veränderung aller Zahlungsströme aus der Wohnsiedlung. Die Mieteinnahmen je m^2 und Monat liegen anfänglich bei 6,60 EUR und steigen bis t_{15} auf 8,09 EUR (gegenüber 5,01 EUR bzw. 6,28 EUR bei der Inst-Alternative). Ebenfalls günstig auf das Niveau und die Entwicklung des Cashflows aus der Investition wirkt sich die spürbare Absenkung der

69 Der Betrag von 6.256.240 EUR, der in die IKV-Berechnung eingeht, setzt sich aus dem Verkaufserlös (6.969.321 EUR) und dem laufenden Cashflow des Jahres 15 (205.479 EUR) vermindert um die Restschuld des KfW-Darlehens (918.560 EUR) zusammen.

Bewirtschaftungskosten auf 130.157 EUR in t_{10} bzw. 140.193 EUR in t_{15} aus (gegenüber 180.944 EUR bzw. 194.638 EUR bei der Inst-Alternative). Schließlich liegt auch der Veräußerungserlös bei der Mod-Alternative wesentlich höher (7.005.046 EUR gegenüber 4.174.060 EUR). Diesen Vorteilen stehen die höheren Kapitalkosten bei der Mod-Alternative gegenüber. Sie weisen bei dieser Alternative einen vierstufigen Verlauf auf (Abzug des Tilgungszuschusses von der Restschuld, Einsetzen der Tilgung in t_6, Marktzins ab t_{11}). Dieser Verlauf prägt auch den Cashflow aus der Mod-Alternative.

Alles in allem stellt sich die energetische Modernisierung der Siedlung eindeutig als die wirtschaftlichste Alternative dar. Ihr interner Zinsfuß liegt sehr deutlich über dem der Inst-Alternative und damit ist das Kriterium der relativen Vorteilhaftigkeit ($IRR_{Mod} > IRR_{Inst}$) erfüllt. Bei einem Kalkulationszins von 7,0 (Mod) ist die Investition auch absolut vorteilhaft: $IRR_{Mod} > RRR$, die Inst-Alternative ist dagegen weder bei dem risikogerechten Kalkulationszins von 8,0 % noch bei dem niedrigeren Kalkulationszins der Mod-Alternative absolut vorteilhaft (IRR = 4,88 %). Sollte die geforderte Mindestverzinsung des Eigenkapitals vor Steuern (Mod-Alternative) allerdings höher als 9,1 % liegen, so ist die Siedlung zum angenommenen Preis von 3.940.650 EUR zu verkaufen. Der Kapitalwert wäre dann negativ.

Die Nachsteuerrenditen der beiden Alternativen können nach demselben Verfahren wie in Fallstudie 3 bestimmt werden. Zur Ermittlung der Einkünfte aus VuV sind von den Mieteinnahmen die Zinsaufwendungen, die Bewirtschaftungskosten, die Abschreibungsbeträge und der sofort abziehbare Instandsetzungsaufwand abzuziehen. Wir nehmen an, dass es sich bei der Mod-Alternative trotz des Bündels an Modernisierungsmaßnahmen noch um sofort abziehbaren Erhaltungsaufwand im Hinblick auf das BMF-Schreiben vom 18.7.2003[70] handelt.[71]

Für das erste Jahr der Haltdauer ergeben sich folgende Einkünfte für die beiden Alternativen:

Mod-Alternative

	Miete	474.067 EUR
–	Zinsaufwand	19.196 EUR
–	Bewirtschaftungskosten	141.923 EUR

70 IV C 3 – S 2211 – 94/03.

71 In der Praxis würde ein so umfangreiches Bündel von Modernisierungsmaßnahmen wahrscheinlich zu Diskussionen mit dem Finanzamt führen. In unserer Fallstudie werden allerdings nur zwei der vier von der Finanzverwaltung benannten zentralen Ausstattungsmerkmale grundlegend modernisiert (Heizung und Fenster). Die Elektroarbeiten werden nur im Hausflur und nicht im gesamten Objekt durchgeführt und die Verbesserung der Gebäudedämmung kann man im Zusammenhang mit der Erneuerung der Heizung sehen, sodass wir hier von sofort abziehbarem Erhaltungsaufwand ausgehen können; es bleibt trotz der Modernisierung beim vermutlich mittleren Standard. Siehe dazu auch Rosarius 2006.

–	Abschreibung	56.413 EUR
–	Instandsetzung	2.559.450 EUR
=	**Einkünfte aus VuV**	**-2.301.915 EUR**

Inst-Alternative

	Miete	360.653 EUR
–	Zinsaufwand	7.831 EUR
–	Bewirtschaftungskosten	148.217 EUR
–	Abschreibung	56.413 EUR
–	Instandsetzung	559.350 EUR
=	**Einkünfte aus VuV**	**-411.158 EUR**

Die »zu zahlende Einkommensteuer« ergibt sich aus der Multiplikation der Einkünfte aus VuV des jeweiligen Jahres mit dem Ertragsteuersatz von 30 %. Für das Jahr 1 ergibt sich bei der Mod-Alternative eine Steuerersparnis in Höhe von 690.574 EUR. Bei der Inst-Alternative beträgt die Ersparnis in diesem Jahr 123.347 EUR.

Es wird in beiden Fällen – steuerschonend – angenommen, dass der jeweilige Buchgewinn (3.854.178 EUR bei der Mod- bzw. 1.023.192 EUR bei der Inst-Alternative) auf eine Ersatzimmobilie übertragen wird, die dann über 50 Jahre linear mit 2 % abgeschrieben wird. Für diese 50 Jahre ergeben sich Abschreibungsminderungen von jährlich 77.084 EUR bzw. 20.464 EUR, die als Folgeinvestition dem Zahlungsstrom der Investition zuzurechnen sind.

Auch aus dem Vergleich der Nachsteuerrenditen ergibt sich eine klare Priorität für die Mod-Alternative. Diese schneidet mit einer IRR nach Steuern in Höhe von 8,91 % deutlich besser ab als die Inst-Alternative, die in der Nachsteuerbetrachtung nur noch auf eine interne Rendite von 3,89 % kommt. Für die Mod-Alternative ergibt sich bei einem Kalkulationszins von 5,0 % nach Steuern ein positiver Kapitalwert in Höhe von 1,47 Mio. EUR, während die Inst-Alternative bei einem Kalkulationszins von 5,5 % zu einem negativen Kapitalwert in Höhe von rund 0,6 Mio. EUR führt.

Abgesehen von der Wirtschaftlichkeit im engeren Sinne sprechen weitere Argumente für die Modernisierungsalternative:

- Das Instandhaltungsrisiko (ungeplante Maßnahmen) ist bei der Inst-Alternative höher einzuschätzen.
- Eine modernisierte Siedlung hat günstige Auswirkungen auf ihre Umgebung und den gesamten Stadtteil (zum Beispiel Grundstückswerte, soziale Stabilität).

- Das Image des Unternehmens wird durch die Modernisierung günstig beeinflusst.
- Durch die Begründung von Wohnungseigentum können gegebenenfalls zusätzliche Werte geschaffen werden.[72]

11.4 Fallstudie 5: Neubau einer Wohnanlage mit Sozialwohnungen in Nordrhein-Westfalen

Wir gehen davon aus, dass die Wohnanlage aus Fallstudie 1 im Rahmen der sozialen Wohnraumförderung in Nordrhein-Westfalen errichtet werden soll. Die Einzelheiten der Förderung sind in den Wohnraumförderungsbestimmungen (WFB) geregelt.[73] Für unsere Zwecke sind insbesondere folgende Regelungen von Bedeutung:

- Es gibt zwei Einkommensgruppen A und B. In der Einkommensgruppe B dürfen die einschlägigen Einkommensgrenzen um bis zu 40 % überschritten werden (WFB Nr. 1.2 b)).
- Der Eigenkapitalanteil muss mindestens 20 % betragen (WFB Nr. 1.6.2.1 a)).
- Die Dauer der Belegungsbindung kann 20 oder 25 Jahre betragen (WFB Nr. 2.3.1).
- Die höchstens zulässige Miete während der Belegungsbindung ergibt sich aus der nachfolgenden Tabelle (WFB Nr. 2.4.1):[74]

Mietniveau	Einkommensgruppe A	Einkommensgruppe B
	in EUR pro m^2 und Monat	in EUR pro m^2 und Monat
M 1	4,60	5,45
M 2	5,00	5,85
M 3	5,55	6,30
M 4	6,20	7,00
M4+	6,80	7,60

- Die Miete für die Einkommensgruppe B muss die für eine gleichwertige Neubauwohnung zu erzielende Miete um mindestens 20 % unterschreiten. Mieterhöhungen auf die höhere Vergleichsmiete sind möglich, aber nur bis zu einer Obergrenze von 1,5 % im Jahr bezogen auf die ursprüngliche Bewilligungsmiete (WFB Nr. 2.4.1 u. 2.4.2).

72 Der Vertrieb als Eigentumswohnung kommt nur bei der Mod-Alternative infrage, da die Wohnungen in unmodernisiertem Zustand kaum als Eigentumswohnungen vermarktbar sein dürften.

73 Wohnraumförderungsbestimmungen (WFB), RdErl. d. Ministeriums für Bauen und Verkehr – IV A 2 – 2010-02/06 vom 26.1.2006 – zuletzt geändert durch RdErl. vom 29.1.2018 – 402-2010-03/18 –

74 Für Wohnungen in den Städten Bonn, Düsseldorf, Köln und Münster darf abweichend von den Tabellenwerten höchstens eine monatliche Miete von 6,25 EUR (Einkommensgruppe A) und 7,15 EUR (Einkommensgruppe B) pro m2 Wohnfläche festgesetzt werden.

- Die Förderung wird in der Form von Baudarlehen als Pauschale je m^2 Wohnfläche gewährt (WFB Nr. 2.5.1). Die Höhe der Pauschalen ergibt sich aus folgender Tabelle:

Mietniveau	Einkommensgruppe A		Einkommensgruppe B		Tilgungsnachlass
	Neubau	Neuanschaffung	Neubau	Neuanschaffung	
	in EUR	in EUR	in EUR	in EUR	in %
M 1	1.250	900	550	410	10
M 2	1.450	1.050	700	530	10
M 3	1.680	1.210	1.000	750	15
M 4	1.850	1.350	1.250	900	25
M4+	1.950	1.450	1.300	950	25

- Das Baudarlehen ist für die Dauer der Zweckbindung bei der Förderung in Gemeinden der Mietniveaus 1 und 2 mit 0,5 % und bei der Förderung in Gemeinden der Mietniveaus 3 und 4 mit 0 % bis zum Ablauf des zehnten Jahres (danach mit 0,5 %) zu verzinsen. Das Baudarlehen ist mit jährlich 1 % oder auf Antrag jährlich mit 2 % unter Zuwachs der durch die fortschreitende Tilgung ersparten Zinsen zu tilgen. Für das Baudarlehen ist ein einmaliger Verwaltungskostenbeitrag von 0,4 % des Baudarlehens und ab Leistungsbeginn ein laufender Verwaltungskostenbeitrag von 0,5 % des Baudarlehens zu zahlen. Nach Tilgung des Baudarlehens um 50 % wird der Verwaltungskostenbeitrag vom halben Darlehensbetrag erhoben; Zinsen, Tilgungen und Verwaltungskostenbeiträge sind halbjährlich an die Wohnungsbauförderungsanstalt zu entrichten (WFB Nr. 7.1).
- Zusatzdarlehen werden gegebenenfalls gewährt für kleine Wohnungen, Aufzüge, Standortaufbereitung sowie für behindertengerechten Wohnraum.
- Für die Förderdarlehen kann auf Antrag ein anteiliger Tilgungsnachlass (Teilschulderlass) gewährt werden (WFB Nr. 7.6, siehe Tabelle)

Wir konkretisieren die Annahmen in folgender Weise: Wir nehmen an, dass eine Wohnanlage mit Sozialwohnungen in einer Gemeinde mit dem Mietniveau M3 errichtet wird. Zielgruppe ist die Einkommensgruppe A (Darlehensgrundpauschale: 1.680 EUR/m^2, Höchstmiete: 5,55 EUR/m^2 und Monat). Der Eigenkapitalanteil liegt unter teilweiser Anrechnung des Tilgungsnachlasses bei über 20 %. Die Dauer der Belegungsbindung wird auf 20 Jahre festgelegt. Gebaut werden sollen 30 Wohnungen, davon 20 Kleinwohnungen.

I.	**Grunddaten**	
	Wohnfläche gesamt in m^2	2.000
	Anzahl Wohneinheiten	30
	Zins für öffentliches Darlehen in %	0,0
	Laufender Verwaltungskostenbeitrag öffentliches Darlehen in %	0,5
	Verwaltungskosten je Wohneinheit in EUR	370
	Instandhaltungskosten je m^2 in EUR	8,62
	Mietausfall in % der Miete	2,0
	Gesamtkosten in EUR	4.153.625
	Nutzungsdauer in Jahren	20
II.	**Finanzierungsstruktur**	
	Eigenkapital in EUR	**632.765**
	Öffentliche Baudarlehen	3.520.860
	Gesamtkosten in EUR	4.153.625
III.	**Laufende Auszahlungen (»Aufwendungen«) im ersten Jahr**	
A.	**Kapitalkosten**	
	Belastung aus den Baudarlehen in EUR	45.071
B.	**Bewirtschaftungskosten in EUR**	31.004
IV.	**Mieteinnahmen pro Jahr gesamte Wohnanlage in EUR**	133.200
	EUR pro Monat und m^2 EUR	5,55

Der Darlehensbetrag für die öffentlichen Baudarlehen setzt sich wie folgt zusammen:

Baudarlehen	**Berechnung**	**Beträge in EUR**	**Tilgungsnachlass je 15 % in EUR**
Grundpauschale	2.000 m^2 × 1.680 EUR	3.360.000	504.000
Zusatzdarlehen			
Kleinwohnungen	20 WE × 5.000 EUR	100.000	15.000
Aufzug	30 WE × 2.500 EUR	75.000	11.250
Gesamt		3.535.000	530.250

Zur Auszahlung gelangen 99,6% von 3.535.000 EUR (3.520.860 EUR). Die Restschuld ab Leistungsbeginn beträgt 3.004.750 EUR (3.535.000 EUR – 530.250 EUR). 50% des Tilgungsnachlasses (entspricht 265.125 EUR) können fördertechnisch als zusätzliches Eigenkapital angesetzt werden, sodass die Mindesteigenkapitalanforderung in Höhe von 20% der Gesamtkosten erfüllt ist.

Die Nutzungsdauer stimmt mit der Dauer der Belegungsbindung überein. Die Wohnungen unterliegen zum Zeitpunkt des Verkaufs also wieder dem allgemeinen Preisrecht (einschließlich der Kappungsgrenze). Für den Cashflow ist von Bedeutung, dass die Kapitalkosten (wegen der Zinssubvention) sowie die Mieteinnahmen (wegen der Preisbindung) deutlich niedriger ausfallen als bei einem vergleichbaren frei finanzierten Objekt ohne besondere Preisbindungen und Förderungen.

In Bezug auf die Einstiegs- und Ausstiegsrenditen und die Wertentwicklung ergibt sich folgendes Bild: Die anfängliche Cap Rate liegt jetzt wegen der niedrigen Mieteinnahmen nur bei 2,46%. Die Exit Cap Rate zum Liquidationszeitpunkt beträgt annahmegemäß 3,6%. Legt man diese Ausstiegsrendite zugrunde, so ergibt sich ein erwarteter Netto-Liquidationserlös von 3.765.589 EUR. Das entspricht einer jährlichen Wertminderung um rund 0,5%. Der Ausstiegsvervielfältiger liegt knapp unter 28 und der Mietvervielfältiger zum Ausstiegszeitpunkt bei 21,3.

Das öffentliche Annuitätendarlehen weist folgenden Restschuldverlauf auf:

Fallstudie 5: Restschuldverlauf öffentliches Darlehen

t	Restschuld	Zinsen	Verwaltung	Tilgung	Belastung
	in EUR	in EUR	in EUR	in EUR	in EUR
1	3.004.750	0	15.024	30.048	45.071
2	2.974.703	0	15.024	30.048	45.071
3	2.944.655	0	15.024	30.048	45.071
4	2.914.608	0	15.024	30.048	45.071
5	2.884.560	0	15.024	30.048	45.071
6	2.854.513	0	15.024	30.048	45.071
7	2.824.465	0	15.024	30.048	45.071
8	2.794.418	0	15.024	30.048	45.071
9	2.764.370	0	15.024	30.048	45.071
10	2.734.323	0	15.024	30.048	45.071

t	Restschuld	Zinsen	Verwaltung	Tilgung	Belastung
	in EUR	in EUR	in EUR	in EUR	in EUR
11	2.704.275	13.521	15.024	30.048	58.593
12	2.674.228	13.371	15.024	30.198	58.593
13	2.644.030	13.220	15.024	30.349	58.593
14	2.613.681	13.068	15.024	30.500	58.593
15	2.583.181	12.916	15.024	30.653	58.593
16	2.552.528	12.763	15.024	30.806	58.593
17	2.521.721	12.609	15.024	30.960	58.593
18	2.490.761	12.454	15.024	31.115	58.593
19	2.459.646	12.298	15.024	31.271	58.593
20	2.428.375	12.142	15.024	31.427	58.593
	2.396.948				

Fallstudie 5: Grunddaten öffentliches Darlehen

Darlehensbetrag in EUR	3.004750
Zins t_1 bis t_{10} in %	0,0
Zins t_{11} bis t_{20} in %	0,5
Verwaltungskostenbeitrag in % des Darlehensbetrags	0,5
Anfangstilgung in %	1,0
Annuität t_1 bis t_{10} in EUR (ohne Verwaltungskosten)	30.048
Annuität t_{11} bis t_{20} in EUR (ohne Verwaltungskosten)	43.569

Zum Ende des Planungszeitraums verbleibt eine Restschuld aus dem öffentlichen Förderdarlehen in Höhe von 2.396.948 EUR. Dieser Betrag ist am Ende von t_{20} vom Veräußerungserlös abzuziehen.

Die Entwicklung der Cashflow-Komponenten, die Wertentwicklung der Immobilie sowie die Berechnung von internem Zinsfuß und Kapitalwert zeigt die folgende Tabelle:

t	A_0/R_{20}	Vergleichs-miete	Miete	Wertst.	Wertentw.	Kapital öffentl.	Kapital privat	Kapital gesamt	Verw.	Inst.halt	Ausfall	Bew.	Kosten gesamt	CF	Abz.	Barwerte	NBW	IKV
0	–632.765				4.153.625									0	1,0000	–632.765	–632.765	
1		192.000	133.200	–20.319	4.133.306	45.071	0	45.071	11.100	17.240	2.664	31.004	76.075	57.125	0,9524	54.405	57.125	
2		195.840	135.198	–20.220	4.113.086	45.071	0	45.071	11.267	17.499	2.704	31.469	76.540	58.658	0,9070	53.204	58.658	
3		199.757	137.226	–20.121	4.092.966	45.071	0	45.071	11.435	17.761	2.745	31.941	77.012	60.214	0,8638	52.015	60.214	
4		203.752	139.284	–20.022	4.072.944	45.071	0	45.071	11.607	18.027	2.786	32.420	77.491	61.793	0,8227	50.837	61.793	
5		207.827	141.374	–19.924	4.053.019	45.071	0	45.071	11.781	18.298	2.827	32.907	77.978	63.396	0,7835	49.672	63.396	
6		211.984	143.494	–19.827	4.033.193	45.071	0	45.071	11.958	18.572	2.870	33.400	78.471	65.023	0,7462	48.521	65.023	
7		216.223	145.647	–19.730	4.013.463	45.071	0	45.071	12.137	18.851	2.913	33.901	78.972	66.674	0,7107	47.384	66.674	
8		220.548	147.831	–19.633	3.993.829	45.071	0	45.071	12.319	19.134	2.957	34.410	79.481	68.350	0,6768	46.262	68.350	
9		224.959	150.049	–19.537	3.974.292	45.071	0	45.071	12.504	19.421	3.001	34.926	79.997	70.052	0,6446	45.156	70.052	
10		229.458	152.300	–19.442	3.954.851	45.071	0	45.071	12.692	19.712	3.046	35.450	80.521	71.779	0,6139	44.066	71.779	
11		234.047	154.584	–19.347	3.935.504	58.593	0	58.593	12.882	20.008	3.092	35.981	94.574	60.010	0,5847	35.087	60.010	
12		238.728	156.903	–19.252	3.916.252	58.593	0	58.593	13.075	20.308	3.138	36.521	95.114	61.789	0,5568	34.406	61.789	
13		243.502	159.256	–19.158	3.897.094	58.593	0	58.593	13.271	20.612	3.185	37.069	95.662	63.595	0,5303	33.726	63.595	
14		248.372	161.645	–19.064	3.878.030	58.593	0	58.593	13.470	20.922	3.233	37.625	96.218	65.428	0,5051	33.045	65.428	
15		253.340	164.070	–18.971	3.859.059	58.593	0	58.593	13.672	21.235	3.281	38.189	96.782	67.288	0,4810	32.367	67.288	
16		258.407	166.531	–18.878	3.840.181	58.593	0	58.593	13.878	21.554	3.331	38.762	97.355	69.176	0,4581	31.690	69.176	
17		263.575	169.029	–18.786	3.821.396	58.593	0	58.593	14.086	21.877	3.381	39.344	97.936	71.093	0,4363	31.017	71.093	
18		268.846	171.564	–18.694	3.802.702	58.593	0	58.593	14.297	22.205	3.431	39.934	98.526	73.038	0,4155	30.349	73.038	
19		274.223	174.138	–18.602	3.784.100	58.593	0	58.593	14.511	22.539	3.483	40.533	99.125	75.012	0,3957	29.685	75.012	
20	1.368.641	279.708	176.750	–18.511	3.765.589	58.593	0	58.593	14.729	22.877	3.535	41.141	99.733	77.016	0,3769	544.853	1.445.657	
NBW/IKV																**694.983**	**694.983**	**0,11743986**

Für die Investition in diese Sozialimmobilie ergibt sich unter den getroffenen Annahmen eine interne Verzinsung vor Steuern von 11,7%. Der Kapitalwert beträgt bei einem Kalkulationszins von 5,0% 694.983 EUR. Bei der Einschätzung der Vorteilhaftigkeit dieser Investition darf ihr Risikoprofil nicht außer Acht gelassen werden. Während des Bindungszeitraums sind die Risiken auf der Einnahmen- (Sozialmiete deutlich unter der Vergleichsmiete) wie auch auf der Kostenseite (Festzins des öffentlichen Darlehens im gesamten Zeitraum) gegenüber einer Investition im frei finanzierten Wohnungsbau deutlich reduziert. Entsprechend kann man die geforderte Mindestverzinsung RRR ein Stück weit zurücknehmen.

Zusammenfassung

Abgesehen von der steuerlichen Förderung sind für Wohnungsbauinvestitionen insbesondere die Kreditprogramme der Kreditanstalt für Wiederaufbau (KfW) und die Soziale Wohnraumförderung von Bedeutung.

Das KfW-Kreditprogramm Energieeffizient Sanieren gewährt besonders günstige Zinskonditionen und gestaffelte Tilgungszuschüsse. Die KfW-Kredite bieten eine relativ große Wahlfreiheit in Bezug auf die Laufzeit, die Zahl der tilgungsfreien Jahre und die Zinsbindungsfrist.

Die Programme der Sozialen Wohnraumförderung sind von Land zu Land unterschiedlich ausgestaltet. In Nordrhein-Westfalen variiert die Förderintensität mit der Mietenstufe und dem Einkommen der Zielgruppe. Die höchstens zulässigen Mieten bewegen sich entsprechend dieser Kriterien zwischen 4,60 EUR und 7,60 EUR pro Monat und m^2. Gefördert wird mit stark subventionierten Baudarlehen. Die Dauer der Belegungsbindung beträgt 20 oder 25 Jahre. Während des Bindungszeitraums sind die Mieterhöhungen auf 1,5% pro Jahr begrenzt. Wegen des niedrigen Ausgangsniveaus der Miete kann sich nach Ende der Preis- und Belegungsbindungen ein Rückstand gegenüber der Vergleichsmiete ergeben, der erst auf lange Sicht durch entsprechende Mieterhöhungen wieder abgebaut werden kann. Die mit solchen Sozialmietwohnimmobilien erzielbaren Renditen sind aber angesichts des niedrigen Investitionsrisikos nicht von vornherein unattraktiv.

Wichtige Begriffe und Konzepte

Einkommensgrenzen	KfW	Wohnraumförderungsbestimmungen (WFB)
Einkommensgruppen	KfW-Wohnraummodernisierungsprogramm	
Kappungsgrenzen	Mietenstufe	

Verständnisfragen

K 11.1
Wo liegen die grundlegenden Unterschiede zwischen den KfW-Kreditprogrammen und der sozialen Wohnraumförderung?

K 11.2
Beschreiben Sie den Zusammenhang zwischen Förderintensität und Miethöhe in der sozialen Wohnraumförderung am Beispiel Nordrhein-Westfalens!

K 11.3
Um wie viel kann nach den WFB die Sozialmiete erhöht werden, wenn die Vergleichsmiete unverändert bleibt?

K 11.4
Warum kann man in Fallstudie 5 ohne größere Bedenken Mietsteigerungen von 1,5 % jährlich im gesamten Planungszeitraum annehmen?

K 11.5
Warum kann man bei Sozialmietwohnimmobilien ein niedrigeres Mietausfallwagnis als bei frei finanzierten Wohnungen annehmen?

Weiterführende Fragen und Themen

W 11.1
Erstellen Sie eine Übersicht der Wohnungsbauförderprogramme der KfW (www.kfw-förderbank.de)!

W 11.2
Variieren Sie die Fallstudie 4, indem Sie eine rein private Finanzierung ohne KfW-Mittel annehmen. Welche Auswirkungen auf die Vorsteuerrendite und den Kapitalwert ergeben sich?

W 11.3
Berechnen Sie den internen Zinsfuß und den Kapitalwert der Wohnanlage aus Fallstudie 5 bei Anwendung der Förderbestimmungen eines anderen Bundeslandes! Kalkulationszins: 5,0 %.

Literaturhinweise

Schulte/Allendorf/Crommen (1999): Investitionsrechnung im sozialen Wohnungsbau, besonders Abschnitt 6.

12 Berücksichtigung von Rückflüssen in fremder Währung

»Unter den heutigen Bedingungen sind Spitzenmanager gezwungen, sich mehr mit dem Geld- und Devisenmarkt auseinanderzusetzen als mit dem langfristigen Gedeihen ihres Unternehmens.«

Akio Morita (1921–1999)

In diesem Kapitel sollen Sie erkennen,

- was das Wesen des Währungsrisikos ausmacht,
- welche der mit einem Immobilieninvestment verbundenen Zahlungsströme im Fall eines Fremdwährungsinvestments dem Währungsrisiko ausgesetzt sind,
- wie man das Währungsrisiko in einer Investitionsrechnung berücksichtigen kann.

Wenn das Zielland der Investition einem fremden Währungsraum angehört, unterliegt das Immobilieninvestment zusätzlich zu den anderen Risiken auch noch dem Währungsrisiko. Davon sind allerdings in der Regel weniger die Bruttozahlungsströme als vielmehr die (Netto-)Rückflüsse betroffen. Zum einen fallen zumindest große Teile der Bewirtschaftungskosten von Auslandsimmobilien auch in der fremden Währung an. Zum anderen kann man die Finanzierungsmittel in derselben Währung aufnehmen, in der auch die Mieten anfallen. Unter diesen Bedingungen ist nur der Cashflow nach Kapitalkosten vom Währungsrisiko betroffen (»Umtauschrisiko«) und die Netto-Exposition gegenüber dem Währungsrisiko ist entsprechend vermindert (»Netto-Währungsrisiko«).

Das Problem bei Immobilieninvestitionen besteht nun darin, dass die meisten Instrumente zur Absicherung von Wechselkursrisiken bei Immobilieninvestments wegen der langen Haltedauern nicht greifen. Eine Ausnahme bilden hier nur Währungsswaps (Ziobrowski/Ziobrowski/Rosenberg 1997) und langfristiges Hedging.

Will man das Wechselkursrisiko in einer Investitionsrechnung für eine Auslandsimmobilie im Rahmen einer Sensitivitätsanalyse berücksichtigen, so muss man sich zunächst über die Art und Weise der Verwendung positiver Cashflows in fremder Währung bzw. über die Finanzierung negativer Cashflows klar werden. Soll die Anlage/Finanzierung in der fremden oder in der heimischen Währung erfolgen?

Wenn lediglich der Vermögensendwert der Investition umgetauscht werden soll (alle Anlagen/Finanzierungen während des Planungszeitraums werden in der Währung des Ziellandes getätigt), kann man die Annahmesetzung über den Wechselkurs auf den Vergleich zwischen Einstiegs- und Ausstiegszeitpunkt begrenzen. Andernfalls ist man gezwungen, zusätzlich Annahmen über den Verlauf des Wechselkurses im Planungszeitraum zu treffen.

Beispiel 12.1: Dollar- und Euro-Renditen (Zwischenanlagen und -finanzierungen in US-Dollar)

Wir nehmen an, die Büroimmobilie aus Beispiel 7.2 liegt irgendwo in den USA. Derselbe Zahlungsstrom fällt in US-Dollar (USD) an.
Ein europäischer Investor interessiert sich für das Objekt. Die Immobilie könnte aus dem Verkaufserlös einer anderen US-Immobilie vollständig mit Eigenmitteln finanziert werden. Sämtliche Bewirtschaftungskosten fallen in US-Dollar an. Zahlungsmittelüberschüsse können in den USA zu 3,0 % bis zum Ende des Planungszeitraums angelegt werden. Der Wechselkurs liegt anfangs bei 0,83 EUR/USD. Der Investor rechnet mit einem Erstarken des Euro während der Haltedauer.
Zunächst muss die Anfangsauszahlung in Höhe von 9.000.000 USD mit dem Einstiegswechselkurs in Euro umgerechnet werden. Die aufgezinsten Cashflows aus der Dollar-Zahlungsreihe werden alle mit dem Ausstiegswechselkurs (wir nehmen an 0,70 EUR/USD) in Euro umgerechnet. Die nachfolgende Tabelle zeigt die Berechnung der Vermögensendwerte in US-Dollar und in Euro sowie die Rentabilitäten in beiden Währungen:

Die Renditen der Investition in der jeweiligen Währung erhalten wir durch Ermittlung des Zinssatzes, der die jeweilige Anfangsauszahlung auf den jeweiligen Endwert anwachsen lässt. Die Euro-Rendite in Höhe von 8,6 % liegt wegen der spürbaren Aufwertung des Euro im Planungszeitraum unter der Dollar-Rendite (11,7 %).

Die nachstehende Abb. 12.1 zeigt den funktionalen Zusammenhang zwischen dem Wechselkurs und der Euro-Rendite für unsere Büroimmobilie.

Wenn der Wechselkurs zum Liquidationszeitpunkt unter 0,70 EUR/USD zu liegen kommt, fällt die Rendite noch weiter. Der kritische Wechselkurs, bei dem die Rendite der Investition auf 0 % fällt, liegt bei 43 Eurocent/USD. Bei einer noch stärkeren Aufwertung des Euro werden mit dem Investment in Euro gemessen Werte vernichtet. Auf der anderen Seite bietet das Investment aber auch große Chancen. Bei einem Wechselkurs von 1 EUR/USD beträgt die Rendite 15,21 %. Steigt der US-Dollar auf 1,20 EUR/USD, so wird sogar eine Rendite von 18,77 % erzielt. Alles in allem erweist sich die in Euro gemessene Rendite der Investition als relativ resistent gegenüber Wechselkursschwankungen.

Jahr	WK	WK	A_0	A_0	Cashflow	Anlagedauer	Aufzinsungsfaktoren	Endwerte	Endwerte	i USD	i EUR
	EUR/USD	USD/EUR	in USD	in EUR	in USD			in USD	in EUR		
0	0,83	1,20	9.000.000	7.470.000							
1	-	-			750.000	5	1,1593	869.456	608.619		
2	-	-			750.000	4	1,1255	844.132	590.892		
3	-	-			750.000	3	1,0927	819.545	573.682		
4	-	-			950.000	2	1,0609	1.007.855	705.499		
5	-	-			950.000	1	1,0300	978.500	684.950		
6	0,70	1,43			12.950.000	0	1,0000	12.950.000	9.065.000		
								17.469.487	12.228.641	0,117	0,086

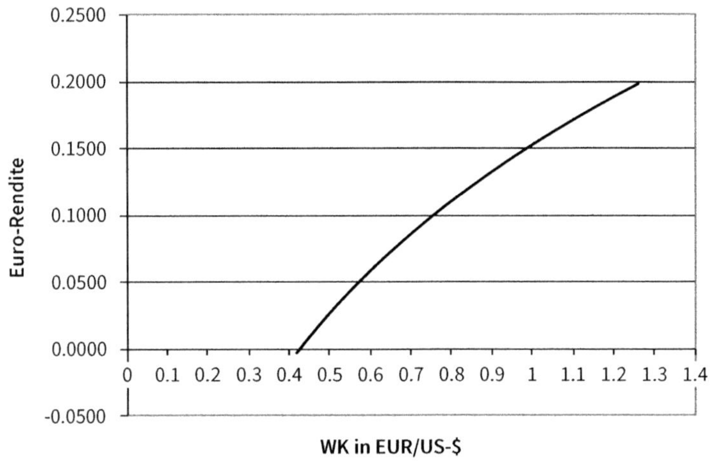

Abb. 12.1: Zusammenhang zwischen dem Wechselkurs und der Euro-Rendite

Beispiel 12.2: Dollar- und Euro-Renditen (laufender Transfer der Zahlungen in den Euroraum)
Wir variieren das Beispiel 12.1 wie folgt: Der Investor tauscht nun auftretende positive Dollar-Zahlungssalden zum Ende der jeweiligen Planungsperiode in Euro um und transferiert sie nach Deutschland, wo er sie erwartungsgemäß zu 3 % bis zum Ende der Haltedauer anlegt. Wir schätzen den Wechselkurs für jedes Jahr des Planungszeitraums, rechnen die Dollar- in Euro-Cashflows um und zinsen diese bis zum Ende der Haltedauer auf:

Bei der unterstellten Wechselkursentwicklung ergibt sich eine in Euro gemessene Rendite von 9,9 %. Das in Beispiel 12.1 beschriebene Vorgehen hat gegenüber dem hier skizzierten den großen Vorteil, dass nur ein zukünftiger Wechselkurs geschätzt werden muss. Schon das ist ja schwierig genug.

Zusammenfassung

Das Währungsrisiko eines Immobilieninvestments mit Mieteinnahmen in fremder Währung betrifft im Fall einer kongruenten Fremdwährungsfinanzierung nicht die gesamten Einnahmen, sondern nur die Cashflows (Netto-Währungsrisiko). Will man es in einer Investitionsrechnung berücksichtigen, so muss man Annahmen darüber setzen, in welcher Währung negative Zahlungssalden finanziert und positive angelegt werden. Geschieht dies in der fremden Währung, so muss lediglich der Wechselkurs zum Liquidationszeitpunkt geschätzt werden. Die andere Variante hat zur Konsequenz, dass für die Investitionsrechnung auch der Verlauf des Wechselkurses geschätzt werden muss. In jedem Fall ist eine Sensitivitätsanalyse über die Reagibilität der Rendite in Bezug auf Wechselkursänderungen zu empfehlen.

Jahr	WK	WK	A_0	A_0	Cashflow	Anlagedauer	Aufzinsungsfaktoren	Endwerte	Endwerte	i USD	i EUR
	EUR/USD	USD/EUR	in USD	in EUR	in USD			in USD	in EUR		
0	0,83	1,20	9.000.000	7.470.000							
1	0,90	1,11			750.000	5	1,1593	869.456	782.510		
2	1,00	1,00			750.000	4	1,1255	844.132	844.132		
3	0,95	1,05			750.000	3	1,0927	819.545	778.568		
4	0,90	1,11			950.000	2	1,0609	1.007.855	907.070		
5	0,80	1,25			950.000	1	1,0300	978.500	782.800		
6	0,70	1,43			12.950.000	0	1,0000	12.950.000	9.065.000		
								17.469.487	**13.160.079**	0,117	0,099

Wichtige Begriffe und Konzepte

Abwertung	Euro-Rendite	Währungsrisiko
Aufwertung	Hedging	Währungsswap
Bruttozahlungsströme	Kritischer Wechselkurs	Wechselkurs
Dollar-Rendite	Netto-Währungsrisiko	

Verständnisfragen

K 12.1
Unter welchen Bedingungen kann man das Wechselkursrisiko aus einem Immobilieninvestment auf die Betrachtung der Netto-Rückflüsse reduzieren?

K 12.2
Welche beiden Varianten zur Berücksichtigung des Wechselkursrisikos in einer Investitionsrechnung kennen Sie?

K 12.3
Welche von beiden ist praktikabel?

Weiterführende Fragen und Themen

W 12.1
Stellen Sie das Konzept des Netto-Währungsrisikos in einer stilisierten Bilanz dar!

W 12.2
Fertigen Sie eine Übersicht der Finanzinstrumente zur Begrenzung des Wechselkursrisikos an. Welche Instrumente sind für die Absicherung von Immobilieninvestments geeignet?

W 12.3
Überlegen Sie sich eine Maßnahme zum Hedging des Währungsrisikos aus der Investition in Beispiel 12.1. Berechnen Sie die Rendite unter Einschluss dieser Hedging-Maßnahme unter derselben Annahme für die Wechselkursentwicklung neu!

W 12.4
Warum reduziert ein laufender Umtausch der Cashflows aus einem Auslandsinvestment das Währungsrisiko?

W 12.5

Wie hat sich der Wechselkurs des Euro im Verhältnis zum Dollar seit Einführung des Euro entwickelt (einschließlich Höchstkurs und Tiefstkurs)?

W 12.6

Fertigen Sie eine Wertetabelle für den Zusammenhang zwischen dem Wechselkurs und der Euro-Rendite für die Büroimmobilie aus Beispiel 12.1 an!

W 12.7

Welche anderen Risiken sind neben dem Währungsrisiko bei Auslandsinvestments ins Kalkül zu ziehen?

W 12.8

Informieren Sie sich über den Inhalt eines sogenannten »Doppelbesteuerungsabkommens«! Welche Bedeutung haben solche Abkommen für Investitionen in ausländische Immobilien?

Literaturhinweise

Götze (2014): Investitionsrechnung, Abschnitt 3.4.2 zur Beurteilung von Auslandsinvestitionen.

Maier (2004): Risikomanagement im Immobilienwesen, Kapitel 11 zum Management von Auslandsrisiken.

Sirmans/Worzala (2003): International Direct Real Estate Investment: A Review of the Literature für einen Überblick über die Literatur zu grenzüberschreitenden Immobilieninvestitionen einschließlich der damit verbundenen Währungsrisiken.

13 Berücksichtigung von Risiko und Unsicherheit

»Das, wobei unsere Berechnungen versagen, nennen wir Zufall.«
Albert Einstein

»Das Risiko ist Teil von Gottes Spiel, für alle Menschen und Nationen in gleichem Maße.«
Warren Buffet

In diesem Kapitel sollen Sie erkennen, mit welchen Verfahren die Reagibilität der Ergebnisse von Investitionsrechnungen auf Änderungen in den Annahmen eingeschätzt werden kann.

Unter dem Risiko einer Investition wird die Wahrscheinlichkeit verstanden, dass aufgrund von Abweichungen der Rückflüsse bzw. ihrer Komponenten (Mieten, Bewirtschaftungs- und Kapitalkosten) von ihren Erwartungswerten der tatsächliche Erfolg einer Investition hinter dem erwarteten zurückbleibt. Die Ursachen für derartige Annahmeverfehlungen können auf der Einnahmenseite oder auf der Ausgabenseite des Zahlungsstroms liegen. Als Beispiele für die Konkretisierung von Investitionsrisiken seien genannt:

- Die Leerstandsquote im Objekt liegt nachhaltig über der im Mietausfallwagnis vorweggenommenen. Als mögliche Ursache dafür kommt eine falsche Einschätzung des Marktes oder des Standortes infrage.
- Die Zuwachsrate der Mieteinnahmen bleibt hinter der in der Cashflow-Prognose angenommenen zurück (Ursachen wie oben).
- Nach Ablauf der Zinsbindungsdauer liegt der angebotene Prolongationszins deutlich über dem in der Rechnung bei den Kapitalkosten angenommenen Zins, weil der Kapitalmarkt falsch eingeschätzt wurde.

Das Risiko eines Immobilieninvestments kommt im Kalkulationszins auf eine allgemeine Weise zum Ausdruck. Davon abgesehen hat ein Investor aber auch ein Interesse an der Eingrenzung der Folgen von Annahmeverletzungen auf das Ergebnis der Investitionsrechnung. Dazu dienen das Verfahren der kritischen Werte (Abschnitt 13.1), die Szenarioanalyse (Abschnitt 13.2) und die Risiko-Chancen-Analyse (Abschnitt 13.3).

Während das Verfahren der kritischen Werte auf die Annahmen über einzelne Eingangsgrößen der Investitionsrechnung abstellt, werden bei der Szenarioanalyse mehrere Eingangsgrößen gleichzeitig variiert.

Als »Stellschrauben« für solche Analysen kommen infrage:

- die anfängliche Höhe der Mieteinnahmen (bei Neubauten oder nach Kernsanierung eines leergezogenen Objekts),
- die Wachstumsrate der Mieteinnahmen,
- die Leerstandsentwicklung im Objekt,
- der Liquidationserlös,
- die Restnutzungsdauer des Objekts,
- die Entwicklung der Bewirtschaftungskosten bzw. einzelner Kostenarten innerhalb der Bewirtschaftungskosten,
- die Entwicklung von Inflation und Kapitalmarktzinsen,
- die Höhe der Steuerbelastung,
- bei Auslandsimmobilien gegebenenfalls die Wechselkursentwicklung

Bei einer Risiko-Chancen-Analyse wird mithilfe einer Simulationsrechnung ein Risiko-Chancen-Profil für die Zielgröße der Rechnung (zum Beispiel Kapitalwert) ermittelt. Damit wird dem Umstand Rechnung getragen, dass diese Zielgröße ebenso wie ein großer Teil der Input-Daten einen nicht-deterministischen Charakter hat. Zum Zwecke der Ermittlung des Profils der Output-Variablen werden für alle unsicheren Eingangsgrößen der Rechnung (zum Beispiel Zuwachsrate der Neuvermietungsmieten, Prolongationszins) Wahrscheinlichkeitsverteilungen und Korrelationen geschätzt. Damit können Handlungsalternativen, die eine vorher definierte Risikoschranke verletzen, herausgefiltert werden.

13.1 Verfahren der kritischen Werte

Bei diesem Verfahren werden »kritische Werte« für bestimmte Eingangsgrößen der Investitionsrechnung bestimmt. Dies geschieht, indem man den Kapitalwert gleich null setzt und die Kapitalwertfunktion nach der betrachteten Eingangsgröße hin auflöst. Als Ergebnis erhält man einen Wert der betrachteten Größe, der eine Verzinsung der Investition zum Kalkulationszinssatz gerade noch gewährleistet. Wird der unabhängig vorgegebene Wert der Eingangsgröße unterschritten bzw. überschritten, wird die kalkulatorische Verzinsung des Kapitals nicht mehr erzielt.

Beispiel 13.1: Ermittlung der kritischen Werte für Mieteinnahmen und Liquidationserlös

Wir kommen auf das Bürogebäude aus Beispiel 7.2 zurück. Wir nehmen an, dass mit der Wirtschaftsprüfungsgesellschaft ein Mietvertrag auf unbestimmte Zeit abgeschlossen wurde.
Wir bestimmen zunächst den kritischen Wert der jährlichen Mieteinnahmen – ceteris paribus (also bei gegebenen Werten der anderen Eingangsgrößen wie Bewirtschaftungskosten und Liquidationserlös).

t	A_0/R_6	e_t	a_t	CF	Abzin-sungsfaktor	Barwerte	IKV
	EUR	EUR	EUR	EUR		EUR	
0	-9.000.000			-9.000.000	1,0000	-9.000.000	
1		761.178	-250.000	511.178	0,9091	464.707	
2		761.178	-250.000	511.178	0,8264	422.461	
3		761.178	-250.000	511.178	0,7513	384.055	
4		761.178	-250.000	511.178	0,6830	349.141	
5		761.178	-250.000	511.178	0,6209	317.401	
6	12.000.000	761.178	-250.000	12.511.178	0,5645	7.062.234	
						0	10,00 %

Die jährlichen Mieteinnahmen müssen also mindestens 761.178 EUR betragen, damit die kalkulatorische Kapitalverzinsung von 10 % erreicht werden kann. Es empfiehlt sich an dieser Stelle, weitere Varianten durchzuspielen, also zum Beispiel die Jahresmiete zu ermitteln, die lediglich die erwartete Inflation kompensiert. Die Abhängigkeit des internen Zinsfußes von der Höhe der Mieteinnahmen kann auch tabellarisch dargestellt werden. Als nächstes soll der kritische Liquidationserlös bestimmt werden:

t	A_0/R_6	e_t	a_t	CF	Abzin-sungs-faktor	Barwerte	IKV
	EUR	EUR	EUR	EUR		EUR	
0	-9.000.000			-9.000.000	1,0000	-9.000.000	
1		1.000.000	-250.000	750.000	0,9091	681.818	
2		1.000.000	-250.000	750.000	0,8264	619.835	
3		1.000.000	-250.000	750.000	0,7513	563.486	
4		1.200.000	-250.000	950.000	0,6830	648.863	
5		1.200.000	-250.000	950.000	0,6209	589.875	
6	9.495.342	1.200.000	-250.000	10.445.342	0,5645	5.896.123	
						0	10,00 %

Es muss ceteris paribus mindestens ein Liquidationserlös von 9.495.342 EUR erzielt werden, damit der vorgegebene Kalkulationszins nicht unterschritten wird. Die nachstehende Tabelle zeigt die Abhängigkeit der internen Verzinsung der Investition vom Liquidationserlös.

R_6	IKV
in EUR	**in %**
3.900.000	0,00
4.550.000	1,48
5.000.000	2,44
6.000.000	4,40
7.000.000	6,17
9.000.000	9,30
9.495.342	10,00

Der Schwachpunkt des Verfahrens der kritischen Werte liegt in der isolierten Betrachtung einzelner Eingangsgrößen der Rechnung. Dadurch wird der Blick auf die Abhängigkeiten zwischen den verschiedenen Eingangsgrößen verstellt (zum Beispiel zwischen Liquidationserlös und Cashflow, Zinsen und Mieten). Die Szenarioanalyse bietet hier eine umfassendere Perspektive.

13.2 Szenarioanalyse

Auch Szenarioanalysen dienen dazu, die der Investitionsrechnung zugrundeliegenden Annahmen zu belasten. Es ist aufschlussreich, die Veränderung der Outputgröße der Investitionsrechnung bei geänderten Marktbedingungen zu verfolgen. Je enger die Ergebnisse der unterschiedlichen Szenarien zusammenliegen, desto weniger risikoreich ist das Investitionsvorhaben.

Szenarien beschreiben mögliche Entwicklungen. Die klassische Definition nach Kahn/Wiener (1967, S. 6) lautet: »Szenarien sind hypothetische Sequenzen von Ereignissen für die Zwecke der Fokussierung unserer Aufmerksamkeit auf Kausalketten und Entscheidungspunkte.«

Bei der Szenarioanalyse handelt es sich um ein Planungsverfahren, das zum Einsatz gelangt, wenn Punktprognosen von Entwicklungen schwierig oder unmöglich sind. Die Szenarioanalyse unterstützt das Denken in Alternativen.

Nach Kahn/Wiener (1967) können Szenarien in drei Schritten konstruiert werden:

- Extrapolation des heutigen Istzustandes (»Normalentwicklung«, »Business as usual«),
- Analyse von Schlüsselparametern (Einflussfaktoren),
- Definition von Alternativszenarien mittels Variation der Parameter.

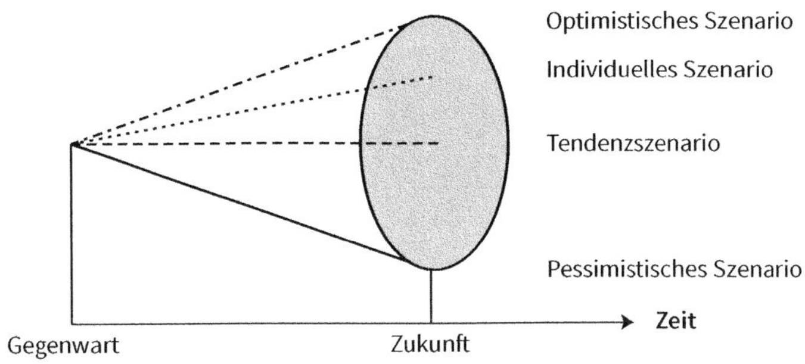

Abb. 13.1: Szenariotrichter

Für die meisten Zwecke reicht es aus, wenn wir uns auf drei Szenarien beschränken. Neben dem mittleren Szenario, bei dem es sich um das wahrscheinlichste Grundszenario handelt, werden noch ein optimistisches und ein pessimistisches Szenario gebildet.

Bei der Präsentation eines Investitionsvorhabens mit drei Szenarien kann man sich darauf einstellen, dass das pessimistische Szenario von Entscheidungsgremien und Vorgesetzten intensiver und kritischer als das optimistische betrachtet wird. Damit das Projekt eine Realisierungschance erhält, muss es auch im pessimistischen Szenario als resilient erscheinen, also am besten die geforderte kalkulatorische Verzinsung noch gewährleisten.

Beispiel 13.2: Szenarienvergleich für den Neubau einer Wohnanlage

Wir kommen auf den aus der Fallstudie 1 bekannten Neubau einer Wohnanlage in München zurück. Der bereits dargestellte Cashflow-Verlauf mit den entsprechenden Annahmen sei unser Grund- oder Tendenzszenario, das wir für das wahrscheinlichste halten. Wir fügen nun ein pessimistisches und ein optimistisches Szenario hinzu und vergleichen die Annahmen und Ergebnisse.

Annahmen	**Pessimistisches Szenario**	**Grundszenario**	**Optimistisches Szenario**
	Werte in %	**Werte in %**	**Werte in %**
Kalkulationszins GK	3,0	3,0	3,0
Kalkulationszins EK	6,0	6,0	6,0
Zuwachsrate Miete Jahr 1 bis 5	2,0 ↓	3,0	3,0
Zuwachsrate Miete Jahr 6 bis 10	1,5 ↓	2,5	3,0 ↑
Zuwachsrate Miete Jahr 11 bis 15	1,0 ↓	2,0	2,5 ↑
Zuwachsrate Miete Jahr 16 bis 20	0,5 ↓	1,5	2,5 ↑

Annahmen	Pessimistisches Szenario	Grundszenario	Optimistisches Szenario
	Werte in %	Werte in %	Werte in %
Zuwachsrate Verwaltungskosten	2,5 ↑	2,0	1,5 ↓
Zuwachsrate Instandhaltungskosten	2,5 ↑	2,0	1,5 ↓
Erlösschmälerungsquote	2,5 ↑	1,5	1,0 ↓
Cap Rate	3,76 ↓	3,80	3,82 ↑
Exit Rate	4,66 ↑	4,28	3,57 ↓
Wertsteigerung	0,0 ↓	1,5	3,0 ↑

Annahmen	Pessimistisches Szenario	Grundszenario	Optimistisches Szenario
Kapitalwert GK in EUR	−615.282	+4.751.841	+10.527.507
Interner Zinsfuß GK in %	2,76	4,55	5,95
Kapitalwert EK in EUR	+2.129.590	+5.335.228	+8.645.217
Interner Zinsfuß EK in EUR	8,56	11,19	12,97
Liquidationserlös in EUR	20.353.213	27.412.826	36.760.166

Die Tabelle auf der folgenden Seite zeigt die Entwicklung der Cashflow-Komponenten, die Wertentwicklung der Immobilie sowie die Berechnung von internem Zinsfuß und Kapitalwert bei einem kalkulatorischen Zins von 6 % im pessimistischen Szenario aus der Eigenkapitalperspektive.

Die Auswirkungen der verschiedenen Szenarien auf den internen Zinsfuß sind nicht dramatisch zu nennen (−2,63 bzw. +1,78 Prozentpunkte bei EK-Perspektive). Aus der Gesamtkapitalperspektive wird allerdings der kalkulatorische Verzinsungsanspruch im pessimistischen Szenario nicht mehr erfüllt, sodass sich ein negativer Kapitalwert ergibt. Entscheidend für die Gesamtbeurteilung ist aber die selbst im pessimistischen Szenario noch hohe Verzinsung des investierten Eigenkapitals (8,56 %). Selbst wenn man in diesem Szenario zusätzlich die Erlösschmälerungsquote weiter nach oben variiert, wird der Kalkulationszins von 6 % selbst bei einer Erlösschmälerungsquote von 15 % noch erzielt. Damit erscheint das Vorhaben an dem gewählten Standort alles in allem als ausreichend resilient.

Für die Parametrierung der Szenarien muss man eine Vorstellung über die Verteilungen der Eingangsgrößen haben. Wenn man außerdem den Parameterwerten Wahrscheinlichkeitsgewichte zuordnen kann, lässt sich mithilfe dieser Gewichtungsfaktoren ein wahrscheinlichkeitsgewichteter Kapitalwert bestimmen.

t	A_0/R_{15}	Miete	Wertst.	Wertentw.	Kapital	Verw.	Inst.halt	Ausfall	CF	Abz.	Barwerte	NBW	IKV
0	-5.088.303			20.353.213					0	1,0000	-5.088.303	-5.088.303	
1		825.600	0	20.353.213	564.802	11.385	28.096	20.640	200.677	0,9434	189.318	200.677	
2		842.112	0	20.353.213	564.802	11.670	28.798	21.053	215.789	0,8900	192.052	215.789	
3		858.954	0	20.353.213	564.802	11.962	29.518	21.474	231.199	0,8396	194.119	231.199	
4		876.133	0	20.353.213	564.802	12.261	30.256	21.903	246.911	0,7921	195.577	246.911	
5		893.656	0	20.353.213	564.802	12.567	31.013	22.341	262.933	0,7473	196.479	262.933	
6		907.061	0	20.353.213	564.802	12.881	31.788	22.677	274.913	0,7050	193.803	274.913	
7		920.667	0	20.353.213	564.802	13.203	32.583	23.017	287.062	0,6651	190.913	287.062	
8		934.477	0	20.353.213	564.802	13.533	33.397	23.362	299.382	0,6274	187.836	299.382	
9		948.494	0	20.353.213	564.802	13.872	34.232	23.712	311.876	0,5919	184.599	311.876	
10		962.721	0	20.353.213	564.802	14.219	35.088	24.068	324.545	0,5584	181.224	324.545	
11		972.349	0	20.353.213	564.802	14.574	35.965	24.309	332.699	0,5268	175.262	332.699	
12		982.072	0	20.353.213	564.802	14.938	36.864	24.552	340.916	0,4970	169.425	340.916	
13		991.893	0	20.353.213	564.802	15.312	37.786	24.797	349.196	0,4688	163.717	349.196	
14		1.001.812	0	20.353.213	564.802	15.695	38.731	25.045	357.539	0,4423	158.140	357.539	
15		1.011.830	0	20.353.213	564.802	16.087	39.699	25.296	365.946	0,4173	152.697	365.946	
16		1.016.889	0	20.353.213	564.802	16.489	40.691	25.422	369.484	0,3936	145.446	369.484	
17		1.021.973	0	20.353.213	564.802	16.901	41.709	25.549	373.012	0,3714	138.524	373.012	
18		1.027.083	0	20.353.213	564.802	17.324	42.751	25.677	376.529	0,3503	131.915	376.529	
19		1.032.219	0	20.353.213	564.802	17.757	43.820	25.805	380.034	0,3305	125.606	380.034	
20	20.353.213	1.037.380	0	20.353.213	564.802	18.201	44.916	25.934	383.527	0,3118	3.951.243	12.672.171	
NBW/IKV											2.129.590	2.129.590	8,56 %

Beispiel 13.3: Ermittlung des wahrscheinlichkeitsgewichteten Kapitalwertes für eine Projektentwicklung[75]

Für eine Projektentwicklung wird eine Wirtschaftlichkeitsuntersuchung durchgeführt. Es werden fünf Szenarien unterschieden, für die jeweils mit unterschiedlichen Annahmen im Hinblick auf die Ein- und Auszahlungen der Kapitalwert bestimmt wird. Mit den subjektiven Wahrscheinlichkeiten für jedes Szenario wird anschließend der erwartete Kapitalwert berechnet. Die Wahrscheinlichkeiten können zusammen mit einer kurzen Erläuterung der Szenarien der nachstehenden Tabelle entnommen werden (Quelle: Ott 2002, S. 416–418).

Szenario	Wahrscheinlichkeitsgewicht in %	Erklärung
Sehr optimistisch	15	Projekt ist sehr erfolgreich.
Optimistisch	20	Projekt ist erfolgreich.
Base Case	30	Projekt erfüllt die grundlegenden Erwartungen im Hinblick auf die Ein- und Auszahlungen.
Pessimistisch	20	Projekt erfüllt die Erwartungen nicht.
Sehr pessimistisch	15	Projekt ist ein Fehlschlag.

Die erwartete Einzahlung aus dem Verkauf des bebauten Grundstücks wurde mit 11,5 %, die Projektentwicklungskosten dagegen mit 6 % abgezinst. Den wahrscheinlichkeitsgewichteten Kapitalwert erhält man, indem man zunächst die Barwerte der Einzahlungen für jedes Szenario mit dem jeweils zugehörigen Wahrscheinlichkeitsgewicht multipliziert und die gewichteten Barwerte anschließend addiert (ergibt 3.825.579 EUR). Ebenso wird mit den Barwerten der Auszahlungen verfahren. Vorteilhaft wäre die Investition bei einem positiven wahrscheinlichkeitsgewichteten Kapitalwert (Summe der gewichteten Barwerte der Einzahlungen > Summe der gewichteten Barwerte der Auszahlungen). Das ist im Beispiel aber nicht der Fall: Der Barwert beträgt –134.377 EUR.

Szenario	Wahrscheinlichkeitsgewicht	Barwert des Verkaufspreises	Barwert der Projektentwicklungskosten
	in %	in EUR	in EUR
Sehr optimistisch	15	6.409.826	3.346.165
Optimistisch	20	4.273.217	3.691.101
Base Case	30	4.138.809	3.990.728

75 Quelle: Ott 2002, S. 416–418.

Szenario	Wahrscheinlichkeitsgewicht	Barwert des Verkaufspreises	Barwert der Projektentwicklungskosten
	in %	in EUR	in EUR
Pessimistisch	20	2.574.837	4.241.336
Sehr pessimistisch	15	1.685.679	4.495.500
Erwarteter Kapitalwert		3.825.579	3.959.956

13.3 Risiko-Chancen-Analyse

Bei einer Risiko-Chancen-Analyse wird mithilfe einer Simulationsrechnung ein Risiko-Chancen-Profil für die Zielgröße der Rechnung (Kapitalwert, interner Zinsfuß) ermittelt. Damit wird dem Umstand Rechnung getragen, dass diese Zielgrößen ebenso wie ein großer Teil der Inputparameter einen nichtdeterministischen Charakter haben.

Die Risiko-Chancen-Analyse umfasst im Einzelnen folgende Handlungsschritte:

- Definition der Handlungsalternativen,
- Formulierung des (deterministischen) Entscheidungsmodells: einwertige Abbildung der Abhängigkeiten zwischen den Eingangs- und den Zielgrößen,
- Festlegung der sicheren (einwertigen) und der unsicheren Input-Variablen sowie der Output-Variablen,
- gegebenenfalls Sensitivitäts- oder Szenarioanalysen zur Bestimmung der sensitiven Input-Variablen,
- Schätzung der Wahrscheinlichkeitsverteilungen und der wechselseitigen Korrelationen für die unsicheren Input-Variablen,
- Simulationsrechnung zur Bestimmung des Einflusses auf die Output-Variablen,
- Ermittlung der relativen und der kumulierten relativen Häufigkeiten (Risikoprofil) der Output-Variablen,
- Erzeugung von Wahrscheinlichkeitsverteilungen (»Dichtefunktionen«) der Zielgrößen aus den Häufigkeitsverteilungen,
- Erzeugung von Risiko-Chancen-Profilen aus den Dichtefunktionen der Wahrscheinlichkeitsverteilungen mittels Kumulierung,
- Interpretation der Resultate.

Zum Zwecke der Ermittlung des Profils der Output-Variablen werden für alle unsicheren Eingangsgrößen der Rechnung Wahrscheinlichkeitsverteilungen und Korrelationen geschätzt, zum Beispiel diese:

- Prolongationszins,
- Zuwachsraten der Neuvermietungs- und Vergleichsmieten,

- Zuwachsraten der Instandhaltungs-, Verwaltungs- und Nebenkosten,
- Fluktuationsquote,
- Leerstandsquote,
- Ausstiegsrendite bzw. Ausstiegsvervielfältiger.

Für die Risiko-Chancen-Analyse werden Excel-Add-Ins (Zusatzmodule) wie @RISK oder Crystal Ball angeboten. Grundsätzlich sollte die Schätzung der Verteilungen, soweit möglich, auf empirische Daten aus der Vergangenheit gestützt werden (zum Beispiel Häufigkeitsverteilung der Hypothekenzinsen in den letzten 20 Jahren). Die Zusatzmodule bieten die Möglichkeit, mithilfe einer sogenannten »Goodness-of-fit-Analyse« zu prüfen, wie gut sich die Daten durch bestimmte Verteilungstypen mit bestimmten Parametern beschreiben lassen.

Abb. 13.2 zeigt die angenommene Verteilung der Zuwachsrate der Vergleichsmiete für die modernisierten Wohnungen.

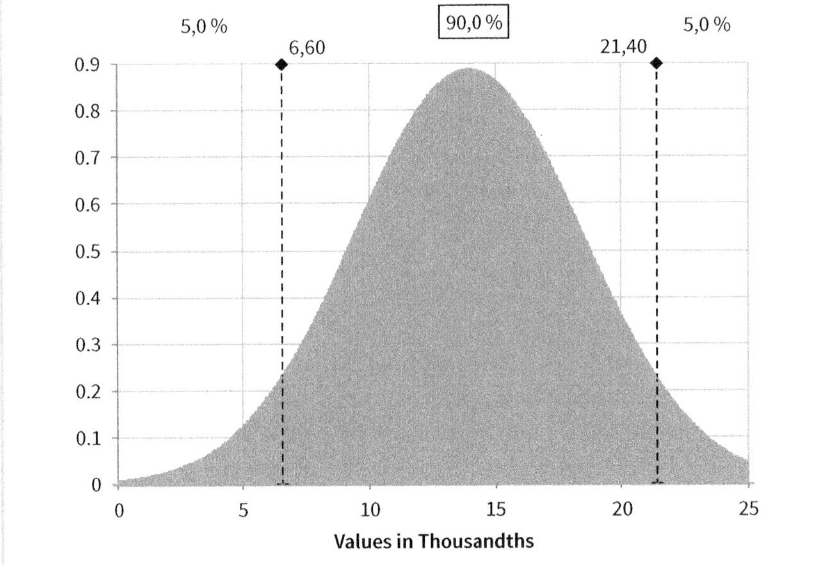

Abb. 13.2: Angenommene Wahrscheinlichkeitsverteilung der Zunahme der Mod-Vergleichsmiete

Die angenommenen Korrelationen zwischen den verschiedenen Wahrscheinlichkeitsverteilungen können in einer Korrelationsmatrix zusammengefasst werden.

Auf der Grundlage der angenommenen Verteilungen und Korrelationen kann nun der Einfluss des Risikos auf die vorgegebenen Output-Variablen simuliert werden. Eine Simulation mit einem Excel-Zusatzmodul für die Risikoanalyse wie @RISK oder Crystal Ball umfasst die wiederholte Neuberechnung aller betroffenen Arbeitsblätter in einer Excel-Tabelle. Jede Neuberechnung wird dabei als »Iteration« bezeichnet. Mit jeder Iteration werden Stichproben aus allen Verteilungsfunktionen gezogen, wobei die Wahrscheinlichkeit, dass ein Wert ausgewählt wird, sich nach den Parametern der jeweils ausgewählten Verteilung richtet. Damit ist nicht ausgeschlossen, dass bei einer einzelnen Iteration einmal ein sehr unwahrscheinlicher Wert gezogen wird. Die Summe aller Iterationen sollte aber letzten Endes repräsentativ für die Verteilung sein. Nach jeder Einzelziehung werden die entsprechenden Werte der Zufallsvariablen in die betreffenden Zellen und Formeln eingesetzt und die Arbeitsblätter auf dieser Grundlage neu berechnet. Bevor die nächste Iteration beginnt, werden die Werte der Outputgrößen gespeichert, damit sie später ihrerseits in Form einer Wahrscheinlichkeitsfunktion dargestellt werden können.

Die Anzahl der Iterationen beeinflusst die Berechnungszeit ebenso wie die Qualität und die Verlässlichkeit der Ergebnisse. Für belastbare Resultate sind in der Regel mindestens 300 bis 500 Iterationen erforderlich. Das Ergebnis der Simulation sind grafische Darstellungen (beispielsweise Histogramme oder kumulative Darstellungen), die den Bereich der möglichen Werte der ausgewählten Output-Variablen und die relative Wahrscheinlichkeit ihrer Realisierung wiedergeben (siehe Abb. 13.3).

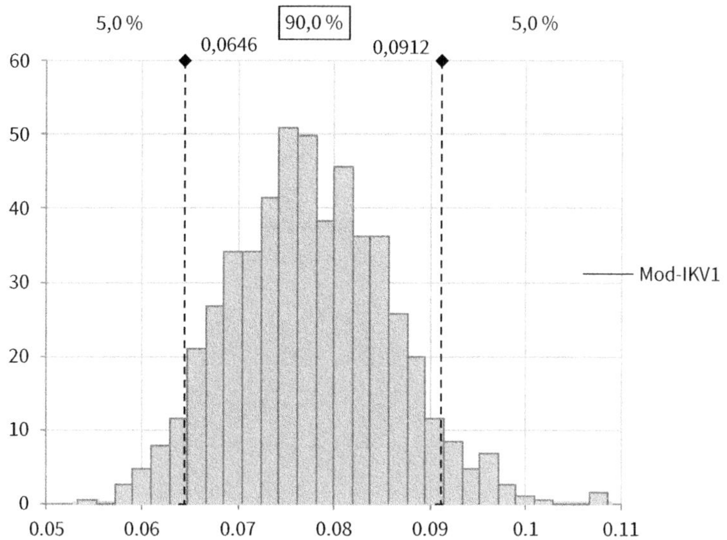

Abb. 13.3: Wahrscheinlichkeitsdichteverteilung des internen Zinsfußes vor Steuern der Mod-Alternative

Damit können Handlungsalternativen, die eine vorher definierte Risikoschranke verletzen, herausgefiltert werden. Im Hinblick auf die absolute Vorteilhaftigkeit eines Vorhabens kann zum Beispiel gefordert werden, dass ein bestimmter Mindestwert einer Outputgröße mit einer vorgegebenen Wahrscheinlichkeit erreicht wird. Ist der

Kapitalwert die Zielgröße, so könnte man beispielsweise fordern, dass ein positiver Kapitalwert mit einer Wahrscheinlichkeit von mindestens 80 % erreicht wird.

Darüber hinaus bieten die Risiko-Chancen-Profile der Outputgrößen einen zusätzlichen Ansatzpunkt für einen Vorteilhaftigkeitsvergleich der verschiedenen Handlungsalternativen (Rangfolgenbildung), der über den Vergleich (scheinbar) deterministischer Zielgrößen hinausgeht (Grob/Hermans 2009, S. 694).

Zusammenfassung

Das Risiko eines Immobilieninvestments liegt darin, dass die in der Investitionsrechnung gesetzten Annahmen von der Wirklichkeit nicht bestätigt werden und dies negative Folgen für den Erfolg der Investition zeitigt. Zur Eingrenzung der Folgen derartiger Annahmeverletzungen dienen das Verfahren der kritischen Werte und die Szenarioanalyse. Beide Verfahren bauen auf der Kapitalwertmethode auf. Während das Verfahren der kritischen Werte die Annahmen über einzelne Eingangsgrößen der Investitionsrechnung belastet, werden bei der Szenarioanalyse mehrere Eingangsgrößen in dieselbe Richtung variiert. Der Szenarioanalyse ist aus methodischer Sicht der Vorzug zu geben, weil sie die Abhängigkeiten unter den verschiedenen Eingangsgrößen der Rechnung berücksichtigt.

Noch genauer kann das Risiko einer Investition mittels einer Risiko-Chancen-Analyse erfasst und analysiert werden. Dabei werden den unsicheren Eingangsgrößen Wahrscheinlichkeitsverteilungen und Korrelationen zugeordnet und der Einfluss auf die Zielgröße wird anschließend simuliert. Das Ergebnis ist ein Risiko-Chancen-Profil, mit dessen Hilfe die Verletzung von Risikoschranken und die relative Vorteilhaftigkeit der Investition beurteilt werden können.

Wichtige Begriffe und Konzepte

Kritische Werte
Risiko
Szenario

Verständnisfragen

K 13.1
Nennen Sie weitere Beispiele für die Konkretisierung von Investitionsrisiken!

K 13.2
Inwieweit wird das Risiko eines Immobilieninvestments in einer Investitionsrechnung berücksichtigt?

K 13.3
Worin unterscheidet sich der Ansatz des Verfahrens der kritischen Werte von dem der Szenarioanalyse?

K 13.4
Welchem Verfahren würden Sie aus methodischer Sicht den Vorzug geben?

Weiterführende Fragen und Themen

W 13.1
Ermitteln Sie für die Büroimmobilie aus Beispiel 13.1 den kritischen Wert der Mieteinnahmen für die Jahre 4 bis 6 unter der Voraussetzung, dass aufgrund eines Zeitmietvertrages mit 3 Jahren Restlaufzeit für die Jahre 1 bis 3 des Planungszeitraums Mieteinnahmen von 1.000.000 EUR jährlich sicher zu erwarten sind (Kalkulationszins: 10 %)!

W 13.2
Berechnen Sie den kritischen Wechselkurs zum Ausstiegszeitpunkt für die Büroimmobilie aus Beispiel 12.1 (Kalkulationszins: 10 %)!

Literaturhinweise

Blohm/Lüder/Schaefer (2012): Investition, 4. Kapitel zur Berücksichtigung unsicherer Erwartungen bei der Beurteilung einzelner Investitionsprojekte.

Lechelt (2001): Risikomanagement in der Wohnungswirtschaft für einen Überblick über Identifikation, Analyse und Bewertung von Risiken in der Wohnungswirtschaft.

Maier (2004): Risikomanagement im Immobilienwesen, Kapitel 6 zum Management des Investitionsrisikos.

Schmoll genannt Eisenwerth (2015b): Immobilieninvestition und Immobilienfinanzierung, Abschnitt 7.2.2 zur Beurteilung des Investitionsrisikos.

Schulte/Ropeter-Ahlers (2005): Investitionsrechnung und Risikoanalysen.

Sindt (1998): Real Estate Investment, Chapter 13 zur Risikoanalyse.

Strunz (2011): Investitionsmanagement, Abschnitt 3 zur Berücksichtigung von Unsicherheit.

14 Wirtschaftlichkeit im Lebenszyklus der Immobilie

»Ziel ist die Optimierung der wirtschaftlichen und ökologischen Ergebnisse im Rahmen des gesamten Lebenszyklus (life cycle costs) der ganzheitlichen Immobilie, während die Einzelinteressen der verschiedenen Projektbeteiligten in den Hintergrund treten.«

Claus Jürgen Diederichs

In diesem Kapitel sollen Sie erkennen,

- mit welchen Verfahren und Instrumenten typische Entscheidungen im Lebenszyklus einer Immobilie (Grundstückserwerb, Projektentwicklung, Bauprojektmanagement, Nutzung, Redevelopment/Revitalisierung, Exit) unterstützt werden können und was diese Werkzeuge für das laufende Controlling von Immobilien zu leisten vermögen.

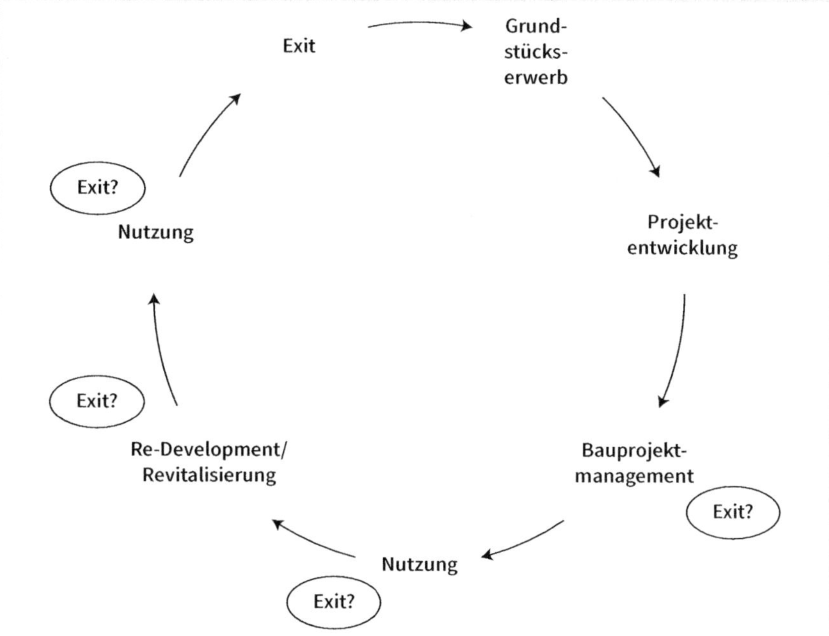

Abb. 14.1: Immobilien-Lebenszyklus

Man kann analog zu der Entwicklung eines biologischen Organismus auch die Entwicklung einer Immobilie im Zeitablauf als einen Lebenszyklus beschreiben. Dieser Zyklus einer Immobilie setzt mit dem Erwerb eines Grundstücks ein, denn der Grund

und Boden ist eine unabdingbare Voraussetzung für die »Geburt« unserer Immobilie. Je nach Erschließungs- und Bebauungsstand können an dieser Stelle bauvorbereitende Aktivitäten erforderlich sein, zum Beispiel Vermessung, Abriss, Planung oder Bodenuntersuchung.

Die Projektentwicklung setzt in den meisten Fällen bereits vor dem Grundstückserwerb ein, denn Baugrundstücke werden in der Regel erworben, um darauf eine Immobilie zu errichten und zu betreiben. Das löst natürlich einen entsprechenden Kapitalbedarf aus. Eine Projektidee wird also mit den Faktoren Standort und Kapital kombiniert. Unter dem Begriff »Projektentwicklung« werden alle Untersuchungen, unternehmerischen Entscheidungen, Planungen und anderen vorbereitenden Maßnahmen für die Vorbereitung der Bebauung eines Grundstücks oder der wesentlichen Umgestaltung einer bestehenden Immobilie innerhalb eines vorgegebenen Kosten-, Qualitäts- und Zeitrahmens zusammengefasst.

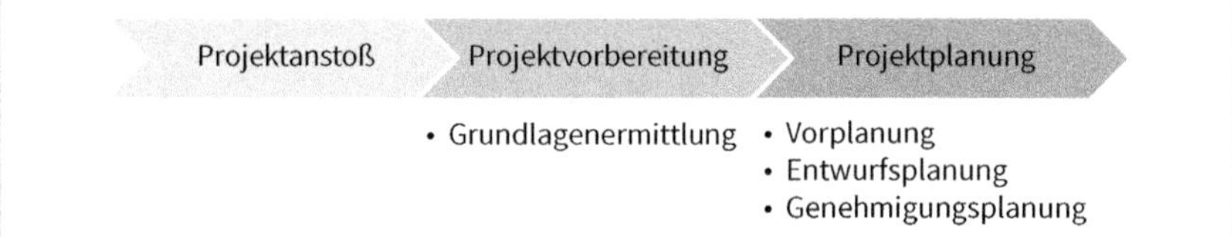

Abb. 14.2: Projektentwicklungsphasen

An die Phase der Projektentwicklung schließt sich die Realisierungs- oder Bauphase an. Bauprojektmanagement ist das Überwachen und Steuern der Erstellung oder der baulichen Veränderung von Gebäuden bis zur Abnahme durch den Bauherrn. Zu den Aufgaben des Bauprojektmanagements zählen das Planen der Baudurchführung, die Ausschreibung, Vergabe und Abrechnung der Bauleistungen, die Überwachung und Steuerung des Bauprozesses sowie die Abnahme und Übergabe des fertigen Gebäudes an den Bauherren bzw. an das nachgelagerte Facility-Management.[76]

Die längste Phase des gesamten Lebenszyklus einer Immobilie ist die Nutzungsphase, die sich an die Bauphase anschließt. Die Immobilie wird mit Beginn dieser Phase ihrem Bestimmungszweck zugeführt. Während die Nutzungsphase von Wohnimmobilien 50 Jahre oder länger andauern kann, sind es bei Büroimmobilien oft nur 30 Jahre. Während der Nutzungsphase sollte eine Immobilie einem laufenden kennzahlengestützten Controlling unterworfen sein, damit Schwachstellen im Hinblick auf Performance, Bauzustand, technische Ausstattung etc. frühzeitig erkannt und beseitigt werden können.

76 projektmagazin Glossar, Stichwort »Bauprojektmanagement«.

Bei schwerwiegenden Performance-Problemen, die oft mit einem Instandhaltungsstau und einer technischen oder wirtschaftlichen Entwertung der Immobilie verbunden sind, kann man auf der Basis einer Ursachenanalyse eine zweite Projektentwicklungsphase mit dem Ziel starten, die Immobilie durch eine ursachenadäquate Investition wieder marktfähig zu machen. Dabei ist zwischen Revitalisierung und Redevelopment zu unterscheiden. Während bei einem Redevelopment die Flächen einer neuen wirtschaftlichen Nutzung zugeführt werden, ändert sich das Nutzungskonzept bei einer Revitalisierung nicht.

Nachdem die Investition zur Reaktivierung der Immobilie abgeschlossen ist, erlebt unsere Immobilie im Erfolgsfall gewissermaßen ihren »zweiten Frühling«: Eine zweite Nutzungsphase schließt sich an.

Darauf folgt möglicherweise noch eine zweite oder dritte Anpassung der Immobilien durch Redevelopment/Revitalisierung. Schließlich kommt aber der Zeitpunkt, zu dem der Eigentümer einsehen muss, dass weitere Investitionen in die vorhandene Bausubstanz nicht mehr wirtschaftlich sind. In der Folge fällt die Immobilie entweder brach oder die vorhandenen baulichen Strukturen werden abgerissen, um Platz für eine Neubebauung zu schaffen. Es ist natürlich auch möglich, dass die Fläche nach dem Abriss aus wirtschaftlichen oder städtebaulichen Gründen nicht mehr baulich genutzt wird.

Während des Lebenszyklus einer Immobilie kann es zu Eigentümerwechseln kommen. Wenn ein Projektentwickler ein Objekt zum Verkauf entwickelt hat, will er es meistens so schnell wie möglich an einen Nutzer oder Investor verkaufen. Aber auch während der Nutzung oder nach einem Redevelopment kann sich der Eigentümer entschließen, die Immobilie zu verkaufen, etwa weil sie bestimmte Kennzahlen nicht mehr erfüllt oder nicht mehr zu der aktuellen Portfoliostrategie passt (»Exit«). Es kann auch sein, dass ein Dritter über ein besseres Nutzungskonzept und eine entsprechend hohe Zahlungsbereitschaft verfügt, sodass dem bisherigen Eigentümer ein Verkauf gegenüber der Weiterbewirtschaftung der Immobilie wirtschaftlich vorteilhaft erscheint.

14.1 Erwerb von Grundstücken/Immobilien

Beim Erwerb von unbebauten Grundstücken richtet sich der maximale Kaufpreis für das Grundstück (einschließlich der Erwerbsnebenkosten) nach der Differenz zwischen dem DCF des Bauprojekts und den geschätzten Baukosten (einschließlich der Kosten für Herrichten und Erschließung, Grundstückszinsen, Gemeinkosten). Wenn genau der Differenzbetrag für das Grundstück gezahlt wird, beträgt der Kapitalwert null und die projektindividuelle und risikogerechte kalkulatorische Verzinsung wird erzielt, aber auch nicht mehr. Ein höherer Preis darf für das Grundstück und die Erwerbsnebenkosten nicht gezahlt werden, da sonst die geforderte Mindestverzinsung nicht erzielt wird.

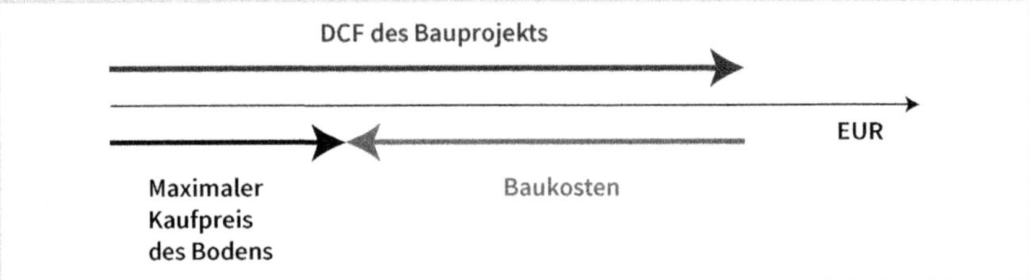

Abb. 14.3: Maximaler Kaufpreis für unbebaute Grundstücke

Der Käufer sollte aber natürlich daran interessiert sein, so wenig wie möglich für das Grundstück zu zahlen. Er ist daher gut beraten, Vergleichswerte und Bodenrichtwerte zu recherchieren und auf dieser Grundlage hart zu verhandeln, denn jeder Abschlag vom Kaufpreis erhöht seine Projektrendite. Und natürlich ist es sinnvoll, den Ankauf alternativer Grundstücke mit vergleichbarer Standortqualität für das betreffende Projekt ins Kalkül zu ziehen, wenn diese billiger erworben werden können.

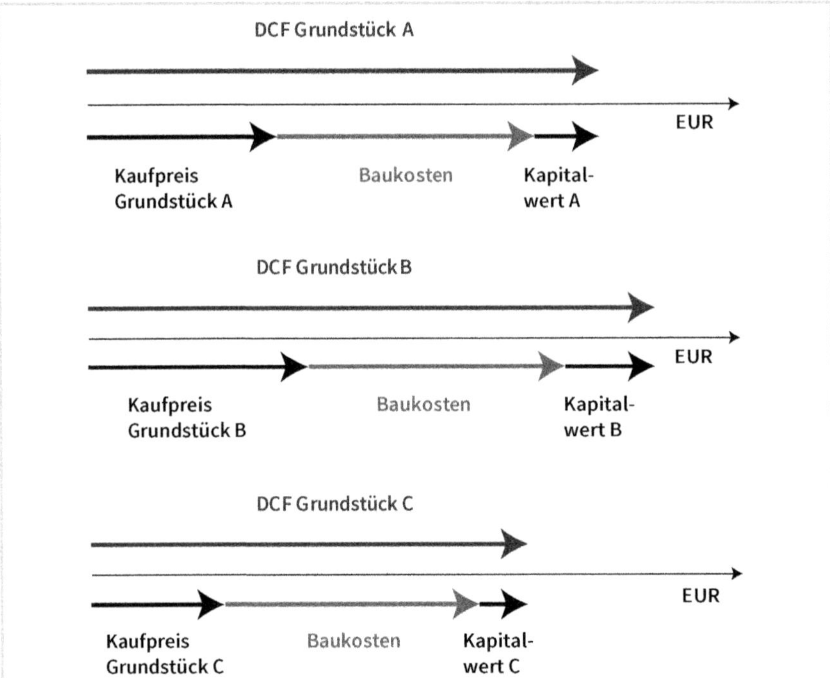

Abb. 14.4: Ermittlung der Kapitalwerte bei Realisierung einer Projektentwicklung auf alternativen Grundstücken

Außerdem kann der Fall auftreten, dass die Standortqualität der Grundstücke Einfluss auf den DCF des Projekts hat (siehe Abb. 14.4). Das kann zum Beispiel bei Einzelhandelsimmobilien der Fall sein, wenn alternative Grundstücke sich durch Verkehrsanbindung, Parkmöglichkeiten, die Kundenlauffrequenz oder andere Faktoren unterscheiden. In dem Beispiel ist das Grundstück C am billigsten, aber aufgrund von Standortnachteilen fällt der erwartete Cashflow so niedrig aus, dass diese Alternative den niedrigsten Kapitalwert aufweist. Grundsätzlich ist die Alternative mit dem höchsten Kapitalwert zu realisieren. Im Beispiel ist das die Alternative B.

Eine Ausnahme von diesem Kalkül bilden spekulative Landkäufe mit der Absicht des Weiterverkaufs zu einem späteren Zeitpunkt in unbebautem Zustand. Mit dem spekulativen Halten des unbebauten Grundstücks fallen zwar Zinskosten auf das gebundene Kapital an, doch besteht gleichzeitig die Aussicht auf Bodenwertsteigerungen. Die Erwartung des Grundstücksspekulanten läuft darauf hinaus, dass der Barwert der Kapitalkosten geringer ist als der Barwert der erwarteten Steigerung des Grundstückswertes. Bei einem Grundstückswert von 1.000.000 EUR in t_0 und einer erwarteten Wertsteigerung von 500.000 EUR in den nächsten 5 Jahren ergibt sich bei einem angenommenen Zins von 2,5 % auf das gebundene Kapital (entgangene Zinsen auf den Verkaufspreis) und einem kalkulatorischen Verzinsungsanspruch auf das spekulative Investment von 5 % folgende Rechnung:

Jahr	**Cashflow in EUR**
0	-1.000.000
1	-25.000
2	-25.000
3	-25.000
4	-25.000
5	+1.475.000
NBW (5 %) in EUR	**+67.052**

Das spekulative Halten des Grundstücks verursacht in der Gegenwart eine Anfangsauszahlung in Höhe von 1.000.000 EUR (entgangener Verkaufspreis). Dann entstehen 5 Jahre lang Zinskosten in Höhe von 2,5 %, also 25.000 EUR jährlich. Am Ende des fünften Jahres der Haltedauer wird ein Verkaufspreis in Höhe von 1.500.000 EUR erwartet. Es ergibt sich ein positiver Kapitalwert dieser Zahlungsreihe in Höhe von 67.052 EUR. Es erscheint also unter den getroffenen Annahmen wirtschaftlich vorteilhaft, das Grundstück nicht sofort zu verkaufen, sondern es 5 Jahre lang spekulativ zu halten.

Bleibt die Frage, ob es nicht wirtschaftlicher sein könnte, das Baugrundstück früher zu verkaufen. Im ersten Jahr des Haltezeitraums entstehen Kapitalkosten in Höhe von 25.000 EUR (entgangene Zinsen) und außerdem soll sich das investierte Kapital mit mindestens 5 % verzinsen (entspricht 50.000 EUR). Bei einer erwarteten Wertsteigerung von 100.000 EUR nach Ablauf des ersten Jahres bleibt ein Cashflow in Höhe von 25.000 EUR übrig, der mit 5 % auf die Gegenwart abzuzinsen ist (entspricht 23.810 EUR).

Wenn wir eine lineare Wertentwicklung annehmen (jedes Jahr +100.000 EUR), dann ist es am besten, das Grundstück bis zum Ende des fünften Jahres zu behalten:

Jahr des Verkaufs	Liquidationserlös	Barwert
	in EUR	in EUR
1	1.100.000	23.810
2	1.200.000	41.950
3	1.300.000	54.908
4	1.400.000	63.135
5	1.500.000	67.052

Wir können alternativ den folgenden (fallenden) Wertsteigerungsverlauf annehmen:

Jahr 1: +150.000 EUR, Jahr 2: +125.000 EUR, Jahr 3: +100.000 EUR, Jahr 4: +75.000 EUR, Jahr 5: +50.000 EUR. In diesem Fall wäre es die beste Lösung, das Grundstück bereits nach 3 Jahren Haltedauer zu verkaufen:

Jahr des Verkaufs	Liquidationserlös	Barwert
	in EUR	in EUR
1	1.150.000	71.429
2	1.275.000	109.977
3	1.375.000	119.965
4	1.450.000	104.270
5	1.500.000	67.052

Für einen bauwilligen Eigentümer kann es ebenfalls rational sein, den Baubeginn zu verschieben. Er hat natürlich auch die Zinskosten für das im Grundstückswert gebundene Kapital bis zur Bezugsfertigkeit zu berücksichtigen. Außerdem fällt ja bei einem späteren Baubeginn der gesamte erwartete Cashflow aus dem Objekt erst ab einem späteren Zeitpunkt an. Das bedeutet, dass er nochmals auf die Gegenwart abgezinst werden muss. Trotzdem kann eine Verschiebung lohnend sein, wenn für die Zukunft steigende Mieten erwartet werden und die Erstvermietungsmieten den weiteren Verlauf der Mieteinnahmen wesentlich prägen. Das kann zum Beispiel bei der Vermietung von Büroimmobilien der Fall sein, wo Zeitverträge mit Wertsicherungsklauseln üblich sind.

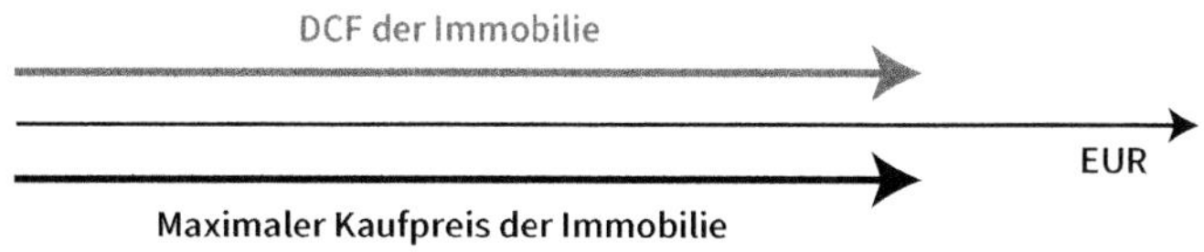

Abb. 14.5: Maximaler Kaufpreis für bebaute Grundstücke

Beim Erwerb von bebauten Grundstücken, also von Immobilien, entspricht der maximale Kaufpreis bekanntlich dem DCF der Immobilie. In diesem Fall ist der Kapitalwert gleich null und der interne Zinsfuß ist gleich dem Diskontierungszins. Auch beim Kauf von Immobilien sollte man selbstverständlich bemüht sein, das Objekt so billig wie möglich zu akquirieren. Insbesondere sollte man Vergleichswerte recherchieren, denn jeder Abschlag vom Kaufpreis erhöht die Projektrendite. Und natürlich besteht auch in diesem Fall die Möglichkeit, dass eine vergleichbare Immobilie einen höheren DCF bei einem gleich hohen Kaufpreis oder denselben DCF bei einem geringeren Kaufpreis erwarten lässt. In beiden Fällen würde sich ein positiver Kapitalwert ergeben und dieser Transaktionsalternative wäre demgemäß der Vorzug zu geben. Der direkte Vergleich der DCFs bzw. der Kaufpreise führt zum selben Ergebnis.

14.2 Projektentwicklung

Im Fall einer Projektentwicklung zum anschließenden Verkauf an Investoren oder Nutzer entspricht der minimale Verkaufspreis der fertiggestellten und bezugsfertigen Immobilie der Summe aus Grundstückskosten, Baukosten und Developergewinn. Die Marge des Projektentwicklers wird in Prozent der Kosten angegeben. Sie sollte seine Refinanzierungsbedingungen und die spezifischen Projektrisiken angemessen widerspiegeln.

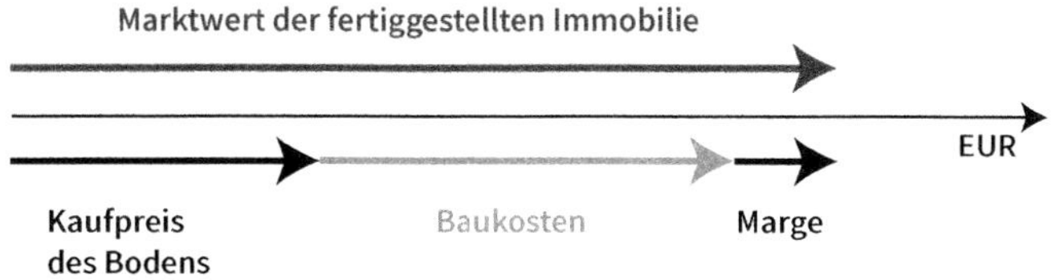

Abb. 14.6: Minimaler Verkaufspreis eines Projektentwicklers (Verkauf an Investor)

Der Marktwert der projektierten Immobilie wird vom Projektentwickler meistens mithilfe von marktüblichen Mietmultiplikatoren geschätzt. Sowohl auf der Finanzierungs- als auch auf der Investorenseite ist der Dreh- und Angelpunkt der Vermietungsgrad. Soweit keine anderweitigen Sicherheiten gestellt werden, verlangen Banken für Projektfinanzierungen hohe Vorvermietungsquoten von zum Beispiel 60 oder 80 %. In der Projektentwicklungspraxis scheitern nicht wenige Projekte an dieser Hürde. Sobald die geforderte Quote erreicht ist und auch alle anderen Auszahlungsvoraussetzungen erfüllt sind, werden die Mittel freigegeben und der Bau kann beginnen.

Immobilienfonds als Käufer von Projekten streben ebenfalls einen hohen Vermietungsgrad an, um ihr Risiko zu begrenzen. Sie verlangen einen Abschlag auf den Kaufpreis, also niedrigere Multiplikatoren, wenn keine Vollvermietung zum Kaufzeitpunkt besteht. Manchmal werden Nachvermietungsfristen vereinbart, wobei bei Erreichen der Zielvermietungsquote ein Bonus gewährt wird. Der Projektentwickler muss also das Vermietungsrisiko in seiner Kalkulation angemessen einpreisen. Eine nicht voll vermietete Immobilie ist oft schwer oder nur mit Abschlägen verkäuflich, wobei jeder Monat, den das Objekt ungeplant im Bestand verbleibt, zusätzliche Kapitalkosten verursacht. Eigentumswohnanlagen haben hier gegenüber gewerblichen Objekten wie Büroimmobilien den Vorteil, dass mit jeder verkauften Wohnung die Kapitalbindung des Bauträgers sinkt.

Wird das Projekt zur Selbstnutzung oder zur Vermietung entwickelt, so ist der Kapitalwert mit einem angemessenen Kalkulationszins zu ermitteln. Im Fall der Selbstnutzung sind oft interne Vorgaben einer maximalen kalkulatorischen Miete und eines vorgegebenen Kalkulationszinses zu beachten.

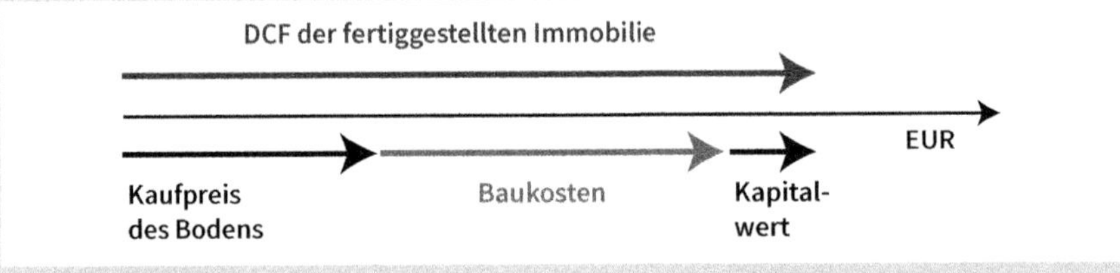

Abb. 14.7: Ermittlung des Kapitalwertes einer Projektentwicklung für Selbstnutzung oder Vermietung

Grundsätzlich besteht ein Trade-off zwischen den Baukosten und den in der Nutzungsphase anfallenden laufenden Auszahlungen für Instandhaltung und Betriebskosten. Es empfiehlt sich, verschiedene Varianten zu rechnen und die mit dem höchsten Kapitalwert zu realisieren.

In diesem Zusammenhang spielen auch die unterschiedlichen Perspektiven auf das Projekt eine Rolle. Der Projektentwickler neigt aus seiner Sicht dazu, günstig bauen und teuer verkaufen zu wollen. Der Bestandshalter/Einkäufer schaut dagegen mehr auf die laufenden Kosten, zum Beispiel für Instandhaltung oder Heizkosten. Die Frage ist jedoch, ob sich das in allen Fällen in einer entsprechend höheren Zahlungsbereitschaft niederschlägt.

Weiterhin sollte man sich nicht von vornherein auf den Bau einer selbstgenutzten Immobilie festlegen und auch die Anmietung entsprechender Flächen ins Kalkül ziehen. In der Investitionsrechnung für das selbstgenutzte Neubauvorhaben sind die ersparten Mietzahlungen als Einzahlungen zu berücksichtigen. Liegt keine konkrete Anmietungsalternative vor, ist eine marktübliche Miete anzusetzen. Gegebenenfalls sind hier organisationsinterne Vorgaben zu berücksichtigen.

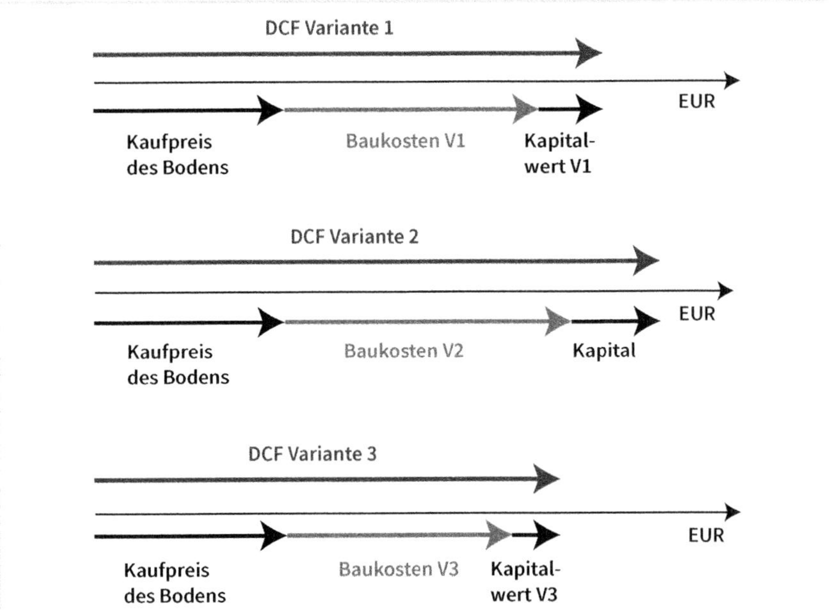

Abb. 14.8: Ermittlung der Kapitalwerte für verschiedene Realisierungsvarianten einer Projektentwicklung für Selbstnutzung oder Vermietung

Im Beispiel stehen drei Realisierungsvarianten zur Auswahl. Die Variante mit den höchsten Baukosten (V2) kommt aufgrund erheblicher erwarteter Einsparungen bei den laufenden Kosten auf den höchsten Kapitalwert unter den drei Varianten. Sie sollte daher realisiert werden.

Beispiel 14.1: Vergleich zweier Realisierungsvarianten für den Neubau einer Büroimmobilie

Ein Bürogebäude wird für den Eigenbestand zum Zwecke der anschließenden Vermietung entwickelt. Zwei Realisierungsvarianten stehen zur Auswahl: A (normal) und B (energetisch optimiert).

Die Anfangsauszahlung (die gesamten Herstellungskosten) für Variante A beträgt 42 Mio. EUR. Für die Realisierung der energetisch optimierten Variante B fallen 1,2 Mio. EUR zusätzliche Herstellungskosten an. Dem steht eine jährliche Betriebskostenersparnis in Höhe von 90.000 EUR gegenüber. Die Heizkosten und sonstigen Betriebskosten trägt der Mieter. Unabhängig von der realisierten Variante wird ein Zeitmietvertrag mit einer Laufzeit von 15 Jahren abgeschlossen. Bei Variante A wird eine Jahresmiete in Höhe von 8 % der Investitionssumme erwartet. Für die Variante B wird angenommen, dass die ihm zugutekommenden ersparten Betriebskosten dem Mieter in Form einer entsprechend höheren Miete vollständig wieder angelastet werden können. Die erwarteten Mieteinzahlungen liegen also bei Variante B um 90.000 EUR höher.

Im Hinblick auf die laufenden Auszahlungen werden folgende Annahmen getroffen (A = B):

- Verwaltung: 2 % der Jahresmiete von Variante A,
- Instandhaltung: 0,5 % der Herstellungskosten von Variante A,
- keine Erlösschmälerungen,
- 1,5 % Inflation.

Der Mietvervielfältiger zum Ausstiegszeitpunkt (t_{15}) liegt variantenunabhängig bei 6,5. Der risikogerechte Kalkulationszins für beide Varianten beträgt 4,5 %.

Vorausgesetzt, dass beide Varianten absolut vorteilhaft sind, kann die relativ vorteilhaftere Variante mithilfe der Nettomethode ermittelt werden (Differenzinvestition). Die beiden Zahlungsreihen unterscheiden sich nur im Hinblick auf Anfangsauszahlung (Variante B −1.200.000 Mio. EUR), Mieteinzahlungen (Variante B +90.000 EUR) und die Schlusseinnahme (Variante B: 90.000 EUR × 6,5 = 585.000 EUR):

t	Δ Cashflow	Abz.	Barwerte
0	−1.200.000	1,0000	−1.200.000
1	90.000	0,9569	86.124
2	90.000	0,9157	82.416
3	90.000	0,8763	78.867
4	90.000	0,8386	75.471
5	90.000	0,8025	72.221
6	90.000	0,7679	69.111
7	90.000	0,7348	66.135
8	90.000	0,7032	63.287
9	90.000	0,6729	60.561
10	90.000	0,6439	57.953
11	90.000	0,6162	55.458
12	90.000	0,5897	53.070
13	90.000	0,5643	50.784
14	90.000	0,5400	48.598

t	Δ Cashflow	Abz.	Barwerte
15	675.000	0,5167	348.786
NBW in EUR			68.841

Die Differenzinvestition hat einen positiven Barwert. Die energetisch optimierte Variante B ist daher vorzuziehen.

Das Problem bei Projektentwicklungen und bei Baumaßnahmen im Allgemeinen besteht oft darin, dass der Fokus der Betrachtung zu sehr auf die Realisierungs- bzw. (Bau-)Phase und die in dieser Phase entstehenden Kosten gerichtet ist. Die Kosten in den anderen Lebenszyklusphasen erfahren dabei meistens weniger Aufmerksamkeit. Die Kosten im Lebenszyklus eines Gebäudes setzen sich wie folgt zusammen:

$LCC_{Immobilie} = K_F + K_K + K_P + K_R + K_N + K_E$

Dabei gilt:

$LCC_{Immobilie}$ = Lifecycle Costs

K_F = Kosten der Finanzierung

K_K = Kosten in der Konzeptphase

K_P = Kosten in der Planungsphase

K_R = Kosten in der Realisierungsphase

K_N = Kosten in der Nutzungsphase

K_E = Kosten in der Phase Rückbau und Entsorgung

Betrachtet man Lebenszykluskosten nach dem Anteil von Investitions- und Betriebskosten, ergeben sich große Unterschiede je nach Gebäudeart. Während sich die Anfangsauszahlung und die laufenden Betriebskosten bei Wohnimmobilien über den gesamten Lebenszyklus betrachtet in etwa die Waage halten, liegt das Verhältnis bei Bürogebäuden bei 20 zu 80 und bei Bädern, Sporthallen, Krankenhäusern und Schulen etwa bei 10 zu 90 oder noch darunter. Auch wenn die laufenden Kosten wegen des Abzinsungseffekts nicht voll auf die Gegenwart durchschlagen, ist es außerordentlich wichtig, dass schon bei der Planung eines Gebäudes auf die Begrenzung der späteren Betriebskosten des Gebäudes geachtet wird. Das gilt noch mehr, wenn die Kosten in der Nutzungsphase abhängig vom Gebäudetyp einen besonders hohen Anteil an den gesamten Lebenszykluskosten ausmachen.

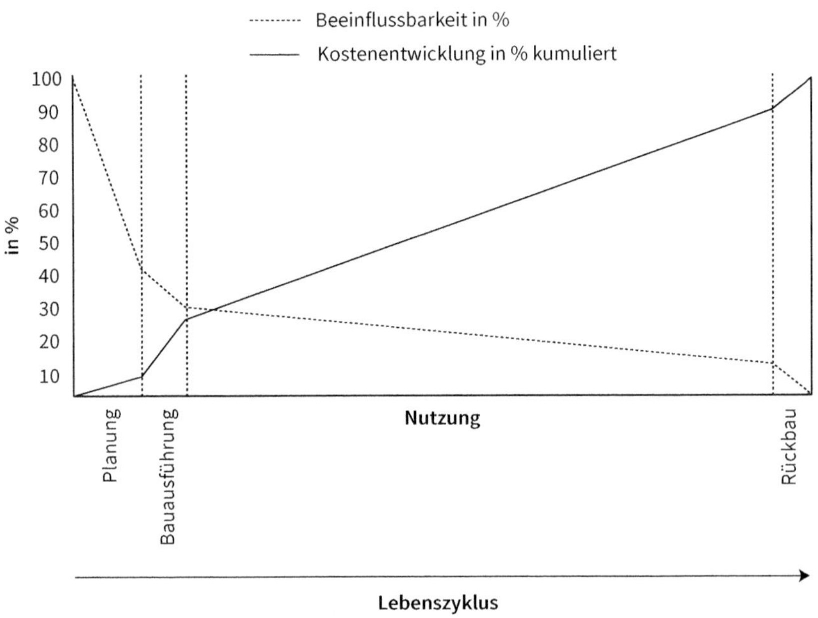

Abb. 14.9: Beeinflussbarkeit der Kosten im Lebenszyklus einer Immobilie

Betrachtet man die Beeinflussbarkeit der Lebenszykluskosten bezogen auf die Gesamtlebensdauer einer Immobilie, so nimmt die Beeinflussbarkeit der laufenden Kosten schon während der Planungsphase mit fortschreitender Zeit rapide ab. Im laufenden Betrieb sind die Möglichkeiten der Kostenbeeinflussung nur noch sehr begrenzt. Es empfiehlt sich daher, einen erfahrenen Facility-Manager in das Projektentwicklungsteam einzubeziehen.

Bei der Planung des Gebäudes sind im Rahmen der Nutzungsflexibilität die Nutzerkontinuität und das Nutzerverhalten zu berücksichtigen. Dabei lässt sich folgender Grundsatz ableiten: Je größer die Nutzerkontinuität, desto spezieller kann eine Immobilie ausgerichtet werden. Sollen Immobilien flexibel genutzt werden, müssen über die Erstnutzung hinaus Alternativkonzepte für spätere Nutzungen aufgestellt werden. Dieser Aspekt ist für die Bemessung des Risikozuschlags im Kalkulationszins von großer Bedeutung. Bei einem sehr speziell gewidmeten Gebäude besteht in Abhängigkeit von der Mietvertragsdauer ein höheres Anschlussvermietungsrisiko. Entsprechend hoch ist der Diskontierungszins anzusetzen. Auf der anderen Seite verursachen alternative Nutzungskonzepte regelmäßig in der Gegenwart wie auch in der Zukunft (bei Realisierung der Umnutzung) zusätzliche Baukosten, die die Wirtschaftlichkeit beeinträchtigen.

14.3 Nutzung

In der Nutzungsphase kommt es darauf an, Transparenz über die Wertentwicklung und die operative Performance der im Eigenbestand gehaltenen Immobilien herzustellen.

Die **laufende Performance-Messung** geschieht mithilfe von Rendite- und anderen Kennzahlen, die periodisch neu erhoben werden. Bei Zielunterschreitungen oder Problemen müssen die Ursachen erforscht und entsprechende Gegenmaßnahmen ergriffen werden. Damit Zielunterschreitungen festgestellt werden können, müssen die Ziele natürlich quantitativ vorgegeben sein, zum Beispiel in der Form von Benchmarks oder Benchmarkbereichen für bestimmte Kennzahlen.

In die Nutzungsphase fällt außerdem das **Investitionscontrolling**: In periodischen Abständen muss ein Soll-Ist-Vergleich im Verhältnis zu den in der Investitionsrechnung ursprünglich vor Ankauf/Herstellung/Modernisierung gesetzten Annahmen durchgeführt werden. Erhebliche negative Abweichungen müssen auch hier im Hinblick auf ihre Ursachen untersucht werden. Das Investitionscontrolling ist nicht nur für einzelne Objekte oder Entscheidungsbereiche erforderlich, sondern auch portfoliobezogen in dem Sinne, dass systematische Abweichungen von den getroffenen Annahmen aufzuspüren und in das Planungssystem zurückzukoppeln sind.

Eine angemessene **Werttransparenz** wird durch eine periodische Wertermittlung für alle Bestandsobjekte erreicht. Die historische und marktferne Bewertung nach den Bilanzierungsvorschriften des Handelsgesetzbuches ist dafür jedoch nicht ausreichend. Die Wertermittlungen müssen vielmehr die aktuellen Rahmenbedingungen an den Immobilien- und Finanzmärkten widerspiegeln. Im Anlagevermögen lässt sich dies durch eine Bewertung nach dem DCF-Verfahren gewährleisten.

14.3.1 Laufende Performance-Messung

Die laufende Performance-Messung basiert auf Kennzahlen, die periodisch neu erhoben werden. Für jede Kennzahl muss es quantitative Zielvorgaben in Form von Benchmarks oder Benchmarkbereichen geben. Immobilien-Kennzahlen können sich auf die Erlösseite, die Kostenseite oder die Gesamt-Performance der Immobilie beziehen.

Gebräuchliche **Kostenkennziffern** sind:

- Durchschnittliche Instandhaltungskosten:
  Instandhaltungskosten / Wohnfläche [EUR/m^2]
- Instandhaltungskosten / Jahresnettokaltmiete [%]

- Durchschnittliche Verwaltungskosten:
  Verwaltungskosten / Wohneinheit [EUR/WE]
- Durchschnittliche Betriebskosten:
  Betriebskosten / Wohnfläche [EUR/m^2]

Die **Instandhaltungskosten** eines Gebäudes sind von einer Vielzahl von Einflussfaktoren abhängig, wobei die meisten davon einen gebäudeindividuellen Charakter haben (Bahr 2008):
- Gebäudealter,
- Technikanteil,
- Gebäudegröße,
- Gebäudegeometrie: A/V-Verhältnis[77],
- Qualität der Planung und Erstellung,
- Denkmalschutz,
- politische Einflüsse,
- strategiebedingte Einflüsse,
- standortabhängige Einflüsse,
- wirtschaftliche Konkurrenz,
- Art der Nutzung.

Insbesondere das Gebäudealter hat einen großen Einfluss auf die Höhe der jährlichen Instandhaltungskosten. Aber auch der Einfluss einer zergliederten Gebäudegeometrie ist besonders in Kombination mit einem hohen Gebäudealter erheblich (Bahr 2008 in einer empirischen Untersuchung über öffentliche Hochbauten). Eine aufwendige Gebäudetechnik wirkt sich ebenfalls deutlich auf die Instandhaltungskosten aus.

Als Datenquellen für das Benchmarking von Instandhaltungskosten kommen infrage:
- Anlage 1 zu § 11 Abs. 2 der Beleihungswertermittlungsverordnung (BelWertV) Bewirtschaftungskosten – Einzelansätze,
- Zweite Berechnungsverordnung (II. BV), § 28 Abs. 2 und 5,
- Budgetierungsverfahren wie zum Beispiel PABI (nach Bahr).

Nach der BelWertV bilden die Herstellungskosten pro m^2 Wohn- oder Nutzfläche (ohne Baunebenkosten und Außenanlagen) die Kalkulationsbasis der Instandhaltungskosten,
- zum Beispiel Lager- und Produktionshallen mit Herstellungskosten von 250 bis 500 EUR/m^2:
  0,8 % bis 1,2 %, absolute Untergrenze: 2,50 EUR/m^2.

77 Das A/V-Verhältnis bezeichnet das Verhältnis zwischen Hüllfläche A und Gebäudeinhalt V, also die Relation von thermischer Gebäudehüllfläche zu umschlossenem Volumen. Kompakte Baukörper haben geringere A/V-Werte als stark gegliederte. Gebäude mit niedrigem A/V-Verhältnis haben bezogen auf ihr Volumen weniger wärmeübertragende Flächen als Gebäude mit hohem A/V-Wert.

- zum Beispiel gewerbliche Objekte einfachen Standards und SB-Verbrauchermärkte mit Herstellungskosten von mehr als 500 EUR/m^2:
  0,8 % bis 1,2 %, absolute Untergrenze: 5,00 EUR/m^2.
- zum Beispiel Wohngebäude und gewerbliche Gebäude mit mittlerem Standard und Herstellungskosten von mehr als 1.000 EUR/m^2:
  0,5 % bis 1 %, absolute Untergrenze: 7,50 EUR/m^2.
- zum Beispiel hochwertige Büro- und Handels- sowie andere gewerbliche Objekte mit Herstellungskosten von mehr als 2.000 EUR/m^2:
  0,4 % bis 1 %, absolute Untergrenze: 9,00 EUR/m^2.
- Garagen und Tiefgaragenstellplätze: 30 bis 80 EUR je Stellplatz.

Die untere Grenze der Bandbreite ist in der Regel für neue, die obere Grenze für ältere Objekte angemessen. Objektzustand, Ausstattungsgrad und Alter sind bei der Bemessung der Instandhaltungskosten zu berücksichtigen.

Nach der II. BV sind die Ansätze der Instandhaltungskosten je m^2 und Jahr indexiert (Stand: 1.1.2017):

Kostenobergrenze	Zeitlicher Abstand vom Datum der Bezugsfertigkeit am Ende des Kalenderjahres
Bis 8,78 EUR/m^2	Weniger als 22 Jahre
Bis 11,14 EUR/m^2	22 bis 31 Jahre
Bis 14,23 EUR/m^2	Mindestens 32 Jahre

Tab. 14.1: Instandhaltungskosten je m^2 nach II. BV

Als Datenquellen für das Benchmarking von **Verwaltungskosten** kommen die BelWertV und die II. BV infrage.

Die BelWertV (Anlage 1 zu § 11 Abs. 2) unterscheidet bei den Verwaltungskosten zwischen Wohnbauten und gewerblichen Objekten:

- Wohnungsbau – Bandbreite der Kosten kalkuliert auf Basis der Einheiten: Wohnungen: 200 bis 275 EUR, Garagen: 25 bis 50 EUR.
- Gewerbliche Objekte – Bandbreite: 1 % bis 3 % des Jahresrohertrags.

Gemäß der II. BV sind folgende Werte für die jährlichen Verwaltungskosten einer Wohneinheit anzusetzen (§ 26 Abs. 2 und 3 sowie § 41 Abs. 2 II. BV, ab 1.1.2017):

Kostenobergrenze	Objektart
Bis 284,63 EUR	Wohnung, Eigenheime, Kaufeigenheime und Kleinsiedlungen je Wohngebäude

Kostenobergrenze	Objektart
Bis 340,31 EUR	Eigentumswohnung, Kaufeigentumswohnung und Wohnung in der Rechtsform eines eigentumsähnlichen Dauerwohnrechts nach § 41 Abs. 2 II. BV
Bis 37,12 EUR	Garagen oder ähnliche Einstellplätze

Tab. 14.2: Verwaltungskosten je Einheit nach II. BV

Nach dem DMB-Betriebskostenspiegel für Mietwohnraum betragen die Kosten pro m^2 und Monat für die einzelnen Betriebskostenarten:

Betriebskostenart	Durchschnittliche Kosten pro m^2 und Monat 2015
Grundsteuer	0,18
Wasser inklusive Abwasser	0,34
Heizung inklusive Warmwasser	1,07
Aufzug	0,16
Straßenreinigung	0,03
Müllbeseitigung	0,18
Gebäudereinigung	0,16
Gartenpflege	0,10
Allgemeiner Strom	0,05
Schornsteinreinigung	0,04
Versicherung	0,17
Hauswart	0,41
Antenne/Kabel	0,13
Sonstige	0,03
Gesamt	3,05

Tab. 14.3: Betriebskosten je m^2 und Monat nach DMB Betriebskostenspiegel

Die Betriebskosteneffizienz einer Immobilie ist ein sehr wichtiger Wettbewerbsparameter, der auch den Immobilienwert und damit den am Markt erzielbaren Verkaufspreis wesentlich beeinflusst. Bei selbstgenutzten Immobilien schlägt eine hohe Belastung mit Betriebskosten unmittelbar auf die Performance des Objekts durch. Bei vermieteten Immobilien tragen oft die Mieter die Betriebskosten und zwar auch dann, wenn sie überdurchschnittlich hoch sind. Meistens trägt der Mieter sämtliche mit den Betriebskosten verbundenen Preis- und Mengenrisiken. Das heißt aber nicht, dass dem Vermieter die Betriebskosteneffizienz gleichgültig sein kann. Besonders an entspannten Vermietungsmärkten zwingt ihn der Wettbewerb dazu, überdurchschnittlich hohe Betriebskosten durch eine entsprechend niedrigere Nettokaltmiete zu kompensieren.

Sowohl bei den Instandhaltungs- als auch bei den Verwaltungs- und Betriebskosten können zusätzlich die entsprechenden Daten von Gebäuden aus dem eigenen Bestand für das Benchmarking herangezogen werden, soweit sie repräsentativ sind. Es ist insbesondere auch sinnvoll, die Kennzahlen vergleichbarer Objekte direkt miteinander zu vergleichen und Kosten- und Erlöskennziffern gleichzeitig zu betrachten.

Die laufende Messung der Kosten-Performance liefert natürlich noch keine Problemlösungen. Sie kann aber helfen, Gebäude mit hohen Kosten bei einer oder mehreren Kostenarten zu identifizieren. Im nächsten Schritt müssen dann die Ursachen erforscht und entsprechende Gegenmaßnahmen ergriffen werden. Das kann auch wieder Investitionen erfordern, deren Wirtschaftlichkeit entsprechend zu prüfen ist.

Natürlich ist nicht nur die Kostensituation einer Immobilie für ihre Gesamt-Performance relevant, sondern auch ihre Erlössituation. Gebräuchliche **Erlöskennziffern** für deren Einschätzung sind:

- Durchschnittliche Wohnungsmiete nettokalt: Sollmieten / Wohnfläche [EUR/m^2].
- Mietausschöpfung: realisierte Miete in EUR pro m^2 Wohnfläche / objektbezogene Marktmiete in EUR pro m^2 Wohnfläche × 100 [%].
- Fluktuationsquote: Mieterwechsel pro Periode / Anzahl Wohneinheiten × 100 [%].
- Erlösschmälerungsquote: Erlösschmälerungen in EUR / Sollmieten in EUR × 100 [%].
- Leerstandsquote: Leerstand m^2 / Gesamtwohnfläche m^2 × 100 [%].
- Mietrückstandsquote: säumige Mieten in EUR / Sollmieten in EUR × 100 [%].

Die **durchschnittlichen Mieteinnahmen** in einem Gebäude sind abhängig von dessen Makro- und Mikrostandort sowie von seiner Ausstattung und baulichen Beschaffenheit (siehe auch Abschnitt 5.4.4). Eine wesentliche Rolle spielt zudem die Mietvertragssituation. Ein Mehrfamilienhaus mit einer geringen Mieterfluktuation an einem angespannten Markt wird im Hinblick auf die Nettokaltmiete pro m^2 eine ebenso unterdurchschnittliche Performance aufweisen wie ein Bürogebäude in einem Umfeld mit jahrelang gestiegenen Mieten, wenn dessen Mietverträge bereits vor vielen Jahren abgeschlossen wurden. Auch bei dieser Kennzahl sollte man nicht Äpfel mit Birnen vergleichen. Benchmarks für die Makrostandorte sind in Form von aktuellen Angebotsmieten (BBSR, Immobilienportale) und oft auch in Form von Mietspiegeln verfügbar, wobei die Mietspiegelmieten aufgrund der gesetzlichen Abgrenzung des

Begriffs der ortsüblichen Vergleichsmiete nicht mit durchschnittlichen Bestandsmieten gleichzusetzen sind. Einen Anhaltspunkt können sie aber geben.

Die Nettokaltmieten pro m^2 können auf der Ebene von Gebäuden und Wirtschaftseinheiten, aber auch von sachlichen und räumlichen Teilportfolios (zum Beispiel Wohnungsbestand der Vonovia in Berlin) mit den einschlägigen Benchmarks verglichen werden. Parallel zu sekundärstatistischen Daten können Daten von Wettbewerbern und Daten vergleichbarer Objekte aus dem eigenen Bestand herangezogen werden.

Das Ziel der Vergleiche besteht darin, erhebliche negative Abweichungen von der Benchmark in Bezug auf ein Gebäude, eine Wirtschaftseinheit oder ein Teilportfolio zu identifizieren. Solche Abweichungen bilden den Anlass für eine Ursachenanalyse und im nächsten Schritt dann gegebenenfalls für geeignete Gegenmaßnahmen, die auch investiver Natur sein können (zum Beispiel Mietanhebung auf die ortsübliche Vergleichsmiete oder Modernisierung verbunden mit anschließender Mieterhöhung). Manchmal kann man aber auch nichts tun, als abzuwarten (zum Beispiel wenn die Mieten aus einem Büroobjekt niedrig sind, weil die Verträge bereits vor vielen Jahren in einem anderen Marktumfeld abgeschlossen wurden).

Eine operativ sehr interessante Kennzahl ist die **Mietausschöpfung**, also das Verhältnis von realisierter Miete in EUR pro m^2 Wohnfläche und objektbezogener Marktmiete. Die Marktmiete entspricht der aktuellen Angebotsmiete für das Objekt. Negative Abweichungen in dieser Hinsicht (< 100 %) haben ihre Ursache entweder in der Mietvertragssituation bzw. in den mietpreisrechtlichen Vorschriften (zum Beispiel Vergleichsmiete, Kappungsgrenze) oder in organisatorischen Schwachstellen im Bereich der Immobilienbewirtschaftung (zum Beispiel Nichtdurchführung von preisrechtlich zulässigen und am Markt ohne zusätzlichen Leerstand durchsetzbaren Mieterhöhungen).

Mit der **Fluktuationsquote** wird das Verhältnis der Mieterwechsel pro Periode zur Anzahl der Wohneinheiten im Gebäude beschrieben. An angespannten Märkten ist die Fluktuationsrate eine wesentliche Determinante des Mieterhöhungstempos in einem Gebäude, denn bei Wiedervermietungen kann ein Mietpreis oberhalb der Vergleichsmiete abgeschlossen werden (Abschnitt 5.4.4.3). Die Fluktuationsrate sollte beim Controlling von Wohnungsportfolios mit herangezogen werden, wenn die relative Performance von Objekten im Hinblick auf die Mieteinnahmen eingeschätzt werden soll. Unterschiedliche Fluktuationsraten können nicht selten Performance-Differenzen bei den Einnahmen erklären.

Bei den Erlösschmälerungen stehen besonders die leerstandsbedingten Ausfälle im Vordergrund. Die Leerstandsquote ist definiert als

Leerstand m^2 / Gesamtwohnfläche $m^2 \times 100$ [%].

Mit der Leerstandsquote wird also der Anteil leerstehender Flächen an einem Gesamtflächenbestand zu einem Zeitpunkt angegeben. Welche Flächen dabei zu erfassen sind und welche nicht, ist eine Definitionsfrage. Leerstandquoten lassen sich für einzelne Immobilien, Wirtschaftseinheiten, Teilportfolios, eine Stadt, eine Region oder auch für das gesamte Bundesgebiet ermitteln. Allgemein werden nicht genutzte bzw. unvermietete Flächen als »leerstehend« bezeichnet.

Von den Leerständen zu unterscheiden sind die Erlösschmälerungen, die eine Wertgröße darstellen. Abweichungen der Ist- von der Sollmiete können durch Leerstand verursacht sein, aber auch durch uneinbringliche Mietforderungen, Mietminderungen oder Kosten der Rechtsverfolgung auf Zahlung, Aufhebung eines Mietverhältnisses oder Räumung. Die Erlösschmälerungsquote ist definiert als das prozentuale Verhältnis der Erlösschmälerungen zu den Sollmieten in einer Periode.

Die gif Gesellschaft für Immobilienwirtschaftliche Forschung e.V. hat Leerstand im Hinblick auf Bürogebäude wie folgt definiert: »Summe aller Büroflächen, die zum Erhebungszeitpunkt ungenutzt sind und zur Vermietung, Untervermietung oder zum Verkauf angeboten werden und innerhalb von drei Monaten beziehbar sind.« Diese Definition schließt leerstehende Flächen aus, die nicht aktiv am Markt angeboten werden oder nicht kurzfristig bezogen werden können (zum Beispiel wegen eines Instandhaltungsstaus).

Auch die Definition des Leerstands von Mietwohnimmobilien, die als methodische Grundlage des CBRE-empirica-Leerstandsindex dient, stellt auf das Kriterium der Marktaktivität der Flächen ab.[78] Dargestellt wird der marktaktive Leerstand nur von Geschosswohnungen unabhängig von der Dauer des Leerstandes zum Stichtag 31.12. Der marktaktive Leerstand umfasst leerstehende Wohnungen, die unmittelbar disponibel sind, und gegebenenfalls mittelfristig aktivierbare Wohnungen (weniger als 6 Monate).

Je nach Ursache und Dauer lässt sich der Leerstand in verschiedene Arten unterteilen:

- **Fluktuationsbedingter Leerstand** ist seiner Natur nach kurzfristig. Er entsteht in erster Linie durch den normalen Mieterwechsel im Bestand (Zeitbedarf für Vermarktung, Umzug, gegebenenfalls für das Herrichten der Wohnung).
- **Modernisierungsbedingter Leerstand** ist eine Folge von umfänglichen Modernisierungsinvestitionen nach dem Auszug eines Mieters, um beispielsweise die

78 CBRE-empirica-Leerstandsindex 2009 bis 2017, Ergebnisse und Methodik, Dezember 2018.

Wohnung altengerecht zu ertüchtigen oder auf einen bestimmten Ausstattungsstandard zu bringen.

- **Neuvermietungs-Leerstand** kann in Abhängigkeit von der Marktsituation aus einer schrittweisen oder schleppenden Abvermietung der einzelnen Mieteinheiten entstehen. Ein Vermietungsstand von 100 % zum Zeitpunkt der Bezugsfertigkeit ist eher die Ausnahme als die Regel.
- **Konjunkturelle Leerstände** sind abhängig von gesamtwirtschaftlichen oder marktbezogenen zyklischen Entwicklungen. Sie sind ihrer Natur nach in einem marktwirtschaftlichen System unvermeidlich und von temporärer Natur.
- **Strukturelle Leerstände** sind durch eine Leerstandsdauer von wenigstens 3 Monaten in Verbindung mit einer pessimistischen Prognose im Hinblick auf die zukünftige Vermietbarkeit zu marktüblichen Preisen gekennzeichnet.
- **Spekulative Leerstände** beziehen sich auf Flächen, für die zwar eine Nachfrage besteht, die aber aus spekulativen Gründen dennoch nicht verkauft oder vermietet werden (Abschnitt 14.1).

Für Büroimmobilien können Benchmarks für den Leerstand aus den Berechnungen der Bundesbank auf Basis von Angaben der bulwiengesa AG gewonnen werden. Für einzelne Städte können die Angaben aus der Marktforschung größerer Maklerhäuser herangezogen werden. Zum Teil werden dort gesonderte Angaben für Spitzenlagen gemacht. Kleinräumige Daten auf Stadtbezirks- oder Quartiersebene sind seltener verfügbar.

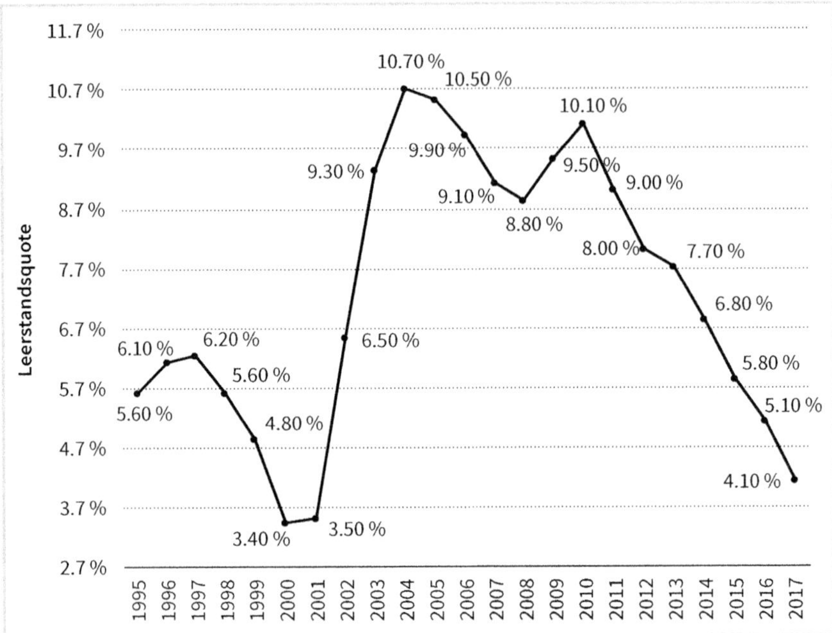

Abb. 14.10: Top-Bürostandorte in Deutschland – Leerstandsquote bis 2017
Quelle: Deutsche Bundesbank; bulwiengesa

Für Wohnimmobilien gibt es verschiedene Leerstandsindizes bzw. Leerstandsquoten:

- CBRE-empirica-Leerstandsindex (nur Geschosswohnungen),
- GWZ (Gebäude- und Wohnungszählung),
- GdW (Mitgliedsunternehmen, nur Geschosswohnungen),
- Mikrozensus,
- Kommunalstatistik.

Die Daten aus der amtlichen Statistik (GWZ, Mikrozensus) werden nur in größeren Abständen erhoben und sind daher meistens nicht aktuell. Die GdW-Angaben beruhen auf den Meldungen der Mitgliedsunternehmen, wodurch die Repräsentativität der Daten eingeschränkt ist (zum Beispiel keine privaten Kleinvermieter). Auch der CBRE-empirica-Leerstandsindex beruht in erster Linie auf den Daten großer Bestandshalter. Die Angaben der Kommunalstatistik beruhen auf unterschiedlichen Definitionen, was die Vergleichbarkeit erschwert. Kleinräumige Daten auf Stadtbezirks- oder Quartiersebene sind selten verfügbar. In manchen Bundesländern gibt es Wohnungsmarktbeobachtungssysteme, die Leerstandsquoten für Landkreise und kreisfreie Städte, zum Teil auch für die Wohnungsmarktregionen angeben.

Gemessen am CBRE-empirica-Leerstandsindex ist die Leerstandsquote auf dem deutschen Wohnungsmarkt im Zeitraum 2006 bis 2017 von 4,1 auf 2,9 % gefallen. In vielen Großstädten liegen die Leerstandsquoten noch weit darunter (Köln 1,0 %, Berlin 0,9 %, Stuttgart 0,6 %, Hamburg 0,5 %, München 0,2 %). Bei den GdW-Mitgliedsunternehmen lag der Leerstand im Jahr 2017 bei 3,6 % (Ostdeutschland 6,5 %, Westdeutschland 1,7 %).

Leerstandsquoten	Deskriptiv	Gebräuchliche Begriffe	Marktgängigkeit	Wohnungsversorgung
	Extrem hoch	Schwere Leerstandskrise	Wohnungsmarktkrise	Deutschliche Überversorgung
15 %				
	Sehr hoch	Wohnungsmarktkrise	Krisenhafter Wohnungsmarkt	Überversorgung
10 %				
	Hoch	Mietermarkt	Problematischer Wohnungsmarkt	Sehr gute Versorgung
7 %				
	Moderat	Entspannter Wohnungsmarkt	Angespannter Wohnungsmarkt	Gute Versorgung
5 %				
	Angemessen	»Normale« bzw. »natürliche« Leerstandsquote	Gute Marktgängigkeit	Angemessene Versorgung
3 %				
	Niedrig	Angespannter Markt	Sehr gute Marktgängigkeit	Angespannte Versorgung
2 %				
	Sehr niedrig	»Echte« Leerstandsreserve, notwendige Fluktuationsreserve	Sehr gute Marktgängigkeit	Wohnungsknappheit, Wohnungsnot

Abb. 14.11: Kategorisierung von Leerstandsquoten und Wohnungsmärkten
Quelle: Rink/Wolff 2015

Die inhaltliche Einschätzung der Leerstandsquoten am Wohnungsmarkt ist aus begrifflicher und methodischer Sicht uneinheitlich. Leerstandsquoten unterhalb von 2 % werden gemeinhin als sehr niedrig sowie als Indikatoren einer hohen Marktanspannung gedeutet. Das laufende Umzugsgeschehen kann bei so niedrigen Leerstandsquoten nicht mehr reibungslos abgewickelt werden. Außerdem fällt die Fluktuation und es kommt zu Warteschlangeneffekten.

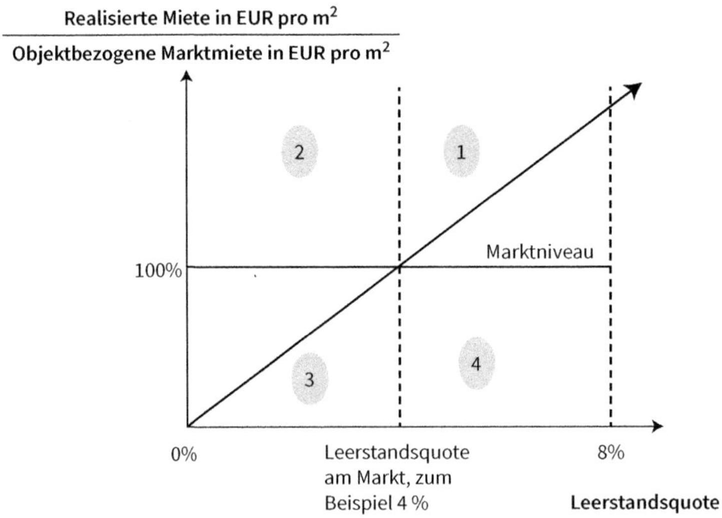

Abb. 14.12: Controlling der Erlös-Performance: Auswertungsbeispiel

Abb. 14.12 zeigt eine Möglichkeit, verschiedene erlösbezogene Kennziffern in Bezug zueinander zu setzen, und zwar die Mietausschöpfung und die Leerstandsquote. Die Benchmarks wurden auf 100 % bei der Mietausschöpfung und auf 4 % beim Leerstand festgelegt. Die Zusammenführung dieser beiden Kennzahlen ermöglicht einen erweiterten Blick auf die möglichen Ursachen von Performance-Problemen. So kann ein niedriger Leerstand durch eine zurückhaltende Preispolitik erkauft sein. Grundsätzlich kann man einen gleichgerichteten Zusammenhang zwischen der Mietausschöpfung und dem Leerstand in einem Objekt unterstellen. In Abb. 14.12 sind leistungsschwache Objekte unterhalb der 45-Grad-Linie zu finden. Diese Objekte erzielen angesichts ihres Leerstandsniveaus zu geringe Mieteinnahmen, (zum Beispiel das Objekt Nr. 4, das bei 5 % Leerstand eine Mietausschöpfung von über 100 % haben sollte). Gleichzeitig verletzt dieses Objekt (anders als das Objekt Nr. 3) die absolute Benchmark für den Leerstand (4 %). Bei Objekt Nr. 2 besteht dagegen kein Handlungsbedarf. Bei Objekt Nr. 1 könnte die Absenkung der geforderten Mietpreise ein Ansatz sein, um den Leerstand zu senken und das Objekt nach links unten in der Matrix zu bewegen (4 % Leerstand mit möglichst geringem Verzicht auf Mieteinnahmen).

Weiterhin bietet die Kombination von Erlös- und Kostengrößen in einer einzigen Kennzahl Ansatzpunkte für die Identifikation von Risiken und Schwachstellen. Eine gebräuchliche Kennzahl ist die Interest Cover Ratio (ICR): Der Zinsdeckungsgrad ist das Verhältnis der Nettomieterlöse (Net Cold Rent, NCR) zu den laufenden Zinszahlungen. Diese Kennzahl kann sowohl für einzelne Immobilien als auch für Teil- und Gesamtportfolios ermittelt werden. Sie dient der Einschätzung der nachhaltigen Tragfähigkeit der Finanzierungslasten aus dem Cashflow. Sie sollte mindestens bei 2,0 liegen. Bei der Einschätzung ist zu beachten, dass diese Kennzahl sehr abhängig vom Kapitalmarkt- und Immobilienumfeld ist. Bei demografisch bedingt steigenden Mieten und gleichzeitig sinkenden Zinsen am Kapitalmarkt verbessert sich diese Kennzahl im Zeitanlauf gleichsam automatisch.

Jahr	2010	2011	2012	2013	2014	2015	2016	2017
ICR	2,1	2,1	1,7	2,5	2,9	3,4	3,6	5,1

Tab. 14.4: Interest Cover Ratio (ICR) 2010 bis 2017 für Vonovia
Quelle: Geschäftsberichte und eigene Berechnungen

Gebräuchliche Kennziffern für Einschätzung der **Gesamt-Performance** von Immobilien sind:

- operative Performance: laufende Rendite bzw. Nettoanfangsrendite,
- Wertentwicklung: Wertsteigerungsrendite,
- Gesamt-Performance: total return [%][79],
- Bestandsbewertung: Mietvervielfältiger.

Es gibt eine ganze Reihe von Immobilienindizes, die sich für den Rentabilitätsvergleich von Immobilien eignen (Burkhardt 2017):

- **GPR-250-Index:** Der von Global Property Research berechnete Aktienindex spiegelt die Wertentwicklung der 250 weltweit größten und liquidesten börsennotierten Immobiliengesellschaften wider. Der Index basiert auf Aktienkursen, die nicht allein von der Entwicklung der Immobilienwerte im Portfolio beeinflusst werden und nicht auf tatsächlich gezahlten Immobilienpreisen beruhen. Der GPR 250 dient als Basis für indirekte Immobilieninvestments und weitere regionale Indizes (Asien, Amerika, Asien-Pazifik).
- **EPRA-Indizes:** verschiedene Aktienindizes für den globalen Immobilienmarkt, erstellt von der European Public Real Estate Association (EPRA) in Zusammenarbeit mit der britischen FTSE (Financial Times Stock Exchange) und der NAREIT (National Association of Real Estate Investment Trusts) in den USA. Der EPRA/NAREIT Developed Europe Index spiegelt die Kursentwicklung von 100 kontinen-

79 Zu den Unterschieden zwischen den verschiedenen Renditebegriffen siehe Abschnitt 6.

taleuropäischen Immobilienunternehmen wider. Weitere Merkmale: Sub-Index für deutsche Immobilienaktien, strenge Aufnahmekriterien, gute Vergleichbarkeit untereinander.

- **DIMAX:** Deutscher Immobilienaktien-Index der Privatbank Ellwanger & Geiger, enthält derzeit 59 börsennotierte deutsche Immobilien-Aktiengesellschaften und dient als Benchmark für Aktienportfolios.
- **GREFI:** Der Global Real Estate Fund Index bildet auf der Basis des Net Asset Value (NAV) und der Ausschüttungen weltweit die Performance von 477 Immobilienfonds ab, unterteilt nach Regionen, Ländern und Fondstypen. Benchmark für die Einschätzung der Entwicklung in unterschiedlichen Weltregionen.
- **IPD-Länderindizes:** Total-Return-Indizes basierend auf den Angaben institutioneller Investoren zu Immobilienwerten, Cashflows und CapEx (Bestandsinvestitionen)
- **DIX (Deutscher Immobilienindex):** für gewerbliche Immobilien in Deutschland, geeignet für den Performancevergleich von Immobilienportfolios mit dem Gesamtmarkt.
- **GPI German Property Index:** von bulwiengesa jährlich neu berechneter Immobilien-Index, der die laufende und die Wertveränderungsrendite für Gewerbe- und Wohnimmobilien widerspiegelt. Der Index zeichnet seit 1975 die Renditeentwicklung in rund 125 deutschen Städten nach, unterteilt nach A-, B-, C- und D-Städten.
- **vdp-Immobilienpreisindex:** vom Verband deutscher Pfandbriefbanken seit 2005 ermittelter transaktionsbasierter (tatsächlich gezahlte Preise) Index für den deutschen Markt; hohe Repräsentativität, aber Fokus auf Wohnimmobilien.

Die **Mietvervielfältiger** (Abschnitt 6.2) sind eine wichtige Kennzahl im Bereich der Bewertung von einzelnen Immobilien, aber auch von Teil- und Gesamtportfolios. Der Mietvervielfältiger ist definiert als der Wert der Immobilie geteilt durch die Jahresnettokaltmiete. Eine Immobilie im Wert von 2 Mio. EUR und einer Jahresnettokaltmiete von 125.000 EUR kommt auf einen Vervielfältiger von 16. Die Mietvervielfältiger sind jedoch nicht mehr als eine grobe Richtschnur für die Bewertung von Immobilien. Sie können hilfsweise herangezogen werden, wenn die Ermittlung des Verkehrswertes oder des IFRS-Bilanzwertes (Fair Value) zu aufwendig erscheint oder kurzfristig nicht durchgeführt werden kann.

Liegen Verkehrswerte oder Fair Values vor, kann daraus der Mietvervielfältiger abgeleitet werden, indem der ermittelte Immobilienwert durch die Jahresnettokaltmiete geteilt wird. Die so ermittelten Multiplikatoren können dann marktüblichen Multiplikatoren gegenübergestellt werden (siehe Tab. 14.5).

Stadt	Mietvervielfältiger 2015
München	26,8
Hamburg	23,0

Stadt	Mietvervielfältiger 2015
Berlin	23,0
Frankfurt	21,3
Baden-Baden	21,0
Köln	20,5
Rosenheim	20,5
Regensburg	20,5
Augsburg	20,3
Stuttgart	19,6
Düsseldorf	19,4
Potsdam	18,6
Dresden	18,3
Jena	17,6
Erfurt	16,9
Bremen	16,8
Leipzig	16,5
Münster	16,5
Kiel	16,5
Rostock	16,0
Bonn	15,8
Hannover	15,3
Kassel	15,3
Essen	13,6
Dortmund	13,4
Braunschweig	12,5
Lingen	11,5
Papenburg	11,5

Tab. 14.5: Mietvervielfältiger 2015 für ausgewählte deutsche Städte Quelle: Engel & Völkers

Seit etwa 2010 haben sich die Mietvervielfältiger in den meisten deutschen Städten deutlich nach oben bewegt, weil die Immobilienpreise schneller gestiegen sind als die

Mieten. Abb. 14.3 zeigt die Entwicklung für Hamburg, wo der Multiplikator in diesem Zeitraum von 19 auf etwa 27 gestiegen ist.

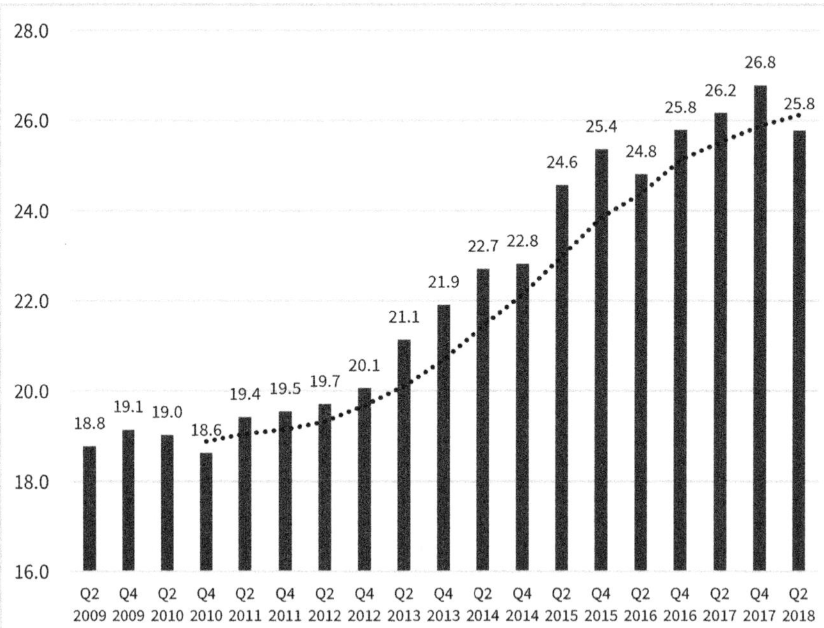

Abb. 14.13: Mietmultiplikatoren Hamburg
Quelle: empirica, JLL, eigene Berechnungen

Auch beim größten deutschen Wohnungsunternehmen ist der durchschnittliche Vervielfältiger in diesem Zeitraum deutlich angestiegen (siehe Tab. 14.6). Das ist eine Folge der kontinuierlichen Abnahme der Diskontierungszinsen im DCF-Bewertungsmodell bei gleichzeitigem Anziehen der Wohnungsmieten an vielen Standorten und rückläufigem Wohnungsleerstand. Diese Faktoren werden in den Annahmen des Bewertungsmodells reflektiert. Zuletzt haben auch die umfänglichen Modernisierungsaktivitäten zu den Immobilienwertsteigerungen beigetragen.

Jahr	2010	2011	2012	2013	2014	2015	2016	2017
Vervielfältiger	11,4	13,4	13,4	14,1	16,1	16,6	17,5	19,8

Tab. 14.6: Mietvervielfältiger (Wert der Investment Properties / Jahresnettokaltmiete) 2010 bis 2017 für Vonovia. Quelle: Geschäftsberichte und eigene Berechnungen

14.3.2 Investitionscontrolling

Das Investitionscontrolling ist ein Teilbereich des betrieblichen Controllings. Seine Aufgabenbereiche sind die Planung, Kontrolle und Steuerung von Investitionsvorhaben mit dem Ziel, die Unternehmensführung bei der Verfolgung von Wirtschaftlichkeitszielen wie der Verbesserung von Erfolg, Rentabilität, Produktivität und Liquidität zu unterstützen. Das Investitionscontrolling bezieht sich dabei auf alle Phasen des Investitionsprozesses von der Investitionsanregung bis zur Evaluation (siehe Abschnitt 5.1).

Das Controlling von Immobilieninvestitionen zielt keineswegs nur auf die Ebene der individuellen Investitionsvorhaben ab. Mindestens ebenso wichtig ist das Controlling auf der Portfolioebene bzw. an der Schnittstelle zwischen beiden Bereichen. Investitionsprojekte müssen aus Controllingsicht sowohl individuell als auch ganzheitlich auf der Basis des Portfoliomanagements betrachtet werden. Die Zusammenfassung vergleichbarer Investitionen zu sachlichen oder räumlichen Teilportfolios unterstützt die ganzheitliche Steuerung und Betrachtung von Investitionsprojekten. Für solche Teilportfolios können ebenso wie für einzelne Projekte entscheidungsrelevante Steuerungskennzahlen ermittelt und Informationen für die operative Planung und Prognose bereitgestellt werden.

Das Investitionsmonitoring und die **Investitionsberichterstattung** stellen unterschiedlichen Managementebenen gesammelte Informationen zum Status und zur Performance von Investitionen zur Verfügung. Bereits während der Projektdurchführung bedarf es einer stetigen Investitionsberichterstattung und einer Zielerreichungskontrolle, damit im Fall von Abweichungen die Ursachen untersucht und Gegenmaßnahmen ergriffen werden können (ICV 2012, S. 15).

Die Berichterstattung über Immobilieninvestitionen beschäftigt sich mit unterschiedlichen Aspekten des Vorhabens wie Kosten, Termine/Meilensteine, Gewinn, Key-Performance-Indikatoren (KPI), Liquidität, Chancen und Risiken sowie Qualität.

Dem **Cashflow** wird als einer wesentlichen Erfolgs- und Steuerungsgröße des gesamten Unternehmens im Zusammenhang mit der Bewertung der Wirtschaftlichkeit von Investitionen eine sehr große Bedeutung beigemessen. Mithilfe eines Soll-Ist-Vergleichs zwischen den tatsächlichen Zahlungsströmen und den in der Investitionsrechnung angenommenen können Zielabweichungen festgestellt werden. Die exakte Ermittlung der Mittelrückflüsse auf Investitionsprojektebene ist eine wesentliche Voraussetzung der Erfolgskontrolle im Vergleich mit dem ursprünglich zur Genehmigung vorgelegten Business-Case.

Chancen und Risiken werden im Rahmen der Berichterstattung über Investitionsprojekte oft zu wenig betrachtet, obwohl sie bei der Beantragung von Investitionen einen relativ hohen Stellenwert einnehmen. Hier sollten die im operativen Umfeld eingetretenen und für die Risikoeinschätzung relevanten Entwicklungen thematisiert werden. Dafür können die im Kalkulationszins angenommenen Risikoprämien wie auch die Investitionsszenarien (soweit vorhanden) den Ausgangspunkt bilden. Es sollte eine Einschätzung darüber abgegeben werden, ob der Kalkulationszins angemessen war.

Wenn Szenarien definiert wurden, sollte eine aktuelle Prognose gestellt werden, welches davon sich wahrscheinlich realisieren wird. Außerdem sollte die Definition der Szenarien infrage gestellt werden, denn es ist durchaus möglich, dass sich keine der drei definierten Varianten realisieren, sondern zum Beispiel ein gemäßigt pessimistisches Szenario, das irgendwo zwischen dem Grundszenario und dem pessimistischen liegt. Auch kann sich herausstellen, dass kein Szenario die tatsächliche eingetretene Kombination der Entwicklung aller angenommenen Parameter mit angemessener Treffsicherheit vorweggenommen hat. So kann es bei den unterschiedlichen Annahmekategorien gleichzeitig pessimistische und optimistische Abweichungen vom Grundszenario gegeben haben (zum Beispiel niedrigere Wachstumsrate der Neuvermietungsmieten und gleichzeitig ein niedrigerer Prolongationszins). Nicht nur in diesem Fall bietet es sich an, im Lichte der in der Nutzungsphase bereits eingetretenen Entwicklungen eine Einschätzung der weiteren Entwicklung der wesentlichen Inputgrößen abzugeben und auf dieser Basis den absehbaren Gesamterfolg des Vorhabens zu bewerten. Von besonderem Interesse sind in diesem Zusammenhang auch die Liquiditätswirkungen.

Immobilien werden nach ihrer Anschaffung oder Herstellung oft über lange Zeiträume im Bestand gehalten. Die entsprechenden Investitionsrechnungen erstrecken sich grundsätzlich auf den gesamten Haltezeitraum, auch wenn dieser im Vorhinein nur in Grenzen treffsicher bestimmt werden kann. Zum Exitzeitpunkt (Verkauf oder Abriss) sollte eine Schlussbilanz gezogen werden (Post-Completion-Audit), um Lerneffekte für zukünftige Investitionsprojekte zu erzielen bzw. die Systeme, Prozesse und Methoden im Bereich des Investitionscontrollings kontinuierlich zu verbessern.

An dieser Stelle sollte ein abschließender Abgleich mit den Annahmen vorgenommen werden, die der ursprünglichen Investitionsentscheidung einmal zugrunde gelegen haben. Abweichungen auf der Ebene der individuellen Projekte wird es immer geben. Das Investitionscontrolling muss aber den Anspruch haben, systematische Abweichungen von den getroffenen Annahmen aufzuspüren (also solche, die eine relevante Zahl von Vorhaben gemeinsam betreffen) und in das Planungssystem zurückzukoppeln.

Das größte Erfolgspotenzial liegt in der Verzahnung des Investitionscontrollings mit der Unternehmensplanung, der strategischen Kapitalallokation und der Steuerung des Investitionsportfolios. Beim Investitionscontrolling handelt es sich insoweit um einen ganzheitlichen betriebswirtschaftlichen Steuerungsansatz.

14.3.3 Werttransparenz

Werttransparenz erfordert eine periodische Wertermittlung für alle Bestandsobjekte. Die Werte müssen dabei die aktuellen Rahmenbedingungen an den Immobilien- und Finanzmärkten widerspiegeln. Im Anlagevermögen kann dies durch eine Bewertung nach dem DCF-Verfahren gewährleistet werden (Abschnitte 5.2.1 und 7.1.1). Beispielhaft wird das Vorgehen anhand der IFRS-Bewertung der Investment Properties der Vonovia gezeigt.

Die Verkehrswertermittlung der Vonovia richtet sich nach IAS 40 in Verbindung mit IFRS 13. Die Immobilienwerte werden mithilfe eines DCF-Bewertungsmodells ermittelt. Es werden also Annahmen darüber getroffen, wie sich Mieten und Leerstand sowie Verwaltungs- und Instandhaltungskosten in Zukunft entwickeln werden. Die erwarteten Cashflows werden anschließend auf die Gegenwart abgezinst.

Für die Wertermittlung wird die Zukunft in zwei Phasen gegliedert, die zehnjährige Detailplanungsphase und daran anschließend die Restlaufzeit, für die der Endwert (Restwert) der Immobilie lediglich grob bestimmt wird (Terminal Value).

Die Bewertung geschieht auf der Basis homogener Bewertungscluster.[80] Das bedeutet, dass für jeden Cluster individuelle Annahmen gesetzt werden, die den Zustand der Immobilie, ihre Performance sowie die lokalen und regionalen Marktbedingungen widerspiegeln.

In die Modellierung des Mieteinnahmenverlaufs fließen neben der aktuell erzielten Nettokaltmiete die Marktmieten (ein schrittweises Aufholen der Mieten wird angenommen) sowie die prognostizierte Marktmietenentwicklung ein. Die Instandhaltungs- und Verwaltungskosten werden in Anlehnung an die II. BV ermittelt und im Betrachtungszeitraum inflationiert.

Im Bestand durchgeführte Modernisierungsmaßnahmen werden mit Anpassungen der laufenden Instandhaltungsaufwendungen und durch angepasste Marktmietenansätze eingewertet (keine Aktivierung der Modernisierungskosten, sondern komplette Neubewertung der Immobilie).

80 Die Bewertung erfolgt grundsätzlich auf Basis homogener Bewertungseinheiten. Diese erfüllen die Kriterien an wirtschaftlich zusammenhängende und vergleichbare Grundstücke und Gebäude. Dazu gehören: räumliche Lage (Identität der Mikrolage und räumliche Nähe), vergleichbare Nutzungsarten, Gebäudeklasse, Baujahresklasse und Objektzustand sowie gleiche Objekteigenschaften wie Preisbindung, Erbbaurecht und Voll- bzw. Teileigentum.

ERMITTLUNG DES TERMINAL VALUE

Der zu ermittelnde Restwert der Immobilie bezieht sich auf den Zeitpunkt nach Ende des zehnjährigen Detailplanungszeitraums. Er reflektiert den aus der zukünftigen Marktsicht resultierenden Restnutzen der Immobilie.
Er wird als »ewige Rente« der für die erste Periode nach dem Detailplanungshorizont prognostizierten Cashflows bestimmt:

$$\text{Endwert der Immobilie (Terminal Value)} = \frac{\text{Erwarteter »stabilisierter« Jahresreinertrag der Immobilie (Net Operating Income)}}{\text{Kapitalisierungszins}}$$

Der so ermittelte Terminal Value wird anschließend auf den Bewertungsstichtag diskontiert [Abzinsungsfaktor: $(1+i)^{-10}$]. Der dabei angewandte Kapitalisierungszins reflektiert die Ertragserwartung und das Risiko in Abhängigkeit von:

- Marktsituation und Lage,
- Objekttyp und besonderen Objektmerkmalen (zum Beispiel Erbbau, Preisbindung),
- den Renditeerwartungen eines potenziellen Investors sowie
- dem *Risiko* der prognostizierten künftigen Cashflows der Immobilie.

Der so ermittelte Barwert wird durch Abzug marktüblicher Transaktionskosten wie Grunderwerbsteuer, Makler- und Notarkosten auf den Marktwert übergeleitet.

Tab. 14.7 zeigt die Annahmen des Bewertungsmodells für die Vonovia-Geschäftsjahre 2015 bis 2018. Es handelt sich hier um Durchschnittsangaben. Die Angaben je Bewertungscluster weisen eine sehr große Streuung auf. Das gilt auch für die Diskontierungs- und Kapitalisierungszinsen.

Bewertungsparameter	**Mittelwert 2015**	**Mittelwert 2016**	**Mittelwert 2017**	**Mittelwert 2018**
Verwaltungskosten in EUR je WE und Jahr	252	255	259	262
Instandhaltungskosten gesamt in EUR je m^2 und Jahr	13,41	13,66	13,81	13,99
Kostensteigerung/Inflation in % pro Jahr	1,5	1,5	k. A.	k. A.
Marktmiete in EUR je m^2 und Jahr	6,28	6,66	6,96	7,28
Marktmietsteigerung in % pro Jahr	1,2	1,2	1,3	1,7

Bewertungsparameter	Mittelwert 2015	Mittelwert 2016	Mittelwert 2017	Mittelwert 2018
Stabilisierte Leerstandsquote in %	2,7	2,4	2,1	2,0
Diskontierungszins in %	5,8	5,5	5,2	5,2
Kapitalisierungszins in %	4,7	4,3	3,9	3,6

Tab. 14.7: Bewertungsparameter 2015 bis 2018 für Vonovia. Quelle: Geschäftsberichte

Die Bewertungsergebnisse reflektieren die Entwicklung der wesentlichen Modellannahmen. Die Marktwerte und die Mietmultiplikatoren sind deutlich angestiegen, während die Nettoanfangsrendite sich rückläufig entwickelt hat.

Ergebnisindikator	2015	2016	2017	2018
Nettoanfangsrendite in % pro Jahr	4,5	4,0	3,7	3,4
Istmieten-Multiplikator	15,4	17,6	19,7	21,5
Marktwert in EUR pro m^2	1.054	1.264	1.475	1.677

Tab. 14.8: Bewertungsergebnisse 2015 bis 2018 für Vonovia. Quelle: Geschäftsberichte

Die Bewertung kann mit der Erhebung und Priorisierung nötiger werterhaltender Investitionen verbunden werden. Gleichzeitig können im Rahmen der Vorgaben des qualitativen Portfoliomanagements (zum Beispiel Normstrategie »Opportunistisch verkaufen«) günstige Verkaufsgelegenheiten erkannt und ausgenutzt werden. Wenn der erzielbare Verkaufspreis über dem DCF liegt, sollte das Objekt verkauft werden. Allerdings sollte man in einem solchen Fall die Angemessenheit der Annahmen im DCF-Modell nochmals kritisch prüfen, darunter besonders die über den Terminal Value (Wertsteigerungsperspektive).

Die Bewertungsergebnisse können außerdem nach Bewertungsclustern sowie nach sachlichen und räumlichen Teilportfolios zusammengestellt werden. Damit kann Transparenz über die entsprechende Verteilung der Immobilienwerte nach Regionen und Portfoliosegmenten hergestellt werden. Damit werden überhaupt erst die Voraussetzungen für ein effektives Portfolio- und Risikomanagement geschaffen. Die Wertentwicklung einzelner Portfoliosegmente im Zeitablauf kann Aufschluss über die Quellen und die Zusammensetzung der unternehmensweit erreichten Immobilienwertsteigerung geben, sie bietet damit auch einen Ansatzpunkt für eine differenzierte Ursachenanalyse des Periodenergebnisses.

Region Dezember 2018	Wert in Mio. EUR	Fläche 1.000 m²	EPRA Leerstand in %	Jahresnettokaltmiete in Mio. EUR	Miete pro m² und Monat	Wohneinheiten	Wert pro m²	Mietrendite in %
NRW	1.950	1.843	8,0	116	5,6	27.591	1.058	5,9
Berlin	1.553	635	6,3	55	7,6	8.141	2.443	3,5
Dresden, Leipzig, Halle	1.020	1.076	8,3	59	5,0	18.537	948	5,7
Mannheim, KL, Frankfurt, Mainz	395	270	5,0	22	7,0	4.477	1.464	5,5
Nürnberg, Fürth, München	213	103	4,3	10	7,9	1.471	2.073	4,6
Hamburg, Bremen	352	297	4,7	20	5,9	4.272	1.183	5,7
London	294	40	9,5	12	28,8	730	7.326	4,2
Andere	948	1.086	6,6	65	5,5	18.452	874	6,9
Gesamt[81]	6.725	5.350	7,1	359	6,0	83.671	1.257	5,3

Tab. 14.9: Kennzahlen zu den regionalen Teilportfolios der Grand City Properties S.A.
Quelle: Company Presentation, April 2019

14.4 Redevelopment/Revitalisierung

Bei schwerwiegenden Performance-Problemen, die oft mit einem Instandhaltungsstau und einer technischen oder wirtschaftlichen Entwertung der Immobilie verbunden sind, müssen zunächst die Ursachen untersucht werden (zum Beispiel für rückläufige Kundenzahlen und Händlerumsätze in einer Shopping Mall). Wenn die Ursachenanalyse auf wesentlich veränderte Nutzerbedürfnisse oder sogar auf eine Hinfälligkeit der aktuellen Nutzung hindeutet, kann die Immobilie möglicherweise durch ein umfassendes und ursachenbezogenes Bündel von baulichen Maßnahmen

81 Ohne Development rights and new buildings.

wieder marktfähig gemacht werden. Bei derartigen Investitionen ist zwischen Revitalisierung und Redevelopment zu unterscheiden.

Unter einer Revitalisierung von Bestandsgebäuden und -grundstücken versteht man die umfassende bauliche Anpassung an veränderte Nutzerbedürfnisse. Durch die Baumaßnahmen sollen Qualität und Funktionalität einer Immobilie verbessert und so die Vermarktungsfähigkeit *bei gleichbleibendem Nutzungskonzept* erhöht werden.

Ein Beispiel für eine Revitalisierung ist die Erweiterung des Einkaufzentrums »Les Grands Prés« im wallonischen Mons durch den offenen Immobilienfonds Unilmmo: Europa (siehe dazu Osadnik 2013). Das Fondsmanagement hat rund 70 Mio. EUR in das Objekt investiert und im Zuge der Revitalisierung wurde die Verkaufsfläche um 8.700 m^2 erweitert. Für eine zusätzliche Belebung des Standortes hat die Ansiedlung von Ikea mit einer Verkaufsfläche von 34.000 m^2 direkt neben der Mall gesorgt, von der man sich zwei Millionen zusätzliche Besucher im Jahr verspricht. Diese Ansiedlung hat im Zusammenspiel mit der größeren Verkaufsfläche und der verbesserten Angebotsvielfalt die überregionale Bedeutung des Zentrums erhöht

Beim **Redevelopment** werden dagegen ausgediente Flächen einer *neuen wirtschaftlichen Nutzung* zugeführt: »Charakteristisch für ein Redevelopment ist die Absicht, die Liegenschaften für neue Nutzungen baulich umzugestalten und damit eine Aufwertung des vorhandenen Bestandes an Grundstücken und Gebäudesubstanz sowie eine neue wirtschaftliche Verwertung der Immobilien zu erreichen.«[82]

Ein Beispiel für ein Redevelopment ist das Projekt der CG Gruppe AG zur Umnutzung eines ehemaligen Verwaltungsgebäudes der Knappschaft in zentraler Lage in Köln in Form einer hochwertigen Eigentumswohnanlage.

Die Reaktivierung von Bestandsimmobilien erfordert die Investition erheblicher Mittel und sollte daher durch eine sorgfältige Markt- und Standortanalyse auf ihre wirtschaftlichen Aussichten hin überprüft werden. Die entsprechenden Investitionsrechnungen haben einen ähnlichen Charakter wie bei Modernisierungsinvestitionen.

Bei einem Einkaufszentrum mit sich verschlechternder Performance sollte neben der Revitalisierungsalternative auch die Möglichkeit eines Verkaufs der Mall in Betracht gezogen werden.

Als Erstes sollten der aktuelle Marktwert und der DCF des Objekts ermittelt werden. Weiterhin werden die Herstellungskosten sowie Marktwert und DCF nach Abschluss

82 gif: »Redevelopment – Leitfaden für den Umgang mit vorgenutzten Grundstücken und Gebäuden.

der Revitalisierungsmaßnahme benötigt. Auf dieser Grundlage kann zwischen den drei Alternativen Verkauf, »Weiter so« und Revitalisierung entschieden werden (sell, hold or modernize).

Beispiel 14.2: Vergleich der Handlungsalternativen für ein Einkaufszentrum mit Performance-Problemen

Ein Einkaufszentrum im Eigentum eines offenen Immobilien-Publikumsfonds weist in den letzten Jahren zunehmende Performanceprobleme auf (Leerstand, sinkende Umsätze und Mieteinnahmen). Das Fondsmanagement will das Problem nun grundsätzlich angehen.
Es gibt einen Revitalisierungsplan, bei dessen Realisierung die Nutzfläche von 18.000 auf 26.800 m^2 zunehmen würde. Dafür wäre eine Investition in Höhe von 70 Mio. EUR erforderlich. Das Management des Fonds erwartet, dass der Ladenleerstand als Folge dieser Maßnahmen komplett verschwindet und in Zukunft wieder wesentlich höhere Quadratmetermieten erzielt werden können.
Das »Weiter so«, also das Festhalten an dem Vermietungsobjekt ohne das Tätigen dieser Revitalisierungsinvestition, stellt eine eigenständige Investitionsalternative dar. Hier geht es um die Frage, ob es wirtschaftlich ist, dass der Fonds die Mall als Vermieter im Eigenbestand hält. Das ist nicht selbstverständlich.
In dem vorliegenden Fall ergibt sich für das betreffende Objekt ein DCF von 65.000.000 EUR. Wenn für dieses Objekt nun am Markt ein Verkaufspreis von 70.000.000 EUR erzielt werden kann, hat die Handlungsalternative »Weiter so« einen negativen Kapitalwert von –5.000.000 EUR. Das Festhalten an dem Objekt bringt aus der Sicht von heute einen Vorteil in Höhe der abgezinsten Zahlungsreihe, die aus dem Objekt erwartet wird. Der Erlös aus einem Verkauf in der Gegenwart ist aber höher. Somit führt das Festhalten an dem Objekt unter diesen Annahmen zu einem erwarteten Vermögensverlust von –5.000.000 EUR.

Handlungsalternative	1) Weiterbewirtschaftung	2) Verkauf	3) Revitalisierung und nachfolgendes Halten
Verkaufspreis bzw. entgangener Verkaufspreis bzw. entgangener DCF in EUR	–70.000.000	+70.000.000	–65.000.000
Modernisierungskosten in EUR			–75.000.000
DCF bzw. entgangener DCF in EUR	+65.000.000	–65.000.000	+150.000.000
Kapitalwert in EUR	–5.000.000	+5.000.000	+10.000.000

Wir wollen nun die Revitalisierung des Einkaufszentrums als weitere Handlungsalternativen in die Betrachtung mit einbeziehen und bewerten. Bei der Entscheidung für die Handlungsalternative »Revitalisierung« wird das Objekt zunächst komplex modernisiert und erweitert und nachfolgend weiter im Eigenbestand gehalten. Die Anfangsauszahlung dieser Alternative setzt sich aus dem entgangenen DCF ohne Revitalisierung (65.000 TEUR) und den Herstellungskosten für die Modernisierung (75.000 TEUR) zusammen. Der neue DCF nach Revitalisierung beträgt 150.000 TEUR. Daraus ergibt sich ein positiver Kapitalwert von 10.000 TEUR. Das sind 5 Mio. EUR mehr als bei der Entscheidung für die Verkaufsalternative. Also ist die Revitalisierung die wirtschaftlich vorteilhafteste der drei Handlungsalternativen.

Zusammenfassung

Der Lebenszyklus einer Immobilie erstreckt sich über folgende Phasen: Grundstückserwerb, Projektentwicklung, Bauprojektmanagement, Nutzung, Redevelopment/Revitalisierung, Exit.

Beim Erwerb von unbebauten Grundstücken richtet sich der maximale Kaufpreis für das Grundstück nach der Differenz zwischen dem DCF des Bauprojekts und den geschätzten Baukosten. Der Käufer sollte aber natürlich daran interessiert sein, so wenig wie möglich für das Grundstück zu bezahlen. Auch der Ankauf alternativer, aber billigerer Grundstücke mit vergleichbarer Standortqualität für das betreffende Projekt sollte erwogen werden. Bei abweichender Standortqualität alternativer Grundstücke für die Realisierung des Projekts sollte das Vorhaben dort realisiert werden, wo der höchste Kapitalwert zu erwarten ist. Spekulative Landkäufe werden in der Erwartung getätigt, dass der Barwert der Kapitalkosten geringer ist als der Barwert der erwarteten Steigerung des Grundstückswertes während des Haltezeitraums.

Im Fall einer Projektentwicklung zum anschließenden Verkauf an Investoren oder Nutzer entspricht der minimale Verkaufspreis der Immobilie der Summe aus Grundstückskosten, Baukosten und Developergewinn. Wird das Projekt zur Selbstnutzung oder zur Vermietung entwickelt, so ist der Kapitalwert mit einem angemessenem Kalkulationszins zu ermitteln. Bei verschiedenen Varianten mit unterschiedlichen Baukosten und laufenden Auszahlungen für Instandhaltung und Betriebskosten ist die mit dem höchsten Kapitalwert zu realisieren.

Grundsätzlich sollten bei einer Projektentwicklung die Kosten während des gesamten Lebenszyklus der Immobilie betrachtet werden. Es ist sehr wichtig, dass schon bei der Planung eines Gebäudes auf die Begrenzung der späteren Betriebskosten geachtet wird, denn die Beeinflussbarkeit der laufenden Kosten ist in der Planungsphase am höchsten.

In der Nutzungsphase kommt es darauf an, Transparenz über die Wertentwicklung und die operative Performance der im Eigenbestand gehaltenen Immobilien herzustellen. Die laufende Performancemessung geschieht mithilfe von Rendite- und anderen Kennzahlen, für die Benchmarks vorzugeben sind. Solche Kennzahlen können sich auf die Erlösseite, die Kostenseite oder die Gesamt-Performance der Immobilie beziehen.

In der Nutzungsphase sollten im Rahmen des Investitionscontrollings periodisch Soll-Ist-Vergleiche im Verhältnis zu den in der Investitionsrechnung gesetzten Annahmen durchgeführt werden. Das Investitionscontrolling sollte sowohl objekt- als auch portfoliobezogen erfolgen. Systematische Abweichungen von den getroffenen Annahmen sind in das Planungssystem zurückzukoppeln. Eine angemessene Werttransparenz wird durch eine periodische Wertermittlung für alle Bestandsobjekte erreicht, die die aktuellen Rahmenbedingungen an den Immobilien- und Finanzmärkten widerspiegelt (DCF-Verfahren).

Bei schweren Performancedefiziten kann eine Immobilie möglicherweise durch umfassende bauliche Maßnahmen wieder marktfähig gemacht werden. Bei derartigen Investitionen ist zwischen Revitalisierung und Redevelopment zu unterscheiden. Unter einer Revitalisierung versteht man die Verbesserung von Qualität und Funktionalität der Immobilie angesichts veränderter Nutzerbedürfnisse. Beim Redevelopment werden die Flächen dagegen einer neuen wirtschaftlichen Nutzung zugeführt.

Wichtige Begriffe und Konzepte

Betriebskosten	Investitionsberichterstattung	Mietvervielfältiger
Bewertungsparameter	Investitionscontrolling	Performancemessung
Developergewinn	Lebenszyklus	Projektentwicklung
Erlösschmälerungsquote	Lebenszykluskosten	Redevelopment
Fluktuationsquote	Leerstand	Revitalisierung
Immobilienindex	Leerstandsindex	Terminal Value
Instandhaltungskosten	Leerstandsquote	Verwaltungskosten
Interest Cover Ratio (ICR)	Mietrückstandsquote	Werttransparenz

Verständnisfragen

K 14.1

In welche Phasen gliedert sich der Lebenszyklus einer Immobilie?

K 14.2
Was versteht man in der Immobilienwirtschaft unter einer Projektentwicklung?

K 14.3
Was ist der Unterschied zwischen einer Revitalisierung und einem Redevelopment?

K 14.4
Wonach richtet sich der Kaufpreis, den ein Investor für ein unbebautes Grundstück maximal bezahlen kann?

K 14.5
Wie hoch muss der Verkaufspreis eines Projektentwicklers mindestens sein?

K 14.6
Drei mögliche Realisierungsvarianten für eine Projektentwicklung unterscheiden sich hinsichtlich der Baukosten und der in der Nutzungsphase voraussichtlich anfallenden laufenden Kosten für Instandhaltung und Betriebskosten. Wie kann die optimale Variante bestimmt werden?

K 14.7
Wie setzen sich die Lebenszykluskosten eines Gebäudes zusammen?

K 14.8
Wie entwickelt sich die Beeinflussbarkeit der Lebenszykluskosten während der Gesamtlebensdauer einer Immobilie?

K 14.9
Welche Faktoren haben einen besonders großen Einfluss auf die laufenden Instandhaltungskosten einer Immobilie?

K 14.10
Welche Arten von Leerständen kann man unterscheiden? Welche Art von Leerstand ist auf lange Sicht am problematischsten für die Immobilienwirtschaft?

K 14.11
Ab welcher Leerstandsquote spricht man gemeinhin von einer hohen Marktanspannung an einem Wohnungsmarkt?

K 14.12
Wie ist die sogenannte »Interest Cover Ratio« (ICR) definiert? Wie entwickelt sich diese Kennzahl bei stagnierenden Mieten und steigenden Zinsen?

K 14.13
Mit welchen Aspekten beschäftigt sich die laufende Berichterstattung über eine Immobilieninvestition während der Nutzungsphase im Rahmen des Investitionscontrollings?

K 14.14
Warum ist eine periodische Ermittlung der Immobilienwerte eines Immobilienportfolios unbedingt zu empfehlen?

Weiterführende Fragen und Themen

W 14.1
Finden Sie je ein Beispiel für eine Revitalisierung und für ein Redevelopment einer Immobilie!

W 14.2
Wie haben sich die Bodenwerte in München, Hamburg und Berlin in den letzten 10 Jahren entwickelt und welche Folgen hatte das für die lokalen Immobilienmärkte?

W 14.3
Wie sollte ein Projektentwicklungsteam für den Neubau eines Einkaufszentrums zusammengesetzt sein. Welche Qualifikationen sollten unbedingt darin vertreten sein?

Literaturhinweise

Bahr (2008): Realdatenanalyse zum Instandhaltungsaufwand öffentlicher Hochbauten.
Burkhardt (2017): Indizes bereichern die Immobilienanalyse.
Diederichs (2005): Immobilienmanagement im Lebenszyklus.
Rink/Wolff (2015): Wohnungsleerstand in Deutschland.

15 Quintessenz

»Es ist ein großer Vorteil im Leben, die Fehler, aus denen man lernen kann, möglichst frühzeitig zu machen.«
Winston Churchill

Es gibt kein Verfahren der Investitionsrechnung, das man pauschal für jeden Zweck empfehlen könnte. Gefordert ist vielmehr eine situationsgerechte Entscheidung für ein Verfahren. Die »Situation« wird bestimmt von Risiko, Planungszeitraum, Zinsdifferenzen und Finanzierungssalden. Grundsätzlich sollte weder ein undifferenziertes Modell in einer differenzierten Umgebung, noch ein differenziertes Modell in einer undifferenzierten Umgebung eingesetzt werden.

Die Anwendung der aufwendigeren Verfahren der Investitionsrechnung ist insbesondere bei eingeschränkter Vergleichbarkeit der Alternativen angezeigt. Der Einsatz mehrerer Verfahren zur Beurteilung ein- und desselben Vorhabens und der anschließende Vergleich der Ergebnisse können sehr aufschlussreich sein.

Unabhängig davon, auf welches Verfahren die Wahl schließlich fällt, sind vom Anwender in erster Linie Sensibilität, Genauigkeit und ökonomisches Verständnis gefordert, um Denkfehler, Stückwerk und Fehlschlüsse zu vermeiden. Die bei Investitionsrechnungen auftretenden Schwierigkeiten und Fehler können verschiedene Ursachen haben:

- mangelnde Genauigkeit: zum Beispiel falsche Zellbezüge und Verknüpfungen,
- falsches Verständnis des ökonomischen Charakters einer Investitionsrechnung: zum Beispiel Einbeziehen nicht auszahlungswirksamer Aufwendungen wie der Abschreibungen,
- pauschalierende Annahmensetzung unabhängig von den betrieblichen Verhältnissen und den Marktverhältnissen: zum Beispiel ungeprüfte Übernahme des Branchendurchschnitts der Verwaltungskosten pro Wohneinheit,
- Prognosefehler: zum Beispiel systematische Unterschätzung des Zinsänderungsrisikos.

Die häufigsten Mängel von Investitionsrechnungen findet man auf folgenden Gebieten:

- Abschreibungen werden wie Auszahlungen behandelt.
- Instandhaltungskosten werden pauschaliert vorgegeben und nicht aus einem Instandhaltungsplan abgeleitet.
- Zins- und Tilgungszahlungen werden bei der Ermittlung einer Gesamtkapitalrendite als Auszahlungen behandelt.

- Bei der Ermittlung einer Eigenkapitalverzinsung werden die Zinsen, nicht aber die laufenden Tilgungen angesetzt.
- Das Zinsänderungsrisiko fließt nicht oder nur in unzureichendem Maße in die Rechnung ein.
- Die Annahmen werden nicht aufeinander abgestimmt, zum Beispiel die über die Zinsentwicklung und die Inflationsrate.
- Der Ansatz für den Liquidationserlös wird nicht begründet.
- Bei Modernisierungsinvestitionen wird die eingebrachte Substanz (Gebäude, Grund und Boden) nicht in der Rechnung erfasst oder nicht marktgerecht bewertet, obwohl der Investor verkaufswillig ist.
- Die Mietentwicklung im Planungszeitraum wird pauschal ohne Ansehen des Objekts und seines Standorts modelliert.
- Die unterstellte Mietentwicklung spiegelt die preisrechtlichen Beschränkungen nicht richtig wider (zum Beispiel bei Erhebung einer Modernisierungsumlage oder nach Ablauf einer Sozialbindung).
- Das Mietausfallwagnis wird pauschal mit 2 % angesetzt.
- Es wird ein unangemessener Kalkulationszins verwendet (zum Beispiel Finanzierungszins ohne Einfluss der objektspezifischen Risiken).
- »Äpfel« werden mit »Birnen« verglichen (zum Beispiel Vergleich von Vermögensendwerten für unterschiedliche Zeithorizonte).

Es gibt keine Patentrezepte zur Vermeidung von Fehlern und Mängeln in Investitionsrechnungen. Die betriebswirtschaftliche Reflektion der einzelnen Arbeitsschritte kann man nicht der Computersoftware überlassen. Der Einsatz hochspezialisierter Software verstellt den Blick auf das Wesentliche und verleitet zur mechanischen und unreflektierten Anwendung. Die in Annahmen zu gießende Wirklichkeit ist so differenziert und schnelllebig, dass immer wieder individuelle Lösungen gefordert sind.

Hilfreich sind eine solide betriebswirtschaftliche Grundausbildung und ein gerüttelt Maß an ökonomischem Verständnis. Auf einem solchen Fundament kann ein reflektierender und lernbereiter Anwender beim sensiblen Einsatz der verschiedenen Verfahren der Investitionsrechnung nach einiger Zeit ein großes Maß an Anwendungssicherheit erlangen. Er muss aber bereit und in der Lage sein, die auftretenden praktischen Probleme theoretisch zu reflektieren und pragmatisch zu lösen. Dabei bleibt fast immer ein gewisser Spielraum. Der Meister wird das Rechte fast bewusstlos treffen. Investitionsrechnung ist kein Handwerk, sondern eine Kunst.

16 Antworten zu den Verständnisfragen

K 1.1

Immobilien- und Vermietungsmarkt unterscheiden sich nach den Handelsobjekten. Am Vermietungsmarkt werden zeitlich und sachlich begrenzte Nutzungsrechte an Immobilien gehandelt. Am Immobilienmarkt geht es dagegen um die Übertragung von Eigentumsrechten gegen Zahlung des Kaufpreises. Der Erwerber erhält ein unbefristetes und im Rahmen der gesetzlichen Beschränkungen unbeschränktes Nutzungs- und Verfügungsrecht an der Immobilie.

K 1.2

Der Cashflow aus einer Immobilie setzt sich zusammen aus den erwarteten Mieteinnahmen vermindert um die während der Haltedauer erwarteten Auszahlungen für die Verwaltung und Instandhaltung des Objekts. Außerdem sind noch die erwarteten Erlösschmälerungen abzuziehen.

K 1.3

Wenn wir die Eigentumswohnung in Stuttgart mit zeitgemäßer Ausstattung und ohne Instandhaltungsstau als Beispiel nehmen, dann wären Bundesanleihen mit zehnjähriger Restlaufzeit ein Beispiel für eine enge Substitutionsbeziehung. Eine weite Substitutionsbeziehung würde beispielsweise der spekulative Kauf von strukturierten Wertpapieren darstellen, die mit minderwertigen Eigenheimkrediten aus den USA gedeckt sind.

K 1.4

Eine Investition zeigt sich ausschließlich auf der Aktivseite der Bilanz. Es handelt sich um einen Aktivtausch, bei dem die liquiden Mittel abnehmen und das Anlagevermögen entsprechend zunimmt.

K 1.5

Ein Finanzierungsvorgang führt zu einer Erhöhung der liquiden Mittel und gleichzeitig zu einer Vermehrung einer Passivposition (zum Beispiel Rücklagen oder Verbindlichkeiten gegenüber Kreditinstituten). Es handelt sich also um eine Bilanzverlängerung.

K 1.6

Für die indirekte Investition in Immobilien stehen verschiedene Anlagevehikel zur Verfügung. Neben der Beteiligung an offenen oder geschlossenen Immobilienfonds kommt dafür auch der Kauf von Aktien einer Immobilien-AG oder einer REIT-AG infrage. Indirekte Immobilieninvestments können davon abgesehen auch mit der

Beteiligung an ausländischen Aktien- oder Beteiligungsgesellschaften oder mit dem Erwerb von Immobilienderivaten eingegangen werden.

K 1.7

Mit dem Underlying Asset ist die Immobilie selbst in ihrer Eigenschaft als Quelle von zukünftigen Cashflows gemeint. Das Anlageprodukt ist dagegen der rechtliche Mantel, in den die Immobilien »verpackt« sind, zum Beispiel ein offener Immobilienfonds. Die Rechte und Pflichten der Anleger richten sich nach der Ausgestaltung dieser rechtlichen Struktur.

K 2.1

Institutionelle Investoren haben gegenüber den meisten Privatinvestoren den Vorteil, dass sie weniger Beschränkungen unterliegen. Unter anderem können sie aufgrund der Größe ihrer Portfolios beträchtliche Kostenvorteile auf der Beschaffungsseite realisieren. Außerdem fällt ihnen die Risikostreuung leichter und sie verfügen meistens über eine höhere Managementkompetenz als Privatanleger. Auf der anderen Seite sind institutionelle Investoren strenger reguliert und beaufsichtigt als Privatanleger. Ein Privatanleger ist auch freier bei der Wahl seiner Anlagestrategie. Außerdem können für Privatanleger Steuersparmotive eine größere Bedeutung bei der Entscheidung für eine Kapitalanlage haben.

K 2.2

Beide Investmentansätze können auch kombiniert werden (zum Beispiel Wiederanlage nur eines Teils der laufenden Ausschüttungen). Auf der anderen Seite schmälert jede Entnahme aus den laufenden Einzahlungen aus dem Investment den Endwert des Vermögens. Das ist wegen des Zinseszinseffektes besonders bei langfristigen Anlagen spürbar.

K 2.3

Das Risiko einer Investition besteht in der Möglichkeit, dass aufgrund negativer Abweichungen der Rückflüsse von ihren angenommenen Werten der tatsächliche Erfolg hinter dem erwarteten zurückbleibt. Die Ursachen dafür können auf der Einnahmenseite (zum Beispiel Unterschätzung der Leerstandsentwicklung im Objekt) oder auf der Ausgabenseite (zum Beispiel Unterschätzung des Prolongationszinses) liegen. Rechnerisch kommt das Risiko im Kalkulationszins zum Ausdruck.

K 2.4

Für den Zeithorizont sind die Transaktionskosten der Immobilienanlage maßgeblich, also die Frage wie schnell und mit welchen Kosten man aus dem Investment wieder aussteigen kann. Da die Transaktionskosten weder bei einem direkten noch bei einem indirekten Engagement vernachlässigt werden können, sollte ein Immobilienanleger je nach Anlageform einen mittel- bis langfristigen Zeithorizont haben. Für die Zukunft gilt, dass die Höhe der Transaktionskosten vom Stand der Finanztechnik abhängt.

K 3.1

Der Immobilienmarkt zerfällt in viele regionale und sachliche Teilmärkte und er ist daher als ein sehr intransparenter Markt zu charakterisieren. Letzten Endes ist jede Immobilie ein Unikat. Damit eröffnet sich aber ein breiter Spielraum für subjektive Abweichungen im Hinblick auf die Bewertung und Preisfindung. Konkret bedeutet Mispricing, das man eine Immobilie zu teuer eingekauft hat, weil man die Marktsituation oder die zukünftige Entwicklung des Cashflows falsch eingeschätzt hat. Auf der anderen Seite bietet der Immobilienmarkt aufgrund seiner Intransparenz auch die Chance auf Gewinne durch vorteilhafte Akquisitionen.

K 3.2

In der kurzfristigen Betrachtung verhält sich das Angebot nahezu starr, weil die Investoren bei fallenden Mietpreisen auch auf mittlere Sicht eine Unterdeckung der fixen Kosten durch die Mieteinnahmen in Kauf nehmen. Mittelfristig verschlechtert sich aber die bauliche Beschaffenheit der Immobilien und auf lange Sicht werden sie aus dem Markt ausscheiden. Auch bei steigenden Mietpreisen aufgrund von externen Nachfrageschocks kann das Angebot kurzfristig nur in sehr begrenztem Umfang variiert werden. Es vergeht viel Zeit, bis ein zusätzliches Angebot marktwirksam werden kann. Mittelfristig reagiert das Angebot dagegen durchaus elastisch auf gestiegene Preise.

K 3.3

Das liquideste Asset ist Bargeld. Bei Wertpapieren hängt die Fungibilität von der Liquidität an den Sekundärmärkten ab. Als besonders liquide gelten Staatsanleihen.

K 3.4

70 bis 75 % Fremdkapitalanteil sind für die deutschen Verhältnisse als typisch anzusehen?

K 3.5

Der Beleihungswert ist der im Fall eines freihändigen Verkaufs oder einer Zwangsversteigerung realisierbare Wert einer Immobilie. Er dient der Feststellung der für ein Beleihungsobjekt tragbaren Beleihungssumme. Die Beleihungssumme ergibt sich aus der Multiplikation des Beleihungswertes mit der Beleihungsgrenze. Sie wird als Prozentsatz des Beleihungswertes angegeben und bildet somit eine Obergrenze für die Kredithöhe.

K 3.6

Immobilien sind verglichen mit anderen Vermögensgegenständen sehr managementintensiv. Der Vermieter ist unter anderem zuständig für: Instandhaltung und Modernisierung der Mietsache, laufende Bewirtschaftung (zum Beispiel Einkauf von Brennstoffen, Wartung der Heizung), Betriebskostenabrechnung, Mietanpassung und Gewinnung von Nachmietern.

K 3.7

Die Direktanlage in Immobilien ist in erster Linie für Investoren mit einem großen Vermögen, einem langen Anlagehorizont und entsprechender Managementexpertise attraktiv. Indirekte Immobilienanlagen eignen sich dagegen auch für kleinere Privatanleger. Offene Immobilienfonds sind besonders für risikoscheue Anleger mit einem mittleren Zeithorizont geeignet. Der Immobilienmarkt bietet aufgrund seines Risikoprofils und des verbreiteten Mispricing aber auch spekulativ orientierten Investoren Chancen. Davon abgesehen ist die Immobilienanlage ein unverzichtbares Element der Portfoliodiversifizierung.

K 4.1

Der Portfoliomanager denkt gesamtbestands- und nicht objektbezogen. Er gestaltet bewusst und zielgerichtet die Zusammensetzung des von ihm gesteuerten Immobilienportfolios, um Effizienz und Risikostreuung zu verbessern. Die Perspektive eines Immobilienverwalters ist dagegen ausschließlich objektbezogen. Der verwaltete Immobilienbestand wird nicht umgeschlagen (»buy and hold«) und der Verwalter ergreift nicht von sich aus die Initiative (zum Beispiel für Modernisierungen). Anders als ein Verwalter gestaltet ein Objektmanager innerhalb gewisser Grenzen aktiv die Cashflows aus den einzelnen Immobilien mit dem Ziel der Steigerung der Effizienz der Bewirtschaftung. Dabei berücksichtigt er die Anforderungen der Nachfrageseite und der Eigentümer.

K 4.2

Änderungen im operativen Umfeld machen Anpassungen des Immobilienportfolios erforderlich. Ein Beispiel sind die Verschärfungen der gesetzlichen Anforderungen an die Energieeffizienz von Wohngebäuden. Solche Umfeldänderungen beeinflussen das Soll-Portfolio. Dies kann Auswirkungen auf das Modernisierungsprogramm haben oder Desinvestitionsentscheidungen nach sich ziehen.

K 4.3

Dem Ist-Portfolio, das den aktuellen Zustand beschreibt, wird ein Soll-Portfolio gegenübergestellt, welches die angestrebte Zukunft beschreibt. Es handelt sich um ein effizientes Portfolio, das den strategischen Zielvorgaben angesichts der Umfeldbedingungen möglichst nahe kommt. Mithilfe der Normstrategien für die einzelnen Portfoliofelder wird das Ist- schrittweise in das angestrebte Soll-Portfolio transformiert.

K 4.4

Während die Objektperspektive einzelne, eindeutig abgrenzbare Eigenschaften im Sinne von Ausstattungsmerkmalen betont (Objektqualität), sieht der Kunde mehr auf die Summe der Eigenschaften von Wohnung, Gebäude und Wohnumfeld (Wohlfühlanspruch, »sich zu Hause fühlen«). Seine Sicht ist subjektiv.

K 4.5
Für die Vision sind Gesetzgeber, Gesellschafter und Aufsichtsrat zuständig. Die Strategie entwickeln Aufsichtsrat und Geschäftsführung (Vorstand) gemeinsam. Für das Portfoliomanagement sind in erster Linie die Geschäftsführung und die verantwortlichen Manager, letzten Endes aber auch alle Mitarbeiter verantwortlich (Intrapreneurship).

K 4.6
Die Immobilie kann mit minimalem Aufwand weiterbewirtschaftet werden. Als investive Handlungsalternativen bieten sich die Instandsetzung (Beseitigung des Instandhaltungsstaus) und die (energetische) Modernisierung an (verschiedene Varianten). Das Gebäude kann aber auch abgebrochen und durch einen energieeffizienten Neubau ersetzt werden. Schließlich kann es verkauft werden. Die Begründung von Wohnungseigentum und der Vertrieb als Eigentumswohnungen dürften hier eine Modernisierung voraussetzen.

K 5.1
Ein Beispiel für eine interne Investitionsanregung ist der Vorschlag der Vermietungsabteilung, an ein vorhandenes Objekt Balkone anzubauen, um den Leerstand zu verringern. Externe Anregungen ergeben sich überwiegend aus Absatzmarktentwicklungen wie zunehmender Nachfrage nach betreutem Wohnen.

K 5.2
Wenn die Ergebnisse des Investitionscontrollings (zum Beispiel Soll-Ist-Abweichungen) keine Auswirkungen auf den Prozess der Investitionsplanung haben, dann hat die Organisation an dieser wichtigen Schnittstelle keine Chance dazuzulernen. Dieselben Fehler wiederholen sich ständig und es kommt immer wieder zu Fehlinvestitionen.

K 5.3
Aus der Sicht der Handelsbilanz bedeutet Aktivierung einen Aktivtausch. Der Vorgang wird damit erfolgsneutral gestellt. Handelt es sich um Aufwand des Geschäftsjahres, so wird die Bilanz verkürzt und das Eigenkapital nimmt entsprechend ab. Aus der Sicht der Steuerbilanz ist es vorteilhaft, wenn Ausgaben sofort als Aufwand verbucht werden können, denn auf diese Weise wird die Bemessungsgrundlage der Einkommen- bzw. Körperschaftsteuer verkürzt. Aus diesem Steuerstundungseffekt ergeben sich Rendite- und Liquiditätsvorteile.

K 5.4
Der Finanzierungseffekt der Abschreibungen kommt nur zum Tragen, wenn folgende Voraussetzungen erfüllt sind: Zum einen müssen mit der Immobilie so hohe Mieteinnahmen erzielt werden, dass neben den Kapital- und Bewirtschaftungskosten auch die Abschreibungen gedeckt sind. Zum anderen muss eine offensive Ausschüttungs-

politik vorherrschen, damit durch die Abschreibungen ein ausschüttungssperrender Effekt auftritt.

K 5.5

Im Hinblick auf die Duldungspflicht sind Abs. 1–4 von § 554 BGB bei Vermietung von Geschäftsraum abdingbar. Das betrifft die Härtefallregelungen, die Ankündigungspflicht, das Sonderkündigungsrecht des Mieters und den Aufwendungsersatz. Die §§ 559–559b BGB (Modernisierungsumlage) gelten nur für die Vermietung von Wohnräumen.

K 5.6

In der Handelsbilanz wird ein neu angeschafftes Gebäude in der Bilanz aktiviert und dann planmäßig abgeschrieben. Es gilt das Prinzip der Erfolgswirksamkeit. Der Zahlungsstrom wird umperiodisiert. In einer Investitionsrechnung gilt dagegen das Prinzip der Zahlungswirksamkeit. Die Anschaffungskosten sind die »Anfangsauszahlung« der Zahlungsreihe und planmäßige Abschreibungen werden nicht berücksichtigt, weil sie nicht auszahlungswirksam sind.

K 5.7

Solange die Mieteinnahmen neben den variablen auch noch einen Teil der fixen Kosten decken, wird ein Vermieter seine Immobilie nicht vom Markt nehmen, sondern sie nolens volens auch nicht kostendeckend weiter zu vermieten suchen.

K 5.8

Das kommt auf die Kapitalperspektive der Rechnung an. Wird die Eigenkapitalperspektive eingenommen, so besteht die Anfangsauszahlung nur aus dem eingesetzten Eigenkapital und Zins- und Tilgungszahlungen sind vom laufenden Cashflow abzusetzen. Entscheidet sich der Betrachter dagegen für die Gesamtkapitalperspektive, so zählt auch das aufgenommene Fremdkapital zur Anfangsauszahlung und die Zins- und Tilgungszahlungen verkürzen insoweit nicht den laufenden Cashflow aus dem Objekt.

K 5.9

Für den Zeitraum 1995 bis 2015 ergibt sich eine durchschnittliche reale Mietsteigerung von –0,1 %. Die nominalen Mietsteigerungen haben im betrachteten Zeitraum die Inflationsentwicklung meistens nicht vollständig kompensiert.

K 5.10

In § 558 Abs. 2 S. 1 BGB sind folgende Wohnwertmerkmale explizit benannte: Art, Größe, Ausstattung, Beschaffenheit, Lage.

K 5.11

Die Vergleichsmiete ist nicht mit einer Marktmiete im Sinne eines aktuellen Durchschnitts von neu vereinbarten Mieten gleichzusetzen. Als Gründe für die verzögerte

Anpassung der Vergleichsmiete an die Neuvertragsmieten sind insbesondere zu nennen: der zeitliche Rückbezug der Vergleichsmietenermittlung von 4 Jahren, die Berücksichtigung geänderter Bestandsmieten bei der Vergleichsmietenermittlung, die Kappungsgrenze, die Limitierung der neu vereinbarten Mieten durch die sogenannte »Mietpreisbremse« sowie die nicht selten verzögerte Anpassung der Mietspiegel an die Marktentwicklung.

K 5.12
Ist der Mietspiegel »nach anerkannten wissenschaftlichen Grundsätzen erstellt und von der Gemeinde oder von Interessenvertretern der Vermieter und der Mieter anerkannt« (§ 558d Abs. 1) und wird er »im Abstand von zwei Jahren der Marktentwicklung« angepasst (§ 558d Abs. 2 S. 1), so handelt es sich um einen »qualifizierten Mietspiegel«.

K 5.13
Klare Antwort: Die Kappungsgrenze geht vor.

K 5.14
Es wäre übertrieben, die Kappungsgrenze als ein großes Problem für die Wohnungswirtschaft zu bezeichnen. Sie greift nur dann, wenn sich ein großer Abstand zwischen Vertrags- und Vergleichsmiete aufgebaut hat. Dies kann zum Beispiel bei Sozialwohnungen der Fall sein, die aus der Sozialbindung entlassen werden.

K 5.15
In § 5 Wirtschaftsstrafgesetz heißt es wörtlich: »Ordnungswidrig handelt, wer vorsätzlich oder leichtfertig für die Vermietung von Räumen zum Wohnen oder damit verbundene Nebenleistungen unangemessen hohe Entgelte fordert, sich versprechen lässt oder annimmt. Unangemessen hoch sind Entgelte, die *infolge der Ausnutzung eines geringen Angebots an vergleichbaren Räumen* die üblichen Entgelte um mehr als 20 vom Hundert übersteigen, ...« Nach der Rechtsprechung des Bundesgerichtshofes muss das geringe Angebot in dem betreffenden Qualitätssegment im gesamten Stadtgebiet gelten und nicht etwa nur im Stadtviertel oder Quartier, in dem die Wohnung liegt. Und außerdem soll es laut BGH auch auf das Verhalten und die persönliche Situation des Mieters ankommen.

K 5.16
Die finanzierungsorientierte Ermittlung des Kalkulationszinses orientiert sich an Fremdkapitalzinsen, die entweder dem Projekt oder dem Unternehmen zugeordnet werden können. Die opportunitätsorientierte Ermittlung stellt demgegenüber die Rendite einer alternativen Investition in den Vordergrund, die unterbliebe, wenn das infrage stehende Projekt durchgeführt würde.

K 5.17

Das Risiko einer Investition besteht darin, dass eine oder mehrere der in der Investitionsrechnung getroffenen Annahmen verfehlt werden und sich daraus negative Erfolgswirkungen ergeben. Die Wahrscheinlichkeit des Eintretens solcher Abweichungen muss im Kalkulationszins abgebildet werden. In den Cashflow gehören dagegen die Mittelwerte der entsprechenden Wahrscheinlichkeitsverteilungen (zum Beispiel Erwartungswert des Liquidationserlöses).

K 5.18

Das sogenannte »allgemeine Unternehmerrisiko« umfasst alle Risiken, die nicht objektbezogen sind, also zum Beispiel das Besteuerungs-, das Konjunktur-, das Arbeitsmarkt- und ggf. das Auslandsrisiko. Diese makroökonomischen, politischen oder soziodemografischen Risiken können vom Unternehmen nicht beeinflusst werden. Ein Beispiel sind gestiegene Anforderungen an die energetische Effizienz von Baumaßnahmen.

K 5.19

Der Verlauf der zeitlichen Zinsstrukturkurve wird von der Liquiditätspräferenz und den Zinserwartungen bestimmt. Die Liquiditätspräferenz wirkt immer in dieselbe Richtung (ansteigender Verlauf). Eine inverse Zinsstruktur kann sich an den Kapitalmärkten nur ergeben, wenn die Präferenz des Anlegerpublikums für liquide Anlagen durch die Erwartung kräftig abnehmender kurzfristiger Zinsen überkompensiert wird.

K 5.20

Man kann die in der Zinsstrukturkurve enthaltenen Zinssätze für die unterschiedlichen Laufzeitbereiche zur Ab- oder Aufzinsung von Zahlungsströmen einsetzen.

K 6.1

Wir benötigen Renditekennziffern, um die Performance eines Investments in der Vergangenheit zu messen und um unsere Erwartungen über die zukünftige Performance auszudrücken. Absolute Gewinngrößen taugen dazu wegen ihres fehlenden Bezugs zum Kapitaleinsatz nicht.

K 6.2

Der Renditenvergleich zwischen verschiedenen Projekten wird hier durch Einflüsse von der Finanzierungsseite verzerrt. Unterschiedliche Finanzierungskonditionen und Finanzierungsstrukturen, die nichts mit der Performance des Objekts zu tun haben, können die Vergleichbarkeit der Ergebnisse wesentlich beeinträchtigen.

K 6.3

Bei Immobilieninvestments taugen die statischen Einperiodenmodelle der Investitionsrechnung eigentlich nur zur Grobselektion.

K 6.4

$y = 7{,}5\,\%$, $g = 2{,}5\,\%$, $r = 9{,}5\,\%$.

K 6.5

Man benötigt das Zwölffache des aktuellen Cashflows, um den Kaufpreis zu finanzieren.

K 6.6

Bei sinkenden Zinsen am Rentenmarkt sinken auch die Cap Rates am Immobilienmarkt. Bei gesunkenen Erwartungen im Bezug auf das zukünftige Mietsteigerungspotenzial steigen sie dagegen.

K 6.7

Immobilieninvestments sind alles in allem nicht frei von Risiken. Natürlich kommt es sehr auf den Standort und den Immobilientyp an. Doch wirken sich die Standortgebundenheit und die langen Nutzungsdauern in jedem Fall risikoerhöhend aus. Verallgemeinernde Aussagen sind schwierig. Die Stuttgarter Wohnimmobilie liegt möglicherweise in ihrem Risikoprofil nahe bei Bundesanleihen. Auf der anderen Seite des Spektrums stehen Freizeitimmobilien und risikoreiche Projektentwicklungen.

K 6.8

Fall 1: Immobilie B: Bei dem Mehrfamilienhaus in dem wachsenden Stadtteil wird die Cap Rate niedriger liegen, weil die Erwartung zukünftiger Mietsteigerungen heute eine niedrigere Anfangsrendite tragbar erscheinen lässt.

Fall 2: Immobilie A: Das Bürogebäude voller langfristiger Mieter wird die niedrigere Cap Rate aufweisen, weil das Anschlussvermietungsrisiko kleiner ist.

Fall 3: Immobilie A: Immobilien werden bei einem Zins für langfristige Anleihen von 3 % die niedrigere Cap Rate aufweisen. Begründung: niedrigere Opportunitätskosten des Kapitals.

K 7.1

Der Unterschied zwischen Kapitalwert und Discounted Cashflow liegt einzig und allein darin, dass der Kapitalwert die Anfangsauszahlung berücksichtigt und der DCF eben nicht. Der Discounted Cashflow kann insoweit nicht als Verfahren der Investitionsrechnung angesehen werden.

K 7.2

Bei einem negativen Kapitalwert wird der vorgegebene Kalkulationszins nicht erreicht. Mit dem Investment werden also Werte vernichtet. Es soll nicht durchgeführt werden.

K 7.3

Für i=0,10 beträgt der Kapitalwert der Investition 5.862 EUR und für i=0,12 liegt er bei -33.75 EUR.

K 7.4

Wenn man die Zahlungsreihe einer Investition mit dem internen Zinsfuß auf die Gegenwart abzinst, ergibt sich ein Kapitalwert von null.

K 7.5

Der konvexe Verlauf der Funktion ist folgendermaßen zu interpretieren: Der Einfluss des Kalkulationszinssatzes auf den Kapitalwert ist im Bereich hoher Kalkulationszinsen wesentlich geringer als im Bereich niedriger Zinssätze.

K 7.6

Bei zu großen Abweichungen zwischen Soll-, Haben- und Diskontierungszinssatz sollte das Kapitalwertverfahren mit Vorsicht eingesetzt werden.

K 7.7

Die implizite Annahme der Kapitalwertmethode im Bezug auf die Verzinsung auftretender Zahlungssalden bzw. Ergänzungsinvestitionen lautet: Alle Zahlungssalden können zum Kalkulationszinssatz finanziert (negative Salden) bzw. angelegt (positive Salden) werden.

K 7.8

Der Einsatz der Vermögensendwertmethode bietet unter den Bedingungen eines vollkommenen Kapitalmarktes keine Vorteile gegenüber der Kapitalwertmethode.

K 8.1

Bei der Berechnung der Bauzeitzinsen wird angenommen, dass die Grundstücks-, die Erschließungs- und die Baunebenkosten über die gesamte Bauzeit hinweg vorgehalten werden müssen. Bei den Bau- und Gerätekosten wurde unterstellt, dass deren Anfall sich gleichmäßig über die Bauzeit von 18 Monaten verteilt.

Berechnung der Bauzeitzinsen

			EUR	EUR
1.	a)	Grundstück	1.600.000	
	b)	Erschließung	125.000	
	c)	Baunebenkosten	650.000	
	Bemessungsgrundlage		2.375.000	
	4,5 % Zinsen für 18 Monate			**142.500**

2.	a)	50 % Bauwerk	1.500.000	
	b)	50 % Geräte	200.000	
	Bemessungsgrundlage		1.700.000	
	4,5 % Zinsen für 18 Monate			**102.000**
	Bauzeitzinsen gesamt			**244.500**

K 8.2
Die Ausgangsmiete und die Zuwachsraten der Mieteinnahmen hätten angesichts der Qualitäten des Makrostandortes höher gewählt werden können. Auch die Wertentwicklung wurde möglicherweise etwas zu pessimistisch angenommen.

K 8.3
Es dürfen nur interne Renditen von Investitionen mit vergleichbarem Risikoprofil direkt miteinander verglichen werden. Davon abgesehen wird bei Vergleichen von internen Zinssätzen implizit von einem vollkommenen Kapitalmarkt ausgegangen. Die Wiederanlageprämisse ist auf ihre empirische Rechtfertigung hin zu prüfen. Problematisch ist sie bei einer großen Differenz der internen Zinssätze der zu vergleichenden Vorhaben sowie bei einer großen Differenz zwischen der IRR und den aktuellen Marktkonditionen bzw. dem Kalkulationszins. Außerdem ist der Kapitalmarkt nicht unbegrenzt ergiebig und aufnahmefähig.

K 8.4
Ein vollkommener Kapitalmarkt ist gekennzeichnet durch: die sogenannte »Wiederanlageprämisse« (IRR = Sollzins = Habenzins) und durch seine unbeschränkte Ergiebigkeit (für Kredite) bzw. Aufnahmefähigkeit (für Anlagen).

K 8.5
Die Annahme eines kurzfristigen Kontenausgleichs bei der Berechnung des Vermögensendwertes ist bei Aufnahme kurzfristiger bzw. variabel verzinslicher Mittel angemessen.

K 8.6
Aktivierungsfähig sind die Baukosten, die Gerätekosten, die Kosten für die Außenanlagen, die Baunebenkosten, die Bauzeitzinsen sowie in bestimmtem Umfang Gemeinkosten. Nicht aktivierungsfähig beim Gebäude sind Grundstückskosten einschließlich der Kosten für die Herrichtung und Erschließung, Grundstückszinsen sowie Kosten der Absatzwerbung.

K 8.7
Der Einsatz der VoFi-Methode zur Einschätzung der Vorteilhaftigkeit von Investitionen ist dann angezeigt, wenn ein besonderes Transparenzerfordernis besteht und/oder

die Kapitalwert- bzw. die Interne-Zinsfuß-Methode zu nicht mehr tolerierbaren Verzerrungen des Ergebnisses führen würden. Mit dem Einsatz dieser Methode sind folgende methodischen Probleme verbunden: kalkulatorische Unangemessenheit der Soll- und Habenzinssätze, willkürliche Zuordnung von Verwendungen zu zukünftigen Zahlungssalden, Verschleierung der »wahren« Rendite, Tendenz zum »Todrechnen« (wenn Sollzins > Habenzins), eingeschränkte Vergleichbarkeit der Ergebnisse, bilanzielle Erfolgswirkungen ohne Einfluss auf das Vorteilhaftigkeitskriterium.

K 9.1

Nach der Annuitäten-Methode lohnt sich eine Investition, wenn der jährliche Cashflow aus der Immobilie größer ist als die berechnete Annuität. Es handelt sich um ein Einperiodenmodell mit einem konstanten Cashflow. Strenggenommen ist es nur anwendbar, wenn der Cashflow während der gesamten Haltedauer unverändert bleibt. Das Verfahren eignet sich somit nur für die Zwecke einer Grobkalkulation.

K 9.2

Die Kostenmiete wird noch im sozialen Wohnungsbau angewendet und zwar bei früher bewilligten Förderungen im ersten und zweiten Förderweg. In modifizierter Form werden entsprechende Wirtschaftlichkeitsberechnungen zum Teil noch gefordert (zum Beispiel in Bayern).

K 9.3

Die Kostenmiete ist ein Instrument zur Begrenzung der Gewinne von Investoren im sozialen Wohnungsbau.

K 9.4

Die sogenannten »laufenden Aufwendungen« im Sinne von § 18 II. BV sind alle Aufwendungen, die bei der Berechnung der Kostenmiete angesetzt werden dürfen: Kapitalkosten für Eigen- und Fremdkapital, Abschreibungen, Verwaltungs- und Instandhaltungskosten, Mietausfallwagnis. In welcher Höhe jeweils Aufwendungen angesetzt werden dürfen, ist ebenfalls in der II. BV geregelt.

K 9.5

Bei der in der Wohnungswirtschaft verbreiteten Finanzierung mittels Annuitätendarlehen mit 1 %iger Anfangstilgung können die wohnungswirtschaftlichen Abschreibungen als Tilgungsäquivalente angesehen werden. Allerdings fließen die Grundstückskosten nicht in die Bemessungsgrundlage der Abschreibungen ein.

K 9.6

Tilgungsleistungen bleiben in der Wirtschaftlichkeitsberechnung außen vor.

K 9.7

Die Kostenmiete liegt mehr oder weniger deutlich unterhalb der ortsüblichen Vergleichsmiete, sodass das Leerstandsrisiko für den Investor begrenzt ist. Außerdem bleibt die Kostenmiete wegen des Einfrierungsprinzips von Schwankungen der Mieten im frei finanzierten Wohnungsbau völlig unberührt. Schließlich sind die Investoren nicht dem Zinsänderungsrisiko ausgesetzt, da Kapitalkostenerhöhungen auf die Miete umgelegt werden können. Die erwarteten Renditen im öffentlich geförderten Wohnungsbau haben demnach den Charakter von Garantierenditen. Die kalkulatorische Verzinsung kann daher niedriger als bei frei finanziertem Wohnraum angesetzt werden.

K 10.1

Die Besteuerungsregeln unterscheiden sich zwischen den verschiedenen steuerlichen Einkunftsarten. Ein Beispiel ist die unterschiedliche Behandlung von Veräußerungsgewinnen, je nachdem was veräußert wird und ob der Vermögensgegenstand in einem Privat- oder Betriebsvermögen gehalten wurde. Für Immobilien gibt es außerdem Sonderregelungen wie die erhöhte Abschreibung und die Übertragung von Veräußerungsgewinnen.

K 10.2

Das Problem liegt darin, dass die zukünftigen Gewinne des gesamten Unternehmens und der zukünftig auf diesen Gewinnen anzuwendende Steuersatz einer beachtlichen Prognoseunsicherheit unterliegen. Wenn das gesamte Unternehmen Verluste macht, erhöhen steuerliche Verluste lediglich den Verlustvortrag. Ein Steuerspareffekt wie in einem Gewinnjahr tritt dann nicht ein.

K 10.3

Die Vermögensteuer wird nicht mehr erhoben, die Gewerbekapitalsteuer ist seit 1.1.1998 abgeschafft und die Grundsteuer kann den Mietern angelastet werden.

K 10.4

Für eine Investitionsrechnung sind folgende Ertragsteuern relevant: Einkommen- bzw. Körperschaftsteuer, Gewerbesteuer und Solidaritätszuschlag.

K 10.5

Entweder wird im Geschäftsjahr der Liquidation der gesamte Veräußerungsgewinn sofort besteuert oder der Veräußerungsgewinn wird auf eine Ersatzimmobilie übertragen, woraus sich zukünftige Abschreibungsminderungen ergeben. Das zweite Verfahren wirkt renditesteigernd, weil die dem Veräußerungsgewinn betragsmäßig entsprechenden Abschreibungsminderungen nicht sofort, sondern verzögert, das heißt über die Haltedauer der Ersatzimmobilie verteilt, anfallen. Daraus ergibt sich ein Steuerstundungseffekt.

K 10.6

Die Bruttomethode ist strenggenommen nur für nicht abschreibbare Investitionsvorhaben zulässig. Sie erfasst nicht explizit die steuerlich relevanten Erträge und Aufwendungen für die einzelnen Jahre des Planungszeitraums. Es kommt hinzu, dass der Einfluss einer Mischfinanzierung bei der Bruttomethode nur unter restriktiven Annahmen mit weiteren Korrekturfaktoren berücksichtigt werden kann. Alles in allem wird die Bruttomethode der differenzierten steuerlichen Behandlung von Immobilieninvestments nicht gerecht.

K 10.7

Von den Mieteinnahmen sind die Zinsaufwendungen abzuziehen. Steuerlich abzugsfähig sind außerdem auch die gesamten Bewirtschaftungskosten sowie die steuerlich zulässigen Abschreibungsbeträge.

K 10.8

Bei einer Nachsteuer-Investitionsrechnung für ein Modernisierungsvorhaben sind der Marktwert des Bodens und der eingebrachten Bausubstanz als Anschaffungskosten anzusehen. Gegebenenfalls können erhöhte Abreibungen oder Förderprogramme zur energetischen Modernisierung in Anspruch genommen werden. Erhaltene Zulagen oder Zinsvergünstigungen sind von der Modernisierungsumlage allerdings wieder abzuziehen.

K 10.9

Entweder man nimmt an, dass die negativen Einkünfte aus VuV noch im selben Geschäftsjahr mit positiven Einkünften aus anderen Quellen verrechnet werden können oder man trägt die Verluste solange auf folgende Geschäftsjahre vor, bis das Projekt wieder positive Einkünfte aus VuV generiert. Die sofortige Verrechnung ist im Hinblick auf die Rendite die bessere Alternative.

K 10.10

Mithilfe von erhöhten Abschreibungen oder sofort abzugsfähigem Instandsetzungsaufwand wird steuerlicher Aufwand auf die Gegenwart vorgezogen. Daraus ergibt sich gegenüber den jeweiligen Alternativen (lineare Abschreibung bzw. Aktivierung des Aufwandes) ein Steuerstundungseffekt, der sich günstig auf Rendite und Liquidität des infrage stehenden Vorhabens auswirkt.

K 11.1

Mit den KfW-Kreditprogrammen werden spezielle gebäudebezogene Förderzwecke verfolgt, beispielsweise Verbesserung der energetischen Effizienz oder der Eignung für altengerechtes Wohnen. Bei der sozialen Wohnraumförderung stehen dagegen die Mietbelastung und der qualitative und quantitative Wohnkonsum im Vordergrund. Die Inanspruchnahme von KfW-Krediten zieht anders als die Inanspruchnahme von zinsverbilligten Krediten im Rahmen der sozialen Wohnraumförderung keine Mietpreis- und Belegungsbindungen nach sich.

K 11.2

Die Förderintensität hängt vom Mietniveau der Standortgemeinde und von der Einkommensgruppe ab. Das höchste Darlehensvolumen pro m^2 wird bei einer Gemeinde mit Mietniveau 4 und der Zielgruppe Einkommensgruppe A erreicht. Die höchstens zulässige Miete unterliegt denselben Bestimmungsgründen. Es gilt der Zusammenhang: Je höher das Mietniveau, desto intensiver die Förderung und desto höher die Mietobergrenzen.

K 11.3

Wenn die Sozialmiete bereits der Einzelvergleichsmiete entspricht und diese unverändert bleibt, so kann auch die Sozialmiete nicht angepasst werden.

K 11.4

Der anfängliche Rückstand auf die Vergleichsmiete ist so groß, dass man annehmen kann, dass der Mieterhöhungsspielraum von 1,5 % in jedem Jahr des Planungszeitraums voll ausgeschöpft wird.

K 11.5

Bei Sozialmietwohnimmobilien kann man ein niedrigeres Mietausfallwagnis als bei frei finanzierten Wohnungen annehmen, weil die höchstens zulässige Miete mehr oder weniger deutlich hinter der für vergleichbaren frei finanzierten Wohnraum zurückbleibt. Sollte am Wohnungsmarkt ein Überschussangebot vorherrschen, so trifft dies zuerst die Vermieter frei finanzierten Wohnraums.

K 12.1

Man kann das Wechselkursrisiko aus einem Immobilieninvestment auf die Betrachtung der Netto-Rückflüsse reduzieren, wenn die Mieten ebenso wie die Bewirtschaftungs- und Kapitalkosten in der Währung des Ziellandes anfallen.

K 12.2

Im einfacheren Fall wird lediglich der Vermögensendwert der Investition in die Heimatwährung umgetauscht (alle Anlagen/Finanzierungen während der Haltedauer werden in der Währung des Ziellandes getätigt). Dann braucht man nur den Wechselkurs zum Liquidationszeitpunkt zu schätzen. Alternativ kann man annehmen, dass die laufenden Rückflüsse nicht in der Fremdwährung angelegt/finanziert werden, sondern in der Heimatwährung. Bei dieser Variante muss der Wechselkurs für jedes Jahr der Haltedauer geschätzt werden.

K 12.3
Die Annahmen über den Verlauf des Wechselkurses während der Haltedauer sind nur mit großen Schätzunsicherheiten verbunden.

K 13.1
Die Instandhaltungskosten fallen höher aus als angenommen. Die Heizkostenersparnis gemessen in EUR pro Monat und m^2 bleibt hinter den Erwartungen zurück.

K 13.2
Das Risiko eines Immobilieninvestments wird in einer Investitionsrechnung nach bestem Wissen und Gewissen berücksichtigt. Es bleiben aber nicht unerhebliche Ermessensspielräume und zwar insbesondere bei der Festlegung des Kalkulationszinses.

K 13.3
Beim Verfahren der kritischen Werte wird lediglich eine Annahme variiert, während bei einer Szenarioanalyse mehrere wesentliche Annahmen gleichzeitig und gleichgerichtet verändert werden.

K 13.4
Das kommt auf die Situation und das Untersuchungsinteresse an. Die Szenarioanalyse hat den Vorteil, dass sie das Gesamtrisiko in den Blick nimmt und die Abhängigkeiten zwischen den Annahmen offenlegt.

K 14.1
Der Lebenszyklus einer Immobilie erstreckt sich über folgende Phasen: Grundstückserwerb, Projektentwicklung, Bauprojektmanagement, Nutzung, Redevelopment/ Revitalisierung, Exit.

K 14.2
Unter dem Begriff der Projektentwicklung werden alle Untersuchungen, unternehmerischen Entscheidungen, Planungen und anderen vorbereitenden Maßnahmen für die Vorbereitung der Bebauung eines Grundstücks oder der wesentlichen Umgestaltung einer bestehenden Immobilie innerhalb eines vorgegebenen Kosten-, Qualitäts- und Zeitrahmens zusammengefasst.

K 14.3
Während bei einem Redevelopment die Flächen einer neuen wirtschaftlichen Nutzung zugeführt werden, ändert sich das Nutzungskonzept bei einer Revitalisierung nicht.

K 14.4

Beim Erwerb von unbebauten Grundstücken richtet sich der maximale Kaufpreis für das Grundstück nach der Differenz zwischen dem DCF des Bauprojekts und den geschätzten Baukosten.

K 14.5

Im Fall einer Projektentwicklung zum anschließenden Verkauf an Investoren oder Nutzer entspricht der minimale Verkaufspreis der Immobilie der Summe aus Grundstückskosten, Baukosten und Developergewinn.

K 14.6

Die Variante mit dem höchsten Kapitalwert ist optimal.

K 14.7

Die Kosten im Lebenszyklus eines Gebäudes setzen sich wie folgt zusammen: Kosten der Finanzierung + Kosten in der Konzeptphase + Kosten in der Planungsphase + Kosten in der Realisierungsphase + Kosten in der Nutzungsphase + Kosten in der Phase Rückbau und Entsorgung.

K 14.8

Die Beeinflussbarkeit der laufenden Kosten aus dem Betrieb eines Gebäudes nimmt schon während der Planungsphase mit fortschreitender Zeit rapide ab und im laufenden Betrieb sind die Möglichkeiten der Kostenbeeinflussung nur noch sehr begrenzt.

K 14.9

Insbesondere das Gebäudealter hat einen großen Einfluss auf die Höhe der jährlichen Instandhaltungskosten. Aber auch der Einfluss einer zergliederten Gebäudegeometrie ist besonders in Kombination mit einem hohen Gebäudealter erheblich. Eine aufwendige Gebäudetechnik wirkt sich ebenfalls deutlich auf die Höhe der Instandhaltungskosten aus.

K 14.10

Je nach Ursache und Dauer lässt sich der Leerstand in verschiedene Arten unterteilen: fluktuationsbedingter Leerstand, modernisierungsbedingter Leerstand, Neuvermietungs-Leerstand, konjunktureller Leerstand, struktureller Leerstand, spekulativer Leerstand. Besonders problematisch ist der strukturelle Leerstand. Soweit er marktbedingt ist, kann er nur schwer abgebaut werden.

K 14.11

Ab einer Leerstandsquote von unter 2 % spricht man gemeinhin von einer hohen Marktanspannung an einem Wohnungsmarkt.

K 14.12

Interest Cover Ratio (ICR): Der Zinsdeckungsgrad ist das Verhältnis der Nettomieterlöse zu den laufenden Zinszahlungen. Bei stagnierenden Mieten und steigenden Zinsen steigt diese Kennzahl an.

K 14.13

Die laufende Berichterstattung über eine Immobilieninvestition beschäftigt sich mit unterschiedlichen Aspekten des Vorhabens wie Kosten, Termine/Meilensteine, Gewinn, Key-Performance-Indikatoren (KPI), Liquidität, Chancen und Risiken sowie Qualität.

K 14.14

Mithilfe der periodischen Ermittlung der Immobilienwerte kann Transparenz über die Verteilung der Immobilienwerte nach Regionen und Portfoliosegmenten hergestellt werden. Damit werden überhaupt erst die Voraussetzungen für ein effektives Portfolio- und Risikomanagement geschaffen. Die Wertentwicklung einzelner Portfoliosegmente im Zeitablauf kann Aufschluss über die Quellen und die Zusammensetzung der unternehmensweit erreichten Immobilienwertsteigerung geben und bietet damit auch einen Ansatzpunkt für eine differenzierte Ursachenanalyse des Periodenergebnisses.

Literaturverzeichnis

Allen (1989): Real Estate Investment Strategy, South Western Publishing.

Bahr (2008): Realdatenanalyse zum Instandhaltungsaufwand öffentlicher Hochbauten, Karlsruher Reihe, Universitätsverlag Karlsruhe.

Baum (2015): Real Estate Investment, 3. Auflage, Routledge.

Burkhardt (2017): Indizes bereichern die Immobilienanalyse, in: RAUM&mehr, Ausgabe 1-2017.

Ambrose/Nourse: Factors Influencing Capitalization Rates, Journal of Real Estate Research, 8:2, 221–37.

Baker (2001): Residential Real Estate: An Investment in Need of a Theory, Paper presented at the Pacific RIM Real Estate Society Conference, Christchurch, New Zealand, 20–23 January, 2001.

BDI/VCI (Hrsg.) (2015): Die Steuerbelastung der Unternehmen in Deutschland: Fakten für die politische Diskussion 2015/16, Köln: Deutscher Institutsverlag.

Birkner/Bornemann (2014): Rechnungswesen in der Immobilienwirtschaft – inkl. Arbeitshilfen online: Grundlagen, Übungen, Lösungen München: Haufe Group.

Blank (2008): Mietrecht und Energieeffizienz, in: Wohnungswirtschaft und Mietrecht, 61. Jg. Heft 6, S. 311–319.

Blömeke/Blümmel/Kinne (2000): Die Modernisierung und Instandsetzung von Wohnraum, Grundeigentum-Verlag.

Blohm/Lüder/Schaefer (2012): Investition, 10. Auflage, Verlag Vahlen.

Börstinghaus/Clar (2013): Mietspiegel, 2. Auflage, C.H. Beck.

Brown/Matysiak (2000): Real Estate Investment: A Capital Markets Approach, Financial Times/Prentice.

Bühner (1994): Unternehmerische Führung mit Shareholder Value. In: Bühner, R. (Hrsg.): Der Shareholder-Value-Report: Erfahrungen, Ergebnisse, Entwicklungen, S. 9–75, Landsberg/Lech.

Bulwien (2005): Überblick über Immobilieninvestoren und -anlageprodukte in Deutschland, in: Schulte/Bone-Winkel/Thomas (Hrsg.) (2005), S. 45–66.

Byrne/Lee (2001): Risk reduction and real estate portfolio size, in: Managerial and Decision Economics, Vol. 22, Nr. 7, S. 369–379.

Collett/Lizieri/Ward (2003): Timing and the Holding Periods of Institutional Real Estate, in: Real Estate Economics, Vol. 31, Nr. 2, S. 205 ff.

dena-Gebäudereport Kompakt 2018.

Diederichs (2005): Immobilienmanagement im Lebenszyklus: Projektentwicklung, Projektmanagement, Facility Management, Immobilienbewertung, 2. Auflage, Springer.

Dipasquale (1999): Why Don't We Know More About Housing Supply?, in: The Journal of Real Estate Finance and Economics, Vol. 18, Nr. 1, S. 9–23.

Drosse (1999): Investition, Gabler.

Empirica (2014): Mietgutachten Sachsen – Endbericht, Gutachten im Auftrag des SMI.

Evans (1990): A Transfer Function Analysis of Real Estate Capitalization Rates, Journal of Real Estate Research, Vol. 5, Nr. 3, S. 371–80.

Falk (Hrsg.) (1997): Das große Handbuch Immobilien-Management, Verlag Moderne Industrie.

Froland (1987): What Determines Cap Rates on Real Estate, Journal of Portfolio Management, Vol. 13, S. 77–83.

Götze (2014): Investitionsrechnung, 7. Auflage, Springer.

Gramlich (2018): Mietrecht, 14. Auflage, C. H. Beck.

Grob/Hermans (2009): Investitionsentscheidungen: Risiko-Chancen-Analyse mit Value at Risk, in: WISU 5/2009, S. 693–700.

Guntermann/Norrbin (1991): Empirical Tests of Real Estate Market Efficiency, in: The Journal of Real Estate Finance and Economics, Vol. 4, Nr. 3, S. 297–313.

Halama (2014): Ansprüche des Mieters auf Durchführung und Unterlassen einer energetischen Modernisierung, in: Deutsche Wohnungswirtschaft, 66. Jg., Nr. 7/8, S. 211–219.

Hax (1985): Investitionstheorie, 5. Auflage, Physica-Verlag.

Internationaler Controller Verein (ICV 2012): Was macht Controller erfolgreich(er). Dream Car der Ideenwerkstatt im ICV.

Jaffe/Sirmans (1995): Fundamentals of Real Estate Investments, South-Western Educational Publishing.

Jenkis (Hrsg.) (1996): Kompendium der Wohnungswirtschaft, Oldenbourg-Verlag.

Jud/Winkler (1995): The Capitalization Rate of Commercial Properties and Market Returns, in: Journal of Real Estate Research, Vol. 10, Nr. 5, S. 509–518.

Kahn/Wiener (1967): The Year 2000: A Framework for Speculation on the Next Thirty-Three Years, New York 1967.

Keogh/D'Arcy (1999): Property Market Efficiency: An Institutional Economics Perspective, in: Urban Studies, Vol. 36, Nr. 13, S. 2401–2414.

Kofner (1998): Vergleichsmiete, Staffelmiete und Indexmiete im Vergleich, in: Deutsche Wohnungswirtschaft, 50. Jg., S. 66–75.

Kofner (2002): Die Zukunft der Wertzuwachsbesteuerung bei Immobilien, in: Wohnungswirtschaft und Mietrecht, 55. Jg.

Kofner (2003a): Die Formation der deutschen Wohnungspolitik nach dem Zweiten Weltkrieg – Teil III, in: Deutsche Wohnungswirtschaft, 55. Jg., S. 322–334.

Kofner (2003b): Rückstellung für Bauinstandhaltung, in: Die Wohnungswirtschaft Nr. 7, 56. Jg.

Kofner (2008a): Rentabilität von energiesparenden Investitionen im deutschen Mietwohnungsbestand, Paper für das European Network of Housing Research, International Housing Conference in Dublin, Irland, 6. bis 9.7.2008.

Kofner (2008b): Die Hypotheken- und Finanzmarktkrise, Fritz Knapp-Verlag.

Kofner (2009a): Corporate Governance, in: Wohnungswirtschaft und Mietrecht, 62. Jg. (2009), Heft 2, S. 97–108.

Kofner (2009b): Immobilienderivate, in: Wohnungswirtschaft und Mietrecht, 62. Jg. (2009), Heft 5, S. 275–279.

Kofner (2009c): Gentrification, in: Wohnungswirtschaft und Mietrecht, 62. Jg. (2009), Heft 7, S. 384–386.

Kofner (2012): Grundzüge der Wohnungsbaupolitik, Studienbrief des Hochschulverbundes Distance Learning, 3. Auflage.

Krämer (2002): Das Unternehmensinteresse als Verhaltensmaxime der Leitungsorgane einer Aktiengesellschaft im Rahmen der Organhaftung, Berlin 2002.

Krainer (1999): Real Estate Liquidity, in: Federal Reserve Bank of San Francisco Review, Nr. 3.

Kreisel/Löhr (2002): Immobilien-Portfolio Management, Fachartikelreihe Teil 1–7, Internet: Aeron Deutschland GmbH.

Kruschwitz (2010): Finanzmathematik, 5. Auflage, De Gruyter Oldenbourg.

Lechelt (2001): Risikomanagement in der Wohnungswirtschaft, Vertieferarbeit am Institut für Maschinenwesen im Baubetrieb der Universität Karlsruhe (TH).

Liu/Hartzell/Hoesli (1997): International Evidence on Real Estate Securities as an Inflation Hedge, in: Real Estate Economics, Vol. 25, Nr. 2, S. 193–221.

Liu/Grissom/Hartzell (1990): The Impact of Market Imperfections on Real Estate Returns and Optimal Investor Portfolios, in: Real Estate Economics, Vol. 18, Nr. 4, S. 453–478.

Lush/Kolbe/Greer (2003): Investment Analysis for Real Estate Decisions, Dearborn Financial Publishing.

Maier (2004): Risikomanagement im Immobilien- und Finanzwesen. Fritz Knapp Verlag.

Mcdonald (1999): Optimal Leverage in Real Estate Investment, in: The Journal of Real Estate Finance and Economics, Vol. 18, Nr. 2, S. 239–252.

Mersson (2009): Mieterhöhung bei Modernisierung – ein Überblick über die Voraussetzungen des § 559 BGB, in: Deutsche Wohnungswirtschaft, 61. Jg., Nr. 5, S. 122–131.

Neidt (1998): Dynamische Investitionsrechnung in der Immobilienwirtschaft, Diplomarbeit am Institut für Immobilienmanagement der Universität Leipzig.

Olfert (2015): Investition, 13. Auflage, Kiehl Verlag.

Osadnik (2013): Die schwere Königsdisziplin namens Revitalisierung, in: WELT vom 4.6.2013. https://www.welt.de/sonderthemen/shopping-center/article116803377/Die-schwere-Koenigsdisziplin-namens-Revitalisierung.html

Ott (2002): Real Options and Real Estate: A Review and Valuation Illustration, in: Wang/Wolverton (2002).

Pedrazzini/Micheli (2002): Der Preis von Immobilien: Dynamische Investitionsrechnung für die Immobilienbewertung. Methodik und zehn Fallbeispiele, Versus-Verlag.

Pistorius (1996): Die Kostenmiete, Anleitung zu ihrer Berechnung, 3. Auflage, Hammonia-Verlag.

Reiß (1996): Der wohnungswirtschaftliche Jahresabschluss nach Handels- und Steuerrecht, in: Jenkis (1996).

Rink/Wolff (2015): Wohnungsleerstand in Deutschland: Zur Konzeptualisierung der Leerstandsquote als Schlüsselindikator der Wohnungsmarktbeobachtung, in: Raumforschung und Raumordnung, Ausgabe 5/2015.

Roland Berger Strategy Consultants (2015): Studie Betongoldrausch in Deutschland, Competence Center Financial Services, April 2015.

Rolfes (2003): Moderne Investitionsrechnung, 3. Auflage, Oldenbourg-Verlag.

Ropeter (1999): Investitionsanalyse für Gewerbeimmobilien, Verlag Rudolf Müller.

Rosarius, (2006): Modernisierungsaufwand, in: Haufe Steuer Office.

Schäfer/Conzen (Hrsg.) (2016): Praxishandbuch Immobilien-Investitionen, 3. Auflage, C. H. Beck.

Scharp/Galonska/Knoll: Benchmarking für die Wohnungs- und Immobilienwirtschaft – Entwicklung einer Balanced Scorecard, WerkstattBericht Nr. 53 des IZT Institut für Zukunftsstudien und Technologiebewertung der Führungsakademie der Wohnungs- und Immobilienwirtschaft.

Schmoll genannt Eisenwerth (Hrsg.) (2015a): Basiswissen Immobilienwirtschaft, 3. Auflage, Grundeigentum-Verlag.

Schmoll genannt Eisenwerth (2015b): Immobilieninvestition und Immobilienfinanzierung, in: Schmoll genannt Eisenwerth (2015a).

Schneider (1968): Wirtschaftlichkeitsrechnung: Theorie der Investition, 7. Auflage, Tübingen.

Schoellerbank (2002): Welches Potenzial steckt in Europäischen Immobilienwertpapieren? Schoellerbank Analysebrief, Ausgabe XV, September 2002.

Schönefeld/Baldauf/Lüdeke (2008): Green Building Leverage, in: Bundesbaublatt, 57. Jg., Nr. 3, S. 14–18.

Schulte/Bone-Winkel/Schäfers (Hrsg.) (2015): Immobilienökonomie, Band 1: Betriebswirtschaftliche Grundlagen, 5. Auflage, De Gruyter Oldenbourg.

Schulte (2005): Investition in Immobilien, in: Schulte/Bone-Winkel/Thomas (Hrsg.) (2005), S. 21–44.

Schulte/Sotelo/Allendorf/Ropeter-Ahlers/Lang (2015): Immobilieninvestition, in: Schulte et al. (Hrsg.) (2015), S. 579–650.

Schulte/Allendorf/Crommen (1999): Investitionsrechnung im sozialen Wohnungsbau, Verlag Rudolf Müller.

Schulte/Bone-Winkel/Thomas (Hrsg.) (2005): Handbuch Immobilien-Investition, 2. Auflage, Verlag Rudolf Müller.

Schulte/Ropeter-Ahlers (2005): Investitionsrechnung und Risikoanalysen, in: Schulte/Bone-Winkel/Thomas (Hrsg.) (2005), S. 391–428.

Schulte/Rottke/Pitschke (2005): Transparency in the German Real Estate Market, in: Journal of Property Investment and Finance, Vol. 23, Nr. 1, S. 90–108.

Schwartz/Kapplin (Hrsg.) (1995): Alternative Ideas in Real Estate Investment (Research Issues in Real Estate, Vol. 2), Kluwer Academic Publishing.

Sindt (1998): Real Estate Investment, Prentice-Hall.

Sirmans/Worzala (2003): International Direct Real Estate Investment: A Review of the Literature, in: Urban Studies, Vol. 40, Nr. 5–6, S. 1081–1114.

Statistisches Bundesamt (2000): 50 Jahre Wohnen in Deutschland, Verlag Metzler Poeschel.

Steck (2019): Praxiswissen Immobilien und Steuern – inkl. Arbeitshilfen online (Haufe Fachbuch, 2. Auflage).

Strunz (2011): Investitionsmanagement, Studienbrief des Hochschulverbundes Distance Learning, 2. Auflage.

Thomsen (1998): Modernisierung von preisfreiem Wohnraum durch den Vermieter. Zur Duldungspflicht des Mieters und zum Mieterhöhungsrecht des Vermieters (Schriften zum Bürgerlichen Recht; BR 209), Duncker & Humblot.

Trampe (2009): Was sind meine Bestände wert?, in: Bundesbaublatt, 58. Jg., Nr. 10, S. 22–24.

Väth/Hoberg (2005): Immobilienanalyse – die Beurteilung von Standort, Markt, Gebäude und Vermietung, in: Schulte/Bone-Winkel/Thomas (Hrsg.) (2005), S. 359–390.

Vielberth (1997): Möglichkeiten und Auswirkungen von Wertsteigerungen bei Mietverträgen von Gewerbeimmobilien, in: Falk 1997, S. 735–764.

Vonovia (2015): Angebotsunterlage: Freiwilliges Öffentliches Übernahmeangebot (Kombiniertes Bar- und Tauschangebot) der Vonovia SE an die Aktionäre der Deutsche Wohnen AG.

Wang (2001): Econometric Analysis of the Real Estate Market and Investment, Routledge.

Wang/Wolverton (Hrsg.) (2002): Real Estate Valuation Theory (Research Issues in Real Estate), Springer.

Ziobrowski/Ziobrowski/Rosenberg (1997): Currency Swaps and International Real Estate Investment, in: Real Estate Economics, Vol. 25, Nr. 5.

Allgemeine Literaturempfehlungen

Allen (1989): Real Estate Investment Strategy.
Baum (2015): Real Estate Investment.
Blohm/Lüder/Schaefer (2012): Investition.
Brown/Matysiak (2000): Real Estate Investment: A Capital Markets Approach.
Hax (1985): Investitionstheorie.
Jaffe/Sirmans (1995): Fundamentals of Real Estate Investments.
Lush/Kolbe/Greer (2003): Investment Analysis for Real Estate Decisions.
Neidt (1998): Dynamische Investitionsrechnung in der Immobilienwirtschaft.
Rolfes (2003): Moderne Investitionsrechnung.
Ropeter (1999): Investitionsanalyse für Gewerbeimmobilien.
Schwartz/Kapplin (Hrsg.) (1995): Alternative Ideas in Real Estate Investment.
Sindt (1998): Real Estate Investment.

Zeitschriften

Deutsche Wohnungswirtschaft
Die Wohnungswirtschaft
Housing Finance
Housing Finance International
Housing Finance Review
Housing Studies
Immobilien & Finanzierung
Immobilienwirtschaft
Journal of Housing Economics
Journal of Housing Research
Journal of Portfolio Management
Journal of Property Investment and Finance
Journal of Real Estate Finance and Economics
Journal of Real Estate Research
Real Estate Economics
Taschenbuch für den Wohnungswirt
Wohnungswirtschaft und Mietrecht

Verzeichnis der Abbildungen

Verzeichnis der Tabellen

Verzeichnis der Beispiele

Der Autor

Prof. Dr. Stefan Kofner ist Professor für Wohnungs- und Immobilienwirtschaft an der Hochschule Zittau-Görlitz. In der Wohnungswirtschaft ist er ein gefragter Referent, zudem war er Aufsichtsrat verschiedener Wohnungsunternehmen. Im Bundestag, im Sächsischen Landtag und im Dresdner Stadtrat fungierte er wiederholt als Experte in Anhörungen. 2008 wurde er als zweites deutsches Mitglied in das bei der britischen Krone akkreditierte »Chartered Institute of Housing« aufgenommen. Prof. Kofner verfügt über langjährige Erfahrung auf dem Gebiet der Immobilien-Investitionsanalyse und hat in den letzten Jahren unter anderem zu den Geschäftsmodellen kapitalmarktorientierter Wohnungsunternehmen geforscht.

Stichwortverzeichnis

Inklusive Arbeitshilfen online

Exklusiv für Buchkäufer!

Ihre Arbeitshilfen zum Download:

- **http://mybook.haufe.de/**
- **Buchcode:** XID-2833

HAUFE.

Werden Sie uns weiterempfehlen?

www.haufe.de/feedback-buch

Teilnehmen und eReader gewinnen!